"十四五"卫生高等职业教育专科校院合作"双元"规划教材

供护理、助产及相关专业用

护理药理学

第2版

主　编
杨丽珠　毕英谦　宋红霞

副主编
田朝晖　李　琳　苗久旺　蔡惠贞　石静华

编　者（按姓名汉语拼音排序）

毕英谦（铁岭卫生职业学院）
蔡惠贞（福建医科大学附属漳州市医院）
郝　洁（北京卫生职业学院）
何丽娜（石家庄人民医学高等专科学校）
李　琳（菏泽医学专科学校）
苗久旺（山东中医药高等专科学校）
石静华（遵义市第一人民医院）
宋红霞（重庆三峡医药高等专科学校）
田朝晖（呼伦贝尔职业技术学院）

王　珍（湖南环境生物职业技术学院）
杨丽珠（漳州卫生职业学院）
杨雅迪（铁岭卫生职业学院）
尹彩霞（遵义医药高等专科学校）
余瑞铭（漳州卫生职业学院）
张红霞（南阳医学高等专科学校）
张　鹏（宜春职业技术学院）
甄昌霖（重庆三峡医药高等专科学校）

北京大学医学出版社

HULI YAOLIXUE

图书在版编目（CIP）数据
护理药理学 / 杨丽珠，毕英谦，宋红霞主编．
2版．-- 北京：北京大学医学出版社，2024.10.
ISBN 978-7-5659-3257-1

Ⅰ．R96
中国国家版本馆CIP数据核字第20242RR995号

护理药理学（第2版）

主　　编：杨丽珠　毕英谦　宋红霞
出版发行：北京大学医学出版社
地　　址：（100191）北京市海淀区学院路38号　北京大学医学部院内
电　　话：发行部 010-82802230；图书邮购 010-82802495
网　　址：http://www.pumpress.com.cn
E - m a i l：booksale@bjmu.edu.cn
印　　刷：北京瑞达方舟印务有限公司
经　　销：新华书店
责任编辑：毛淑静　　责任校对：靳新强　　责任印制：李　啸
开　　本：850 mm×1168 mm　1/16　印张：24.25　字数：690千字
版　　次：2019年10月第1版　2024年10月第2版　2024年10月第1次印刷
书　　号：ISBN 978-7-5659-3257-1
定　　价：58.00元
版权所有，违者必究
（凡属质量问题请与本社发行部联系退换）

第 2 轮修订说明

党和国家高度重视职业教育发展,《国家职业教育改革实施方案》《职业院校教材管理办法》《高等学校课程思政建设指导纲要》《习近平新时代中国特色社会主义思想进课程教材指南》《关于推动现代职业教育高质量发展的意见》《全国护理事业发展规划（2021—2025 年）》等重要文件陆续发布，对卫生健康职业教育、高职专科护理人才培养及教材建设提出了更高的要求。

本套高职专科护理专业教材第 1 轮于 2018 年启动，北京大学医学出版社组织全国具有代表性的骨干院校共同建设。在教育部、国家卫生健康委员会相关机构和职业教育教学指导委员会的指导下，共编写出版教材 28 种，其中入选教育部"十三五"职业教育国家规划教材 11 种（教职成厅函〔2020〕20 号文）、"十四五"职业教育国家规划教材 15 种（教职成厅函〔2023〕19 号文）。

高质量的教材是实施教育改革、提升人才培养质量的重要支撑。为全面贯彻党的教育方针，深入贯彻党的二十大精神，落实立德树人的根本任务，更好地支持新时代卫生健康职业教育事业发展、服务于我国高职专科护理专业人才培养，北京大学医学出版社启动了高职专科护理专业教材第 2 轮修订编写工作。本轮教材共包含 27 种。全套教材均为北京大学医学出版社"十四五"规划教材。

第 2 轮教材修订编写工作"以学生为中心"，对标教育部高职专科护理专业教学标准、护士执业资格考试大纲，以技术技能教育为根本，满足 3 个需要（学科需要、教学需要、行业需要），注重基本理论、基本知识和基本技能，内容以"必需、够用"为度，遵循学生认知规律，注重教学适用性，优化编写体例，深化产教融合，优化数字融合，强化思政融合，围绕"岗课赛证"综合育人机制建设，力争打造一套既满足多数院校教学实际，又适度引领教学，培根铸魂、启智增慧，适应新时代要求的精品高职专科护理专业教材。

本轮教材的修订编写得到了多方面的大力支持，参编院校教学管理部门提出了宝贵建议，职教专家精心指导、把关，临床护理学专家认真编写、审稿。他们为锤炼精品教材、服务教学改革、提高人才培养质量做出了贡献，在此一并表示感谢！

最后，希望广大师生多提宝贵意见，反馈使用信息，以使教材内容日臻完善。让我们共同为新时代高职专科护理教育发展和人才培养做出贡献！

前 言

根据《国务院关于加快发展现代职业教育的决定》《国务院关于印发国家职业教育改革实施方案的通知》《全国护理事业发展规划（2021—2025年）》《习近平新时代中国特色社会主义思想进课程教材指南》和《关于做好党的二十大精神进教材工作的通知》等文件精神和要求，我们坚持以"以学生为中心"，以专业教学标准及人才培养目标为导向，以职业技能教育为根本，遴选具有丰富教学经验和临床实践经验、有较强写作能力和教材编写经验的教师，同时吸纳临床一线的护理专家共同参与编写教材，力争编写出高职专科护理类专业"学生好学、教师好教、临床好用"的"三好"教材。

本教材共46章，主要介绍临床上各类常用重点药物的药理作用与临床应用、不良反应与各类药物的用药护理，主要供高职专科护理、助产等专业教学使用。在教材编写过程中，我们坚持教材建设的"三基"（基本理论、基本知识、基本技能）、"五性"（思想性、科学性、先进性、启发性、适用性）原则，紧扣护理职业岗位的知识、技能及素养目标，充分体现高职教育特色和护理专业特色，力求内容创新、模块优化、编排新颖。在教材内容选择上，我们围绕"岗课赛证"综合育人机制建设，坚持以"必需、够用"为度，遵循学生认知规律，注重教学适用性，深化产教融合、优化数字融合、强化思政融合。在编写形式上，我们坚持融"教、学、做、练"于一体，设置"学习目标、思政园地、知识链接、考点提示、案例、自测题"等模块，同时配套制作了课件PPT、微课视频、案例解析、自测题参考答案等数字教学资源，有助于提高学生的学习兴趣和学习效果。

本教材在修订过程中得到了各位编者及所在单位的大力支持，并参考了国内相关书籍资料，在此一并致谢。

本教材虽反复修改审核，但不足之处在所难免，恳切希望同行专家、广大师生提出批评和建议，以便今后不断总结和修订完善。

杨丽珠　毕英谦　宋红霞

目 录

第一章 绪论 … 1
第一节 护理药理学概述 … 1
第二节 药品和处方与医嘱基础知识 … 3

第二章 药物效应动力学 … 12
第一节 药物作用的基本规律 … 12
第二节 药物的量效关系 … 15
第三节 药物的作用机制 … 18

第三章 药物代谢动力学 … 22
第一节 药物的体内过程 … 22
第二节 药物的速率过程 … 26

第四章 影响药物作用的因素 … 32
第一节 药物方面的因素 … 32
第二节 机体方面的因素 … 34

第五章 传出神经系统药物概论 … 38
第一节 传出神经系统的分类及化学传递 … 38
第二节 传出神经的递质 … 39
第三节 传出神经系统的受体和效应 … 39
第四节 传出神经系统药物的作用方式和分类 … 41

第六章 胆碱受体激动药和胆碱酯酶抑制药 … 44
第一节 胆碱受体激动药 … 44
第二节 胆碱酯酶抑制药 … 46
第三节 拟胆碱药用药护理 … 47

第七章 胆碱受体阻断药 … 51
第一节 M受体阻断药 … 51
第二节 N受体阻断药 … 53
第三节 胆碱受体阻断药用药护理 … 54

第八章　肾上腺素受体激动药 ··· 57
第一节　α、β 受体激动药 ·· 57
第二节　α 受体激动药 ·· 60
第三节　β 受体激动药 ·· 61
第四节　肾上腺素受体激动药用药护理 ······················· 62

第九章　肾上腺素受体阻断药 ··· 65
第一节　α 受体阻断药 ·· 65
第二节　β 受体阻断药 ·· 67
第三节　α、β 受体阻断药 ·· 69
第四节　肾上腺素受体阻断药用药护理 ······················· 69

第十章　麻醉药 ·· 72
第一节　全身麻醉药 ·· 72
第二节　局部麻醉药 ·· 74
第三节　麻醉药用药护理 ·· 76

第十一章　镇静催眠药和抗惊厥药 ··· 79
第一节　镇静催眠药 ·· 79
第二节　抗惊厥药 ·· 83
第三节　镇静催眠药用药护理 ·· 84

第十二章　抗癫痫药 ··· 87
第一节　常用抗癫痫药 ·· 88
第二节　抗癫痫药用药护理 ·· 90

第十三章　治疗中枢神经系统退行性疾病药 ······················· 92
第一节　抗帕金森病药 ·· 92
第二节　治疗阿尔茨海默病药 ·· 95

第十四章　抗精神失常药 ··· 98
第一节　抗精神病药 ·· 98
第二节　抗抑郁症药和抗躁狂症药 ································ 102
第三节　抗焦虑症药 ·· 104
第四节　抗精神失常药用药护理 ···································· 104

第十五章　镇痛药 ··· 108
第一节　阿片受体激动药 ·· 109
第二节　阿片受体部分激动药 ·· 111
第三节　其他镇痛药 ·· 112
第四节　阿片受体阻断药 ·· 112

第五节 镇痛药用药护理 ……………………………………………………………… 113

第十六章 解热镇痛抗炎药 …………………………………………………………… 116
第一节 概述 …………………………………………………………………………… 116
第二节 常用解热镇痛抗炎药 ………………………………………………………… 117
第三节 解热镇痛药复方制剂 ………………………………………………………… 119
第四节 抗痛风药 ……………………………………………………………………… 120
第五节 解热镇痛抗炎药用药护理 …………………………………………………… 120

第十七章 中枢兴奋药与促大脑功能恢复药 ………………………………………… 124
第一节 大脑皮质兴奋药 ……………………………………………………………… 124
第二节 呼吸中枢兴奋药 ……………………………………………………………… 125
第三节 促大脑功能恢复药 …………………………………………………………… 126
第四节 中枢兴奋药和促大脑功能恢复药用药护理 ………………………………… 126

第十八章 利尿药与脱水药 …………………………………………………………… 129
第一节 利尿药 ………………………………………………………………………… 129
第二节 脱水药 ………………………………………………………………………… 133
第三节 利尿药与脱水药用药护理 …………………………………………………… 134

第十九章 抗高血压药 ………………………………………………………………… 137
第一节 抗高血压药的分类 …………………………………………………………… 138
第二节 常用抗高血压药 ……………………………………………………………… 138
第三节 其他抗高血压药 ……………………………………………………………… 142
第四节 抗高血压药的临床应用原则 ………………………………………………… 143
第五节 抗高血压药用药护理 ………………………………………………………… 144

第二十章 抗心力衰竭药 ……………………………………………………………… 147
第一节 正性肌力药 …………………………………………………………………… 148
第二节 减轻心脏负荷药 ……………………………………………………………… 151
第三节 肾素-血管紧张素-醛固酮系统抑制药 ……………………………………… 152
第四节 β受体阻断药 ………………………………………………………………… 152
第五节 抗心力衰竭药用药护理 ……………………………………………………… 153

第二十一章 抗心律失常药 …………………………………………………………… 156
第一节 抗心律失常药对心肌电生理的影响与药物分类 …………………………… 157
第二节 常用抗心律失常药 …………………………………………………………… 158
第三节 抗心律失常药用药护理 ……………………………………………………… 162

第二十二章 抗心绞痛药 ……………………………………………………………… 166
第一节 常用抗心绞痛药 ……………………………………………………………… 167
第二节 抗心绞痛药用药护理 ………………………………………………………… 169

第二十三章 调血脂药 … 173
- 第一节 高脂血症 … 173
- 第二节 调血脂药 … 174
- 第三节 调血脂药用药护理 … 176

第二十四章 作用于血液与造血系统的药物 … 179
- 第一节 抗血栓药 … 179
- 第二节 止血药 … 184
- 第三节 抗贫血药 … 186
- 第四节 促白细胞增生药 … 188
- 第五节 血容量扩充药 … 188

第二十五章 抗组胺药 … 192
- 第一节 H_1 受体阻断药 … 192
- 第二节 H_2 受体阻断药 … 194
- 第三节 抗组胺药用药护理 … 194

第二十六章 作用于消化系统的药物 … 196
- 第一节 抗消化性溃疡药 … 196
- 第二节 消化功能调节药 … 200
- 第三节 作用于消化系统的药物用药护理 … 203

第二十七章 作用于呼吸系统的药物 … 206
- 第一节 平喘药 … 206
- 第二节 镇咳药 … 210
- 第三节 祛痰药 … 211
- 第四节 作用于呼吸系统的药物用药护理 … 212

第二十八章 作用于子宫的药物 … 215
- 第一节 子宫平滑肌兴奋药 … 215
- 第二节 子宫平滑肌抑制药 … 217
- 第三节 作用于子宫的药物用药护理 … 218

第二十九章 肾上腺皮质激素类药 … 221
- 第一节 糖皮质激素类药 … 221
- 第二节 盐皮质激素类药 … 225
- 第三节 促肾上腺皮质激素与肾上腺皮质激素抑制药 … 225
- 第四节 肾上腺皮质激素类药用药护理 … 226

第三十章 降血糖药 … 230
- 第一节 胰岛素类 … 230

第二节 口服降血糖药 ………………………………………………………… 232
第三节 降血糖药用药护理 …………………………………………………… 234

第三十一章 甲状腺激素类药与抗甲状腺药 …………………………………… 237
第一节 甲状腺激素类药 ……………………………………………………… 237
第二节 抗甲状腺药 …………………………………………………………… 238
第三节 甲状腺激素类药与抗甲状腺药用药护理 …………………………… 240

第三十二章 性激素类与抗生育药 ………………………………………………… 243
第一节 雌激素类与抗雌激素类药 …………………………………………… 244
第二节 孕激素类与抗孕激素类药 …………………………………………… 245
第三节 雄激素类与抗雄激素类药 …………………………………………… 247
第四节 促性腺激素类药 ……………………………………………………… 248
第五节 抗生育药 ……………………………………………………………… 248
第六节 性激素类与抗生育药用药护理 ……………………………………… 250

第三十三章 抗菌药概述 …………………………………………………………… 253
第一节 抗菌药的常用术语 …………………………………………………… 253
第二节 抗菌药的作用机制 …………………………………………………… 254
第三节 细菌耐药性 …………………………………………………………… 255

第三十四章 抗生素 ………………………………………………………………… 258
第一节 β-内酰胺类抗生素 …………………………………………………… 258
第二节 大环内酯类抗生素 …………………………………………………… 263
第三节 氨基糖苷类抗生素 …………………………………………………… 265
第四节 其他常用的抗生素 …………………………………………………… 267
第五节 抗生素用药护理 ……………………………………………………… 270

第三十五章 人工合成抗菌药 ……………………………………………………… 273
第一节 喹诺酮类药 …………………………………………………………… 273
第二节 磺胺类药 ……………………………………………………………… 276
第三节 其他合成类抗菌药 …………………………………………………… 277
第四节 人工合成抗菌药用药护理 …………………………………………… 279

第三十六章 抗结核病药 …………………………………………………………… 282
第一节 常用抗结核病药 ……………………………………………………… 282
第二节 抗结核病药的应用原则 ……………………………………………… 284
第三节 抗结核病药用药护理 ………………………………………………… 285

第三十七章 抗真菌药 ……………………………………………………………… 288
第一节 抗浅部真菌药 ………………………………………………………… 289
第二节 抗深部真菌药 ………………………………………………………… 289

第三节　抗浅部、深部真菌药 …………………………………………………………… 291
　　第四节　抗真菌药用药护理 ……………………………………………………………… 291

第三十八章　抗病毒药 …………………………………………………………………… 294
　　第一节　常用抗病毒药 …………………………………………………………………… 294
　　第二节　抗病毒药用药护理 ……………………………………………………………… 298

第三十九章　消毒防腐药 ………………………………………………………………… 300
　　第一节　常用消毒防腐药 ………………………………………………………………… 300
　　第二节　消毒防腐药用药护理 …………………………………………………………… 303

第四十章　抗菌药的合理应用 …………………………………………………………… 306
　　第一节　抗菌药临床应用的基本原则 …………………………………………………… 306
　　第二节　抗菌药的联合应用 ……………………………………………………………… 308

第四十一章　抗寄生虫药 ………………………………………………………………… 311
　　第一节　抗疟药 …………………………………………………………………………… 311
　　第二节　抗阿米巴药和抗滴虫药 ………………………………………………………… 315
　　第三节　抗血吸虫药和抗丝虫药 ………………………………………………………… 316
　　第四节　抗肠蠕虫药 ……………………………………………………………………… 317
　　第五节　抗寄生虫药用药护理 …………………………………………………………… 318

第四十二章　抗恶性肿瘤药 ……………………………………………………………… 321
　　第一节　抗恶性肿瘤药概述 ……………………………………………………………… 321
　　第二节　常用抗恶性肿瘤药 ……………………………………………………………… 322
　　第三节　抗恶性肿瘤药用药护理 ………………………………………………………… 327

第四十三章　影响免疫功能的药物 ……………………………………………………… 330
　　第一节　免疫抑制药 ……………………………………………………………………… 330
　　第二节　免疫增强药 ……………………………………………………………………… 332
　　第三节　影响免疫功能的药物用药护理 ………………………………………………… 333

第四十四章　解毒药 ……………………………………………………………………… 336
　　第一节　常用解毒药 ……………………………………………………………………… 336
　　第二节　解毒药用药护理 ………………………………………………………………… 340

第四十五章　糖类、盐类药物及酸碱平衡调节药 ……………………………………… 343
　　第一节　糖类药物 ………………………………………………………………………… 343
　　第二节　盐类药物 ………………………………………………………………………… 344
　　第三节　酸碱平衡调节药 ………………………………………………………………… 345
　　第四节　糖类、盐类药物及酸碱平衡调节药用药护理 ………………………………… 345

第四十六章 维生素类及酶类药物 ··· 348
- 第一节 维生素类药物 ··· 348
- 第二节 酶类药物 ··· 351
- 第三节 维生素类及酶类药物用药护理 ··· 351

附录一 高危险药品 ··· 354

附录二 静脉滴注药物配伍禁忌表 ··· 356

主要参考文献 ··· 364

中英文专业词汇索引 ··· 365

第一章 绪 论

第一章数字资源

学习目标

1. 说出药物、药理学、药效学、药动学的基本概念。
2. 能运用药物和处方、医嘱知识正确执行处方和医嘱。
3. 联系用药护理（用药前、用药中、用药后）的基本内容和要求进行用药护理。
4. 具有爱岗敬业、遵法守纪、尊重生命的良好职业素养。

第一节 护理药理学概述

一、药理学的基本概念

（一）药物

药物是指能影响机体的生理生化功能及病理状态，可用于预防、治疗和诊断疾病的物质。药物是人类防治疾病的有力武器，但如果用药不当，可能产生严重的不良反应甚至危及生命，因此只有做到合理用药，才能保证安全、有效。

知识链接

药品与保健食品

项目	药品	保健食品
概念	是指用于预防、治疗、诊断疾病的物质	是指适宜特定人群食用，具有调节机体功能，但不以治疗疾病为目的，并且对人体不产生任何急性或慢性危害的食品
目标人群	特定疾病患者	特定人群
使用目的	预防、治疗、诊断疾病	调节机体功能，但不以治疗疾病为目的
危害性	可能产生不良反应	不产生任何急性或慢性危害
使用剂量	严格规定用药剂量	对食用量有规定
使用方法	各类给药途径	口服
使用期限	有明确的服用时限	可以长期食用
应用注意	在专业人员指导下甚至需要在医护人员监护下才能使用	不需要专业人员指导，可根据说明书和自身知识自行购买和使用
功能属性	药品	食品
示例	布洛芬、地西泮	维生素C泡腾片、蛋白质粉

考点提示

药物的概念。

（二）药理学

药理学是研究药物与机体（包括病原体）之间相互作用规律和作用机制的一门科学。药理学的研究内容包括药物效应动力学（pharmacodynamics，简称药效学）和药物代谢动力学（pharmacokinetics，简称药动学）两方面。药效学主要研究药物对机体的作用规律和作用机制；药动学主要研究机体对药物的处置过程及血药浓度随时间而变化的规律。药理学的任务是阐明药物与机体之间相互作用的机制和规律，为指导临床合理用药提供理论依据，为开发、研制新药提供线索，为探索生命的本质提供重要的科学依据。

（三）护理药理学

护理药理学是护理学与药理学交叉融合的应用型学科，是护理专业的一门重要的专业基础课程。其任务是以药理学理论为基础，阐明临床用药护理所必需的基本理论、基本知识和基本技能，帮助护理专业学生在未来护理工作岗位上，准确执行药物治疗方案，高效、合理地进行用药护理，确保临床用药安全、有效。

二、用药护理的基本内容和要求

用药护理是医疗护理工作的一项重要任务，护理人员身居医疗护理工作的第一线，既是药物治疗的执行者，也是患者用药前后的监护者，在临床用药监护过程中，应运用护理药理学知识和护理程序做好用药前、用药中和用药后的监护工作，充分发挥药物的最佳疗效，尽量防止和减少药物的不良反应，提高护理工作水平和医疗服务质量。

1. **用药前**　主要包括：①了解用药目的，熟悉处方、医嘱中所用药物的临床应用、不良反应、配伍禁忌、药品保管知识和外观质量检查方法等；②识别特殊患者，了解患者是否存在药物过敏史，了解特殊患者（老人、儿童、孕妇、哺乳期妇女、经期妇女、肝肾功能不良患者等）对所使用药物有无禁忌证等；③做好护患沟通、心理护理等配合措施。

2. **用药中**　主要包括：①必须按照处方、医嘱准确执行给药方案，严格执行"三查七对一注意"制度，避免发生医疗差错和事故；②注意药物给药途径及护理事项，如静脉注射药物特别是具有强刺激性的药物要防止药液外渗，并严密观察患者的反应；③向患者说明和解释用药后可能出现的不适反应，以提高患者用药的依从性；④采用非药物治疗措施加强药效，如采用物理降温可加速解热镇痛药对发热患者的解热作用；⑤认真观察和评估药物疗效，及时监护药物的不良反应，如有异常情况及时报告医生。

> **知识链接**
>
> **"三查七对一注意"制度**
>
> 三查：操作前查、操作中查、操作后查。
> 七对：对床号、姓名、药名、浓度、时间、剂量、用法。
> 一注意：注意用药前的过敏史、配伍禁忌和用药后的反应。

3. **用药后**　主要包括：①回顾、总结用药护理过程，协助医生评价、完善药物治疗方案；②实施健康教育，用药后，尤其是当患者出院时和进行家庭访视时，应向患者介绍或交代有关药物治疗的基本知识、非药物治疗措施、可能出现的药物不良反应及减少药物与食物间的不良相互作用等。

三、如何学好护理药理学

护理药理学是护理专业的一门重要的专业基础课程，内容多、涉及面广，要学好这门课程应做好以下几点。

1. 掌握课程特点　药理学是一门桥梁课程，与生理学、病原生物与免疫学、生物化学、病理学等医学基础学科联系密切，因此，要加强学习和掌握医学基础学科理论知识，才能加深对药物作用的理解和掌握。

2. 重点掌握各类代表药物　药理学内容丰富，药物品种繁多，容易遗忘和混淆，应重点掌握各类代表药物，熟悉或了解同类药物或相关药物的作用特点和区别，做到举一反三，触类旁通。

3. 加强预习、复习和练习　教材中设置了"学习目标""案例""知识链接""考点提示""思政园地"和"自测题"等模块，还制作了"课件、微课视频、案例解析、自测题参考答案"等数字资源，融"教、学、做、练"为一体。同学们要充分利用教学资源，做好课前预习，加强课后复习和练习，提高学习效果。

第二节　药品和处方与医嘱基础知识

临床用药护理是交叉融合的综合性学科，不仅需要药理学的知识与技能，还需要药学专业知识与技能，因此，掌握相关的药品和处方与医嘱基础知识对做好用药护理非常必要。

知识链接

药品与药物

药品是指可供临床直接使用的上市医药商品，必须具有明确的剂型、剂量、适应证、用法和用量的物质；药物是指能影响机体的生理生化功能及病理状态，可用于预防、治疗和诊断疾病的物质。药物比药品涵盖的范围更大，可能还在实验阶段，不一定可以上市，但具有药理活性。

一、药品基础知识

（一）药品的分类

药品品种繁多，分类方法不尽相同，这里主要介绍以下几种分类。

1. 处方药与非处方药

（1）处方药（POM）：指必须凭执业医师或执业助理医师处方才可调配、购买和使用的药品。处方药的用药方法、用药时间都有特殊要求，必须在医师指导下使用。

（2）非处方药（OTC）：指不需要凭执业医师或执业助理医师处方即可按药品说明书自行判断、购买和使用的药品。非处方药分为甲、乙两类，甲类非处方药要在药店药师的指导下购买和使用，乙类非处方药除了可在药店购买外，还可在超市、宾馆、百货商店等处购买。

2. 特殊管理药品

（1）麻醉药品：指连续使用后易产生生理依赖性（成瘾性）的药品，如吗啡、可待因、哌替啶。

（2）精神药品：指直接作用于中枢神经系统，使之兴奋或抑制，连续使用能产生依赖性的药品。我国生产和使用的精神药品分为两类。①第一类：不准在医药门市部零售的药品，如氯胺酮、哌甲酯、三唑仑、司可巴比妥、咖啡因；②第二类：定点药房可凭盖有医疗单位公章的医师处方零售的药品，如地西泮、阿普唑仑、苯巴比妥。

（3）医疗用毒性药品：指毒性剧烈、治疗剂量与中毒剂量相近、使用不当会使人中毒或死亡的药品，如洋地黄毒苷、阿托品。

（4）放射性药品：指用于临床诊断或者治疗的放射性核素制剂及其标记药物，如碘[^{131}I]化钠、镓[^{67}Ga]胶体、磷[^{32}P]酸铬、氯化亚铊[^{201}Tl]。医疗单位使用放射性药品，必须符合国家放射性同位素卫生防护管理的有关规定。

3. **国家基本药物**　指疗效确切、不良反应清楚、价格较低廉、适合国情、临床上必不可少的药品。国家基本药物目录是医疗卫生机构配备使用药品的依据。2018 年版《国家基本药物目录》总品种为 685 种，包括西药 417 种、中成药 268 种。

4. **国家医保药品**　指保证职工临床治疗必需的、纳入基本医疗保险给付范围内的药品。2023 年版《国家基本医疗保险、工伤保险和生育保险药品目录》（简称 2023 年版国家医保药品目录）于 2024 年 1 月 1 日起实施。2023 年版国家医保药品目录共收载 3088 种药品，包括西药 1698 种、中成药 1390 种；中药饮片仍为 892 种。

5. **高危险药品**　又称高警示药品，是指药理作用显著且迅速、易危害人体的药品，包括高浓度电解质制剂、肌肉松弛药及细胞毒性药物等（见附录一）。

（二）药物制剂常识

药物制剂是指原料药经加工制成具有一定形态和规格、便于使用和保存的药物制品。其具体形态称为剂型，临床常用制剂按其形态可分为固体制剂、液体制剂、半固体制剂三类。

1. **固体制剂**　这类制剂最为常用，尤其适用于长期应用和患者自行使用。

（1）片剂（tablet）：指药物与适宜的赋形剂混合，通过制剂技术制成的固体制剂，主要供口服。常用口服片剂类型主要有：①普通片，又称素片，如对乙酰氨基酚片；②包衣片，分为肠溶衣片（不能嚼碎服用，如胰酶肠溶片）、糖衣片（应密闭保存，如盐酸小檗碱片）、薄膜衣片（如乙酰螺旋霉素片）；③咀嚼片，于口腔中咀嚼后吞服，如铝碳酸镁片；④泡腾片，如维生素 C 泡腾片；⑤缓释片，能缓慢地、非恒速释放药物，具有血药浓度平稳、服用次数少且药物作用时间长等优点，如布洛芬缓释片；⑥控释片，能缓慢地、恒速释放药物，具有血药浓度平稳、药物作用时间长、副作用少并可减少服用次数等优点，如硝苯地平控释片；⑦其他口服片剂，包括分散片、口崩片等，可满足不同的治疗需要。

（2）胶囊剂（capsule）：指药物或加有辅料充填于空心胶囊内制成的制剂，分为硬胶囊、软胶囊、缓释胶囊、控释胶囊和肠溶胶囊。该剂型综合了散剂分散快和片剂便于使用等优点，较为常用，如氨苄西林胶囊。

（3）颗粒剂（granule）：又称冲剂，指药物与适宜的辅料制成的干燥颗粒状内服制剂。服用时用温开水将其冲化即可，其分散度好，应用价值较高，如板蓝根冲剂。

（4）丸剂（pill）：指原料药物与适宜的辅料混合制成的球形或类球形固体制剂，如藿香正气丸。中药丸剂包括蜜丸、水蜜丸、水丸、糊丸、蜡丸、浓缩丸和滴丸；化药丸剂包括滴丸、糖丸。

（5）其他固体制剂：包括散剂（powder）、微型胶囊（microencapsulation）、膜剂（membrane）等。

2. **液体制剂**　这类制剂需要液体介质，其分散度好，起效快，剂量易于调控。

（1）注射剂（injection）：指供注入人体内使用的药物无菌制剂，主要分为溶液型注射剂（如氯化钠注射液）、乳状型注射剂（如静脉营养脂肪乳注射液）、混悬型注射剂（如醋酸可的松注射液）、注射用无菌粉末（如青霉素粉针剂）四种类型。注射剂具有药效迅速的特点，适用于抢救危重症患者。

（2）溶液剂（solution）：指非挥发性药物的澄明的水溶液，可供内服和外用。外用溶液应在瓶签上注明"外用"及"切勿内服"字样。

（3）酊剂（tincture）：指一定浓度生药的乙醇浸出液或化学药品的乙醇溶液，如橙皮酊。

（4）合剂（misture）：指含有可溶性或不溶性粉末药物的透明或悬浊液，多供内服，如胃蛋白酶合剂。

（5）糖浆剂（syrup）：指含有药物或芳香物质的近饱和浓度的蔗糖水溶液，如可待因糖浆。

（6）流浸膏（liquid extract）：指生药材的浸出液，经浓缩调整其浓度至规定标准后的液体制剂。一般每毫升应与原生药 1 g 相当，如益母草流浸膏。

（7）其他液体剂型：如水剂（water, aqua）、洗剂（loticn）、胶浆剂（mucilage）、喷雾剂（spray）、气雾剂（aerosol）、滴眼剂（eye drop）、滴鼻剂（nasal drop）。

3. 半固体制剂　这类剂型介于固体剂型和液体剂型之间，其分散度较好，作用时间较长，适于外用。

（1）软膏剂（ointment）：指将药物与适宜基质混合均匀制成的半固体外用制剂，多供皮肤、黏膜用药，如硫磺软膏。

（2）眼膏剂（eye ointment）：指供眼用的细腻灭菌软膏，如红霉素眼膏。

（3）栓剂（suppository）：指供人体腔道内给药的半固体制剂，其形状和大小因用药腔道而异，进入人体腔道后可软化、溶解、释放出药物，如咪康唑阴道栓。

（三）药品保管基础知识

药品保管是保证药品质量和保障临床安全用药的重要措施，护理人员应严格按照《中华人民共和国药典》及其他药品标准规定的贮存条件及要求实施，防止药品变质，确保药品质量。

1. 药品保管的基本要求

（1）分类存放：根据药品种类和性质分类存放，并定期检查清点；内服药、外用药、注射药物应分类存放，以防误用。

（2）一般药品：一般在室温保管，应防止受热、受潮、阳光直射；某些药品需冷藏、避光，以防变质。

（3）特殊管理药品：需专柜存放，加双锁，交班时要清点等。

（4）高危险药品：应设专门的存放药架，并做到标识醒目。

（5）易致敏药物：应用易发生过敏反应的药物时，要特别注意患者有无过敏史；在进行皮肤过敏试验（简称皮试）的同时要准备好急救用药。

（6）个体专用药：患者专用的特种药物应单独存放，并注明床号、姓名。

（7）定期检查：定期检查药品质量和有效期，保持先进先出，确保药品安全有效。

2. 药品的外观质量检查　药品的外观质量检查是通过人的视觉、触觉、听觉、嗅觉等感官试验，对药品的外观形状，药物的包装、容器、标签进行检查，以判定药品的质量优劣。

（1）包装：应检查药品包装的形态、颜色有无变化，各种指示标记、封口、说明等是否齐全、完好。主要检查封口、容器和标签等。①封口：注意检查片剂、颗粒剂、胶囊剂的薄型塑料袋封口是否出现皱缩、焦痕、袋内空气等现象；②容器：容器是否有裂缝；对针剂检查是否为曲颈易折安瓿（因直颈安瓿不准使用），封口是否良好，铝盖有无松动等；③标签：应检查药品的标签是否完整，标签上字迹是否清晰，如有缺损和（或）字迹模糊难于辨认则不可使用。

（2）药品外观检查：将包装容器打开，对药品的剂型、颜色、味道、气味、形态等情况进行重点检查。①注射剂：水针剂检查澄明度，色泽有无变化；粉针剂检查是否粘瓶、结块、变色等。②片剂：有无吸潮、变形、变色、裂片等。③散剂：有无吸潮结块、发黏、生霉、变色等。④胶囊剂：有无软化、破裂、变形、内容物收缩、结块等。⑤眼药水：有无浑浊、沉淀产生等。⑥酊剂、糖浆剂、乳剂、软膏剂及流浸膏剂：有无挥发、沉淀、发霉、变色、酸败等现象。

3. 药品常用标识

（1）药品的批准文号：供医疗使用的药品必须要有国家药品行政管理部门批准生产的文号，这是药品生产、上市、使用的依据。现统一格式为"国药准（试）字+1位字母+8位数字"：①"准"字代表国家批准正式生产的药品，"试"字代表国家批准试生产的药品。②1位字母：为汉语拼音字母，代表药品的类别。如"H"代表化学药品，"Z"代表中药，"B"代表保健药品，"S"代表生物制品，"J"代表进口分装药品。③8位数字：第1位、第2位代表批准文号的来源，第3位、第4位表示批准该药品生产的公元年号的后两位数字，第5、6、7、8位数字为顺序号。

（2）批号（lot number，batch number）：指用于识别"批"的一组数字或字母加数字，以保证药品的可追溯性。一般采用8位数字表示批号，前4位表示年，第5位、第6位表示月，末2位表示日期，如2023年1月1日生产的药品批号一般写为20230101。

（3）有效期（validity）：指在规定的贮存条件下能够保证药品质量的期限。药品有效期最长期限不应超过5年。例如，某药品有效期至2023年12月31日，表明此药品可使用到此日期，从2024年1月1日起不准使用。有的药品标明有效期的年限，则可从该药品的批号推算其有效期，如某药品批号为20230430，有效期2年，则该药品可用至2025年4月29日。

（4）失效期（expiration date）：指药品在规定的贮存条件下，质量开始下降，达不到原质量标准的时间，如某药品标明失效期为2023年1月，则表示该药品只能使用至2022年12月31日。

 考点提示

药品有效期、失效期。

二、处方与医嘱基础知识

（一）处方

1. 处方的概念和种类

（1）处方（prescription，recipe）：指由注册的执业医师或执业助理医师在诊疗活动中为患者开具的，由药学专业技术人员审核、调配、核对，并作为医疗用药发药凭证的医疗文书。处方也是患者取药的依据，并具有法律凭证作用。

（2）处方种类：处方一般包括医疗处方、法定处方和协定处方三类。在临床医疗工作中以医疗处方最常用。

执行处方是护士的日常工作，关系到患者治疗效果和健康安危，必须认真对待，严格实行"三查七对一注意"制度，若有疑问，应及时与医师联系，不得擅作主张，以保证护理安全，提高护理质量。

2. 医疗处方的结构　现行医疗处方的结构分三部分：前记、正文和后记。

（1）前记：包括医疗卫生机构的名称、处方笺编号、患者信息、门诊或住院病历号、科别或病室和床位号、临床诊断、开具日期等，并可添列专科要求的项目。

（2）正文：以 Rp 或 R（拉丁文 Recipe 的缩写，即"请取"）或者汉字"取"标示，分列药品名称、剂型、规格、数量、用法等。

（3）后记：医师签名或加盖专用签章以示负责，并标有药品划价的金额，以及审核、调配、核对、发药的药学专业技术人员签名。

3. 医疗处方的书写规则

（1）由具有处方权的医师按规定格式在专用处方笺上以钢笔或圆珠笔书写。麻醉药品处方、急诊处方、儿科处方、普通处方的印刷用纸应分别为淡红色、淡黄色、淡绿色、白色，并在右上角以文字注明。处方必须字迹清楚，不得涂改，如有修改，必须在修改处签名及注明修改日期。处方内容要书写完整。

（2）药品名称以《中华人民共和国药典》和《中国药品通用名称》收载的名称或经国家批准的专利药品名称为准，如无收载，可采用通用名或商品名。药品名称的简写或缩写必须为国内通用写法，不得自行编制药品缩写名或代号。开写多个药物时，应按作用主次顺序书写。

（3）药品剂量与数量一律用阿拉伯数字书写。剂量应当使用国际单位制（SI）单位：重量以克（g）、毫克（mg）、微克（μg）、纳克（ng）为单位；容量以升（L）、毫升（ml）为单位，也可用国际单位（IU）、单位（U）。处方中一般使用常用剂量，需超剂量使用时，应注明原因并再次签名。

（4）普通处方中药物总量一般以 3 日用量为宜，7 日用量为限；急诊处方一般不得超过 3 日用量；对于某些慢性病、老年病或特殊情况，处方中用药时间可适当延长，但医师必须注明理由。麻醉药品每张处方注射剂不得超过 2 日常用量，片剂、酊剂、糖浆剂等不超过 3 日常用量，连续使用不得超过 7 日；第一类精神药品每次处方剂量不得超过 3 日常用量，第二类精神药品每次处方剂量不得超过 7 日常用量；医疗用毒性药品每次处方剂量不得超过 2 日极量。医务人员不得为自己开写处方使用麻醉药品。开写麻醉药品一定要用淡红色处方以示区别，同时应有病历记录。医师开具处方后应在空白处画一斜线，以示处方完毕。

（5）麻醉药品、精神药品、医疗用毒性药品等特殊管理药品的处方、急诊处方当日有效。门诊处方为开具当日有效；特殊情况下需延长有效期限的，由开具处方的医师注明有效期限，但最长不超过 3 天。

（6）用计算机开具普通处方时，需同时打印纸质处方，其格式与手写处方一致。打印的处方经签名后方可有效。

（7）护士在执行处方过程中，若发现有不符合规定的处方时，必须及时请处方医师给予处理。严禁执行超过极量而未注明原因、修改却未重新签字、用法用量错误、内容含糊不清等不符合规定的处方。

4. 处方举例

（1）单量法：片剂、丸剂、胶囊剂、栓剂、安瓿剂等常用单量法。例如：

Rp.

    阿莫西林胶囊   0.25 g × 24

    用法：一次 0.5 g，一日 4 次，口服

（2）总量法：大容量注射剂、溶液剂、酊剂、合剂、软膏剂、糖浆剂等常用总量法。例如：

Rp.

    胃蛋白酶合剂   100 ml

    用法：一次 10 ml，一日 3 次，饭后服

5. 处方常用外文缩写　为方便书写处方，常用拉丁文或英文缩写词来代替汉字，其中以给药途径、给药次数、给药时间及药物剂型等使用较多。处方中常用的外文缩写见表 1-1。

表 1-1 处方中常用的外文缩写

拉丁文缩写	中文意义	拉丁文缩写	中文意义
a.c.	饭前	Pr.ocul.	眼用
p.c.	饭后	Pr.nar.	鼻用
a.m.	上午	Pr.aur.	耳用
p.m.	下午	p.rect.	灌肠
q.m.	每晨	Tab.	片剂
q.n.	每晚	Amp.	安瓿剂
h.s.	睡前	Inj.	注射剂
q.d.	每日1次	Caps.	胶囊剂
s.i.d.	每日1次	Ocul.	眼膏剂
b.i.d.	每日2次	Sol.	溶液剂
t.i.d.	每日3次	Syr.	糖浆剂
q.i.d.	每日4次	Ung.	软膏剂
q.o.d.	隔日一次	Emul.	乳剂
q.h.	每小时一次	Extr.	浸膏
q.4h.	每4小时一次	Lot.	洗剂
st. 或 stat.!	立即	Tr.	酊剂
S.O.S.	需要时（只一次）	Ol.	油剂
p.r.n.	必要时用（可重复）	Past.	糊剂
Cito	急速地	Loz.	喉片
lent	缓慢	Mist. 或 Mixt.	合剂
Pr.dos.	一次量，顿服	Rp. 或 R.	请取
i.d.	皮内注射	Sig.	标记（用法）
i.h.	皮下注射	co. 或 comp.	复方的
i.m.	肌内注射	aa	各
i.v.	静脉注射	ad	加至
i.v.gtt.	静脉滴注	No.	数目，号
p.o.	口服	fort.	浓的
Adus.ext.	外用	dil.	稀的
Pr.inf.	婴儿用	q.s.	适量

（二）医嘱

医嘱是指医师在医疗活动中为患者制定的各种诊疗的具体措施，医嘱单必须经主治医师亲自填写，如由实习医师填写需带教老师批准审查后方可有效。

1. 医嘱书写规则

（1）药品名称要规范，一般使用中文全药名，并且包括剂型和酸碱成盐名称，也可使用规范缩写，不可使用化学分子式或自造药名缩写等。

（2）液体剂型必须写明浓度，并以毫升（ml）为单位，固体剂型以克（g）、毫克（mg）、微克（μg）为单位，抗生素和生物制品可用单位或国际单位（U 或 IU）为单位，其中毫升和克的单位可以省略不写。

（3）每项医嘱依次写明药名、剂型、规格、每次剂量、给药次数、给药途径、给药时间和给药部位，可以使用处方专用拉丁文缩写词。

（4）非静脉给药时，如数种药物并用，每种药物单独排列，注明序号，并都要写明用法，不可以合并只写一个用法；静脉给药时，如数种药物并用，首先写明溶媒，其次按主次顺序排列书写药名，用法另起一行，并标明滴速等。

（5）需要做皮试的医嘱，医师应在需皮试的药物后面标注"皮试（ ）"。皮试后由操作者等2人判定结果，用红色"+"或蓝色"−"标记在"（ ）"中。

2. 医嘱实例

青霉素钠盐注射剂 100 万单位　一日 2 次　皮试阴性后肌内注射

地西泮片 5 mg　一日 1 次　睡前服用

（三）处方和医嘱的执行

执行处方和医嘱是用药护理的首要工作，要求：①认真阅读处方和医嘱，准确把握给药方案，对不确定之处要及时与医生沟通，切忌按经验处理；②了解医嘱和处方相关的药物学知识，准备好药品和器械，必要时还要备好抢救药品和器械；③要根据护理操作规范和护理程序做好用药前的各项准备工作，认真、规范给药，仔细观察评估用药中和用药后患者的反应，发现异常情况及时采取措施，及时通报医生；④认真做好护理评价，协助医生正确评价给药方案，及时调整和修改给药方案，做好患者和家属的教育宣传和心理护理工作。

思政园地

珍爱生命　远离毒品

《中华人民共和国刑法》第 357 条规定：毒品，是指鸦片、海洛因、甲基苯丙胺（冰毒）、吗啡、大麻、可卡因以及国家规定管制的其他能使人形成瘾癖的麻醉药品和精神药品。毒品严重危害身心健康、家庭幸福和社会安定，是人类社会的公害，是涉及公共安全的重要问题！中国共产党第十八次全国代表大会以来，习近平总书记多次就禁毒工作发表重要讲话、做出重要指示："禁绝毒品，功在当代，利在千秋。禁毒工作事关国家安危、民族兴衰、人民福祉，厉行禁毒是党和政府的一贯立场和主张。"作为中国新时代的青年大学生，同学们要时时牢记习近平总书记有关禁毒工作的重要指示精神，深刻认识接触毒品的危害及后果，不断提升防毒禁毒意识，珍爱生命，拒绝毒品，远离毒品！

自　测　题

一、选择题

A₁ 型题

1. 药物是

    A. 能干扰细胞代谢活动的化学物质

    B. 具有滋补营养、保健康复作用的物质

    C. 能改变细胞代谢的化学物质

D. 能影响机体的生理生化功能及病理状态，可用于预防、治疗和诊断疾病的物质

E. 能影响机体生理功能的物质

2. 下列哪项不属于护理药理学的研究内容

A. 患者的健康评估

B. 护理药理学的基本理论和基本概念

C. 各类药的药理作用

D. 各类药的临床应用

E. 各类药常见的不良反应

3. 不属于特殊管理药品的是

A. 麻醉药品　　　　　　B. 精神药品　　　　　　C. 医疗用毒性药品

D. 放射性药品　　　　　E. 抗肿瘤药

4. 有关"高危险药品"描述错误的是

A. 高危险药品是指药理作用显著且迅速、易危害人体的药品

B. 高危险药品包括高浓度电解质制剂、肌肉松弛剂和细胞毒化药品等

C. 是药三分毒，药品都属于高危险药品

D. 高危险药品应设置专门的存放区域

E. 高危险药品存放药架应做到标识醒目

5. 有关"非处方药"描述正确的是

A. 必须凭执业医师或执业助理医师处方才可调配、购买和使用的药品

B. 不需要凭执业医师或执业助理医师处方即可自行判断、购买和使用

C. 甲类非处方药可在超市、宾馆、百货商店等处购买

D. 乙类非处方药要在药店药师的指导下才可购买和使用

E. 必须在医院药房才可以调配、购买和使用的药品

6. 有关"处方药"描述正确的是

A. 必须凭执业医师或执业助理医师处方才可调配、购买和使用的药品

B. 不需要凭执业医师或执业助理医师处方即可自行判断、购买和使用的药品

C. 处方药可在超市、宾馆、百货商店等处购买

D. 处方药的用药方法、时间没有特殊要求

E. 消费者有权自主选购处方药，并按标签和说明书所示内容使用

7. 下列不属于非处方药的常用剂型的是

A. 片剂　　　　　　　　B. 胶囊剂　　　　　　　C. 注射剂

D. 乳膏剂　　　　　　　E. 颗粒剂

8. 医师书写处方应该字迹清楚，不得涂改。如需修改，应该在修改处

A. 签名　　　　　　　　B. 标示　　　　　　　　C. 明显标示

D. 注明日期　　　　　　E. 签名并注明修改日期

9. 以下处方"正文"中，中文意思是"1日1次"的是

A. q.n.　　　　　　　　B. q.h.　　　　　　　　C. q.d.

D. q.o.d.　　　　　　　E. q.i.d.

10. 某药失效期标明为2025年1月，则表示该药只能用至

A. 2024年12月31日　　B. 2024年12月1日　　C. 2025年1月1日

D. 2025年1月31日　　　E. 2025年2月1日

二、简答题

1. 用药护理可以分为哪三个环节？每个环节的内容和要求有哪些？
2. 简述"三查七对一注意"制度的具体内容。

三、案例分析

患者，男，23岁，因大叶性肺炎入院治疗，医生为其开出临时医嘱如下：
①复方止咳糖浆 10 ml　一日2次　口服
②复方氨林巴比妥注射液 2 ml　肌内注射
③青霉素皮试（　　）
④0.9% 氯化钠注射液 500 ml　青霉素G钠注射液 800万U　一日1次　静脉滴注
⑤0.2% 氧氟沙星注射液 200 ml　一日1次　静脉滴注
请回答：
护士在拿到上述医嘱后，应如何进行用药护理？

（杨丽珠）

第二章　药物效应动力学

学习目标

1. 说出常用概念，列举药物作用的主要类型。
2. 说出药物作用机制的分类，解释药物作用的受体理论。
3. 说明药物作用的量效关系、量效曲线及临床意义。
4. 总结防治作用和不良反应的类型及特点。
5. 具有安全用药意识、质量意识和环保意识。

案例 2-1

患者，男，40岁，腹痛，腹泻，急诊入院，医生诊断为急性胃肠炎，给予治疗药物：诺氟沙星胶囊，每次 0.2 g，每日 2 次；盐酸消旋山莨菪碱注射剂 5 mg，立即肌内注射。给药后患者腹痛减轻，但出现口干、面红等症状。

问题与思考：
1. 医生给予的两种治疗药物，哪个属于对因治疗？哪个属于对症治疗？
2. 给药后患者出现的口干、面红等症状属于哪种类型的药物不良反应？

药物效应动力学（pharmacodynamics），简称药效学，主要研究药物对机体的作用规律及其作用机制。

第一节　药物作用的基本规律

一、药物的基本作用

药物的基本作用分为兴奋作用和抑制作用。

1. 兴奋作用　凡能使机体原有生理、生化功能增强的作用称为兴奋作用，如升高血压、兴奋呼吸。
2. 抑制作用　凡能使机体原有生理、生化功能降低的作用称为抑制作用，如降压、镇静、催眠。

一种药物对不同组织和器官可分别产生兴奋和抑制作用，如肾上腺素可收缩皮肤、黏膜血管（兴奋作用），舒张骨骼肌血管及松弛支气管平滑肌（抑制作用）。药物的兴奋和抑制作用在一定条件下可以相互转化，如中枢兴奋药咖啡因使用过量时，可导致呼吸中枢兴奋过度转为呼吸抑制或呼吸衰竭。

二、药物作用的类型

1. 局部作用和吸收作用

（1）局部作用：指药物在吸收进入血液循环之前、在用药部位所产生的效应，如局部麻醉药普鲁卡因局部注射后对外周神经的麻醉作用，抗酸药中和胃酸作用。

（2）吸收作用：又称全身作用，是指药物吸收进入血液循环分布到全身各组织器官所发生的作用，如口服麻黄碱吸收后能扩张支气管。有些外用药也可通过皮肤或黏膜吸收而产生吸收作用，甚至引起中毒，故在用药护理时必须注意。有些药物口服不易吸收，只能在肠道产生局部作用，如口服硫酸镁具有导泻作用，口服庆大霉素在肠道内可发挥杀菌作用等。

2. 直接作用和间接作用　药物直接作用于组织或器官引起的效应称为直接作用，而由直接作用引发的其他作用称为间接作用或继发作用。例如，去甲肾上腺素有升高血压和减慢心率两种效应：前者是去甲肾上腺素激动血管平滑肌上α受体的结果，属于直接作用；后者是由于血压升高反射性引起的心率减慢，属于间接作用。

3. 选择作用　在一定剂量范围内，药物对某些组织和器官在作用性质和（或）作用强度方面的差异称为选择作用。例如，抗心力衰竭药地高辛对心肌有很强的选择性，很小剂量就具有正性肌力作用；而对骨骼肌和平滑肌，即使应用很大剂量也无作用。药物作用的选择性与药物在体内的分布、机体组织器官的结构及生化功能等方面的差异有关。

药物的选择作用具有重要的意义，主要有：①理论上可作为药物分类的基础；②临床上可作为选择用药的依据；③可作为药物疗效评价的依据，药物作用的选择性越高，其作用范围越小，针对性越强，不良反应相对较少，疗效较好，而药物作用的选择性越低，其作用范围越广泛，针对性越不强，不良反应相对较多，疗效较低。

药物的选择作用是相对的，与用药的剂量有关。随着用药剂量增加，药物作用范围逐渐扩大，选择性逐渐下降，甚至出现毒性反应，如尼可刹米在治疗剂量时可选择性兴奋延髓呼吸中枢，剂量过大时可引起中枢神经系统广泛兴奋，甚至惊厥。所以，临床用药护理时，既要考虑药物的选择作用，还要严格掌握药物剂量，以保证用药的安全有效。

 考点提示

药物选择作用的临床意义。

三、药物作用的两重性

药物既可防治疾病，也可给患者带来不良反应，故药物具有两重性，即防治作用和不良反应。

（一）防治作用

防治作用可分为预防作用和治疗作用。

1. 预防作用　指提前用药以防止疾病或症状发生的作用，如服用小剂量阿司匹林用于防治血栓性疾病。

2. 治疗作用　指符合用药目的、能够达到治疗效果的作用。根据用药目的的不同，治疗作用又可分为对因治疗和对症治疗。

（1）对因治疗：指用药目的在于消除原发致病因子，又称治本。如使用青霉素治疗革兰氏阳性球菌感染引起的扁桃体炎。补充体内营养或内源性物质（如激素）不足的治疗称为补充治疗，又称替代疗法，可部分起到对因治疗作用，但应注意引起缺乏的原因。

（2）对症治疗：用药目的在于改善疾病症状或减轻患者痛苦，又称治标。如使用阿司匹林缓解神经痛、肌肉痛等。

一般情况下，对因治疗比对症治疗更为重要，但在休克、惊厥、心力衰竭、高热等危重急症或病因未明时，采取对症治疗比对因治疗更为迫切，因为通过对症治疗可防止病情恶化，为对因治疗赢得时间。因此，临床上应遵循"急则治标，缓则治本，标本兼治"的原则。

 考点提示

对因治疗和对症治疗。

（二）不良反应（adverse reaction）

不良反应是指用药后所出现的与用药目的无关的、给患者带来不适甚至有害的反应。药物不良反应主要有以下几种类型。

1. **副作用（side reaction）** 指药物在治疗剂量时出现的与治疗目的无关的作用，又称副反应。副作用的主要特点：①在治疗量时出现，是药物固有的、不可避免的反应；②可给患者带来不适或痛苦，但危害不大；③一般是停药后可以恢复的功能性变化；④防治作用与副作用可以随用药目的的改变而改变。例如，阿托品具有松弛内脏平滑肌和抑制腺体分泌的作用，当利用其松弛内脏平滑肌的作用治疗胃肠绞痛时，抑制腺体分泌引起口干则是副作用；而利用其抑制腺体分泌作用减少呼吸道腺体分泌时，则松弛内脏平滑肌而导致的腹气胀和尿潴留则成为副作用。针对可能出现的副作用，在用药护理时，应提前告知患者或采取必要的预防措施，避免发生不必要的恐慌；如用药后出现较明显的副作用，应采取相应的治疗措施。

2. **毒性反应（toxic reaction）** 是指药物在用量过大、用药时间过长或机体对药物敏感性过高时产生的对机体有明显损害的反应。因此，在临床用药护理工作中，应密切观察毒性反应，注意用药剂量和给药间隔时间。

（1）主要类型：①急性毒性反应，指用药后立即出现的毒性反应；②亚急性或慢性毒性反应，指长期用药后因药物蓄积而缓慢出现的毒性反应；③"三致"反应，指药物的致癌（carcinogenesis）、致畸胎（teratogenesis）、致突变（mutagenesis）作用的合称，属于特殊的慢性毒性反应。

（2）主要特点：①大于治疗量时出现，是可以预知的，应尽量避免发生；②一般比较严重，危害较大，少数较严重的可导致机体组织器官发生功能性或器质性损害的不良反应称为药源性疾病，如链霉素引起的永久性耳聋；③毒性反应表现多样，常见的毒性反应有胃肠道反应、中枢神经系统反应、心血管系统反应、造血系统反应及肝、肾功能损害等。

知识链接

药源性疾病

药品是一把"双刃剑"，既是"治病"的重要武器，也是"致病"的重要因素。我国发生的"克林霉素磷酸酯注射液"事件、云南"刺五加注射液"事件、黑龙江"双黄连注射剂"事件等药害事件所暴露的药品安全性问题引起了社会的广泛关注和有关部门的高度重视，也使人们对药源性疾病的危害有了充分认识。

药源性疾病，又称药物诱发性疾病，是医源性疾病的最主要组成部分，是指在防治疾病过程中，所用药物因药物（或其代谢物）本身的作用、药物相互作用及药物使用引起人体器官或组织发生功能性或器质性损害而出现各种临床症状和体征的疾病。药源性疾病是药物不良反应的后果，不仅包括正常剂量、正常用法下出现的药物不良反应，也包括因误用、滥用、超剂量应用等用药错误导致的疾病。药源性疾病除了可累及肝、肾、心脏、肺等重要器官，还包括过敏反应、血液病、眼损害、耳损害、神经损害、生殖功能损害及营养不良等。

3. 变态反应（allergy） 指少数人对某些药物产生的病理性免疫反应，又称过敏反应。变态反应主要特点：①常见于过敏体质患者；②与用药剂量无关；③不易预知；④结构相似的药物可发生交叉过敏反应；⑤不同药物所产生的过敏反应症状相类似，轻者表现为皮疹、发热、血管神经性水肿、哮喘等，严重者可出现剥脱性皮炎、过敏性休克甚至危及生命。对于易致过敏反应的药物或过敏体质的患者，用药前应详细询问患者有无药物过敏史，并做皮肤过敏试验，阳性反应者应禁用。

4. 特异质反应（idiosyncratic reaction） 指少数特异体质患者对某些药物所产生的特殊反应，是一类先天性遗传异常反应，如葡萄糖-6-磷酸脱氢酶（G6PD）缺乏的患者，使用伯氨喹和磺胺类药时可引起急性溶血反应。

5. 后遗效应（after effect） 指停药后血药浓度已降至最低有效浓度以下时残存的药理效应，如服用苯巴比妥催眠时次晨出现嗜睡、乏力、困倦等现象。

6. 继发反应（secondary reaction） 指药物在发挥治疗作用的同时引起的不良后果，又称治疗矛盾。如长期使用广谱抗菌药时，肠道内敏感菌被抑制或杀灭，不敏感菌大量繁殖生长所致的继发感染，即二重感染。

7. 停药反应（withdrawal reaction） 指长期应用某些药物突然停药出现的症状，又称撤药反应。若为原有疾病复发或加重则称为反跳现象，如长期应用普萘洛尔治疗高血压，突然停药可出现血压急剧回升。

8. 耐受性（tolerance） 指连续用药后机体对药物的反应性降低，必须增加药物剂量方可达到原有药物效应的现象。一般停药后机体对药物的反应性可逐渐恢复到原有水平。若是病原体或肿瘤细胞对药物的敏感性降低则称为耐药性（drug resistance）或抗药性。

9. 药物依赖性 包括心理依赖性（physiological dependence）和生理依赖性（physical dependence）。①心理依赖性：又称精神依赖性、习惯性，是指连续反复用药所引起的人体心理上对药物的依赖状态，中断用药则会产生继续用药的强烈欲望，但停药时一般不出现戒断症状。易产生心理依赖性的药物称为精神药品，如中枢兴奋药咖啡因。②生理依赖性：又称身体依赖性、成瘾性，是指连续反复用药所引起的人体生理上对药物的依赖状态，一旦停药，可出现强烈的戒断症状，渴望继续再次用药。易产生生理依赖性的药物称为麻醉药品，如镇痛药吗啡。

由于麻醉药品和精神药品对家庭、社会可能造成一定的危害，为加强麻醉药品和精神药品的管理，保证麻醉药品和精神药品的合法、安全、合理使用，我国2016年修订施行的《麻醉药品和精神药品管理条例》，对麻醉药品和精神药品的实验研究、生产、经营、使用、储存、运输等活动及监督管理进行了严格的规定，凡接触麻醉药品和精神药品的医药工作者必须严格遵守。

考点提示

药物不良反应的主要类型及特点。

第二节 药物的量效关系

一、药物的剂量与效应

在一定范围内，剂量越大，血药浓度越高，药物作用就越强，但超出这一定范围则可能无效或引起中毒甚至死亡，这称为药物的量效关系。根据剂量与效应的关系，剂量可分为以下几种。

1. 无效量 由于用药剂量过小，在体内不能达到有效浓度，不出现治疗作用的剂量。

2. 最小有效量　刚能引起药物效应的最小剂量或最小药物浓度,又称阈剂量或阈浓度。

3. 极量　能引起最大效应但尚未引起毒性反应的剂量,又称最大治疗量,是由国家药典规定的安全用药的极限,非特殊情况一般不得超过极量使用。

4. 最小中毒量　药物引起毒性反应的最小剂量。

5. 最小致死量　药物引起死亡的最小剂量。

6. 半数有效量（ED_{50}）　指能产生50%最大效应（量反应）或50%阳性反应（质反应）的剂量或浓度,是反映药物治疗效应的重要参数。

7. 半数致死量（LD_{50}）　指能引起半数实验动物死亡的剂量,是反映药物毒性大小的重要参数。

8. 有效量　介于最小有效量和最大治疗量之间的用药剂量。临床用药时,为了保证用药的安全和有效,常采用比最小有效量大些、比最大治疗量小些的剂量,称为临床常用量。

9. 安全范围　介于药物最小有效量和最小中毒量之间的剂量范围,又称治疗作用宽度,表示药物的安全性,此范围越大越安全。

10. 治疗指数（TI）　是半数致死量与半数有效量的比值,即LD_{50}/ED_{50},比值越大,药物的安全性越高。

二、量效曲线

药物的量效关系可用量效曲线来表示。以纵坐标表示药物的效应,以横坐标表示药物的剂量,所绘制的曲线称为量效曲线。量效曲线也常用浓度-效应曲线表示。量效曲线分为量反应量效曲线和质反应量效曲线两种。

三、量效曲线的意义

1. 量反应量效曲线　药物效应为可测量的数据,如心率、血压、呼吸频率、尿量,这种反应类型称为量反应。以药物效应（E）为纵坐标,剂量或浓度（C）为横坐标作图,其量效曲线为长尾S形;如将横坐标剂量改用对数剂量表示,其量效曲线呈对称S形（图2-1）。

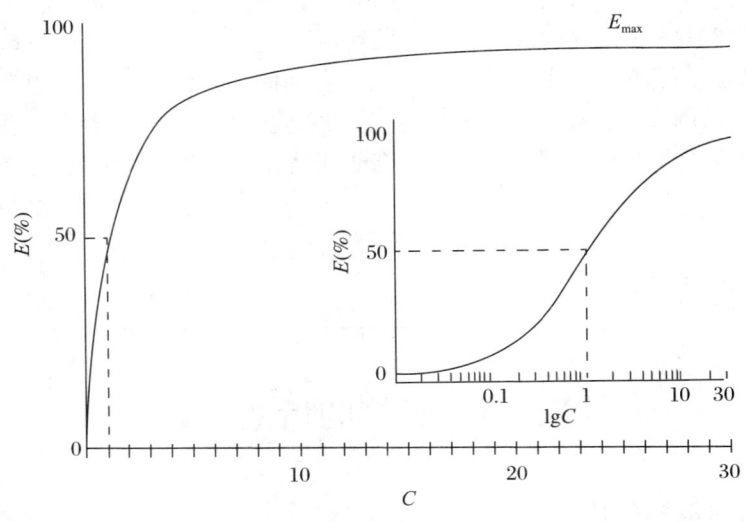

图 2-1　量反应量效曲线

从量效曲线可看出药物剂量或浓度与药物效应强度的关系。随着药物剂量或浓度的增加,药物效应逐渐增强,当增强至最大程度时,即使再增加剂量或浓度,药物效应也不再增强,此时的效应称为最大效应（maximal effect），又称效能（efficacy），效能反映了药物的内在活性。药物达到一定效应时所需的药物剂量或浓度称为药物的效价强度（potency），简称效价，产生相等效应时所需的药物剂量或浓度越小则效价强度越大。

效能和效价反映药物的不同性质，可用于评价同类药物不同品种药物的作用特点，如四种利尿药以每日排钠量为效应指标进行比较，呋塞米效能最强，环戊噻嗪效价最大（图2-2）。

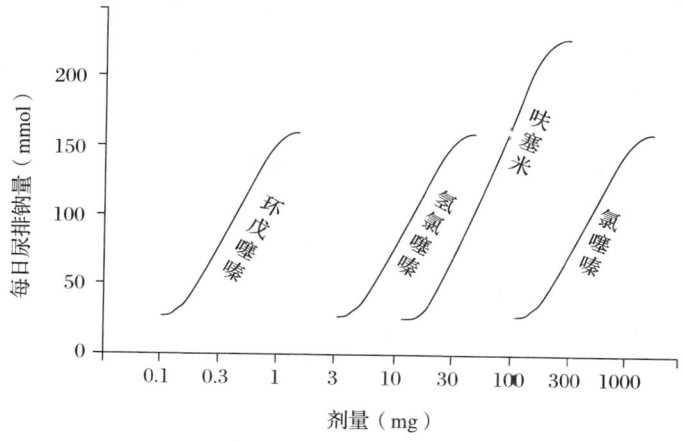

图 2-2 四种利尿药的效能与效价的比较

 考点提示

效能（最大效应）和效价。

2. 质反应量效曲线　药物效应不能计量，只能用全或无、阳性或阴性表示，这种反应类型称为质反应，如有效或无效、生存或死亡。以对数剂量为横坐标，反应率为纵坐标，其量效曲线呈正态分布，如将纵坐标改为累加阳性率，其量效曲线也呈对称 S 形（图 2-3）。

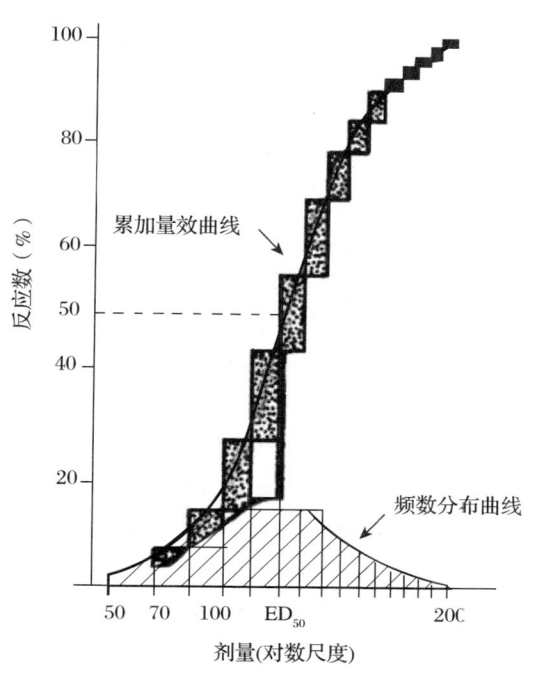

图 2-3　质反应量效曲线

第三节 药物的作用机制

一、药物的作用机制分类

药物的作用机制主要是研究药物如何与机体细胞结合而发挥作用的，其研究有助于阐明药物的防治作用和不良反应的本质，为指导临床合理用药和做好用药护理提供理论基础。药物的作用机制主要有以下几种。

1. 改变理化环境　如口服抗酸药氢氧化铝中和胃酸，可用于治疗消化性溃疡。
2. 影响酶的活性　如新斯的明通过抑制胆碱酯酶发挥拟胆碱作用，可用于治疗重症肌无力。
3. 影响细胞膜离子通道　如利多卡因阻断钠离子通道，可用于治疗室性心律失常。
4. 影响神经递质、激素等生物活性物质　如阿司匹林通过抑制前列腺素的合成和释放而发挥解热镇痛和抗炎抗风湿作用。
5. 参与或干扰机体代谢过程　有些药物本身就是细胞生活所必需的物质，如维生素，可用于治疗体内相应物质缺乏症；有些药物的化学结构与机体所需的正常代谢物相近，进入机体后却干扰机体的代谢过程而发挥疗效，如某些抗肿瘤药通过干扰肿瘤细胞的生长、繁殖和代谢过程而发挥抗肿瘤作用。
6. 影响免疫功能　如糖皮质激素通过抑制机体的免疫功能，可用于器官移植时的排斥反应；干扰素通过增强机体的免疫功能，可用于治疗免疫功能低下或缺陷等。
7. 通过受体发挥作用　详见下述。

二、药物作用的受体理论

1. 受体的概念　受体是指存在于细胞膜或细胞内能识别和结合特异的配体并能产生特定生物效应的大分子物质。受体均为大分子蛋白质（糖蛋白或脂蛋白），在体内具有特定的分布点，可存在于细胞膜上或细胞质内。能与受体特异性结合的物质称为配体。

> **知识链接**
>
> **受体的特性**
>
> 1. 特异性　指受体只与其结构相适应的配体特异性结合。
> 2. 敏感性　受体能与低微浓度的配体结合并产生显著的效应。
> 3. 饱和性　受体的数目有限，作用于同一受体的配体之间存在竞争现象。
> 4. 可逆性　受体与配体的结合是可逆的，并可被其他特异性配体置换。
> 5. 多样性　同一类型受体可广泛分布在不同的细胞并产生不同的效应。

2. 药物与受体结合的效应　药物与受体结合引起生理效应，须具备两个条件。①亲和力（affinity）：药物与受体相结合的能力。亲和力决定药物的作用强度。②内在活性（intrinsic activity）：药物与受体结合后产生效应的能力。内在活性决定药物的作用性质。由此可将药物分为以下两类。

（1）受体激动药（agonist）：又称受体兴奋药，是指既有亲和力又有内在活性的药物，它们能与受体结合并激动受体产生效应。依其内在活性大小可分为完全激动药和部分激动药。①完全激动药（full agonist）：具有较强的亲和力和内在活性；②部分激动药（partial agonist）：

具有较强的亲和力，但内在活性不强，仅能引起较弱的生理效应。部分激动药在较大剂量时，如与完全激动药同时存在，能拮抗完全激动药的部分效应。如喷他佐辛属阿片受体部分激动药，单独应用镇痛作用较弱，但成瘾性小；如与阿片受体完全激动药吗啡合用，则可拮抗吗啡的镇痛作用。

（2）受体拮抗药（antagonist）：又称受体阻断药，是指与受体只有较强的亲和力，而无内在活性的药物。受体拮抗药不产生效应，但能阻断激动药与受体结合，因而对抗或取消激动药的作用。如阿托品阻断乙酰胆碱和毛果芸香碱的拟胆碱作用。根据拮抗药与受体结合是否具有可逆性，又可分为竞争性拮抗药和非竞争性拮抗药。①竞争性拮抗药（competitive antagonist）：与激动药可逆性竞争同一受体，可拮抗激动药的作用，与激动药合用时的效应取决于两者的浓度和亲和力；②非竞争性拮抗药（noncompetitive antagonist）：与受体的结合是不可逆的，结合牢固，可引起受体构型的改变，从而阻碍受体激动药与同一受体结合而改变效应器的反应性，激动药不能竞争性对抗非竞争性拮抗药的作用。

3. 受体的调节　指受体的数量、亲和力和效应受到生理、病理、药物等因素的影响而发生变化。受体的调节方式有以下两种类型。

（1）受体脱敏：指长期使用受体激动药后，组织或细胞对激动药的敏感性和反应性降低的现象。这是导致药物产生耐受性的原因之一。

（2）受体增敏：指因受体激动药水平降低或长期使用受体阻断药，组织或细胞对激动药的敏感性和反应性增强的现象。这是导致某些药物突然停药后出现停药反应的原因，用药护理时应予注意。

若受体增敏或脱敏只涉及受体密度的变化，则分别称为受体上调或受体下调。

思政园地

保障用药安全　共筑健康中国

药物是防治人类疾病的有效武器，但药物对人类而言又是一把双刃剑（药物作用的两重性），既可以防治疾病，但同时可能对机体产生不良反应，甚至危及生命。因此，必须提高安全用药水平，促进临床合理用药，以更好地保障人民群众的用药安全。中国共产党第十八次全国代表大会以来，习近平总书记围绕药品监管工作发表了一系列重要论述，强调"药品安全责任重于泰山"，"要用最严谨的标准、最严格的监管、最严厉的处罚、最严肃的问责"强化食品、药品安全，"推进健康中国建设，把保障人民健康放在优先发展的战略位置，完善人民健康促进政策"等，为做好安全用药工作提供了根本遵循。作为新时代高校医学生，同学们要谨记习近平总书记有关药品安全工作的重要指示精神，牢记"人民至上、生命至上、救死扶伤"的神圣使命，强化"用药安全高于一切"的意识，牢牢守住药品安全底线，切实保障人民群众用药安全有效，以实际行动助力健康中国建设！

自　测　题

一、选择题

A_1 型题

1. 药物产生副作用时的剂量是
   A. 无效量　　　　　　　　B. 治疗量　　　　　　　　C. 极量

D. LD_{50} E. 中毒量

2. 与副作用可随着用药目的的改变而改变的是
   A. 停药反应 B. 后遗效应 C. 特异质反应
   D. 变态反应 E. 防治作用

3. 与剂量几无关系的不良反应是
   A. 停药反应 B. 后遗效应 C. 副作用
   D. 变态反应 E. 毒性反应

4. 药物作用的两重性是指
   A. 治疗作用与副作用 B. 对因治疗与对症治疗 C. 防治作用与不良反应
   D. 预防作用与治疗作用 E. 防治作用与毒性反应

5. 药物的安全范围是指
   A. 极量和最小中毒量之间的距离
   B. 最小有效量和最小中毒量之间的距离
   C. 最小有效量和极量之间的距离
   D. 半数有效量和半数致死量之间的距离
   E. 常用量和最小中毒量之间的距离

6. 药物的治疗指数是
   A. ED_{50}/LD_{50} B. LD_{50}/ED_{50} C. LD_{10}/ED_{90}
   D. ED_{90}/LD_{10} E. ED_5/LD_{95}

7. 连续反复用药后引起人体心理上对药物的依赖状态称为
   A. 耐药性 B. 耐受性 C. 习惯性
   D. 成瘾性 E. 身体依赖性

A_2 型题

8. 患者，女，30岁，因流感高热，医生给予阿司匹林肠溶片退热，此药物作用属于
   A. 对症治疗 B. 对因治疗 C. 预防作用
   D. 局部作用 E. 补充治疗

9. 患者，男，55岁，因失眠长期服用地西泮片剂，刚开始每晚服用 5 mg 即可入睡，6 个月后每晚服用 10 mg 仍无法入睡，这是因为机体对药物产生了
   A. 成瘾性 B. 耐受性 C. 毒性反应
   D. 副作用 E. 继发反应

10. 患者，女，25岁，因食用冷饮出现腹痛、腹泻，医生给予解痉药阿托品后症状缓解，但患者同时出现口干、视物模糊等现象，此不良反应属于
    A. 副作用 B. 毒性反应 C. 变态反应
    D. 继发反应 E. 反跳现象

11. 患者，男，35岁，胃溃疡伴有胃酸反流，医生给予抗酸药氢氧化铝口服以中和胃酸，此药物作用属于
    A. 局部作用 B. 吸收作用 C. 选择作用
    D. 普遍作用 E. 预防作用

A₃/A₄型题

（12～15题共用题干）

患者，男，7岁，因急性扁桃体发炎，伴有高热，医生给予抗生素青霉素和解热镇痛药对乙酰氨基酚治疗。青霉素皮试5分钟后患者出现呼吸困难、胸闷、面色苍白、血压下降、烦躁不安等反应。

12. 青霉素皮试后出现的药物反应属于
    A. 副作用　　　　　　B. 毒性反应　　　　　C. 变态反应
    D. 继发反应　　　　　E. 后遗作用
13. 发生此反应的原因是
    A. 用药剂量过大　　　B. 患者对药物高敏性　C. 患者年龄小
    D. 继发反应　　　　　E. 患者为过敏体质
14. 医生给予抗生素青霉素治疗，此种药物作用属于
    A. 对症治疗　　　　　B. 补充治疗　　　　　C. 预防作用
    D. 局部作用　　　　　E. 对因治疗
15. 医生给予解热镇痛药对乙酰氨基酚退热，此种药物作用属于
    A. 预防作用　　　　　B. 补充治疗　　　　　C. 对症治疗
    D. 局部作用　　　　　E. 对因治疗

二、简答题

1. 简述药物的选择作用及临床意义。
2. 长期用药后突然停药可产生什么反应？请用受体调节理论解释原因。

三、案例分析

患者，男，12岁，大叶性肺炎，伴有高热，医生给予抗生素青霉素抗感染治疗，并给予退热和其他对症支持治疗。青霉素皮试3分钟后患者出现呼吸困难、胸闷、面色苍白、血压下降、烦躁不安等反应。

请回答：
1. 患者可能出现了何种药物不良反应？
2. 这种药物不良反应具有哪些特点？

（杨丽珠）

第三章数字资源

第三章　药物代谢动力学

学习目标

1. 说出常用概念，比较恒量消除和恒比消除的作用特点及临床意义。
2. 分析吸收、分布、代谢、排泄过程及影响因素。
3. 解释常用药动学基本参数的特点及临床意义。
4. 能运用药动学理论分析药物的相互作用。
5. 具有安全合理用药意识和精益求精的工匠精神。

案例 3-1

患者，男，59岁，冠状动脉粥样硬化性心脏病（简称冠心病）突发心绞痛，立即口服硝酸甘油片 0.5 mg，5 分钟后症状未能缓解，急送医院就诊。

问题与思考：

1. 患者口服硝酸甘油片 5 分钟后症状未能缓解的原因是什么？
2. 如何调整用药方案？

药物代谢动力学（pharmacokinetics），简称药动学，主要研究机体对药物的处置过程及体内药物浓度随时间变化的规律。机体对药物的处置过程包括机体对药物的吸收、分布、代谢和排泄等过程，也称为药物的体内过程，其中，药物的吸收、分布、排泄（可概括为药物的转运）均需通过跨膜转运。

知识链接

药物的跨膜转运

药物的跨膜转运是指药物在体内的吸收、分布、代谢及排泄等过程中多次跨越各种生物膜的过程，主要包括被动转运和主动转运两种类型。①被动转运：是指药物顺浓度梯度，由高浓度一侧向低浓度一侧的跨膜转运过程，不需消耗能量。被动转运包括简单扩散、滤过和易化扩散三种类型，其中简单扩散（又称脂溶性扩散）是大多数药物跨膜转运的主要方式。②主动转运：是指药物依赖于细胞膜上的特殊载体，逆浓度梯度或电位梯度，由低浓度一侧向高浓度一侧的跨膜转运过程。主动转运的特点是：需消耗能量，需要载体，具有饱和性，存在竞争性抑制现象。

第一节　药物的体内过程

研究药物在机体的吸收、分布、代谢和排泄过程及变化规律，有利于观察用药反应，确保药物的有效性和安全性。

一、药物的吸收

药物的吸收（absorption）是指药物从给药部位进入血液循环的过程。不同给药途径可以显著影响药物吸收的速度和数量，从而影响药物作用的快慢和强弱。一般情况下，不同给药途径药物吸收由快到慢依次为：吸入＞肌内注射＞皮下注射＞舌下、直肠＞口服＞黏膜＞皮肤给药。

1. 口服给药　具有安全、有效、经济、简便的特点，是最常用的给药途径，主要吸收部位在小肠。影响口服吸收的因素主要有以下几种。①药物崩解度：固体药物只有迅速崩解，释放出有效成分并溶于胃肠液中，才容易吸收。②胃肠液pH：pH高低决定胃肠道非解离药物分子的多少，改变胃肠液pH，就可改变胃肠吸收药物的速度及数量。③胃肠蠕动情况：加速胃排空可使药物较快地进入小肠，加速药物吸收；促进小肠蠕动能增加固体药物吸收，但溶解度小的药物则吸收减少。④食物：主要影响药物的吸收速度，除口服降糖药、多种缓释剂必须在餐前1小时服药外，大多数药物常在进餐时或进餐后内服，以减少胃肠道反应。⑤首过消除（first pass elimination）：指某些药物首次通过肠壁或经门静脉进入肝时被其中的酶部分灭活，使进入体循环的有效药量减少的一种现象。首过消除比较明显的药物有硝酸甘油、普萘洛尔等。

2. 注射给药　①静脉注射或静脉滴注给药：没有经过吸收过程，药物100%直接进入血液循环，剂量准确，起效迅速，适用于容积大、不易吸收或刺激性强的药物，主要用于急、重症患者。②肌内和皮下给药：给药剂量准确，药物起效快，药物的吸收速度与注射部位的血流量和药物的水溶性有关。由于肌肉组织的血流量明显多于皮下组织，故肌内注射比皮下注射吸收快；水溶液吸收较快，混悬液、油剂及胶体制剂吸收较慢而持久。

3. 舌下给药　舌下黏膜血管丰富，且不经过肝门静脉，故可避免首过消除，吸收较快，适用于用量小、脂溶性高的药物，如硝酸甘油片。

4. 直肠给药　既可发挥局部作用，也可经直肠或结肠黏膜吸收发挥全身作用，其影响因素较少，可在一定程度上避免首过消除，适用于少数刺激性强的药物或不易接受注射和口服给药的患者。

5. 吸入给药　经口、鼻吸入的药物可从肺泡吸收，肺泡上皮表面积大，且毛细血管丰富，药物经肺泡吸收迅速，适用于气体或挥发性药物，如吸入麻醉药。

6. 经皮肤和黏膜给药　主要发挥局部作用，但脂溶性高的药物也可通过皮肤、黏膜吸收。如硝酸甘油可制成缓释贴剂贴于前臂内侧或胸前区，可透皮吸收用于预防心绞痛发作。

 考点提示

常用给药途径的特点。

二、药物的分布

药物的分布（distribution）是指药物吸收后从血液循环转运到机体各个组织器官的过程。药物的分布不仅影响药物的蓄积和消除，也影响药物的疗效和毒性反应。大多数药物在体内呈不均匀分布，其影响因素较多。

1. 药物与血浆蛋白的结合　吸收进入血液的药物可与血浆蛋白可逆性结合。与血浆蛋白结合的药物称为结合型药物，未结合的药物称为游离型药物。结合与游离是一个动态平衡过程。药物与血浆蛋白结合的程度通常用血浆蛋白结合率（即血液中与血浆蛋白结合的药物占总药量的百分数）表示。结合型药物分子量大，不易跨膜转运，暂时失去药理活性；游离型药物分子量小，易跨膜转运到靶器官发挥作用。因此血浆蛋白结合率高的药物显效慢，但作用维持时间长；反之显效快，维持时间短。如同时应用两种与血浆蛋白结合率高的药物，则可能因竞争与同一蛋白结合部位而发生竞争性置换现象，被置换出来的游离型药物比例增大，会导致药效增强甚至发生毒性反应。如抗凝血药华法林和解热镇痛药保泰松的血浆蛋白结合率分别为99%与98%，如果两药同时应用，因竞争置换而使华法林血浆蛋白结合率下降1%，则理论上游离型华法林的血药浓度会增加1倍，导致抗凝血作用增强，甚至引起自发性出血。

2. 体液pH　生理情况下，人体细胞外液pH为7.4，细胞内液pH为7.0，弱酸性药物在细胞外液的解离度比细胞内液高，不易从细胞外液扩散到细胞内液，这正是有些抗菌药不能杀灭细胞内致病菌的原因。相反，弱碱性药物在细胞外液的解离度低于细胞内液，药物易于从细胞外液扩散到细胞内液。如果改变血液pH，则能改变药物的分布方向。例如，弱酸性巴比妥类药中毒，可用碳酸氢钠碱化血液和尿液，促使巴比妥类药从脑组织向血液转移，并加速药物从尿液中排出，可用于解救巴比妥类等酸性药物的中毒。

3. 药物与组织的亲和力　有些药物对某些组织具有特殊的亲和力，使药物在该组织浓度明显高于其他组织，如碘在甲状腺组织中的浓度高于其他组织1万倍，可用于治疗和诊断甲状腺功能亢进。

4. 器官的血流量　药物分布的快慢与组织器官的血流量有关。高灌注量的心、肝、肺、肾和脑组织分布速度快，分布浓度高；而低灌注量的肌肉、皮肤、脂肪和大多数内脏分布速度慢，分布浓度低。

5. 特殊屏障

（1）血脑屏障：包括血液-脑细胞、血液-脑脊液及脑脊液-脑细胞三种屏障。一般药物较难透过血脑屏障，只有分子量小、脂溶性高、非解离型的药物才能透过。此外，炎症能改变血脑屏障的通透性，如脑膜炎时血脑屏障通透性增高，青霉素等透过率较低的药物，可在脑脊液中达到有效治疗浓度。

（2）胎盘屏障：指胎盘绒毛与子宫血窦之间的屏障，其通透性与一般毛细血管无显著差别。几乎所有药物均能穿透胎盘屏障进入胎儿体内，因此妊娠期间孕妇用药应谨慎，以防止胎儿中毒或致畸。

（3）血眼屏障：包括血-房水、血-视网膜、血-玻璃体屏障。采用全身给药方法治疗眼部疾病，很难在眼内达到有效治疗浓度，若采用结膜囊给药、结膜下注射或球后注射给药，不仅能提高眼内药物浓度，还能减少全身不良反应。

三、药物的代谢

药物代谢（metabolism，又称生物转化，biotransformation）是指药物在体内发生化学结构和药理活性改变的过程。肝是转化药物的主要器官，其次是肠、肾、肺和血浆等组织器官。

1. 药物代谢方式　药物在体内的生物转化分为两相进行。①Ⅰ相反应，包括氧化、还原、水解反应。大部分药物经过Ⅰ相反应后失去药理活性，称为灭活；少数药物经过Ⅰ相反应后作用增强，称为活化；有些药物则由无毒或毒性小变为毒性代谢产物。②Ⅱ相反应，即结合反应。药物及其代谢产物与体内的葡萄糖醛酸、硫酸、甘氨酸等结合后极性增高，水溶性增加，有利于排出体外。

2. 药物代谢酶　分为特异性药物代谢酶和非特异性药物代谢酶。

（1）特异性药物代谢酶：为专一性药酶，存在于肝、肠、肾细胞的线粒体、细胞质及血浆中，催化Ⅰ相及Ⅱ相（葡萄糖醛酸结合反应除外）化学反应。如胆碱酯酶水解乙酰胆碱，单胺氧化酶氧化肾上腺素。

（2）非特异性药物代谢酶：指存在于肝细胞微粒体的混合功能氧化酶系，又称（肝）药酶，为细胞色素 P_{450} 酶系，有100余种同工酶，是药物转化的主要酶系统。其主要特点有：①专一性低，能催化许多药物的氧化过程；②活性有限，有饱和现象；③个体差异大，易受遗传、年龄、疾病和药物等因素的影响。

3. 药酶诱导剂和药酶抑制剂　许多药物能改变药酶的活性，影响药物转化的速度，进而影响药物的作用强度和持续时间。故用药护理中应注意联合用药时生物转化方面的药物相互作用。

（1）药酶诱导剂：凡能增强药酶活性或增加药酶生成数量的药物称为药酶诱导剂。由于药酶诱导剂能使同时合用的药物代谢加速，疗效降低，故与药酶诱导剂合用时应适当增加剂量，以保证疗效。常见药酶诱导剂有苯巴比妥、利福平和苯妥英钠等。抗癫痫药苯巴比妥和卡马西平还具有"自身诱导"作用，能加速自身代谢，久用容易产生耐受性。

（2）药酶抑制剂：凡能减弱药酶活性或减少药酶生成数量的药物称为药酶抑制剂。由于药酶抑制剂能使同时合用的药物代谢减慢，作用增强，故与药酶抑制剂合用时应适当减少剂量，以保证用药安全。常见的药酶抑制剂有氯霉素和异烟肼等。

知识链接

常见药酶诱导剂和药酶抑制剂

类别	药物名称
药酶诱导剂	苯巴比妥、水合氯醛、苯妥英钠、利福平、卡马西平、保泰松、尼可刹米、灰黄霉素、螺内酯、多西环素（强力霉素）、地塞米松、乙醇（慢性中毒者）等
药酶抑制剂	异烟肼、氯霉素、西咪替丁、酮康唑、氯丙嗪、胺碘酮、别嘌呤醇、丙戊酸钠、普萘洛尔、口服避孕药、甲硝唑、磺胺类药、甲氧苄啶、维拉帕米、美托洛尔、环丙沙星等

四、药物的排泄

药物原型及其代谢产物经排泄器官或分泌器官排出体外的过程称为药物排泄（excretion）。肾是排泄药物的主要器官，肝、乳腺、唾液腺、汗腺、肠和肺等也有一定的排泄药物功能。

1. 肾排泄　药物经肾排泄大多数要通过肾小球滤过、肾小管分泌及肾小管再吸收三个过程。

（1）药物肾排泄的特点

1）尿中药物浓度高：原尿中99%的水分被肾小管重吸收，尿液中药物浓度明显升高，如青霉素主要以原型经肾排泄，尿液中青霉素浓度升高则有利于治疗泌尿系统感染。

2）尿中药物重吸收：当尿液中药物浓度超过血药浓度时，那些极性低、脂溶性大的药物可重吸收到血液中，使药物排泄减少，药效延长。如洋地黄毒苷在近曲小管几乎全部被重吸收，肾排泄甚少。

3）竞争性抑制：同时使用经同一类载体转运的两个药物，可因肾小管载体转运能力饱和而使其中的一种药物排泄减少，如青霉素与丙磺舒同时使用，两药相互竞争同一载体转运系统，丙磺舒可抑制青霉素主动分泌，提高青霉素的血药浓度，延长抗菌作用。

（2）影响药物肾排泄的因素

1）肾功能：肾功能不全时，主要经肾排泄的药物消除减慢，血浆半衰期延长，可导致蓄积中毒。因此，护理用药时应注意，当肾小球滤过率下降时，氨基糖苷类及去甲万古霉素等主要经肾排泄、有肾毒性的药物应减少剂量或禁止应用。

2）尿液 pH：在治疗中改变尿液的 pH（4.5～7.5）可改变弱酸性和弱碱性药物的解离度与排泄速度，如静脉滴注碳酸氢钠可促进巴比妥类等酸性药物从肾排泄，静脉滴注氯化铵可加速氨茶碱从肾排泄等。

2. 胆汁排泄　有些药物经胆汁排入肠道后在肠道又被重吸收进入血液循环形成肝肠循环，使药物的作用时间延长。经胆汁排泄的抗菌药，如红霉素、利福平、多西环素因在胆汁中的浓度较高，可用于治疗胆道感染。对于肝肠循环明显的药物如洋地黄毒苷、地高辛，用药护理时应注意防止蓄积中毒。

3. 乳汁排泄　部分弱碱性药物如吗啡、阿托品等可经乳汁排泄，可对乳儿产生影响，故哺乳期妇女应慎用这类药物。

4. 其他途径排泄　挥发性药物如麻醉药异氟烷、氧化亚氮主要经肺排出；有些药物可经唾液排出，且排出量与血药浓度有相关性，故唾液可作为无痛性采样药检的手段；胃肠道也能排泄药物，故吗啡中毒时洗胃、导泻有一定的治疗意义；某些药物如利福平也可从汗腺排泄。

> **考点提示**
>
> 药物的吸收、分布、代谢、排泄过程对药物作用的影响。

第二节　药物的速率过程

药物在体内同时进行的吸收、分布、代谢和排泄的过程中，体内药物浓度或血药浓度和相关的作用效应随着时间变化而变化的动态过程，就是药物的速率过程。

一、血药浓度变化的时间过程

1. 时量曲线　血药浓度在体内是不断变化的，这一动态过程可用时量关系表示。以药量为纵坐标、时间为横坐标所绘制的曲线称为时量曲线。一般多用血药浓度代替药量，故时量曲线又称血药浓度-时间曲线（简称药时曲线），是指在给药后的不同时间采集血样，测定血药浓度，并以血药浓度为纵坐标、时间为横坐标所绘制的血药浓度随时间变化而升降的曲线（图3-1）。

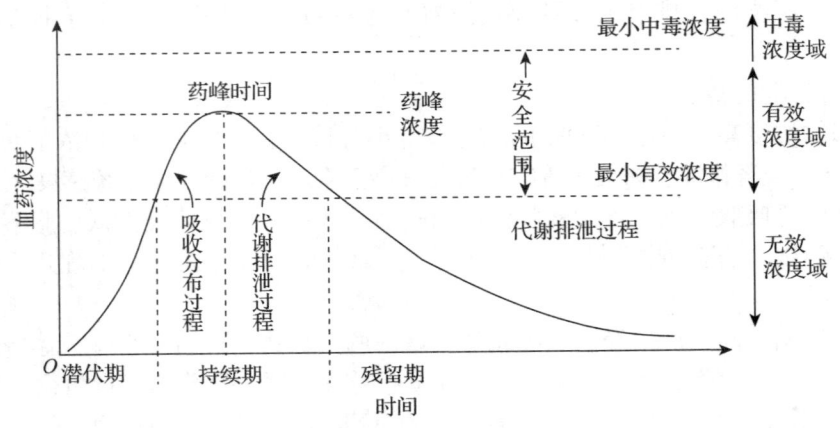

图 3-1　时量（药时）曲线

药时曲线反映药物吸收、分布与消除之间相互消长的关系。曲线的升段表明药物吸收速度大于消除速度；曲线峰值表示分布过程达到动态平衡浓度，吸收速度等于消除速度；曲线降段表明消除速度大于吸收速度。血药浓度按量效关系可分为3个区域,即无效浓度域、有效浓度域(治疗范围)和中毒浓度域(图3-1)。治疗范围介于最小有效浓度(minimal effective concentration,MEC,阈浓度)和最小中毒浓度(minimal toxic concentration,MTC)之间。从图中还可以测出药物作用的潜伏期、开始作用时间、达峰时间、持续作用时间、治疗范围、残留期及曲线下面积等。

2. 药物消除动力学

(1)消除:指血药浓度逐渐降低的过程,它包括了药物在体内的代谢、贮存和排泄过程。消除主要有两种类型。①恒比消除:又称一级消除动力学,是指单位时间内药物按恒定比例进行的消除。药物的消除速率与血药浓度成正比,绝大多数药物都是按恒比消除的方式进行消除。按恒比消除的药物,其血浆半衰期是恒定不变的。②恒量消除:又称零级消除动力学,是指单位时间内药物按恒定的量进行消除。药物消除的速率与血药浓度无关,单位时间内消除的药量相等。当机体消除功能低下或药物剂量过大超过机体最大消除能力时,药物则按恒量消除。按恒量消除的药物,其血浆半衰期是变化的。

(2)蓄积:反复多次给药后,当药物进入体内的速度大于消除速度时,体内药量或血药浓度逐渐增高的现象称为药物的蓄积。药物的蓄积可使药物达到有效的治疗浓度,但药物过分蓄积时,则可能引起蓄积中毒。

二、药动学的基本参数

1. 血浆半衰期(half-life time,$t_{1/2}$) 指血浆药物浓度下降一半所需要的时间。绝大多数药物在治疗量时以恒比消除方式为主,其血浆半衰期是固定的,$t_{1/2}=0.693/k$。血浆半衰期在制订用药方案中具有非常重要的意义。①药物分类的依据:根据半衰期可将药物分为短效类、中效类和长效类。②确定给药间隔时间:一般根据半衰期,并结合患者病情来确定给药间隔时间和给药次数,既可保证药物疗效,又可避免引起蓄积中毒。③预测药物达到稳态血药浓度的时间:以半衰期为给药间隔时间分次恒量给药,经过4~5个半衰期基本达到稳态血药浓度。④预测停药后药物基本消除的时间:通常停药后经过4~5个半衰期,可认为药物基本消除(表3-1)。

表3-1 恒比消除药物的消除与蓄积

半衰期数	一次给药		连续恒量给药后
	消除药量(%)	体内残存药量(%)	体内蓄积药量(%)
1	50	50	50
2	75	25	75
3	87.5	12.5	87.5
4	93.5	6.2	93.5
5	96.9	3.1	96.9
6	98.4	1.6	98.4
7	99.2	0.8	99.2

考点提示

血浆半衰期的定义及临床意义。

2. 生物利用度（bioavailability，F） 指药物吸收进入血液循环的相对程度和速度。吸收程度可用药时曲线下面积（AUC）来估算，吸收速度可通过测定药峰浓度和达峰时间来评价。静脉注射药物全部进入血液循环，生物利用度为100%，其他给药途径的生物利用度均达不到100%。药物的颗粒大小、晶型、充填剂、赋形剂、生产工艺及给药途径等因素都可影响生物利用度，从而影响临床疗效（图3-2）。生物利用度是评价各种药物制剂的生物等效性的重要指标，可反映药物吸收速度对药效的影响，可用于指导临床合理用药。

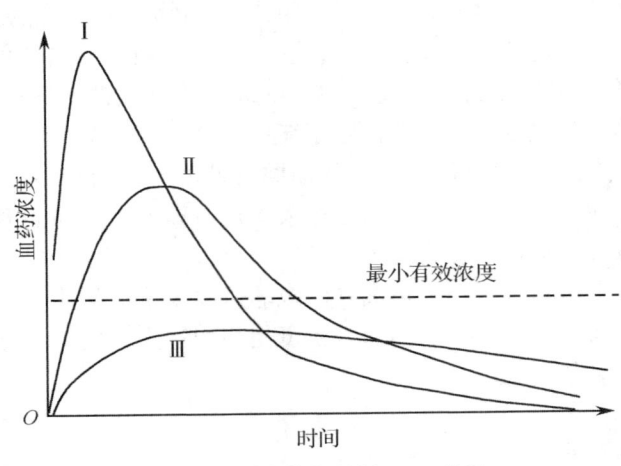

图3-2 三种药物制剂AUC比较

3. 表观分布容积（apparent volume of distribution，V_d） 是假定药物均匀分布于机体所需要的理论容积，即药物在机体分布平衡时体内药量（D）与血药浓度（C）的比值。计算公式为 $V_d=D/C$，式中 V_d 单位为升（L）或毫升（ml）。表观分布容积可反映药物分布的广泛程度或与组织中生物大分子结合的程度，可用于：①推测药物分布范围。对一个70kg体重的正常人，V_d=5L左右，表示药物大部分分布于血浆；V_d=10～20L，表示药物分布于全身体液；V_d=40L，表示药物分布于全身组织器官；V_d=100～200L，表示药物在体内蓄积。②推测药物排泄速度。表观分布容积越小，排泄越快；表观分布容积越大，排泄越慢。③推测体内药物的总存量或达到某一有效血药浓度时的药物剂量。

4. 清除率（clearance，CL） 是指单位时间内从体内所清除的药物表观分布容积数，即单位时间内有多少容积体液中的药物被清除。单位是升/时（L/h）或毫升/分（ml/min），计算公式为 $CL=k \cdot V_d$。清除率主要反映肝、肾功能，肝、肾功能不全患者用药时应适当调整剂量或延长给药间隔时间，避免过量蓄积而中毒。

5. 稳态血药浓度 按恒比消除的药物，以半衰期为给药间隔时间连续恒量给药，血药浓度逐渐升高，经4～5个半衰期后，血药浓度维持在一个基本稳定的水平，称为稳态血药浓度（steady state concentration，C_{ss}），又称坪值，此时，药物吸收速度等于消除速度。

稳态血药浓度对于指导临床用药有实际意义：①稳态血药浓度高低与一日总量成正比。如果一日总量相等，改变给药次数，稳态血药浓度不变。所以，临床上小儿用药常规定一日总量，分几次给药可酌情自定，服药次数越多，每次用药剂量越少，则血药浓度波动也越小。一日总量增加1倍时，稳态血药浓度也提高1倍。因此调整一日用药总量可改变稳态血药浓度的高低。②稳态血药浓度值高限和低限的波动范围与每次用药量成正比。合理的用药方案，应使稳态血药浓度值维持在最小有效浓度和最小中毒浓度之间。一日总量相同，服药次数越多，每次用药剂量越少，则血药浓度波动也越小。安全范围较小的药物，宜采用多次分服给药方案。③确定负荷剂量。当病情危重需要立即达到有效血药浓度时应给予负荷量，即首次用药就能达到稳态血药浓度的剂量。当每隔一个半衰期给药一次时，口服给药可采用首次加倍剂量给药；当静脉滴注时，可采用第一个半衰期滴注剂量的1.44倍静脉注射给药，可在一个半衰期内迅速达到坪值（图3-3）。

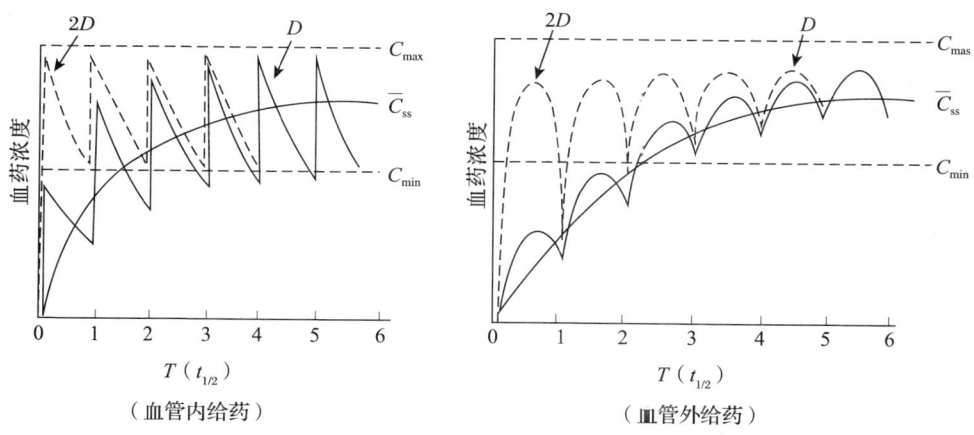

图3-3 多次连续给药的时量曲线

D 为给药初始剂量；T 为间隔 $t_{1/2}$ 给药

> **思政园地**
>
> **加快仿制药研发　保障人民用药需求**
>
> 生物利用度是评价各种药物制剂的生物等效性的重要指标，而生物等效性评价是我国进行仿制药质量和疗效一致性评价的重点内容之一。仿制药是与原研药具有相同的活性成分、剂型、给药途径和治疗作用的药品，在质量和疗效上与原研药能够一致，在临床上与原研药可以相互替代，但价格却远低于原研药，有利于节约社会的医药费用。一直以来，我国党和政府为了保障广大人民群众的用药需求，降低全社会药品费用负担，增强群众获得感，推进健康中国建设，先后出台了《关于开展仿制药质量和疗效一致性评价的意见》《关于改革完善仿制药供应保障及使用政策的意见》等一系列政策，加快推进了仿制药的研发及质量和疗效一致性评价工作，推动了高质量仿制药尽快进入临床使用，患者因大病费用昂贵用不起药的局面也在悄然改变。作为新时代医学生，同学们今后的学习、生活和发展与国家医药卫生发展战略息息相关，应加强创新意识，激发创新动力，脚踏实地，学好本领，担起时代使命，为建设健康中国贡献力量！

自 测 题

一、选择题

A_1 型题

1. 一般情况下，下列给药途径吸收速度最快的是
   A. 吸入　　　　　　　B. 口服　　　　　　　C. 肌内注射
   D. 皮下注射　　　　　E. 直肠给药

2. 药物与血浆蛋白结合率高，则药物的作用
   A. 起效快 B. 维持时间长 C. 维持时间短
   D. 游离型药物增加 E. 作用强
3. 按半衰期恒量反复给药时，为缩短达到稳态血药浓度的时间，口服给药应
   A. 增加每次给药量 B. 首次剂量加倍 C. 连续恒速静脉滴注
   D. 缩短给药间隔时间 E. 增加给药次数
4. 药物的肝肠循环主要影响
   A. 药物分布 B. 药物代谢 C. 药物起效快慢
   D. 药物作用持续时间 E. 药物吸收
5. 与药酶诱导剂合用的药物其药理作用
   A. 不变 B. 减弱 C. 增强
   D. 消除 E. 相反
6. 按恒比消除的药物，其血浆半衰期数值是
   A. 固定不变，药物之间有差异
   B. 固定不变，药物之间无差异
   C. 不固定，随给药途径而变化
   D. 不固定，药物之间无差异
   E. 不固定，随药物剂量而变化
7. 一次给药后，体内药量消除 95% 以上需经过
   A. 1~2 个半衰期 B. 2~3 个半衰期 C. 4~5 个半衰期
   D. 7~8 个半衰期 E. 9~10 个半衰期
8. 肾功能不全时需要减少药量的药物是
   A. 所有药物 B. 主要经肝代谢的药物 C. 主要经肾排泄的药物
   D. 主要经肺排泄的药物 E. 主要经呼吸道排泄的药物

A_2 型题

9. 患者，女，35 岁，因误服过量氨茶碱（弱碱性）药物后，医生给予氯化铵解毒，应该采用的给药途径是
   A. 口服 B. 静脉注射 C. 静脉滴注
   D. 肌内注射 E. 皮下注射
10. 患者，男，65 岁，因冠心病近期频发心绞痛，医生给予硝酸甘油舌下含服，并叮嘱不能口服，原因是
    A. 延缓产生耐受性 B. 延缓产生药物依赖型 C. 减少毒性反应
    D. 避开首过消除 E. 减少胃肠道反应
11. 患者，男，因患重度高血压，医生给予卡托普利口服，每次 12.5 mg，一天 2 次，并叮嘱连续用药期间选用同一药厂、同一剂型、最好同一批号药品，其原因是
    A. 为厂家推销药品 B. 生物利用度相对稳定 C. 更换其他厂家药品无效
    D. 利益驱动有关 E. 医生用药习惯
12. 患者，女，55 岁，因类风湿性关节炎，医生给予解热镇痛抗炎药阿司匹林肠溶片治疗，已知阿司匹林肠溶片半衰期约为 3 小时，预测达到稳态血药浓度的时间是
    A. 3 小时 B. 6 小时 C. 9 小时
    D. 15 小时 E. 24 小时

13. 患者，女，15岁，因癫痫服用苯妥英钠治疗，经检测血药浓度为25 μg/ml，表观分布容积为50 L，此时患者体内总药量为

  A. 1.25 g   B. 2.5 g   C. 1.25 mg
  D. 2.5 mg   E. 25 μg

A_3/A_4 型题

（14～15题共用题干）

患者，女，38岁，因误服过量巴比妥类（弱酸性）药物导致中毒，医生给予碳酸氢钠静脉滴注。

14. 给予碳酸氢钠静脉滴注的目的是
  A. 加速巴比妥类药排泄   B. 防止巴比妥类药蓄积   C. 促进巴比妥类药代谢
  D. 减少后遗效应   E. 发挥协同作用

15. 给予碳酸氢钠静脉滴注的理论依据是
  A. 缩短药物半衰期
  B. 促进巴比妥类药的代谢
  C. 碱化血液和尿液，减少药物吸收，促进巴比妥类药排泄
  D. 减少药物与组织的亲和力
  E. 减少后遗效应

二、简答题

1. 试述药物半衰期的临床意义。
2. 与药酶诱导剂合用的药物应如何调整剂量？

三、案例分析

患者，女，35岁，因癫痫全身性强直阵挛发作长期服用苯妥英钠，1周前因斑疹伤寒加用了氯霉素片，近日出现眩晕、眼球震颤、复视等症状。

请回答：

1. 此症状产生的原因是什么？
2. 应如何处理？

（杨丽珠）

第四章数字资源

第四章 影响药物作用的因素

学习目标

1. 说出常用概念，解释药物、机体方面对药物作用的影响因素及临床意义。
2. 能运用影响药物作用的因素进行安全合理用药指导。
3. 具有安全用药意识、质量意识和精益求精的工匠精神。

案例 4-1

患者，男，55 岁，既往有支气管哮喘病史，因气温突降导致哮喘急性发作到医院就诊，医生给予盐酸肾上腺素注射液 1 mg 加入 0.5% 碳酸氢钠注射液 250 ml 中静脉滴注。

问题与思考：
1. 此用药方案是否合理？请说明原因。
2. 如何调整用药方案？

药物固有的化学结构和理化性质决定了药物特有的效应，药物作用是药物与机体相互作用的结果，但同时受到诸多药物以外因素的影响。用药护理时应根据这些影响因素，采取有效的护理措施，以充分发挥药物最佳效应，防止或减轻不良反应的发生。

第一节 药物方面的因素

一、药物的化学结构

药物的化学结构是药物产生药理作用的物质基础，药物化学结构与其药理作用有密切的关系，称为构效关系。一般来说，化学结构相似的药物大多具有相似的药理作用，如磺胺类药；有些药物虽然结构相似但药理作用却相反，如华法林与维生素 K 结构相似，但前者为抗凝血药，而后者为止血药；有些药物结构相似且互为光学异构体，但药理作用却截然不同，如奎尼丁和奎宁互为光学异构体，前者为抗心律失常药，而后者为抗疟药。

二、药物剂量

剂量是指用药的分量，是影响药物作用的主要因素。在一定范围内，药物作用随着剂量的增加而增强，且可能改变药物的作用性质，如镇静催眠药苯巴比妥在小剂量时出现镇静作用，随剂量增加可依次出现催眠、抗惊厥、抗癫痫、麻醉、麻痹甚至引起死亡。

三、药物制剂

药物效应不仅与药物的化学结构和药物剂量有关，而且还受药物剂型的影响。同一种药物的不同剂型，生物利用度往往不同。口服给药时，液体制剂比固体制剂吸收快，固体制剂吸收速度为胶囊剂＞片剂＞丸剂；肌内注射给药时，吸收速度为水溶液＞混悬剂＞油剂。控释制剂和缓释制剂对于半衰期短而需要频繁给药的药物，均可延长有效血药浓度持续时间，减少用药次数。

四、给药途径

不同的给药途径通常会影响药物的吸收数量和速度，从而改变药物作用的强弱和快慢，有时也会改变药物的作用性质。不同给药途径药效出现的快慢顺序依次为静脉注射＞吸入给药＞肌内注射＞皮下注射＞舌下给药、直肠给药＞口服给药＞经皮给药。

例如，利多卡因口服时首过消除明显，生物利用度低，达不到有效血药浓度，很难产生抗心律失常作用；如果改为静脉注射，可迅速达到有效血药浓度，立即产生抗心律失常效果；但若把利多卡因注射于硬膜外腔，由于很少吸收入血，只能在用药部位产生阻滞麻醉作用。

五、给药时间和次数

1. 给药时间　应根据病情需要和药物特点确定。一般情况，饭前服药吸收较好，起效较快；饭后服药吸收较差，起效较慢，但可减少药物对胃肠道的刺激；驱肠虫药宜空腹或半空腹服用，催眠药宜临睡前服用，降血糖药宜餐前给药；受生物昼夜节律影响的药物，如糖皮质激素的分泌具有昼夜节律性，临床上需要长期应用糖皮质激素治疗时，可按其节律给药，既可保证疗效，又可减少负反馈所致的不良反应。

2. 给药次数　应根据病情需要和药物半衰期确定。半衰期短的药物给药次数应相应增加，半衰期长的药物给药次数可相应减少。肝、肾功能不全时，药物的消除速度减慢，药物半衰期延长，应适当调整给药次数或给药的间隔时间。

六、药物相互作用

药物相互作用是指两种或两种以上的药物同时或先后序贯应用时，由于药物之间的相互影响和干扰，使药物的体内过程（吸收、分布、代谢和排泄）及机体对药物的反应性发生改变，从而导致药效或毒性发生变化。药物相互作用包括体外相互作用和体内相互作用。

1. 体外相互作用　是指药物在体外配伍时发生物理、化学的相互作用而使疗效降低或不良反应增加的现象，又称配伍禁忌。多种药物混合静脉注射时，尤其容易发生配伍禁忌（见附录二）。产生配伍禁忌的因素主要有：①药液 pH 改变。如 5% 硫喷妥钠注射液（pH 为 10.0～11.0）加至 5% 葡萄糖注射液（pH 为 3.2～5.5）中可产生浑浊。②溶媒的改变。如氢化可的松注射液（溶媒为乙醇）与氯化钾注射液混合时，可析出氢化可的松沉淀。③发生化学变化。如氯化钙注射液与碳酸氢钠注射液混合时发生化学反应，生成难溶性碳酸钙沉淀。④盐析作用。如在两性霉素 B、右旋糖酐等注射液中加入盐类药如生理盐水、氯化钾、乳酸钠、葡萄糖酸钙等含有强电解质的注射液时会析出沉淀，故通常使用葡萄糖溶液稀释后静脉滴注。⑤药物混合顺序的影响。如氨茶碱与四环素同时加至输液瓶内可产生沉淀，但先加入氨茶碱，经摇匀后再加入四环素时则可避免产生沉淀。⑥血液、血浆、氨基酸等特殊性质的输液剂中不允许加入其他药物。

考点提示

产生药物配伍禁忌的主要因素。

2. 体内相互作用

（1）药效学方面：主要包括协同作用和拮抗作用两方面。①协同作用：指两药合用时引起的效应大于（增强作用）或等于（相加作用）两药单用效应的总和。临床上协同作用多用于增强治疗效果，如复方磺胺甲噁唑（磺胺甲噁唑与甲氧苄啶合用）抗菌作明显增强，甚至由抑菌作用上升为杀菌作用（属于增强作用）；硝酸甘油与普萘洛尔两药联用于抗心绞痛，作用相加，疗效提高（属于相加作用）。②拮抗作用：指两药合用的效应小于两药单用效应的总和。临床上拮抗作用多用于减少不良反应或解救药物中毒，如吗啡与纳洛酮合用时产生拮抗作用，临床上可用纳洛酮解救吗啡中毒的患者。

（2）药动学方面：主要发生在药物的吸收、分布、代谢和排泄环节，通过改变药物在作用部位的浓度而影响药物的作用或效应。①吸收：四环素与氢氧化铝合用，因发生络合反应而互相影响吸收；②分布：水杨酸盐如阿司匹林与格列齐特合用，可竞争与血浆蛋白的结合，导致格列齐特游离浓度增高，药效增强；③代谢：药酶抑制剂氯霉素可减慢华法林在肝代谢，使其药效增强；④排泄：碳酸氢钠可促进苯巴比妥类药经肾排泄，常用于巴比妥类药中毒的解救。

 考点提示

协同作用和拮抗作用。

第二节 机体方面的因素

一、年龄因素

小儿各种生理功能及调节机制都不完善，年龄越小与成人的差别越大，对药物的处理能力差而敏感性高，以致影响某些药物的肝代谢或肾排泄而产生不良反应或毒性反应，如小儿对中枢抑制药、中枢兴奋药、利尿药及激素类药的反应较成人显著。因此，国家药典对儿童用药剂量及其计算方法有明确规定，应严格遵守。

小儿剂量一般按体重或体表面积来计算。其中体重可按年龄来推算：

1～6个月体重（kg）＝月龄（足月）×0.7+3；

7～12个月体重（kg）＝（月龄－6）×0.5+6×0.7+3；

1周岁以上体重（kg）＝年龄（周岁）×2+8。

如果无小儿每千克用量，可以用成人剂量按下面公式计算：小儿剂量＝[成人剂量 × 小儿体重（kg）] /50 kg。

老年人生理功能逐渐降低，调节能力逐渐减弱，对药物的处理能力远不及年轻人。因此，老年人的用药量一般为成人剂量的2/3～1/2。老年人对中枢抑制药、心血管药、利尿药等药物的反应强烈，易致严重的不良反应，应当慎用。

二、性别因素

除性激素、避孕药外，男性与女性对药物的反应通常无明显差别，但女性在月经期、妊娠期、分娩期和哺乳期对药物的反应有所不同，用药时应予注意。如月经期使用剧泻药、抗凝血药及刺激性药物可致盆腔充血、月经增多，应当慎用或禁用。妊娠期特别是妊娠早期应避免使用可能引起胎儿畸形或流产的药物，如抗肿瘤药、性激素类药、抗甲状腺药、抗癫痫药、抗生素等。分娩期注射镇痛药应注意药效持续时间，防止抑制新生儿呼吸；还要慎用地西泮等抑制子宫平滑肌收缩的药物。哺乳期用药应注意药物可否转运到乳汁中并对乳儿产生不良影响，如氯霉素、异烟肼、口服降糖药及苯妥英钠等应当禁用。

知识链接

可致畸药物及反应

可致畸药物	致畸反应
1. 性激素类药：己烯雌酚、孕酮、睾酮	胎儿性器官发育异常，女婴男性化、男婴女性化
2. 肾上腺皮质激素	腭裂、无脑儿
3. 抗肿瘤药：甲氨蝶呤、白消安、环磷酰胺	胎儿畸形
4. 抗生素：四环素、链霉素、卡那霉素、氯霉素	胎儿畸形；牙齿变黄、骨骼发育不良
5. 镇吐药物：异丙嗪、氯丙嗪、三氟拉嗪、氯环利嗪	胎儿畸形
6. 维生素A（过量）	胎儿畸形
7. 镇痛药：阿司匹林、安乃近、氯芬黄敏	胎儿畸形
8. 抗癫痫药：苯妥英钠、丙戊酸钠、苯巴比妥	兔唇、腭裂、先天性心脏病或智力低下

三、遗传因素

不同个体对药物反应的差异受遗传基因的控制，遗传变异可引起药动学改变，并导致药物效应发生量或质的变化。

1. 种族差异　即不同种族的人群对药物的代谢和反应的差异，根据机体对药物的代谢速度不同分为快代谢型和慢代谢型，服用相同剂量的同一药物，前者的血药浓度低，半衰期短。

2. 个体差异　在通常情况下，多数人对药物的反应基本相似，但少数人对药物的反应与大多数人存在量或质的差异，称为个体差异。其中量的差异表现为高敏性和耐受性，如镇静催眠药苯巴比妥用于催眠，一般成人用药剂量为一次 60～100 mg，有的患者需增加到 150～200 mg 才能起效，而有的患者只要 30 mg 即产生明显疗效。质的差异有变态反应和特异质反应。

知识链接

蚕豆病

蚕豆病是葡萄糖-6-磷酸脱氢酶（G6PD）缺乏症的一个类型，表现为患者进食蚕豆后出现溶血性贫血。绝大多数病例因进食新鲜蚕豆而发病，症状有全身不适、发热、头痛、恶心、呕吐等，尿色如浓红茶甚至如酱油，严重者出现面色极度苍白，脉搏快而弱，血压下降，少尿或闭尿等急性循环衰竭和急性肾衰竭的表现，如果不及时纠正贫血、缺氧和电解质平衡失调，可以致死。

四、病理因素

病理因素能改变机体处理药物的能力，并影响机体对药物反应的敏感性，如肾炎等导致的低蛋白血症，可使药物的血浆蛋白结合率降低，导致药效增强；肝病患者可因药酶活性降低导致药物作用增强；而有些药物如泼尼松需要经肝代谢活化，如肝功能不全则不能活化，可使治疗失败；当肾功能不全时，主要经肾排泄的药物可能导致蓄积中毒。

五、心理因素

用药护理中不仅要重视患者对药物的生理效应，而且要重视患者对药物的心理效应。影响心理效应的因素包括患者的文化素养、疾病性质，以及医务人员的语言、行为、态度等。因此，用药护理中应当因势利导，充分发挥心理效应，以达到满意的治疗效果。安慰剂是不具有药理活性但在一定条件下却可以产生某些药理效应的制剂。临床实验证明，安慰剂对许多慢性疾病可产生疗效，如对头痛、高血压病、手术后疼痛、神经官能症等具有30%～50%甚至更高的疗效，但对严重疾病无效。因此医务人员应当主动关心、爱护患者，与患者建立良好的医患关系，充分发挥安慰剂的效应。

六、生活方式

饮食结构、时间、数量对药物可产生一定的影响；不良的生活嗜好，如吸烟、酗酒能减弱药物作用；无规律的生活方式和紧张的工作环境，对药物的作用也会产生一定的影响。因此，用药护理中还要让患者养成良好的生活习惯，远离不良嗜好，以确保药物治疗作用的充分发挥，并尽量减少不良反应的发生。

> **思政园地**
>
> ### 掌握药物相互作用 保障患者用药安全
>
> 常言道，用药如用兵，兵贵于精，不在于多！用之得当，旗开得胜，药到病除；用之不当，损兵折将，贻误病情。临床上因治疗疾病的需要，常采用两种或两种以上的药物联合应用，但如果联合用药不当，就可能发生药物的相互作用。如头孢羟氨苄胶囊与藿香正气水联用，因藿香正气水含有40%～50%乙醇，可出现双硫仑样反应（又称戒酒硫样反应），影响乙醇的正常代谢，导致乙醛中毒，出现头晕、血压下降、胸闷、气短、呼吸困难等症状，严重时甚至危及生命。
>
> 如何做到合理用药，既能充分发挥药物疗效，又能避免发生药物的相互作用导致的药效降低或（和）毒性增加，确保患者用药安全有效？作为医学生，要强化"用药安全高于一切"的意识，掌握扎实过硬的专业知识与技能，高度重视药物的相互作用，牢记哪些药物禁忌联用，努力为患者的用药安全和生命健康保驾护航！

自 测 题

一、选择题

A_1 型题

1. 配制液体药物时要考虑的配伍禁忌不包括
   A. 药物与药物 B. 药物与辅料 C. 药物与患者体质
   D. 药物与溶媒 E. 血液、血浆、氨基酸与其他药物
2. 某两种药物联合应用，其总的作用小于各药单独应用之和称为
   A. 拮抗作用 B. 协同作用 C. 互补作用

D. 增强作用 　　　　　E. 相加作用
3. 在药物方面影响药物作用的因素不包括
   A. 给药时间　　　　B. 病理状态　　　　C. 给药剂量
   D. 给药次数　　　　E. 药物的相互作用
4. 在机体方面影响药物作用的因素不包括
   A. 年龄　　　　　　B. 病理状态　　　　C. 给药剂量
   D. 遗传因素　　　　E. 心理因素

A_3/A_4 型题

（5~6题共用题干）

患者，女，7岁，急性扁桃体炎。医生给予阿莫西林克拉维酸钾加入5%葡萄糖注射液静脉滴注。

5. 给予阿莫西林克拉维酸钾治疗属于
   A. 对症治疗　　　　B. 补充治疗　　　　C. 对因治疗
   D. 直接作用　　　　E. 间接作用
6. 给予阿莫西林克拉维酸钾加入5%葡萄糖注射液静脉滴注可能出现的结果是
   A. 配伍禁忌　　　　B. 协同作用　　　　C. 拮抗作用
   D. 局部作用　　　　E. 间接作用

（7~8题共用题干）

患者，女，40岁，胆绞痛发作，疼痛剧烈，医生给予阿托品和哌替啶联用以解痉镇痛。

7. 阿托品和哌替啶两药联用的结果是
   A. 增强作用　　　　B. 协同作用　　　　C. 互补作用
   D. 拮抗作用　　　　E. 相加作用
8. 医生给予阿托品和哌替啶两药联用的目的是
   A. 减少用药剂量　　B. 增强疗效　　　　C. 降低用药成本
   D. 减少不良反应　　E. 延缓耐药性产生

二、简答题

1. 举例说明药物在体内过程（吸收、分布、代谢、排泄）的相互作用。
2. 举例说明女性在月经期、妊娠期、分娩期、哺乳期等特殊阶段应避免使用的药物。

三、案例分析

患者，男，15岁，因服用过量苯巴比妥片（弱酸性药物）导致急性中毒，急送其到医院就诊，医生给予洗胃、导泻及静脉滴注碳酸氢钠，并给予支持和对症治疗。

请回答：
1. 静脉滴注碳酸氢钠发挥什么作用？
2. 如果患者服用过量弱碱性药物导致急性中毒，应选用哪种药物静脉滴注？

（杨丽珠）

第五章　传出神经系统药物概论

📖 **学习目标**

1. 说出传出神经系统受体的分类、分布及生理效应，乙酰胆碱、去甲肾上腺素的生物合成、转运、储存、释放和代谢。
2. 能根据药物作用方式正确对药物进行分类。
3. 具有关爱精神和以人为本的良好医德。

第一节　传出神经系统的分类及化学传递

一、传出神经系统按解剖学分类

传出神经包括自主神经和运动神经。

1. 自主神经　自主神经包括交感神经和副交感神经，主要支配心脏、平滑肌和腺体等效应器。自主神经自中枢发出后在到达效应器之前都要在神经节更换神经元，所以自主神经有节前纤维和节后纤维之分。
2. 运动神经　运动神经自中枢发出后，中途不更换神经元，直接到达骨骼肌支配其运动。

二、传出神经系统按递质分类

1. 胆碱能神经　胆碱能神经兴奋时其末梢释放乙酰胆碱，包括以下四类：①全部交感和副交感神经的节前纤维；②全部副交感神经的节后纤维；③运动神经；④极少数交感神经的节后纤维（如某些支配汗腺和骨骼肌血管舒张的神经）。
2. 去甲肾上腺素能神经　去甲肾上腺素能神经兴奋时其末梢释放去甲肾上腺素，包括绝大多数交感神经的节后纤维（图 5-1）。

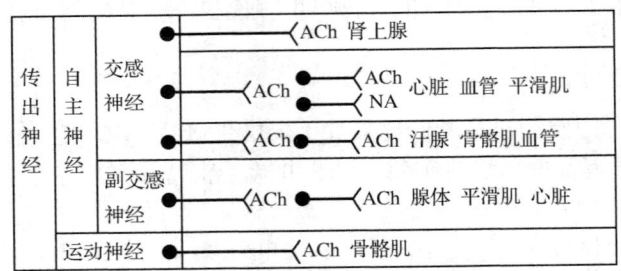

图 5-1　传出神经系统分类示意图

💡 **考点提示**

传出神经系统按递质的分类。

三、传出神经冲动的化学传递

传出神经冲动的化学传递是一种突触传递，依靠特定化学传递物质即神经递质传递。神经递质广泛存在于神经系统，承担着神经元与神经元之间、神经元与效应器之间的信息传递的功能。化学传递的结构基础是突触，突触有以下几种类型：神经元之间的衔接处即突触；神经末梢与效应器细胞之间的衔接处称为接点，也可称突触；运动神经与骨骼肌的连接处称为神经肌肉接头。

突触的结构包括：①突触前膜，是邻近间隙的神经末梢的细胞膜；②突触后膜，是邻近间隙的次一级神经元或效应器细胞上的膜，骨骼肌细胞的突触后膜也称终板膜；③突触间隙，是神经末梢与次一级神经元或效应器细胞之间存在的间隙（15～1000 nm）。

化学传递的过程是当神经冲动到达神经末梢时，突触前膜释放神经递质，经突触间隙作用于突触后膜的特异受体，引起相应的生物学效应。

第二节 传出神经的递质

一、乙酰胆碱

胆碱能神经末梢内的胆碱和乙酰辅酶 A 在胆碱乙酰化酶的作用下合成乙酰胆碱（acetylcholine，ACh）。乙酰胆碱合成后进入囊泡，与腺苷三磷酸（adenosine triphosphate，ATP）和囊泡蛋白多同贮存于囊泡。

当神经冲动到达神经末梢时，囊泡内的乙酰胆碱以胞裂外排的方式进入突触间隙，作用于突触后膜的受体，引起相应的生理学效应。数毫秒内，乙酰胆碱即被突触间隙中的乙酰胆碱酯酶（acetylcholinesterase，AChE）水解为胆碱和乙酸。部分胆碱被突触前膜再摄取利用。

二、去甲肾上腺素

去甲肾上腺素能神经末梢合成去甲肾上腺素（noradrenaline，NA 或 NE）。酪氨酸是合成 NA 的原料，从血液循环进入去甲肾上腺素能神经末梢，经酪氨酸羟化酶催化生成多巴（dopa），再经多巴脱羧酶的脱羧作用生成多巴胺（dopamine，DA），多巴胺进入囊泡，经多巴胺 β- 羟化酶催化生成 NA，并与 ATP 和嗜铬颗粒蛋白结合，贮存于囊泡中。

当神经冲动到达神经末梢时，囊泡内的 NA 以胞裂外排的方式释放至突触间隙，与突触后膜的受体结合，并产生生理学效应。释放到突触间隙的 NA 75%～95% 被突触前膜再摄取，大部分贮存于囊泡中，参与再次释放。未被摄取的 NA 则被细胞质中线粒体膜上的单胺氧化酶（monoamine oxidase，MAO）破坏；尚有其他组织，如心肌也能摄取 NA，摄取的 NA 被 MAO 和儿茶酚 -O- 甲基转移酶（catechol-O-methyltransferase，COMT）所破坏；还有一小部分 NA 会扩散至血液，最后被肝、肾等组织中的 MAO 和 COMT 破坏。

第三节 传出神经系统的受体和效应

传出神经末梢释放的递质主要有乙酰胆碱和去甲肾上腺素，其受体也按递质分为胆碱受体和肾上腺素受体两类，它们在体内广泛分布。

一、传出神经系统的受体

传出神经系统的受体是位于突触前膜和突触后膜上的一种特殊蛋白质,它能选择性地与相应的递质或药物相结合,从而产生一定的生理效应。传出神经系统的受体分为胆碱受体和肾上腺素受体等类型。

(一)胆碱受体

胆碱受体指能选择性与乙酰胆碱结合的受体,可分为以下两种类型。

1. 毒蕈碱型受体(M胆碱受体) 指能选择性地与毒蕈碱(muscarine)结合的受体,简称M受体,主要分布于副交感神经节后纤维所支配的效应器细胞膜上。根据不同组织的M受体与配体的亲和力不同,可将其分为 M_1、M_2、M_3、M_4、M_5 受体五种亚型。M受体属于G蛋白偶联受体。

2. 烟碱型受体(N胆碱受体) 指能选择性与烟碱(nicotine)结合的受体,简称N受体,可分为 N_N 和 N_M 受体两种亚型。N_N 受体位于自主神经节、肾上腺髓质,骨骼肌上为 N_M 受体。

(二)肾上腺素受体

能与NA或肾上腺素结合的受体称为肾上腺素受体,分为以下两类。

1. α肾上腺素受体(α受体) 包括 $α_1$ 和 $α_2$ 受体两种亚型,$α_1$ 受体主要分布于血管平滑肌(皮肤、黏膜、部分内脏血管)、瞳孔开大肌等处。$α_2$ 受体主要分布在去甲肾上腺素能神经末梢的突触前膜上,负反馈调节NA的释放。

2. β肾上腺素受体(β受体) 可分为 $β_1$、$β_2$ 和 $β_3$ 受体三种亚型,$β_1$ 受体主要分布于心肌和肾,$β_2$ 受体分布于支气管和血管(骨骼肌和冠状血管)平滑肌及肝等处,$β_3$ 受体分布于脂肪组织。突触前膜上也有 $β_2$ 受体,对NA的释放起着正反馈调节作用。

(三)其他受体

除胆碱受体和肾上腺素受体外,还有相类似的多巴胺受体(D受体),分布于肾血管、冠状血管和肠系膜血管,当D受体激动时可使这些血管扩张。

二、传出神经系统的生理效应

(一)胆碱能神经的效应

1. M样作用 是激动M受体所呈现的效应,可引起心脏抑制、腺体分泌增加、瞳孔缩小、内脏平滑肌收缩、血管扩张等效应(表5-1)。

2. N样作用 是激动N受体所呈现的效应,可引起神经节兴奋、肾上腺髓质分泌肾上腺素、骨骼肌收缩等效应(表5-1)。

(二)去甲肾上腺素能神经的效应

1. α型作用 是激动α受体所呈现的效应。$α_1$ 受体激动时可引起皮肤、黏膜、内脏等血管收缩,瞳孔扩大;$α_2$ 受体激动时可引起NA释放减少等效应(表5-1)。

2. β型作用 是激动β受体所呈现的效应。$β_1$ 受体激动时可引起心脏兴奋(收缩力增强、传导加快、心率加快)、肾素释放增多等效应;$β_2$ 受体激动时可引起支气管平滑肌松弛、骨骼肌血管和冠状血管扩张、糖原分解等效应;$β_3$ 受体激动时可引起脂肪分解等效应(表5-1)。

表5-1 传出神经系统受体兴奋时的效应

受体	兴奋时的效应
M_1	心率减慢、传导减慢、心肌收缩力减弱,血管扩张,支气管平滑肌收缩
M_2	内脏平滑肌收缩,瞳孔缩小,睫状肌收缩

续表

受体	兴奋时的效应
M_3	括约肌松弛、胃肠分泌增加、腺体分泌增加
N_N	神经节兴奋、肾上腺髓质分泌增加
N_M	骨骼肌收缩
$α_1$	皮肤、黏膜的血管平滑肌收缩，虹膜辐射肌收缩（瞳孔扩大）
$α_2$	突触前膜负反馈调节，NA分泌减少
$β_1$	心脏兴奋（收缩力增强、传导加快、心率加快），肾素释放增多
$β_2$	支气管平滑肌松弛、骨骼肌血管和冠状血管扩张、糖原分解；突触前膜正反馈调节，NA分泌增加
$β_3$	脂肪分解增多
D	肾血管、冠状血管和肠系膜血管扩张

考点提示

传出神经系统受体兴奋时的效应。

第四节　传出神经系统药物的作用方式和分类

一、传出神经系统药物的作用方式

1. 直接作用于受体　许多药物能直接与胆碱受体或肾上腺素受体结合。药物与受体结合后产生与递质相似的作用，称为受体激动药或拟似药；药物与受体结合后不能激动受体，并阻碍递质或激动药与受体结合，产生与递质相反的作用，称为受体阻断药或拮抗药。

2. 影响递质　有些药物能影响递质生物转化而产生效应，如新斯的明通过抑制胆碱酯酶的活性，妨碍ACh水解，使突触间隙ACh含量增加，进而激动胆碱受体产生拟胆碱作用。有些药物可通过影响递质的摄取和贮存（如利血平）、合成和释放（如麻黄碱或间羟胺）而发挥作用。

二、传出神经系统药物的分类

传出神经系统药物可根据其作用方式和对受体的选择性不同进行分类（表5-2）。

表 5-2　传出神经系统药物的分类

受体激动药	受体阻断药
（一）胆碱受体激动药和胆碱酯酶抑制药（拟胆碱药）	（一）胆碱受体阻断药（抗胆碱药）
1. 胆碱受体激动药	1. M受体阻断药
（1）M、N受体激动药	（1）非选择性M受体阻断药
（2）M受体激动药	（2）M_1受体阻断药
（3）N受体激动药	2. N受体阻断药
2. 胆碱酯酶抑制药（抗胆碱酯酶药）	（1）N_N受体阻断药
	（2）N_M受体阻断药

受体激动药	受体阻断药
（二）肾上腺素受体激动药（拟肾上腺素药）	（二）肾上腺素受体阻断药（抗肾上腺素药）
1. α、β受体激动药	1. α受体阻断药
2. α受体激动药	（1）α_1、α_2受体阻断药
（1）α_1、α_2受体激动药	（2）α_1受体阻断药
（2）α_1受体激动药	2. β受体阻断药
（3）α_2受体激动药	（1）非选择性β受体阻断药
3. β受体激动药	（2）β_1受体阻断药
（1）β_1、β_2受体激动药	3. α、β受体阻断药
（2）β_1受体激动药	
（3）β_2受体激动药	

自 测 题

一、选择题

A_1型题

1. 以下不属于M受体激动效应的是
   A. 心率减慢　　　　　　B. 支气管平滑肌收缩　　　C. 胃肠平滑肌收缩
   D. 腺体分泌减少　　　　E. 虹膜括约肌收缩
2. 下列描述正确的是
   A. 交感神经节后纤维都是肾上腺素能神经
   B. 神经末梢释放的NA的主要消除途径是神经末梢再摄取
   C. 支气管平滑肌上β_1受体兴奋时，支气管扩张
   D. 神经节上的胆碱受体是N_M受体
   E. 皮肤黏膜血管上分布的肾上腺素受体是α、β受体
3. 灭活突触间隙中乙酰胆碱的酶是
   A. 胆碱转移酶　　　　　B. 多巴脱羧酶　　　　　　C. 单胺氧化酶
   D. 儿茶酚-O-甲基转移酶　E. 乙酰胆碱酯酶
4. 去甲肾上腺素能神经包括
   A. 运动神经
   B. 副交感神经节前纤维
   C. 绝大部分交感神经节后纤维
   D. 副交感神经节后纤维
   E. 全部的交感神经
5. 神经节和骨骼肌上主要的受体是
   A. α_1受体　　　　　　B. α_2受体　　　　　　C. β受体
   D. M受体　　　　　　　E. N受体

6. 激动β受体时不会出现的效应是
   A. 心脏兴奋　　　　　B. 肾素分泌　　　　　C. 骨骼肌收缩
   D. 肝糖原分解　　　　E. 支气管平滑肌松弛

二、简答题

1. 试述传出神经系统受体的分类和兴奋后产生的效应。
2. 根据作用性质的不同及对不同受体的选择性，试述传出神经系统药物的分类。

三、案例分析

患者，男，67岁，因急性心肌梗死住院，抢救成功，病情稳定后出院。1周后患者病情复发再次入院，追问诱因是患者烟瘾太大，偷偷吸烟数支后导致心肌梗死再度发作。

请回答：

吸烟对心血管的危害有哪些？

（李　琳）

第六章 胆碱受体激动药和胆碱酯酶抑制药

学习目标

1. 简述毛果芸香碱、新斯的明的药理作用、临床应用和不良反应。
2. 说出卡巴胆碱、毒扁豆碱的作用特点、临床应用和不良反应。
3. 概括其他拟胆碱药的作用特点和临床应用。
4. 能指导患者正确使用拟胆碱药并评估药物的治疗效果。
5. 学会监测拟胆碱药的不良反应并执行相应的护理措施。
6. 具有正确合理用药的意识和以人为本的良好医德。

案例 6-1

患者，男，21岁，眼睑下垂，斜视和复视，常在下午或傍晚运动后加重，早晨和休息后减轻，呈规律的晨轻暮重波动性变化，经检查被确诊为重症肌无力。

问题与思考：
1. 该患者应选用什么药物治疗？
2. 在治疗过程中护士应如何进行用药护理？
3. 如用药后症状不能缓解，可能有哪些原因？

胆碱受体激动药和胆碱酯酶抑制药合称为拟胆碱药，是一类与胆碱能神经递质 ACh 作用相似的药物。

第一节 胆碱受体激动药

一、M、N 受体激动药

卡巴胆碱（carbachol）

卡巴胆碱是人工合成的胆碱受体激动药，其药理作用与 ACh 相似，全身给药可激动 M、N 受体，产生 M 样作用和 N 样作用。卡巴胆碱不良反应较多，仅限于滴眼发挥局部作用。滴眼后，卡巴胆碱可直接激动瞳孔括约肌 M 受体，产生缩瞳、降低眼压的作用，用于治疗开角型青光眼；眼部注射给药可用于需要缩瞳的眼科手术，如人工晶状体植入、白内障摘除、角膜移植。

甲状腺功能亢进、低血压、心力衰竭、消化性溃疡、哮喘等患者禁用。

二、M 受体激动药

毛果芸香碱（pilocarpine，匹鲁卡品）

毛果芸香碱是从毛果芸香属植物叶子中提取的生物碱，其水溶液稳定，现已人工合成。毛果芸香碱脂溶性较高，1% 滴眼液滴眼后，易穿透角膜，作用迅速，一般 10～15 分钟显效，维持 4～8 小时。

【药理作用】毛果芸香碱直接激动 M 受体，对眼和腺体的作用最为明显。

1. 对眼的作用 毛果芸香碱滴眼后有缩瞳、降低眼压和调节痉挛等作用（图 6-1 上）。

（1）缩瞳：激动瞳孔括约肌上的 M 受体，使瞳孔括约肌收缩，瞳孔缩小。

（2）降低眼压：通过缩瞳作用，使虹膜向中心方向收缩，虹膜根部变薄，前房角间隙增大，房水易于回流，从而使眼压降低，可用于治疗青光眼，缓解因眼压过高所致的头痛和视力减退。

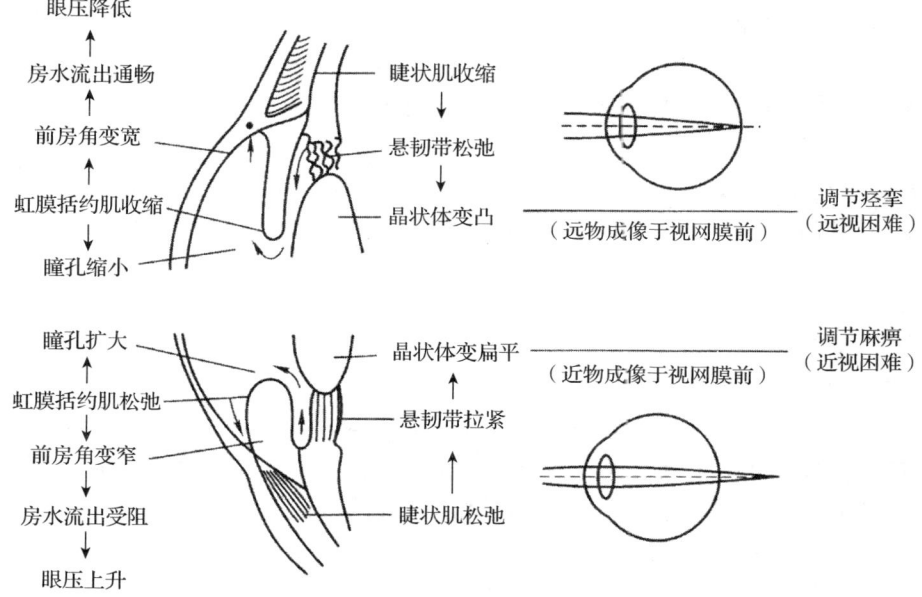

图 6-1　M 受体激动药（上）和 M 受体阻断药（下）对眼的作用

知识链接

眼　压

房水可使眼球内具有一定压力，称为眼压，而房水是由睫状体上皮细胞和虹膜后房血管产生，通过瞳孔、前房角间隙，经滤帘进入巩膜静脉窦，再通过集液管和房水静脉汇入巩膜表面的睫状前静脉，回流进入血液循环。房水回流障碍可致眼压升高，眼压持续升高可致青光眼。

（3）调节痉挛：因激动睫状肌环状纤维的 M 受体，使睫状肌向瞳孔中心方向收缩，悬韧带松弛，晶状体变凸，近处的物体成像在视网膜上，调节于视近物清楚、视远物模糊的状态，此作用称为调节痉挛。

2. 对腺体的作用 毛果芸香碱吸收后能激动腺体的 M 受体，使腺体分泌增加，以汗腺和唾液腺最明显。

【临床应用】

1. 青光眼　青光眼是常见的眼科疾病，以进行性视盘凹陷和视力减退为主要特征，同时有眼压增高的特征，严重时可致失明。闭角型青光眼（急性或慢性充血性青光眼）患者前房角狭窄，眼压增高。毛果芸香碱能迅速降低眼压而缓解或消除青光眼症状。

毛果芸香碱也适用于开角型青光眼（慢性单纯性青光眼）的治疗。这种青光眼无前房角狭窄和闭塞情况，而是小梁网本身及巩膜静脉窦发生变性或硬化，阻碍了房水循环，引起眼压升高。毛果芸香碱可通过扩张巩膜静脉窦周围的小血管，以及收缩睫状肌后小梁网结构发生改变而使眼压下降。

> **知识链接**
>
> **青 光 眼**
>
> 青光眼的主要特征是眼压升高，伴有头痛、视力减退等症状。持续的高眼压可以给眼球各部分组织和视功能带来损害，出现视功能障碍，并伴有视网膜形态学变化，因这类患者的瞳孔带有青绿色，故有此名。
>
> 青光眼是主要致盲原因之一，而且青光眼引起的视功能损伤是不可逆的，如不及时治疗，视野可能全部丧失而致失明，后果极为严重。

2. 虹膜炎　毛果芸香碱与扩瞳药交替应用，可防止虹膜与晶状体粘连。
3. M受体阻断药中毒　1～2 mg的毛果芸香碱皮下或肌内注射用于阿托品等药物中毒的解救。

> **考点提示**
>
> 毛果芸香碱可治疗的青光眼的类型及原因。

【不良反应】滴眼时应压迫内眦，避免药液经鼻泪管进入鼻腔吸收。毛果芸香碱吸收过量可引起流涎、多汗、支气管痉挛及腹痛等M样症状，可用阿托品对抗。

第二节　胆碱酯酶抑制药

胆碱酯酶抑制药又称抗胆碱酯酶药，能与胆碱酯酶以共价键或非共价键结合，使胆碱酯酶失去活性，导致乙酰胆碱在体内蓄积而呈拟胆碱作用，产生M样和N样作用。根据药物与胆碱酯酶结合的方式不同，可分为易逆性抗胆碱酯酶药（如新斯的明）和难逆性抗胆碱酯酶药（如美曲膦酯，又称敌百虫）。

一、易逆性抗胆碱酯酶药

新斯的明（neostigmine）

【体内过程】新斯的明为季胺类化合物，脂溶性低，不能通过血脑屏障，无中枢作用，滴眼时不易透过角膜，对眼的作用很弱。口服吸收少而不规则，故口服剂量明显大于注射。口服给药后1小时显效，维持3～4小时；注射（皮下或肌内给药）15分钟起效，维持2～4小时。

【药理作用】新斯的明通过抑制胆碱酯酶的活性，使乙酰胆碱蓄积而呈现M样和N样作用。

新斯的明对心血管、腺体、眼、支气管作用较弱；对胃肠道和膀胱平滑肌兴奋作用较强；对骨骼肌的兴奋作用最强，因其除抑制胆碱酯酶外还能直接激动骨骼肌运动终板上的 N_M 受体并促进运动神经末梢释放乙酰胆碱。

> **考点提示**
>
> 新斯的明对骨骼肌兴奋作用最强的原因。

【临床应用】

1. 重症肌无力 重症肌无力是一种神经肌肉接头传递功能减退的自身免疫性疾病。新斯的明可明显改善肌无力症状。

> **知识链接**
>
> **重症肌无力**
>
> 重症肌无力是一种自身免疫性疾病，由神经肌肉接头传递功能障碍引起，患者血清中可查出乙酰胆碱受体的抗体。患者早期表现为上眼睑下垂，受累骨骼肌极易疲劳，肌肉经过短暂重复的活动后出现肌无力症状，如复视，声音嘶哑，四肢无力，咀嚼、吞咽困难，严重者可致呼吸困难。
>
> 近年来，此病的发病率有上升趋势，约40%的患者在数月至2年进展为全身型肌无力，出现瘫痪、呼吸困难，甚至严重缺氧，危及生命。

2. 腹气胀和尿潴留 新斯的明能兴奋胃肠道平滑肌和膀胱逼尿肌，促进排气和排尿，用于手术后腹气胀和尿潴留。

3. 阵发性室上性心动过速 当采用压迫眼球或颈动脉窦等兴奋迷走神经措施无效时，可通过新斯的明拟胆碱作用减慢心率。

4. 非去极化型肌松药及阿托品中毒 新斯的明可用于非去极化型肌松药（如筒箭毒碱）过量中毒的解救，但禁用于去极化型肌松药（如琥珀胆碱）过量中毒；也可用于 M 受体阻断药（如阿托品）中毒的解救。

【不良反应】新斯的明不良反应轻微，但过量可引起呕吐、腹痛、心动过缓和骨骼肌颤动等，中毒时可引起胆碱能危象，出现肌无力症状加重，严重者可引起呼吸肌麻痹。心动过缓者慎用，机械性肠梗阻、尿路梗阻及支气管哮喘等患者禁用。

二、难逆性抗胆碱酯酶药

有机磷酸酯类药能持久地抑制胆碱酯酶的活性，对人体的毒性很大，主要是农业杀虫剂和军用毒剂（见第四十四章）。

第三节 拟胆碱药用药护理

一、M 受体激动药用药护理

M 受体激动药用药护理见表 6-1。

表 6-1　M 受体激动药用药护理

用药护理程序	用药护理要点
用药前	1. 了解疾病的类型及用药史 2. 做好患者心理护理，减轻因眼压高、头痛导致的焦虑情绪和心理压力，帮助其分散注意力 3. 合理制订护理程序，多采用局部给药，需要发挥吸收作用时，多采用口服、肌内和皮下注射，一般不用静脉注射，以减少不良反应发生 4. 严格掌握适应证及禁忌证
用药中	1. 药液浓度不能过高，用滴眼液滴眼时应将下眼睑拉成杯状，同时用示指压迫内眦，以免药液经鼻泪管流入鼻腔而吸收中毒，必要时可用阿托品对抗 2. 用于阿托品类药中毒的解救时，可采用皮下注射，一次 2 mg 3. 治疗虹膜炎时须与扩瞳药交替使用，以防止虹膜与晶状体粘连
用药后	1. 因影响视力，应告知患者避免开车等 2. 勿长期滴眼，以防发生粘连；对因吸收所致的全身中毒症状，可用阿托品对抗 3. 做好药品清点和登记工作

二、胆碱酯酶抑制药用药护理

胆碱酯酶抑制药用药护理见表 6-2。

表 6-2　胆碱酯酶抑制药用药护理

用药护理程序	用药护理要点
用药前	1. 了解患者的病史及用药史 2. 做好心理护理，减轻患者不良情绪和心理压力，帮助患者分散注意力 3. 合理制订护理程序，新斯的明脂溶性低，口服吸收少，个体差异大，剂量应个体化，多采用口服、肌内和皮下注射，绝对不可静脉注射，因为会引起强烈的不良反应 4. 严格掌握适应证及禁忌证，禁用于支气管哮喘患者及机械性肠梗阻、尿路梗阻患者，甲状腺功能亢进患者也应禁用
用药中	1. 注意观察患者呼吸、脉搏、胃肠道等表现 2. 要注意鉴别疾病与药物过量引起的肌无力症状，用药后肌无力现象应缓解，若肌无力不仅不缓解，反而加重，要警惕出现胆碱能危象，一旦发现，须及时处理 3. 如出现胆碱能危象，应立即停药并用 M 受体阻断药（如阿托品）和胆碱酯酶复活药进行对抗性治疗，用药前应备好呼吸抢救药物和器械
用药后	1. 做好相关护理有助于提高疗效 2. 针对恶心、呕吐、流涎、腹部不适、哮喘发作、胸骨下压迫感或疼痛，严重者可发生心肌缺氧、短暂的晕厥和心搏骤停、传导阻滞、呼吸困难等不良反应，应采取相应措施 3. 做好药品清点和登记工作

自 测 题

一、选择题

A_1 型题

1. 下列关于毛果芸香碱的叙述中，错误的是
   A. 能激动 M 受体
   B. 使腺体分泌增加
   C. 引起缩瞳
   D. 用于治疗青光眼
   E. 升高眼压

2. 毛果芸香碱对眼睛的作用是
   A. 缩瞳、升眼压、调节痉挛
   B. 扩瞳、升眼压、调节痉挛
   C. 缩瞳、降眼压、调节痉挛
   D. 缩瞳、降眼压、调节麻痹
   E. 缩瞳、升眼压、调节麻痹

3. 治疗重症肌无力的首选药物是
   A. 乙酰胆碱
   B. 毛果芸香碱
   C. 毒扁豆碱
   D. 新斯的明
   E. 卡巴胆碱

4. 新斯的明作用不包括
   A. 兴奋骨骼肌
   B. 兴奋胃肠道平滑肌
   C. 兴奋心脏
   D. 促进腺体分泌
   E. 缩瞳

A_2 型题

5. 患者，女，50 岁，因剧烈眼痛、头痛、恶心、呕吐急诊来院。检查：明显的结膜充血，角膜水肿，前房浅，瞳孔中度开大，呈竖椭圆形，眼压升高为 6.7 kPa。房角镜检查：房角关闭。诊断：闭角型青光眼急性发作。该患者应立即选用的治疗药物是
   A. 毛果芸香碱
   B. 新斯的明
   C. 阿托品
   D. 肾上腺素
   E. 去甲肾上腺素

6. 患者，女，26 岁，因直肠息肉进行切除手术，术后出现腹气胀、尿潴留。该患者宜选择的治疗药物是
   A. 卡巴胆碱
   B. 毛果芸香碱
   C. 烟碱
   D. 毒扁豆碱
   E. 新斯的明

A_3/A_4 型题

（7～8 题共用题干）

患者，女，29 岁，出现头痛、视力减退等症状，经检查眼压偏高，诊断为青光眼。

7. 该患者应选用的治疗药物是
   A. 卡巴胆碱
   B. 乙酰胆碱
   C. 毛果芸香碱
   D. 新斯的明
   E. 吡斯的明

8. 该药物的作用机制是
   A. 直接激动 M 受体　　B. 直接激动 N 受体　　C. 阻断 M 受体
   D. 阻断 N 受体　　　　E. 抑制胆碱酯酶

二、简答题

1. 毛果芸香碱滴眼时应注意什么问题？为什么？
2. 重症肌无力为什么首选新斯的明进行治疗？

三、案例分析

患者，女，48岁，主诉两眼发胀，视物模糊2年，经检查两眼无明显红肿，角膜稍有润性水肿，右眼瞳孔较大，对光反应迟钝，玻璃体混浊，眼底呈豹纹状，视盘青光眼性凹陷明显，静脉迂曲怒张，血管呈屈膝状，左眼瞳孔较小，反应迟钝，眼底难以见到。视力为右眼0.3，左眼0.2；眼压为右眼38 mmHg，左眼52 mmHg（正常眼压11～21 mmHg）。

请回答：
1. 该患者可能患了什么疾病？此疾病的治疗原则是什么？
2. 该患者应选什么药物治疗？

（李　琳）

第七章　胆碱受体阻断药

学习目标

1. 解释阿托品的药理作用、临床应用、不良反应和禁忌证。
2. 比较山莨菪碱、东莨菪碱和丙胺太林的作用特点、临床应用及主要不良反应。
3. 概括其他胆碱受体阻断药的作用特点和临床应用。
4. 能指导患者正确使用胆碱受体阻断药并评估药物的治疗效果。
5. 学会监测胆碱受体阻断药的不良反应并执行相应的护理措施。
6. 具有关爱精神和以人为本的良好医德。

案例 7-1

刘某，男，65 岁，今日午饭后突然感到右上腹疼痛，随即转变为右肋部绞痛，疼痛放射到右肩部或右肩胛骨处。患者剧痛难忍、坐卧不安、捧腹弯腰、面色苍白、大汗淋漓，伴有恶心、呕吐。经检查，诊断为胆绞痛。

问题与思考：

1. 该患者应选用什么药物治疗？
2. 用药过程中应注意哪些问题？

第一节　M 受体阻断药

一、阿托品类生物碱

阿托品（atropine）

阿托品是从茄科植物颠茄、曼陀罗、莨菪等天然植物中提取的生物碱，也可人工合成。

【体内过程】阿托品口服吸收迅速，1 小时后血药浓度达峰值，维持 3～4 小时，注射给药起效更快，眼科局部应用时可持续数天；吸收后分布广泛，能穿过血脑屏障及胎盘屏障，80%以上经肾排出，也有少量可通过乳汁和粪便排出。

【药理作用】阿托品为非选择性 M 受体阻断药，作用广泛。不同器官对阿托品的敏感性不同，剂量从小到大依次产生下列作用。

1. 抑制腺体分泌　阿托品对汗腺、唾液腺的抑制作用最强，对呼吸道腺体也有较强抑制作用；大剂量时也可抑制胃液分泌，但影响较小。

2. 对眼的作用

（1）扩瞳：阿托品通过阻断瞳孔括约肌上 M 受体，使瞳孔括约肌松弛，而瞳孔开大肌功能占优势，从而使瞳孔扩大。

（2）升高眼压：由于瞳孔扩大，虹膜退向四周边缘，前房角间隙缩小，阻碍房水回流，导致眼压升高。

（3）调节麻痹：阿托品阻断睫状肌环状纤维上的 M 受体，使睫状肌松弛退向边缘，悬韧带拉紧，晶状体变扁平，屈光度降低，不能将近处物体成像在视网膜上，导致视远物清楚，视近物模糊，这一作用称为调节麻痹。

3. 松弛内脏平滑肌　阿托品能松弛内脏平滑肌，对处于过度活动或痉挛状态的平滑肌的松弛作用尤为明显。其对不同器官平滑肌选择性不同，按由高到低顺序是：胃肠＞尿道和膀胱＞胆道和输尿管＞支气管＞子宫。

4. 对心脏的作用

（1）加快心率：阿托品较大剂量能解除迷走神经对心脏的抑制，引起心率加快，对迷走神经张力高的青少年作用明显，对婴幼儿、老年人影响较小。

（2）加快房室传导：阿托品能拮抗迷走神经过度兴奋所致的房室传导阻滞和心动过缓，使房室传导加快。

5. 扩张血管、改善微循环　治疗量的阿托品对血管与血压无显著影响，大剂量的阿托品有解除小血管痉挛的作用，扩张外周血管与内脏血管，尤以皮肤血管最为显著，可引起温热、潮红、改善微循环。此作用与阻断 M 受体无关，可能与直接扩张血管作用有关。

6. 兴奋中枢　治疗量（0.5～1 mg）的阿托品对中枢作用不明显；较大剂量（1～2 mg）可兴奋延髓呼吸中枢；3～5 mg 可兴奋大脑皮质，出现烦躁不安、多语等反应；中毒剂量（10 mg 以上）产生幻觉、定向失调、运动障碍和惊厥等，严重时，出现昏迷及延髓麻痹而死亡。

【临床应用】

1. 解除平滑肌痉挛　阿托品对胃肠绞痛及膀胱刺激症状（如尿频、尿急）疗效较好；单用时对胆绞痛、肾绞痛疗效差，常与镇痛药哌替啶合用；因能松弛膀胱逼尿肌，可用于小儿遗尿症。

2. 全身麻醉前给药　阿托品可减少手术期间呼吸道腺体及唾液腺的分泌，防止分泌物阻塞呼吸道及吸入性肺炎的发生；还用于严重盗汗和流涎症。

3. 眼科

（1）治疗虹膜睫状体炎：阿托品可松弛虹膜括约肌及睫状肌，使病变组织充分休息，有利于炎症的消退，与缩瞳药合用可预防虹膜和晶状体粘连。

（2）检查眼底：因阿托品扩瞳作用维持时间较长（1～2 周），现已为后马托品所代替。

（3）验光配镜：眼内滴入阿托品可使睫状肌松弛，晶状体固定，以准确测定晶状体的屈光度，但其调节麻痹作用维持 2～3 天，扩瞳作用持续 1～2 周，视力恢复缓慢，故仅用于睫状肌调节功能较强的儿童验光。

4. 治疗缓慢型心律失常　阿托品可用于迷走神经过度兴奋所致的窦性心动过缓、房室传导阻滞等缓慢型心律失常。

5. 抗休克　大剂量阿托品可用于感染性休克的治疗，在补充血容量的基础上，解除休克时小血管的痉挛，改善微循环。

6. 解救有机磷酸酯类中毒　阿托品可迅速缓解有机磷酸酯类中毒的 M 样症状（详见第四十四章）。

> **考点提示**
>
> 阿托品用于全身麻醉前给药的目的。

【不良反应】
1. 副作用　有口干、视近物模糊、心悸、皮肤干燥潮红、体温升高、排尿困难及便秘等。
2. 中毒反应　较大剂量（超过 5mg）的阿托品可引起中枢兴奋，表现为烦躁不安、谵妄、幻觉、呼吸加深加快、体温上升等。中毒严重时可由中枢兴奋转入中枢抑制，出现昏迷和呼吸麻痹等。

青光眼、前列腺肥大、幽门梗阻等患者禁用阿托品。

山莨菪碱（anisodamine，654-2）

山莨菪碱是我国茄科植物山莨菪的主要成分，其人工合成品称 654-2。山莨菪碱脂溶性低，多肌内注射给药。与阿托品相比其作用特点有：解痉作用选择性高，能解除血管痉挛，改善微循环；但抑制腺体分泌和扩瞳作用较弱。因不易透过血脑屏障，故中枢兴奋作用弱。

山莨菪碱主要用于感染性休克、胃肠绞痛。不良反应与阿托品相似。

东莨菪碱（scopolamine）

东莨菪碱外周作用与阿托品相似，但抑制腺体分泌、扩瞳、调节麻痹作用较强，对心血管作用较弱。其中枢作用与阿托品相反，易透过血脑屏障，除兴奋呼吸中枢外，还可抑制中枢神经系统，表现为镇静、催眠作用，增大剂量可引起意识消失，进入浅麻醉状态。

东莨菪碱在临床上主要用于：①麻醉前给药；②预防晕动病，与 H_1 受体阻断药合用，可增强疗效；③帕金森病（震颤麻痹）。不良反应及禁忌证同阿托品。

二、阿托品的合成代用品

（一）合成扩瞳药

为克服阿托品扩瞳时不良反应较多的缺点，人工合成了一些短效 M 受体阻断药，主要有后马托品（homatropine）和托吡卡胺（tropicamide）等，其优势主要是发挥扩瞳作用快，持续时间短，不良反应少。

（二）合成解痉药

丙胺太林（propantheline，普鲁本辛）

丙胺太林口服吸收较差，不易透过血脑屏障，对胃肠道 M 受体的选择性较高，能解除胃肠道平滑肌的痉挛，同时抑制胃液分泌，适用于胃及十二指肠溃疡、胃肠痉挛和妊娠呕吐等的治疗。

哌仑西平（pirenzepine）

哌仑西平为选择性 M_1 受体阻断药，可抑制胃酸分泌，主要用于胃及十二指肠溃疡，有口干、视物模糊等副作用。

第二节　N 受体阻断药

一、N_N 受体阻断药（神经节阻断药）

神经节阻断药能选择性地与神经节中 N_N 胆碱受体结合，从而阻断神经冲动在神经节中的传导，曾用于治疗高血压急症，但由于不良反应较多，现已少用。

二、N_M受体阻断药（骨骼肌松弛药）

骨骼肌松弛药简称肌松药，能选择性阻滞神经肌肉接头处的神经兴奋传递，使骨骼肌松弛，临床用作全身麻醉的辅助用药，既能减少全身麻醉药的用量，又为手术操作创造良好的骨骼肌松弛状态，提高麻醉及手术的安全性。按其作用机制不同分为去极化型肌松药和非去极化型肌松药两类。

（一）去极化型肌松药

琥珀胆碱（succinylcholine，司可林，scoline）

【药理作用与临床应用】琥珀胆碱与N_M受体结合后，被胆碱酯酶缓慢水解，故产生与ACh相似但较为持久的去极化作用，使突触后膜失去了对ACh的反应性，导致骨骼肌松弛。静脉注射琥珀胆碱后先出现短暂的肌束颤动，1分钟后出现肌肉松弛，2分钟后肌肉松弛作用达峰，持续时间不超过5分钟，静脉滴注可延长其作用时间。琥珀胆碱适用于气管内插管、气管镜、食管镜检查等短时操作。

【不良反应及用药注意】不良反应主要有肌痛，停药3~4天可自愈；剂量过大可引起呼吸肌麻痹；还有较明显的高钾血症，因骨骼肌持久去极化，释放大量钾离子，使血钾升高，出现心动过缓、心肌无力等症状。

用药时应注意，琥珀胆碱不宜与碱性药物（如硫喷妥钠）混合，因其易被破坏，若需同时用，应分别注射；对患者血钾偏高的状态，如烧伤、广泛软组织损伤也应提示慎用或禁用琥珀胆碱；用药前准备好呼吸机，琥珀胆碱过量中毒时不能用新斯的明解救。

（二）非去极化型肌松药

泮库溴铵（pancuronium bromide，潘可罗宁）

泮库溴铵为人工合成品，可直接阻断N_M受体，产生骨骼肌松弛作用，起效快（4~6分钟），维持时间长（2~3小时），蓄积性小，主要用于手术时的麻醉辅助用药（气管插管和松弛骨骼肌）；还可加快心率和升高血压。泮库溴铵过量时可用新斯的明和阿托品解救。同类药物还有阿曲库铵（atracurium）、维库溴铵（vecuronium）、罗库溴铵（rocuronium）等，它们的作用强度和维持时间有所差异。

第三节 胆碱受体阻断药用药护理

胆碱受体阻断药用药护理见表7-1。

表7-1 胆碱受体阻断药用药护理

用药护理程序	用药护理要点
用药前	1. 阿托品的剂型多，作用差异大，应根据病情、医嘱实施用药 2. 有机磷酸酯类中毒时患者体内乙酰胆碱大量蓄积，对阿托品的耐受性增大，用药量根据中毒程度确定，须达到阿托品化，可不受药典规定的极量所限 3. 体温超过39℃的患者，应先降温后用药，前列腺肥大、青光眼及有眼压升高倾向者禁用 4. 严格掌握适应证及禁忌证
用药中	1. 注意观察患者反应，注意体温、心率变化及口干、心悸等不良反应 2. 观察患者排尿情况，出现尿潴留可行导尿术 3. 常规备好抢救药品和器械等

续表

用药护理程序	用药护理要点
用药后	1. 观察用药作用及不良反应 2. 患者散瞳后出现怕光等症状应佩戴墨镜，如中枢兴奋症状明显，可用小剂量苯巴比妥等对抗，外周症状可用新斯的明或毛果芸香碱对抗，如出现呼吸抑制，可采用吸氧、人工呼吸等支持措施 3. 注意有机磷酸酯类中毒者使用阿托品过量时，不能用新斯的明等胆碱酯酶抑制药解救 4. 做好药品清点和登记工作

自 测 题

一、选择题

A₁ 型题

1. 下列不良反应不是阿托品引起的为
   A. 恶心、呕吐　　　　B. 视物模糊　　　　C. 口干
   D. 排尿困难　　　　　E. 心悸

2. 山莨菪碱的临床用途有
   A. 防治晕动病　　　　B. 治疗青光眼　　　C. 抗感染性休克
   D. 抗震颤麻痹　　　　E. 麻醉前给药

3. 下列胆碱受体阻断药中，中枢抑制作用最强的是
   A. 阿托品　　　　　　B. 山莨菪碱　　　　C. 东莨菪碱
   D. 后马托品　　　　　E. 溴丙胺太林

4. 下列药物中不属于 M 受体阻断药的是
   A. 溴丙胺太林　　　　B. 东莨菪碱　　　　C. 山莨菪碱
   D. 后马托品　　　　　E. 酚妥拉明

5. 琥珀胆碱引起骨骼肌松弛的作用机制是
   A. 抑制脊髓 γ 运动神经元
   B. 抑制中枢多突触反射
   C. 与 ACh 竞争运动终板膜上的 N_M 受体
   D. 减少运动神经末梢 ACh 的释放
   E. 使运动终板膜产生持久的去极化

6. 筒箭毒碱过量中毒引起肌肉松弛时，宜选用的抢救药是
   A. 阿托品　　　　　　B. 新斯的明　　　　C. 毛果芸香碱
   D. 毒扁豆碱　　　　　E. 东莨菪碱

A₂ 型题

7. 患者，女，20 岁，2 小时前口服 50% 敌敌畏 60 ml，大约 10 分钟后出现呕吐、大汗，随后昏迷，急送入院。检查：呼吸急促，32 次 / 分，血压 18.7/13.3 kPa（140/100 mmHg），心律失常，肠鸣音亢进，双侧瞳孔 1～2 mm，胸前有肌肉颤动，全血 AChE 活力为 30%。患者入院后，除给洗胃和氯解磷定治疗外，还应立即注射的药物是
   A. 氯丙嗪　　　　　　B. 普萘洛尔　　　　C. 阿托品

D. 毛果芸香碱　　　　　E. 新斯的明

8. 某患者由于大量误服了某药片，出现语言不清、烦躁不安，被送至急诊室。查体发现心动过速、体温升高、皮肤潮红、瞳孔扩大，此患者可能服用了

A. 苯巴比妥　　　　　B. 吗啡　　　　　　C. 阿司匹林
D. 阿托品　　　　　　E. 乐果

A_3/A_4 型题

（9～10 题共用题干）

患者，男，55 岁，1 小时前因右侧腰背部剧烈疼痛难以忍受，出冷汗，服颠茄片不见好转，急来院就诊。尿常规检查：可见红细胞。B 超检查：肾结石。

9. 治疗药物应选

A. 阿托品　　　　　　B. 毒扁豆碱　　　　C. 阿托品 + 哌替啶
D. 毛果芸香碱　　　　E. 东莨菪碱

10. 该药禁用于

A. 心动过缓　　　　　B. 肠痉挛　　　　　C. 虹膜睫状体炎
D. 中毒性休克　　　　E. 前列腺肥大

二、简答题

1. 阿托品随着剂量的增加依次出现哪些药理作用？
2. 比较山莨菪碱与东莨菪碱的作用特点和主要应用。

三、案例分析

患者，女，15 岁，在外进食冷饮后突然感觉上腹疼痛，伴恶心、呕吐，并腹泻 5 次，来医院门诊就诊。查体：腹软，上腹部有轻度压痛，无反跳痛，肠鸣音亢进，体温 36.9 ℃。

请回答：

1. 该患者患了什么疾病？
2. 应如何用药治疗？

（李　琳）

第八章 肾上腺素受体激动药

学习目标

1. 解释肾上腺素的药理作用、临床应用和不良反应。
2. 比较多巴胺、去甲肾上腺素及异丙肾上腺素的作用特点及临床应用。
3. 概括同类药物中其他药物的主要作用特点及临床应用。
4. 能指导患者正确使用肾上腺素受体激动药并评估药物的治疗效果。
5. 学会监测肾上腺素受体激动药的不良反应并执行相应的护理措施。
6. 具有以人为本的良好医德和救死扶伤的职业精神。

案例 8-1

患者，女，10岁，因畏寒、发热、咽痛2天由其母亲陪同就医，诊断为急性扁桃体炎。青霉素皮试（−）后，给予青霉素400万U肌内注射。给药后约20分钟患者刚走出医院，顿觉胸闷、呼吸困难、面色苍白、冷汗如注，并感到皮肤发痒。其母亲立即送其返回医院。测血压50/30 mmHg，诊断为青霉素过敏性休克。

问题与思考：

1. 针对此患者临床上应采取什么抢救措施？首选什么药物抢救？
2. 同时应采取哪些综合治疗措施？

肾上腺素受体激动药（adrenoceptor agonist）通过与肾上腺素受体结合并激动受体，产生与肾上腺素、去甲肾上腺素相似的作用，又称拟肾上腺素药。因其属于胺类，作用又与交感神经兴奋的效应相似，故又称拟交感胺类药。根据药物对受体选择性的不同，可将肾上腺素受体激动药分为α、β受体激动药，α受体激动药和β受体激动药三类。

第一节 α、β受体激动药

肾上腺素（adrenaline，AD；epinephrine）

肾上腺素又称副肾素，其化学性质不稳定，遇光及在中性或碱性溶液中易氧化变色而失效，在酸性溶液中相对稳定。

【体内过程】肾上腺素口服无效；皮下注射因收缩局部血管而吸收较慢，作用可维持1小时；肌内注射吸收快，作用维持10～30分钟；静脉注射立即起效，作用仅维持数分钟。肾上腺素在体内迅速被突触前膜再摄取或被酶代谢灭活，其代谢产物经肾排泄。

【药理作用】肾上腺素直接激动α、β受体，呈现α型和β型效应。其特点是起效快、作用强、持续时间短。

1. **兴奋心脏** 肾上腺素通过激动心脏 $β_1$ 受体,使心肌收缩力增强,心率加快,传导加速,心排血量增加,心肌耗氧量增加,并能激动 $β_2$ 受体使冠状血管舒张,改善心肌血液供应,其作用迅速而强大,但若过量或静脉注射速度过快,可引起心律失常,甚至心室颤动。

2. **舒缩血管** 肾上腺素对血管的影响与其用药剂量有关:一般剂量激动 $β_2$ 受体,使 $β_2$ 受体占优势的骨骼肌血管及冠状血管扩张;大剂量主要激动 $α_1$ 受体,使 α 受体占优势的皮肤、黏膜及内脏血管收缩。肾上腺素对脑、肺血管收缩作用微弱。

3. **对血压的影响** 由于血压受心排血量和外周阻力的影响,而血管的紧张程度与药物剂量有关,因此不同剂量下,药物对血压的影响也不同。肾上腺素在治疗剂量(0.5～1 mg,皮下或肌内注射)时,由于兴奋心脏而使心排血量增加,收缩压升高;对骨骼肌血管的扩张作用抵消或超过了对皮肤、黏膜及内脏血管的收缩作用,使外周阻力升高不明显,舒张压不变或稍降。随着剂量增加,肾上腺素兴奋 α 受体使缩血管作用明显增强,心排血量和外周阻力升高,导致收缩压和舒张压均升高。

若预先使用 α 受体阻断药,再用肾上腺素时,由于 α 受体阻断药取消了肾上腺素的缩血管作用,而肾上腺素激动 $β_2$ 受体引起的扩血管作用便会充分表现,导致血压下降,该现象称为"肾上腺素升压作用的翻转"。因此,肾上腺素不能用于抢救 α 受体阻断药如酚妥拉明、氯丙嗪中毒引起的低血压。

4. **扩张支气管** 肾上腺素能激动支气管平滑肌上的 $β_2$ 受体,松弛支气管平滑肌,扩张支气管;并可抑制肥大细胞释放过敏介质如组胺;还能激动 $α_1$ 受体,使支气管黏膜血管收缩,有利于消除支气管黏膜水肿。

5. **促进代谢** 肾上腺素通过激动 β 受体,可促使糖原和脂肪分解,使血糖和血中的游离脂肪酸浓度升高。

【临床应用】

1. **抢救心搏骤停** 肾上腺素可用于重度房室传导阻滞、溺水、急性传染病、药物中毒及手术意外等引起的心搏骤停。在采取心脏按压、人工呼吸和纠正酸中毒等措施的同时,可用 0.5～1 mg 肾上腺素静脉注射或心室内注射。对触电引起的心搏骤停应配合使用电除颤术。

> **知识链接**
>
> **心搏骤停的复苏**
>
> 心搏骤停指突然发生的心脏射血功能终止。心室颤动和室性心动过速、缓慢性心律失常均可致心搏骤停,大多发生于冠心病、心肌梗死、心肌病等器质性心脏病患者。心脏骤停后,由于脑血流突然中断,约10秒患者即可出现意识丧失,须及时抢救,最重要的抢救措施是国际规范化心肺脑复苏术。
>
> 心搏骤停时使用的主要药物有肾上腺素、利多卡因、阿托品、碳酸氢钠、血管活性药物等。其中肾上腺素是公认的最为有效且被广泛用于抢救心搏骤停的首选药,配合利多卡因消除心室颤动,再合用阿托品解除迷走神经对心脏的抑制(上述三药合称为心脏复苏的"新三联":肾上腺素、阿托品各 1 mg 及利多卡因 50～100 mg)。静脉给药的同时,可进行心外按摩、挤压,形成人为的血液循环,促进药物通过血液循环到达心肌而发挥药效。

2. **过敏性休克** 肾上腺素是抢救过敏性休克的首选药物。肾上腺素有兴奋心脏、收缩血管、降低毛细血管的通透性、舒张支气管、抑制过敏介质释放和减轻支气管黏膜水肿等作用,可较快较强地升高血压、缓解呼吸困难、改善昏迷等症状,配合其他药物能够较好达到抢救目的。一般采用肌内或皮下注射，必要时也可用 0.9% 生理盐水稀释 10 倍后静脉缓慢注射。避免过量或注射速度过快，因易引起心律失常等不良反应。

 考点提示

青霉素引起的过敏性休克首选肾上腺素。

知识链接

过敏性休克

过敏性休克是由肥大细胞释放过敏介质所致的 I 型变态反应，以低血压或呼吸困难为特征，常由药物、血清制剂、输血或血浆等引起，蚊虫叮咬过敏、食物或花粉过敏等也可导致，如青霉素过敏性休克，表现为小血管扩张和毛细血管通透性增强，引起循环血容量降低，心肌收缩力减弱，血压下降，同时伴有支气管平滑肌痉挛收缩和黏膜充血水肿，引起呼吸困难等症状。

过敏性休克的首选治疗药物为肾上腺素，其他药物有糖皮质激素、抗组胺药等，同时进行对症支持治疗。

3. 支气管哮喘　肾上腺素可用于控制支气管哮喘急性发作，皮下注射或肌内注射数分钟起效，作用强，但维持时间短。

4. 与局部麻醉药配伍　可在局部麻醉药内加少量肾上腺素（1∶250 000），可因其收缩局部血管而减少局部麻醉药的吸收，能延长局部麻醉时间并可防止局部麻醉药吸收中毒。

5. 局部止血　可用浸有 0.1% 肾上腺素的纱布或棉球填塞局部达到止血目的，如口、鼻黏膜出血或拔牙后牙龈出血。

 考点提示

肾上腺素与局部麻醉药配伍的目的。

【不良反应】肾上腺素治疗量时不良反应较轻微，可有皮肤苍白、出汗、心悸、焦虑、烦躁等症状。剂量过大或静脉注射速度过快可致血压骤升、剧烈的搏动性头痛，有脑出血风险，也可引起心律失常，如期前收缩甚至心室颤动。应密切注意患者血压、脉搏及情绪变化，严格控制用药剂量。高血压、器质性心脏病、糖尿病和甲状腺功能亢进患者禁用，老年人慎用。

麻黄碱（ephedrine，麻黄素）

麻黄碱可直接激动 α 和 β 受体，并能促进交感神经末梢释放 NA。与肾上腺素相比其作用特点有：脂溶性高，口服吸收良好；兴奋心脏、升压作用缓慢温和而持久；中枢兴奋作用强，可引起失眠；易产生快速耐受性。麻黄碱主要用于：①防治硬膜外麻醉和蛛网膜下腔麻醉时的低血压；②支气管哮喘的预防和轻症的治疗，多作为呼吸系统药物的复方成分；③治疗感冒等过敏性疾病引起的鼻黏膜充血所致鼻塞、荨麻疹及血管神经性水肿。不良反应较轻，常见失眠、不安等中枢兴奋症状，晚间用药时可同服地西泮等催眠药。因麻黄碱可引起心动过速和血压升高，故器质性心脏病及高血压患者禁用。

多巴胺（dopamine，DA）

多巴胺是体内去甲肾上腺素合成的前体，药用为人工合成品，口服无效，应静脉滴注给药；在体内迅速经 MAO 和 COMT 代谢灭活，作用时间短暂；不易透过血脑屏障，无明显中枢作用。

【药理作用与临床应用】多巴胺可直接激动 α_1 受体、β_1 受体和 D 受体，影响血管、血压及肾功能。

1. 兴奋心脏　多巴胺可激动 β_1 受体而增强心肌收缩力，增加心排血量，对心率影响不大。
2. 舒缩血管　多巴胺治疗量时可激动 D 受体，扩张肾和肠系膜等内脏血管；大剂量时可激动 α_1 受体，使皮肤、黏膜及骨骼肌血管收缩。
3. 对血压的影响　与肾上腺素类似，多巴胺治疗量时可使收缩压升高，舒张压不变，大剂量时使收缩压和舒张压都升高。
4. 改善肾功能　多巴胺治疗量时能激动肾血管 D_1 受体，扩张肾血管，使肾血流量增加，肾小球滤过率增加，也能直接作用于肾小管而增加钠的排出，使尿量明显增加。

多巴胺主要用于感染性休克、失血性休克和心源性休克，对心肌收缩力减弱而尿量少的休克患者尤其适用，用药前应注意补充血容量；也可与利尿药合用防治急性肾衰竭。

【不良反应】多巴胺不良反应较轻，偶见恶心、呕吐及头痛等；剂量过大或滴速过快，可引起心律失常，故心动过速者禁用。静脉滴注给药时，应将多巴胺直接溶解在全液体内，滴速以不超过 10 μg/（kg·min）为宜，并需密切观察血压、脉搏和尿量的变化。静脉滴注多巴胺外漏时可引起组织坏死。

第二节　α受体激动药

去甲肾上腺素（noradrenaline，NA）

去甲肾上腺素口服易被碱性肠液破坏，皮下或肌内注射使局部血管剧烈收缩而引起局部组织缺血坏死，故常采用静脉滴注给药。

【药理作用】去甲肾上腺素的化学性质与来源与肾上腺素相同，主要激动 α 受体，对 β_1 受体的激动作用较弱，对 β_2 受体几乎无作用。

1. 收缩血管　去甲肾上腺素激动血管平滑肌 α_1 受体，使全身小动脉、小静脉收缩。其中皮肤、黏膜血管收缩最明显，其次为肾血管；大脑、肝、肠系膜及骨骼肌血管也收缩。但心脏的冠状血管舒张，这是由局部的扩血管物质腺苷增多所致。
2. 兴奋心脏　去甲肾上腺素激动 β_1 受体，使心肌收缩力加强、传导加速、心率加快。但在整体情况下，因血管收缩、血压升高而反射性兴奋迷走神经，最终表现为心率减慢。大剂量去甲肾上腺素可致心律失常，但较肾上腺素少见。
3. 升高血压　去甲肾上腺素兴奋心脏使心排血量增加，收缩血管使外周阻力加大，导致收缩压和舒张压都升高。

【临床应用】

1. 休克和低血压　去甲肾上腺素可用于纠正神经源性休克早期、使用血管扩张药无效的感染性休克，以及嗜铬细胞瘤术后和药物（氯丙嗪、酚妥拉明）中毒引起的低血压等。应避免过量或长时间使用，因其剧烈收缩血管作用会加重微循环障碍。

2. 上消化道出血　去甲肾上腺素用生理盐水稀释后口服可收缩食管、胃黏膜血管而发挥局部止血作用。

【不良反应】

1. 局部组织缺血坏死　去甲肾上腺素长时间静脉滴注、浓度过高或药液外漏时，可使注射部位局部血管强烈收缩，引起局部缺血坏死。应注意观察用药部位有无皮肤苍白、发凉、疼痛等表现，一旦出现应立即更换注射部位，局部热敷，并用酚妥拉明局部浸润注射。

2. 急性肾衰竭　去甲肾上腺素用量过大或用药过久，可使肾血管强烈收缩，肾血流量急剧减少，出现尿少、尿闭现象。应严格控制滴注速度，尿量保持在 25 ml/h 以上。

间羟胺（metaraminol，阿拉明）

间羟胺可直接激动肾上腺素受体，又可促进去甲肾上腺素的合成释放。其作用似去甲肾上腺素但作用强度只有其 1/10，对心率影响小，较少引起心律失常；对肾血管收缩作用弱，较少引起尿少、尿闭；升压缓慢而持久。临床主要用于替代去甲肾上腺素治疗感染性休克、心源性休克及失血性休克等。不良反应相对较少，以心悸、血压升高为多见。药液外漏也可引起局部组织坏死，应注意观察。

去氧肾上腺素（phenylephrine，新福林，苯肾上腺素）

去氧肾上腺素作用比去甲肾上腺素弱但持久，既可静脉滴注，也可肌内注射，可用于防治脊髓麻醉或全身麻醉时的低血压。因其激动瞳孔开大肌 α_1 受体，收缩眼内血管，减少房水生成而降低眼压，故也可用于开角型青光眼及眼底检查时作快速、短效扩瞳剂。

第三节　β 受体激动药

异丙肾上腺素（isoprenaline，喘息定）

异丙肾上腺素口服无效，气雾吸入或舌下给药吸收较快，也可静脉注射；在体内主要被 COMT 代谢，作用时间较肾上腺素略长。

【药理作用】异丙肾上腺素激动 β_1、β_2 受体作用较强，对 α 受体几无作用。

1. 兴奋心脏　激动心脏 β_1 受体，使心肌收缩力加强、传导加速、心率加快，心排血量增加，心肌耗氧量增加。与肾上腺素比较，异丙肾上腺素加快心率、加快传导的作用较强，对窦房结兴奋作用强，可引起心律失常，但较少引起心室颤动。

2. 舒张血管　激动 β_2 受体，使骨骼肌血管明显舒张，并对肾、肠系膜及冠状血管有扩张作用，血管总外周阻力下降。

3. 对血压的影响　因心脏兴奋，使心排血量增加，而外周血管舒张，使外周阻力下降，故收缩压升高而舒张压下降，脉压增大。

4. 扩张支气管　激动支气管平滑肌上的 β_2 受体，松弛支气管平滑肌，缓解支气管痉挛，作用强于肾上腺素；抑制肥大细胞释放过敏介质，但无收缩支气管黏膜血管的作用。

5. 促进代谢　促进糖原和脂肪分解，升高血糖，血中游离脂肪酸增多，增加组织耗氧量。

【临床应用】

1. 支气管哮喘　用于控制支气管哮喘的急性发作，一般采用舌下或气雾吸入给药，疗效快而强。

2. **房室传导阻滞** 用于二度、三度房室传导阻滞，多采用舌下含化给药或静脉滴注给药。

3. **心搏骤停** 采用心室内注射用于抢救心室自身节律缓慢、房室传导阻滞、窦房结功能衰竭所导致的心搏骤停。

4. **休克** 适用于血容量已补足、心排血量低、外周阻力较高的感染性休克。

【不良反应】异丙肾上腺素常见不良反应有心悸、头痛等；剂量过大，特别是支气管哮喘伴有明显低氧者，易致心律失常甚至诱发或加剧心绞痛；长期反复使用易产生耐受性，故需叮嘱患者不可随意增加用药次数及剂量，过量可致严重心律失常。冠心病、心肌炎和甲状腺功能亢进等患者禁用异丙肾上腺素。

多巴酚丁胺（dobutamine）

多巴酚丁胺选择性激动 $β_1$ 受体，使心肌收缩力增强，心排血量增加，对心率影响不大，静脉滴注用于治疗心脏手术后或心肌梗死并发心力衰竭（详见第二十章）。

$β_2$ 受体激动药如沙丁胺醇主要用于哮喘的治疗（详见第二十七章）。

第四节 肾上腺素受体激动药用药护理

α、β 受体激动药用药护理见表 8-1。

表 8-1 α、β 受体激动药用药护理

用药护理程序	用药护理要点
用药前	1. 此类药为血管活性药物，剂量与疗效关系紧密，副作用及并发症较多 2. 应双人核对医嘱、双人配置药物 3. 宜使用注射泵输注血管活性药物 4. 选择中心静脉通路输注，紧急情况下可选择外周大静脉输注，应选择单独血管通路输注
用药中	1. 初始使用或剂量调整时，应每 5~15 分钟监测一次血压、心率、心律、呼吸、血氧饱和度；稳定后宜每 60 分钟监测一次血压、心率、心律、呼吸、血氧饱和度、末梢循环、尿量、药物不良反应等 2. 应严密观察穿刺部位皮肤情况，一旦药液外渗，可选择 α、β 受体阻断药对抗 3. 告知患者输注过程中的注意事项 4. 血管通路内有回血时，应先抽吸回血，确认通畅时，可用生理盐水 5~10 ml 冲管
用药后	停止药物输注时，应先撤除注射器及输注管路，用空注射器抽吸输液端口直至抽出血液后再封管

自 测 题

一、选择题

A_1 型题

1. 具有明显舒张血管，增加肾血流量的药物是
   A. 肾上腺素　　　　B. 异丙肾上腺素　　　　C. 麻黄碱
   D. 多巴胺　　　　　E. 去甲肾上腺素

2. 用于房室传导阻滞的药物是
   A. 肾上腺素　　　　　　B. 去甲肾上腺素　　　　　C. 异丙肾上腺素
   D. 间羟胺　　　　　　　E. 普萘洛尔
3. 防治硬膜外麻醉引起的低血压宜选用
   A. 去甲肾上腺素　　　　B. 肾上腺素　　　　　　　C. 麻黄碱
   D. 多巴胺　　　　　　　E. 异丙肾上腺素
4. 抢救心搏骤停，心室内注射的药物是
   A. 去甲肾上腺素　　　　B. 肾上腺素　　　　　　　C. 麻黄碱
   D. 多巴胺　　　　　　　E. 异丙肾上腺素
5. 救治过敏性休克的首选药物是
   A. 去甲肾上腺素　　　　B. 肾上腺素　　　　　　　C. 麻黄碱
   D. 多巴胺　　　　　　　E. 异丙肾上腺素
6. 对尿量已减少的中毒性休克最好选用
   A. 异丙肾上腺素　　　　B. 多巴胺　　　　　　　　C. 麻黄碱
   D. 肾上腺素　　　　　　E. 阿托品
7. 反复应用麻黄碱，引起快速耐受性的原因是
   A. 受体被阻断
   B. 受体数目减少
   C. 代偿性胆碱能神经功能增强
   D. 递质耗损排空，储存减少
   E. 药酶诱导，代谢加快
8. 去甲肾上腺素治疗上消化道出血时的给药方法是
   A. 静脉注射　　　　　　B. 皮下注射　　　　　　　C. 肌内注射
   D. 口服稀释液　　　　　E. 静脉滴注

A_2 型题

9. 患儿，女，12 岁，因畏寒，发热，咽痛 2 天由母亲陪同就医。诊断：急性扁桃体炎。给予青霉素治疗，皮试阴性。注射青霉素后约 10 分钟，患儿刚走出医院，顿觉不适，面色苍白，冷汗如注，母亲立刻送其返回医院。测血压 50/30 mmHg。诊断：青霉素过敏性休克。当即给予地塞米松等一系列治疗措施，抢救药物中还应有
   A. 去甲肾上腺素　　　　B. 肾上腺素　　　　　　　C. 异丙肾上腺素
   D. 多巴胺　　　　　　　E. 间羟胺

二、简答题

1. α受体阻断药引起的血压下降为什么不能用肾上腺素来纠正？应选用何药？
2. 肾上腺素有哪些临床应用？
3. 为什么治疗过敏性休克首选肾上腺素？
4. 去甲肾上腺素的不良反应有哪些？如何防治？

三、案例分析

患者，女，63 岁，突然高热寒战，肺炎伴休克入院。给予青霉素肌内注射、吸氧，静脉滴注去甲肾上腺素，血压仍不回升，加快静滴速度后，血压恢复正常。随即患者主诉注射部位疼

痛，护士发现注射部位苍白，立即报告医生。

请回答：

1. 去甲肾上腺素引起注射局部苍白的原因是什么？
2. 应采取哪些措施进行处理？

（李　琳）

第九章 肾上腺素受体阻断药

学习目标

1. 简述α受体阻断药酚妥拉明的作用特点、临床应用及主要不良反应,概括同类药物中其他药物的作用特点。
2. 解释β受体阻断药的药理作用、临床应用和不良反应,比常用药物较普萘洛尔、美托洛尔的作用特点及临床应用。
3. 简述α、β受体阻断药拉贝洛尔的作用特点及临床应用。
4. 能指导患者正确使用肾上腺素受体阻断药并评估药物的治疗效果。
5. 学会监测肾上腺素受体阻断药的不良反应并执行相应的护理措施。
6. 具有关爱精神和以人为本的良好医德。

案例 9-1

患者,男,43岁,反复胸闷、心悸,多次入院治疗。经检查诊断为肥厚性心肌病。给予普萘洛尔治疗,剂量从 30 mg/d 逐渐增加到 200 mg/d,心率控制在 60~80 次/分,胸闷、心悸症状逐渐缓解。用药1年后,患者擅自停药,停药后第二天下午,患者在家中突然晕厥,急送医院急救。

问题与思考:
1. 该患者发生晕厥的主要原因是什么?
2. 普萘洛尔用药过程中应注意哪些问题?

肾上腺素受体阻断药(adrenoceptor blocking drugs)又称抗肾上腺素药,是指阻断去甲肾上腺素能神经递质或肾上腺素受体激动药与肾上腺素受体结合的一类药,主要包括α受体阻断药、β受体阻断药和α、β受体阻断药。

第一节 α受体阻断药

一、短效类α受体阻断药

短效类α受体阻断药与α受体结合力较松,易于解离,属于竞争性α受体阻断药。这类药物能选择性阻断α受体,减弱或取消去甲肾上腺素的升压作用,将肾上腺素的升压作用翻转为降压(图9-1)。

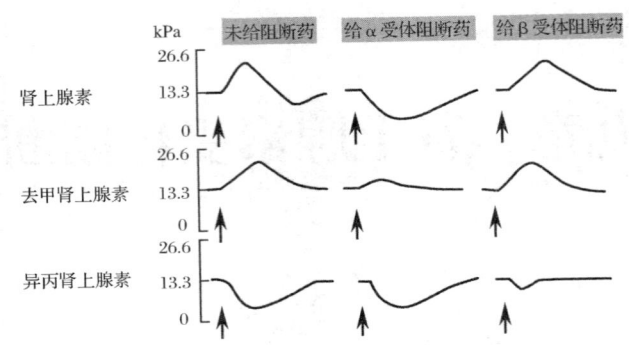

图9-1 给不同肾上腺素受体阻断药前后，儿茶酚胺对血压的影响

酚妥拉明（phentolamine，苄胺唑啉）

酚妥拉明口服吸收少，常采用注射给药，体内代谢快，作用时间较短。

【药理作用】酚妥拉明可阻断 α_1 受体和 α_2 受体。

1. 舒张血管　阻断血管平滑肌的 α_1 受体，并直接松弛血管平滑肌，使血管扩张，外周阻力减小，血压下降。

2. 兴奋心脏　使心肌收缩力增加，心率加快，心排血量增加。作用机制：①主要由于血管扩张，血压下降，反射性地兴奋交感神经；②阻断去甲肾上腺素能神经末梢突触前膜 α_2 受体，使负反馈减弱而促进神经末梢释放 NA。

3. 其他作用
（1）拟胆碱作用：使胃肠道平滑肌兴奋；
（2）组胺样作用：使胃酸分泌增加、皮肤潮红等。

【临床应用】

1. 外周血管痉挛性疾病　如肢端动脉痉挛性疾病（如雷诺病）、血栓闭塞性脉管炎。

> **知识链接**
>
> **雷诺病与雷诺现象**
>
> 某些患者因受寒冷或紧张的刺激后，可出现肢端细动脉痉挛，手指（足趾）皮肤突然变得苍白，相继出现皮肤变紫、变红，伴局部发冷、感觉异常和疼痛等短暂的临床现象，常反复发作，可以是原发的（约半数患者原因不明），称为雷诺病（Raynaud disease），也可以继发于已明确诊断的其他疾病，称为雷诺现象（Raynaud phenomenon）。

2. 静脉滴注去甲肾上腺素外漏　用酚妥拉明局部浸润注射，可拮抗去甲肾上腺素的血管收缩作用，防治局部组织缺血坏死。

3. 休克　在补足血容量基础上应用酚妥拉明，因能增加心排血量，扩张血管，从而改善微循环，增加组织灌流量，纠正缺氧状态；还可增强心肌收缩力，增加心排血量，故可治疗感染性休克、心源性休克及神经源性休克。

4. 顽固性充血性心力衰竭　应用酚妥拉明，可解除心功能不全时小动脉和小静脉的反射性收缩，使外周阻力降低，从而降低心脏前后负荷，增加心排血量，使心力衰竭及肺水肿得以改善。因此，酚妥拉明对充血性心力衰竭有一定疗效。

5. 诊治嗜铬细胞瘤　酚妥拉明可用于防治手术过程中发生高血压危象，也可用于嗜铬细胞瘤的鉴别诊断。

第九章 肾上腺素受体阻断药

> **知识链接**
>
> **嗜铬细胞瘤与酚妥拉明**
>
> 嗜铬细胞瘤多发生于肾上腺髓质，由于肿瘤细胞可合成、分泌大量肾上腺素和去甲肾上腺素，患者出现高血压、头痛、出汗、心悸及代谢紊乱的症状。酚妥拉明可用于嗜铬细胞瘤的术前准备和高血压危象的治疗，患者术前可能会骤发高血压危象，应用酚妥拉明不仅能降低血压，还能使体内肾上腺素的升压效应翻转为降压，从而使血压明显下降。

【**不良反应**】酚妥拉明可引起恶心、呕吐、腹痛、腹泻、皮肤潮红、胃酸分泌增加等反应，故消化性溃疡患者慎用；较大剂量可引起直立性低血压、心动过速及心绞痛，故冠心病患者慎用。

考点提示

酚妥拉明过量引起的低血压不能用肾上腺素升压的原因。

二、长效类 α 受体阻断药

酚苄明（phenoxybenzamine，苯苄胺）

酚苄明为非竞争性 α 受体阻断药，起效慢，作用强而持久（一次给药，作用可维持 3～4 天）。酚苄明可舒张血管，降低外周阻力，引起血压下降。由于血压下降的反射性作用，加上 α_2 受体阻断作用，可使心率加速。此外，酚苄明还有中枢抑制作用，如引起嗜睡、疲乏。酚苄明主要用于外周血管痉挛性疾病、抗休克和嗜铬细胞瘤的治疗，还可用于良性前列腺增生，改善排尿困难症状。常见不良反应有直立性低血压、心悸、鼻塞、消化道症状和中枢抑制。

第二节 β 受体阻断药

β 受体阻断药能对抗肾上腺素能神经递质和拟肾上腺素药激动 β 受体的 β 型效应。

【**药理作用**】

1. β 受体阻断作用

（1）心血管系统：阻断心脏 β_1 受体，使心肌收缩力减弱、心率减慢、心排血量减少、传导减慢、心肌耗氧量降低，尤其是在交感神经兴奋性增高、去甲肾上腺素释放增多时，上述作用更为显著；具有较弱的阻断血管 β_2 受体的作用，加上心脏受到抑制，反射性兴奋交感神经引起血管收缩，使外周阻力略有增加，肝、肾、骨骼肌和冠脉血流量减少。

（2）抑制肾素释放：阻断球旁细胞的 β_1 受体，减少肾素释放，是其降低血压的作用机制之一，以普萘洛尔的作用最强。

（3）收缩支气管平滑肌：阻断支气管平滑肌 β_2 受体，使支气管平滑肌收缩，增加呼吸道阻力。对于支气管哮喘的患者，可诱发或加重哮喘。

（4）影响代谢：可抑制脂肪分解和糖原分解。普萘洛尔不影响正常人的血糖水平，也不影响胰岛素的降糖作用，但能延缓使用胰岛素后血糖的恢复。可能是其抑制了低血糖引起的儿茶酚胺释放所致的糖原分解，这类药物能掩盖低血糖反应症状，如心悸，故糖尿病患者慎用。

2. 内在拟交感活性　有些β受体阻断药（如吲哚洛尔）在阻断β受体的同时，还对β受体具有较弱的激动作用，称为内在拟交感活性。由于激动作用较弱，往往被其β受体阻断作用掩盖，故不易表现出来。内在拟交感活性较强的药物其抑制心肌收缩力、减慢心率和收缩支气管作用较弱。

3. 膜稳定作用　某些β受体阻断药在高浓度时能降低细胞膜对离子的通透性，产生局部麻醉作用和奎尼丁样作用，称为膜稳定作用。此作用在治疗量时与其治疗作用关系不大，故其临床意义不大。

【临床应用】

1. 心律失常　主要用于室上性心律失常，对交感神经兴奋、甲状腺功能亢进等所致窦性心动过速有效。

2. 心绞痛和心肌梗死　对心绞痛有良好疗效，长期使用可减少心绞痛发作，增强运动耐力；对于心肌梗死如长期应用可降低复发率和猝死率。

3. 治疗高血压　能使高血压患者的血压下降。

4. 充血性心力衰竭　对扩张型心肌病所致心力衰竭疗效好，在心力衰竭早期使用，能缓解儿茶酚胺对心肌的损害，改善预后。

5. 其他　辅助治疗甲状腺功能亢进和甲状腺危象，降低基础代谢率，缓解心血管方面症状；还可用于嗜铬细胞瘤和肥厚性心肌病。普萘洛尔试用于治疗偏头痛、肌震颤、肝硬化所致上消化道出血等。噻吗洛尔可用于青光眼的治疗。

【不良反应】

1. 常见不良反应　有恶心、呕吐等消化系统症状，偶见过敏反应如皮疹。

2. 严重不良反应为心脏抑制　因阻断心脏$β_1$受体，可引起心脏抑制，尤其是窦性心动过缓、房室传导阻滞、心功能不全的患者更易发生，甚至引起严重心功能不全、肺水肿、心搏骤停的严重后果。应严格控制用药剂量，密切观察用药后血流动力学变化。

3. 诱发或加重支气管哮喘　为阻断支气管平滑肌$β_2$受体，使支气管平滑肌收缩、痉挛，呼吸道阻力增加所致。

4. 外周血管收缩、痉挛　阻断血管$β_2$受体，使外周血管收缩，导致四肢发冷、皮肤苍白或发绀，出现雷诺现象或间歇性跛行，甚至引起脚趾溃疡、坏死。

5. 反跳现象　长期应用β受体阻断药如突然停用可使原有症状加重，故应逐渐减量、缓慢停药。

6. 掩盖低血糖反应症状　如心动过速、出汗等症状，糖尿病患者对此应予以注意。

严重心功能不全、窦性心动过缓、重度房室传导阻滞和支气管哮喘等患者禁用，心肌梗死和肝功能不全者慎用。

> **考点提示**
>
> 长期使用普萘洛尔的患者不能突然停药的原因。

普萘洛尔（propranolol）

普萘洛尔口服吸收完全，首过消除明显，生物利用度仅为30%；血浆蛋白结合率为90%，易于通过血脑屏障和胎盘屏障，也可通过乳汁分泌；主要在肝代谢，其代谢产物90%以上从肾排泄。口服相同剂量的普萘洛尔，不同个体的血浆药物高峰浓度相差可达 20 倍之多，血浆药物浓度达峰时间为 1～3 小时，$t_{1/2}$ 为 2～5 小时。

【药理作用与临床应用】普萘洛尔为 β 受体阻断药的代表药，对 $β_1$、$β_2$ 受体无选择性，没有内在拟交感活性，膜稳定作用较强，用药后使心肌收缩力减弱，高血压患者血压下降，并收缩支气管平滑肌，增加呼吸道阻力。普萘洛尔在临床上常用于治疗心律失常、心绞痛、高血压和甲状腺功能亢进等，也用于治疗焦虑症、肌颤动、肝硬化引起的上消化道出血及预防偏头痛。

【不良反应】一般不良反应为恶心、呕吐、轻度腹泻、便秘、疲乏、失眠等，停药后可自行消失。严重不良反应可见急性心力衰竭、房室传导阻滞、诱发支气管哮喘及引起雷诺病症状，如四肢发冷。心功能不全、窦性心动过缓、房室传导阻滞及支气管哮喘等患者禁用，肝功能不全者慎用。

美托洛尔（metoprolol）

美托洛尔可选择性阻断 $β_1$ 受体，无内在活性。口服吸收完全，生物利用度为 40%。用药后 1.5 小时达血药浓度峰值，血药浓度个体差异较大，半衰期为 3～4 小时。美托洛尔可用于治疗各种高血压、心绞痛及室上性心律失常等，也用于治疗甲状腺功能亢进和偏头痛等，静脉给药可用于急性心肌梗死患者的初期治疗。不良反应少，可出现胃部不适、头晕、多梦及疲倦等症状。

第三节　α、β 受体阻断药

α、β 受体阻断药对 α 受体和 β 受体的阻断作用选择性低，但对 β 受体的阻断作用强于对 α 受体的阻断作用。代表药物为拉贝洛尔。

拉贝洛尔（labetalol）

拉贝洛尔口服吸收率个体差异大，部分被首过消除，生物利用度为 20%～40%，$t_{1/2}$ 为 4～6 小时，血浆蛋白结合率为 50%，约有 99% 的药物在肝迅速代谢，只有少量经肾排泄。

【药理作用与临床应用】拉贝洛尔能同时阻断 α 受体和 β 受体，其中阻断 $β_1$ 受体和 $β_2$ 受体的作用强度相似，对 $α_1$ 受体的阻断作用较弱，对 $α_2$ 受体无作用。拉贝洛尔静脉注射或静脉滴注主要用于中、重度高血压和心绞痛的治疗，也可用于高血压危象的治疗。

【不良反应】拉贝洛尔可引起眩晕、乏力、上腹部不适等，大剂量可引起直立性低血压。支气管哮喘、心功能不全者禁用，小儿、孕妇、脑出血患者禁止静脉注射。

第四节　肾上腺素受体阻断药用药护理

肾上腺素受体阻断药用药护理见表 9-1。

表 9-1　肾上腺素受体阻断药用药护理程序

用药护理程序	用药护理要点
用药前	1. 酚妥拉明应避光保存，禁与铁剂等混合使用 2. 认真核对医嘱或处方，确保剂量和用法正确 3. 应提示胃炎、胃及十二指肠溃疡病、冠心病患者慎用

用药护理程序	用药护理要点
用药中	1. 严格掌握剂量，密切观察心率及血压变化 2. 给药时患者如出现低血压，应静卧，调整体位加以改善，必要时使用间羟胺等，严禁应用肾上腺素 3. 对应用 β 受体阻断药的患者，注意心率的监控，当心率低于 50 次 / 分时应及时报告，采取措施 4. 对糖尿病患者可引起血糖过低，对正常人无降糖作用，故糖尿病患者应定期检查血糖 5. 因药品耐受个体差异大，用药必须注意个体化。首次使用需从小剂量开始，逐渐增加剂量并密切观察反应以免发生意外；停用时应逐渐递减剂量，缓慢停用
用药后	应重点对患者和家属说明其心血管特殊不良反应及应对措施，避免心脑血管意外的发生

自 测 题

一、选择题

A_1 型题

1. 下列不属于 β 受体阻断药的适应证的是
    A. 支气管哮喘   B. 甲状腺功能亢进   C. 窦性心动过速
    D. 高血压   E. 心肌缺血

2. 外周血管痉挛性疾病可选用
    A. 普萘洛尔   B. 酚妥拉明   C. 肾上腺素
    D. 阿替洛尔   E. 吲哚洛尔

3. 用酚妥拉明治疗休克，给药前必须注意
    A. 吸氧   B. 心电监护   C. 血压
    D. 体温   E. 补足血容量

4. 下列药物中最易诱发支气管哮喘的药物是
    A. 普萘洛尔   B. 酚妥拉明   C. 酚苄明
    D. 哌唑嗪   E. 吲哚洛尔

5. 普萘洛尔不具有的药理作用是
    A. 无选择性阻断 β 受体   B. 生物利用度低   C. 抑制肾素释放
    D. 膜稳定作用   E. 内在拟交感作用

6. 有内在拟交感活性的选择性 β 受体阻断药是
    A. 美托洛尔   B. 阿替洛尔   C. 普萘洛尔
    D. 拉贝洛尔   E. 吲哚洛尔

7. 普萘洛尔治疗心律失常的药理作用基础是
    A. β 受体阻断作用   B. 膜稳定作用   C. 内在拟交感活性
    D. 钠通道阻滞作用   E. 钙通道阻滞作用

8. 给 β 受体阻断药后，异丙肾上腺素的降压作用将会
    A. 出现升压反应   B. 进一步降压   C. 减弱
    D. 先升压再降压   E. 导致休克

9. 长期使用β受体阻断药突然停药可产生
    A. 心动过缓　　　　B. 血压过低　　　　C. 支气管哮喘
    D. 反跳现象　　　　E. 耐受性
10. 属于β受体阻断药的抗高血压药是
    A. 卡托普利　　　　B. 硝苯地平　　　　C. 维拉帕米
    D. 阿替洛尔　　　　E. 哌唑嗪
11. 下列具有抗心律失常、抗高血压及抗心绞痛作用的药物是
    A. 可乐定　　　　　B. 普萘洛尔　　　　C. 利多卡因
    D. 氢氯噻嗪　　　　E. 硝酸异山梨酯
12. α受体阻断药的主要不良反应是
    A. 血糖过低　　　　B. 支气管哮喘　　　C. 直立性低血压
    D. 高脂血症　　　　E. 心力衰竭

A₂型题

13. 患者，女，67岁，因右下肺炎、感染中毒性休克急诊入院。当即给予青霉素和去甲肾上腺素静脉滴注。治疗中发现滴注局部皮肤苍白、发凉，患者诉说疼痛。此时应给患者的治疗药物是
    A. 酚妥拉明　　　　B. 普鲁卡因胺　　　C. 普萘洛尔
    D. 阿托品　　　　　E. 肾上腺素

二、简答题

1. 试述酚妥拉明治疗心功能不全的药理学基础。
2. 从受体角度说明普萘洛尔长期应用后不可突然停药的原因。
3. 试述普萘洛尔的药理作用。

三、案例分析

患者，女，35岁，因"手指麻木、疼痛1年"就诊。查体：患者双手指尖端发白，伴麻木感。诊断：雷诺病。

请回答：

1. 该患者可选用何种药物？为什么？
2. 应如何做好用药护理？

（李　琳）

第十章数字资源

第十章 麻醉药

学习目标

1. 简述局部麻醉药的应用方法,比较常用局部麻醉药的作用特点、临床应用和主要不良反应。
2. 说出全身麻醉药的种类、主要作用特点和临床应用。
3. 能指导麻醉药的正确使用并评估药物的治疗效果。
4. 学会监测麻醉药的不良反应并执行相应的护理措施。
5. 具有以人为本、尊重生命的良好医德。

案例 10-1

患者,女,30岁,妊娠40周,因胎位异常需行剖宫产手术。
问题与思考:
在实施麻醉时应禁用哪种全身麻醉药?为什么?

第一节 全身麻醉药

知识链接

麻醉药与麻醉药品

麻醉药与麻醉药品有什么区别吗?别看两者之间仅一字之差,但却是两种截然不同的概念,二者既有区别又有联系。

1. 概念不同 麻醉药是指具有使整个机体或局部暂时性、可逆性失去知觉及感觉功能的药物;麻醉药品是指连续使用后易产生生理依赖性(成瘾性)的药品。
2. 性质不同 麻醉药品具有产生生理依赖性的潜力;麻醉药不具有产生生理依赖性的潜力。这是区分麻醉药品和麻醉药的关键所在。
3. 功能不同 麻醉药可使整个机体或局部暂时、可逆性失去知觉及感觉功能;而麻醉药品则没有这个功能。
4. 作用不同 麻醉药临床上主要用于外科麻醉;而麻醉药品临床上主要用于镇痛。
5. 管理不同 麻醉药属于一般药品,在管理上无特别要求(氯胺酮因属于第一类精神药品而除外),但在使用上要求谨慎一些;麻醉药品属国家重点管制药,《麻醉药品和精神药品管理条例》对其种植、生产、运输、销售、使用、储存、销毁等各个环节都有详细规定,并明确了相关单位相应的法律责任,违规者将受到严肃查处。

全身麻醉药简称全麻药,是一类作用于中枢神经系统,可逆性地引起意识丧失、感觉和反射消失及骨骼肌松弛的药物。根据给药途径不同,可将全身麻醉药分为吸入麻醉药和静脉麻醉药。

一、吸入麻醉药

吸入麻醉药均是挥发性液体或气体，脂溶性高，很容易通过生物膜，可阻断脑神经细胞的突触传递，使意识和感觉消失。其作用机制至今仍未阐明。

氟烷（halothane）

氟烷为无色透明、易挥发性液体，无异味，临床浓度不燃不爆。血/气分配系数小，最小肺泡浓度（MAC）为0.75%，麻醉效能高，作用迅速，诱导期短，苏醒快，但镇痛和肌肉松弛作用较弱，须配合其他的辅助麻醉药。氟烷反复应用偶见导致肝炎或肝坏死；其子宫平滑肌松弛作用，常致产后出血，故禁用于难产或剖宫产患者；氟烷还可增加心肌对儿茶酚胺的敏感性，诱发心律失常等。

恩氟烷（enflurane）、异氟烷（isoflurane，异氟醚）

恩氟烷和异氟烷为同分异构体，与氟烷相比，MAC稍大，麻醉诱导平稳、迅速和舒适，苏醒也快，肌肉松弛良好，不增加心肌对儿茶酚胺的敏感性。两药反复使用对肝无明显不良反应，偶见恶心、呕吐。恩氟烷和异氟烷是目前较为常用的吸入麻醉药。

氧化亚氮（nitrous oxide，笑气）

氧化亚氮是最早使用的麻醉药，为无色、无刺激性、味甜的液态气体，性质稳定，不燃、不爆。其诱导期短、苏醒迅速，镇痛作用强，无肌肉松弛作用，对呼吸、循环抑制轻。应用氧化亚氮时机体如不缺氧，几无毒性。氧化亚氮适用于麻醉诱导或小手术，也常与其他药物配伍用于复合麻醉。

二、静脉麻醉药

硫喷妥钠（thiopental sodium）

硫喷妥钠为超短效巴比妥类药，脂溶性高，静脉注射后数秒就可进入脑组织，故麻醉作用快而强，无兴奋期，麻醉作用确实、可靠。由于其再分布迅速，因而麻醉作用维持时间短，便于控制麻醉深度，但重复用药有蓄积作用。其镇痛作用差，骨骼肌松弛不完全。

硫喷妥钠主要用于诱导麻醉、小儿基础麻醉，以往曾用于小手术，现在基本不用。硫喷妥钠对呼吸中枢有明显抑制作用，还易诱发喉头和支气管痉挛，故呼吸中枢发育不全的新生儿、婴幼儿及支气管哮喘患者禁用。其pH在10以上，刺激性很强，血管外漏时可出现组织坏死，肌内注射时部位要深。

氯胺酮（ketamine）

氯胺酮是唯一具有显著镇痛作用的静脉麻醉药，可使人痛觉消失，对环境刺激无反应，骨骼肌张力增加，心率加快，血压升高，这种抑制与兴奋并存，即感觉和意识的分离状态，临床上称为分离麻醉。氯胺酮对体表镇痛作用明显，内脏镇痛作用差，但诱导迅速；对呼吸影响轻微，对心血管具有明显兴奋作用。这是氯胺酮不同于其他全身麻醉药的特点。

氯胺酮适用于短时的体表小手术，如烧伤清创、切痂、植皮等，尤适用于小儿麻醉；此外，还试用于戒毒、镇痛、治疗支气管哮喘等。严重高血压、颅内出血、颅内压升高及青光眼患者禁用氯胺酮。

丙泊酚（propofol，异丙酚）

丙泊酚诱导麻醉快速，作用时间短，可快速苏醒，醒后精神错乱发生率低，恶心和呕吐发生率低于硫喷妥钠。丙泊酚也可用于维持麻醉或强化监护期患者镇静。丙泊酚对呼吸、循环的抑制作用与硫喷妥钠相似或稍重，也能使心肌对肾上腺素的敏感性增加。3岁以下儿童禁用丙泊酚。

三、复合麻醉

手术对全身麻醉的基本要求是意识消失、镇痛、肌肉松弛和合理控制应激反应。现有的麻醉药都有一定的缺点，临床常采用联合用药或其他辅助药物，以便达到更满意的麻醉效果，称为复合麻醉。常用的复合麻醉有以下几种。

1. **麻醉前给药** 麻醉前常用苯巴比妥或地西泮使患者消除紧张情绪；注射阿片类镇痛药以增强麻醉效果；注射阿托品以减少呼吸道腺体分泌所致的吸入性肺炎，并防止反射性心律失常。

2. **基础麻醉** 指手术前给予患者大剂量的催眠药，如巴比妥类，使患者进入深睡状态，在此基础上进行麻醉，可减少麻醉药的用量。基础麻醉主要用于难以合作的小儿、精神过度紧张和精神失常的患者。

3. **诱导麻醉** 为了缩短或消除麻醉的诱导期，先应用诱导期短的硫喷妥钠或氧化亚氮，使患者迅速进入外科麻醉期，以避免诱导期的不良反应，然后再改用其他药物维持麻醉。

4. **合用肌松药** 在麻醉同时注射琥珀胆碱或筒箭毒碱类等肌松药，以满足手术时肌肉松弛的要求。

5. **神经安定镇痛术** 常用氟哌利多及芬太尼按50∶1制成合剂静脉注射，使患者意识不完全消失，自主动作停止，痛觉消失，适用于外科小手术。如同时加用氧化亚氮及肌松药则可达到满意的外科麻醉效果。

第二节 局部麻醉药

一、概述

局部麻醉药简称局麻药，是一类局部应用于神经末梢或神经干周围，能暂时、可逆性地阻断神经冲动的产生和传导，在意识清醒的状态下，使局部的痛觉暂时消失的药物。根据作用持续时间不同可将局部麻醉药分为三类：短效局部麻醉药，如普鲁卡因；中效局部麻醉药，如利多卡因；长效局部麻醉药，如丁卡因。

【药理作用】

1. **局部麻醉作用** 局部麻醉药通过阻断钠离子内流，阻止神经动作电位的产生和神经冲动的传导而产生局部麻醉作用。用药后痛觉、温觉、触觉、压觉依次消失，恢复时则按相反顺序进行。

2. **吸收作用** 局部麻醉药吸收达到足够浓度时，可产生全身作用，主要表现为中枢神经系统和心血管系统两方面的不良反应。

（1）中枢神经系统反应：局部麻醉药对中枢神经系统的作用是先兴奋后抑制，初期表现为眩晕、烦躁不安、肌肉震颤、焦虑等，进而发展为神志错乱及全身性强直-阵挛性惊厥，最后转入昏迷、呼吸麻痹，可因呼吸衰竭而死亡。

（2）心血管系统反应：局部麻醉药吸收后可抑制心血管系统，出现心肌收缩力减弱、传导减慢，甚至引起心搏骤停；多数局部麻醉药剂量过大时可导致血管扩张，血压下降，甚至休克。

【临床应用】

1. 表面麻醉　指将穿透性较强的麻醉药直接滴于或喷于黏膜表面，麻醉黏膜下的感觉神经末梢。表面麻醉适用于口腔、眼、鼻、咽喉、气管、尿道等黏膜的浅表手术。常选用药物为丁卡因。

2. 浸润麻醉　指沿手术切口，将局部麻醉药注射到皮肤、皮下、肌肉等部位，使进入手术视野的神经末梢麻醉。浸润麻醉适用于静脉切开、皮下肿瘤切除等小手术。可选用药物有利多卡因、普鲁卡因。

3. 传导麻醉　指将局部麻醉药注入神经干旁，阻滞其传导，使该神经干所支配的区域麻醉。传导麻醉适用于口腔科和四肢手术。可选用药物有利多卡因、普鲁卡因和布比卡因。为延长麻醉时间，也可将布比卡因和利多卡因合用。

4. 蛛网膜下腔麻醉　将局部麻醉药注入蛛网膜下腔称为蛛网膜下腔麻醉，简称脊髓麻醉或腰麻，可麻醉该部位的神经根。蛛网膜下腔麻醉适用于下腹部和下肢手术。常用药物为布比卡因、丁卡因和普鲁卡因。

5. 硬膜外麻醉　将局部麻醉药注入硬膜外腔称为硬膜外麻醉，又称硬膜外阻滞。硬膜外麻醉起效较慢，用药量比蛛网膜下腔麻醉大5~10倍，如药物误入蛛网膜下腔可引起全脊髓麻醉。硬膜外麻醉适用于腹部及下肢的手术。常用药物为布比卡因、利多卡因。

【不良反应】

1. 毒性反应　主要是局部麻醉药吸收后产生的中枢和心血管系统反应。

2. 过敏反应　酰胺类局部麻醉药（如利多卡因、布比卡因）极少发生，酯类局部麻醉药（如普鲁卡因、丁卡因）稍多见。轻者表现为荨麻疹、皮肤红斑、结膜水肿等，重者可发生过敏性休克。两类局部麻醉药之间无交叉过敏反应。

3. 其他　蛛网膜下腔麻醉阻滞交感神经常伴有血压下降，可用麻黄碱预防；硬膜外麻醉易致术后头痛；椎管内麻醉的水平过高时可导致呼吸肌瘫痪，直至引起死亡。

二、常用局部麻醉药

普鲁卡因（procaine，novocaine，奴佛卡因）

普鲁卡因为临床常用的局部麻醉药之一，注射后1~3分钟起效，维持30~60分钟，局部麻醉作用弱而短，对皮肤、黏膜的穿透力弱。普鲁卡因广泛用于浸润麻醉、传导麻醉和椎管内麻醉；也可用于病灶或损伤部位的局部封闭；一般不用于表面麻醉；吸收后有一定的镇痛、镇静和抗心律失常作用，可用于复合麻醉。普鲁卡因毒性低，偶可引起过敏反应，用药前应做皮肤过敏试验。

考点提示

普鲁卡因的作用特点和临床应用。

丁卡因（tetracaine，dicaine，地卡因）

丁卡因为长效局部麻醉药，对皮肤、黏膜穿透力强，起效缓慢，作用可持续 2～3 小时。其局部麻醉强度和毒性均比普鲁卡因大 10 倍左右。丁卡因主要用于表面麻醉；也可用于传导麻醉和椎管内麻醉，但须严格控制剂量；不用于浸润麻醉，以免吸收中毒。

考点提示

丁卡因的作用特点和临床应用。

利多卡因（lidocaine，xylocaine，赛罗卡因）

利多卡因为中效局部麻醉药，起效快，穿透力强，水溶液稳定，局部麻醉强度、持续时间及毒性均介于普鲁卡因和丁卡因之间，可广泛用于各种局部麻醉方法，有全能局部麻醉药之称，临床主要用于传导麻醉和硬膜外麻醉。利多卡因引起过敏反应较罕见，与酯类局部麻醉药无交叉过敏反应，故对酯类局部麻醉药过敏者可用此药。利多卡因静脉注射还可用于抗心律失常（见第二十一章）。

考点提示

利多卡因的作用特点和临床应用。

布比卡因（bupivacaine，marcaine，麻卡因）

布比卡因属长效、强效局部麻醉药，水溶液稳定，常用于浸润麻醉、传导麻醉和椎管内麻醉。其心脏毒性较强，且复苏困难，应予警惕。布比卡因局部麻醉作用比利多卡因强 4～5 倍，作用维持时间是目前常用局部麻醉药中最长的。与等效剂量利多卡因相比，布比卡因可产生严重的心脏毒性，并难以治疗，特别是在酸中毒、低氧血症时尤为严重。

第三节 麻醉药用药护理

麻醉药用药护理见表 10-1。

表 10-1 麻醉药用药护理

用药护理程序	用药护理要点
用药前	1. 双人核对医嘱，双人配置药物 2. 宜使用注射泵输注，单独静脉通道输注
用药中	1. 此类药物易引起呼吸循环抑制，要严密监测生命体征、神志、瞳孔变化，备好急救药品及器械 2. 注意观察患者用药不良反应。如毒性反应：头晕、头痛、耳鸣、视物模糊、意识模糊，甚至呼吸停止；过敏反应：皮肤出现荨麻疹、支气管痉挛、低血压等，严重时可危及生命。注意各种麻醉意外的处理

用药护理程序	用药护理要点
用药后	1. 注意做好呼吸道、精神神经症状等的护理 2. 注意麻醉疗效的评价，如痛觉是否消失、麻醉深度是否适当、有无麻醉引起的不良反应 3. 麻醉后 24 小时内患者活动时应有人搀扶

思政园地

关注麻醉　敬畏生命

华佗以其高超的医术闻名于古代医学界。他发明了世界上最早的麻醉药"麻沸散"。他的事迹和传说广为流传，他的悬壶济世的精神让人敬佩，他为中医学的发展做出了巨大的贡献，所以之后才能够出现王延涛老师对麻沸散的研究，才能够促使王延涛老师做出"以身试药"的高尚举动，才能够使中医麻醉在中国大地上再次崛起，才能在此基础上创建和发展壮大麻醉学专业。这就是文化的传承和影响，这就是文化基因，同学们应将这种文化基因传承和发展下去。传统中药麻醉有着悠久的历史和文化积淀，但同时也面临着新技术和新疗法的竞争和挑战。因此，在保护中医药文化的基础上，还要注重创新和发展，并尊重科技和知识产权的贡献。只有这样，才能取长补短，不断提高医疗质量和服务效能，让更多的人享受到健康和幸福的生活。

自 测 题

一、选择题

A_1 型题

1. 普鲁卡因不宜用于
   A. 表面麻醉　　　　B. 浸润麻醉　　　　C. 传导麻醉
   D. 蛛网膜下腔麻醉　E. 硬膜外麻醉
2. 丁卡因不宜用于
   A. 表面麻醉　　　　B. 浸润麻醉　　　　C. 传导麻醉
   D. 蛛网膜下腔麻醉　E. 硬膜外麻醉
3. 既有局部麻醉作用又有抗心律失常作用的药物是
   A. 普鲁卡因　　　　B. 利多卡因　　　　C. 丁卡因
   D. 布比卡因　　　　E. 硫喷妥钠
4. 可用于各种局部麻醉方法的局部麻醉药是
   A. 普鲁卡因　　　　B. 丁卡因　　　　　C. 利多卡因
   D. 布比卡因　　　　E. 普鲁卡因胺
5. 浸润麻醉时在局部麻醉药中加入少量肾上腺素的目的是
   A. 减少吸收中毒，延长局部麻醉时间
   B. 抗过敏
   C. 预防心搏骤停
   D. 预防术中低血压

E. 用于止血

A₂型题

6. 患者，女，59岁，因眼部异物感、流泪、视物不清入院就诊。经检查，角膜有大小不一的异物存在，位置不同，需要取出，应选用的麻醉药是
   A. 普鲁卡因　　　　　B. 布比卡因　　　　　C. 丁卡因
   D. 利多卡因　　　　　E. 乙醚

7. 某患者蛛网膜下腔麻醉后，先感胸闷，继而心悸、烦躁、恶心、血压下降，随后呼吸困难，首先考虑为
   A. 过敏反应　　　　　B. 剂量过大　　　　　C. 中毒反应
   D. 麻醉平面过高　　　E. 注药过快

A₃/A₄型题

（8～10题共用题干）
某儿童，扁桃体摘除时，医生误将1%丁卡因当作1%普鲁卡因应用，患儿出现烦躁不安，面色苍白，随即阵发性惊厥，呼吸浅促，心率减慢，血压降低。

8. 该患者出现的反应是
   A. 过敏性休克　　　　B. 特异质反应　　　　C. 毒性反应
   D. 副作用　　　　　　E. 继发反应

9. 应选用的对抗惊厥症状的药物是
   A. 苯巴比妥钠　　　　B. 地西泮　　　　　　C. 硫酸镁
   D. 苯妥英钠　　　　　E. 异戊巴比妥钠

10. 如不立即抢救，致死的原因是
    A. 血压下降　　　　　B. 惊厥　　　　　　　C. 心率减慢
    D. 心肌收缩力减弱　　E. 呼吸麻痹

二、简答题

1. 常用的复合麻醉方法有哪些？
2. 常用的局部麻醉方法有哪些？请举出其适于选用的局部麻醉药。

三、案例分析

患者，男，25岁，下腹部持续疼痛6小时，诊断为急性阑尾炎。手术使用局部麻醉药普鲁卡因。

请回答：
1. 普鲁卡因的主要特点是什么？
2. 用药时应注意哪些监护措施？

（毕英谦）

第十一章 镇静催眠药和抗惊厥药

第十一章数字资源

学习目标

1. 解释苯二氮䓬类药、硫酸镁的药理作用、临床应用和不良反应。
2. 比较巴比妥类药的主要作用特点和临床应用。
3. 概括其他常用镇静催眠药的主要特点。
4. 能指导患者正确使用镇静催眠药和抗惊厥药并评估药物的治疗效果。
5. 学会监测镇静催眠药和抗惊厥药的不良反应并执行相应的护理措施。
6. 具有以人为本的良好医德。

案例 11-1

患者，男，35岁，2年前因工作压力大，经常加班到深夜，夜晚休息时无法入睡，选服用地西泮后才能入睡，其后又先后更换过艾司唑仑和阿普唑仑等药物。近半年需同时服用两种催眠药并增加2倍剂量方能入睡，偶尔漏服则出现焦虑、紧张甚至肌肉颤抖等症状。

问题与思考：
1. 患者出现这种表现的原因是什么？
2. 应如何指导患者接受治疗？

第一节 镇静催眠药

镇静催眠药（sedative hypnotics）是通过抑制中枢神经系统而产生镇静和近似生理性睡眠的药物，因所用剂量的不同而出现不同的药理作用，随着剂量加大，依次表现为镇静、催眠、抗惊厥，有些药物大剂量时还可产生麻醉作用。

镇静催眠药包括苯二氮䓬类（benzodiazepines，BDZ）、巴比妥类及其他类药。其中苯二氮䓬类最为常用，目前几乎完全取代了巴比妥类等传统镇静催眠药。这类药物大部分可导致依赖性，属于特殊管理的精神药品。

一、苯二氮䓬类

苯二氮䓬类药均为苯二氮䓬衍生物，不同衍生物的抗焦虑、镇静、催眠、肌肉松弛和安定作用各有侧重。苯二氮䓬类药虽种类较多，但作用相似，可按半衰期不同分为长效类、中效类和短效类三类，其用途略有不同（表11-1）。

表11-1 常用苯二氮䓬类药的比较

分类	药物名称	半衰期（h）	主要用途
长效类	地西泮（安定）	30～60	焦虑症、各型失眠症、惊厥等
	氟西泮（氟安定）	50～100	各型失眠症

续表

分类	药物名称	半衰期（h）	主要用途
	硝西泮（硝基安定）	21～30	各型失眠症、惊厥、癫痫等
	氯硝西泮（氯硝安定）	22～38	癫痫小发作、癫痫持续状态
	氟硝西泮（氟硝安定）	16～35	各型失眠症、静脉麻醉
	氯氮䓬	5～15	焦虑症、失眠症、癫痫
中效类	奥沙西泮（舒宁）	5～10	焦虑症、失眠症、癫痫
	劳拉西泮（氯羟安定）	10～18	焦虑症、失眠症
	艾司唑仑（舒乐安定）	10～30	焦虑症、失眠症、癫痫
	阿普唑仑（佳静安定）	10～12	失眠症、癫痫
短效类	三唑仑（三唑安定）	2～4	各型失眠症
	咪达唑仑（速眠安）	1.5～2.5	各型失眠症、麻醉辅助用药

地西泮（diazepam，安定）

【体内过程】地西泮口服吸收完全；肌内注射吸收慢而不规则，故少用；静脉注射显效快，但再分布现象明显，作用时间短。地西泮主要由肝代谢，代谢产物仍具有药理活性，作用时间延长，血浆 $t_{1/2}$ 为 20～50 小时，易发生蓄积，代谢产物主要由尿排出，少量可由乳汁分泌。

【药理作用与临床应用】

1. 抗焦虑　地西泮小剂量即可显著改善焦虑患者的紧张、忧虑、恐惧和失眠等症状，对多种原因引起的焦虑均有显著疗效，因作用时间长，是治疗焦虑症和各种神经官能症的首选药物之一。地西泮可使与情绪反应有关的边缘系统、海马和杏仁核的放电活动明显降低，可能是其抗焦虑作用的重要机制。

2. 镇静、催眠　地西泮常用量可使患者迅速入睡，睡眠时间延长，觉醒次数减少。作用特点主要有：对快速眼动睡眠（REMS）几乎无影响，产生近似生理性睡眠，醒后无明显嗜睡、宿醉等后遗效应，停药后发生 REMS 和梦境反跳现象较少；安全范围大，加大剂量不产生麻醉，对呼吸、循环系统抑制作用轻；对药酶诱导作用弱，连续应用出现耐受性较轻，药物依赖性较弱。地西泮广泛用于各型失眠症、麻醉前给药，尤其对焦虑性失眠疗效更好，还可静脉注射用于心脏电击复律或内镜检查前。

> **知识链接**
>
> **睡眠时相**
>
> 睡眠时相是睡眠状态中的特定生理过程。依据对脑电图、肌电图和眼球运动等的变化，把睡眠过程分为两大时相：非快速眼动睡眠（NREMS）和快速眼动睡眠（REMS）。睡眠过程中两个时相交替进行，成人进入睡眠后先是非快速眼动睡眠，持续 80～120 分钟后转入快速眼动睡眠，维持 20～30 分钟后又转入非快速眼动睡眠。整个睡眠过程中交替 4～5 次。NREMS 分为 1 期至 4 期，有利于机体的发育和疲劳消除；REMS 对大脑发育和智力发育起重要作用。

3. 抗惊厥、抗癫痫　苯二氮䓬类药有抗惊厥作用，其中地西泮和三唑仑的作用尤为明显，临床用于辅助治疗破伤风、子痫、小儿高热惊厥和药物中毒性惊厥。地西泮静脉注射时，是目前控制癫痫持续状态的首选药。对于其他类型的癫痫发作，则以硝西泮和氯硝西泮的疗效较好。

 考点提示

癫痫持续状态首选药物。

4. 中枢性肌肉松弛　地西泮在不影响其他行为的小剂量时即可缓解猫去大脑僵直及大脑损伤所致的肌肉僵直。这可能是抑制脊髓及脊髓以上水平对肌张力的兴奋或易化作用，使肌张力降低，但不影响机体正常活动。因此，地西泮可用于中枢性神经病变，如脑血管意外或脊髓损伤引起的肌强直；也可用于局部病变引起的肌肉痉挛和僵直状态，如腰肌劳损；还可作为内镜检查的辅助用药。

苯二氮䓬类药能增强 γ-氨基丁酸（GABA）能神经传递功能和突触抑制效应，也可促进 GABA 与受体的结合。GABA 受体是氯离子通道的门控受体，当 GABA 与其结合时，Cl⁻ 通道开放，Cl⁻ 内流，使神经细胞超极化，产生中枢抑制效应。苯二氮䓬类药与苯二氮䓬受体结合后，可促进 GABA 与其受体的结合，从而使 Cl⁻ 通道开放频率增加，使 Cl⁻ 内流增多，呈现不同的中枢抑制效应。

【不良反应】地西泮常见副作用表现为嗜睡、头晕、乏力等；长期用药后逐步出现耐受性和依赖性，主要表现为催眠效果降低，需要增加剂量维持效果，突然停药可出现戒断症状，表现为焦虑、烦躁、食欲缺乏、失眠、周身不适等症状，患者出现强迫性觅药行为；大剂量可产生毒性反应，表现为共济失调、言语不清，重者可出现昏迷和呼吸抑制；一次大剂量或静脉注射速度过快时能引起呼吸抑制、血压下降、心动过缓或心脏停搏，可因呼吸中枢麻痹而死亡。抢救地西泮急性中毒除采用常规抢救措施之外，应迅速给予苯二氮䓬受体阻断药氟马西尼（flumazenil），能够显著提高抢救成功率。

 考点提示

苯二氮䓬类药的不良反应。

二、巴比妥类

巴比妥类（barbiturates）为巴比妥酸的衍生物，根据其起效快慢和持续时间长短可分为长效类、中效类、短效类和超短效类四类（表 11-2）。

表 11-2　巴比妥类药的分类、作用和应用

分类	药物名称	半衰期（小时）	显效时间（分钟）	持续时间（小时）	主要用途
长效类	苯巴比妥	24～96	30～60	6～8	镇静、催眠、抗惊厥、抗癫痫
中效类	戊巴比妥	21～42	15～30	3～6	镇静、催眠、抗惊厥
	异戊巴比妥	14～42	15～30	3～6	镇静、催眠、抗惊厥
短效类	司可巴比妥	20～28	15	2～3	催眠、抗惊厥
超短效类	硫喷妥钠	3～8	立即（静脉注射）	0.25	静脉麻醉

【药理作用与临床应用】

巴比妥类药随着剂量的增加对中枢的抑制作用逐渐增强，相继出现镇静、催眠、抗惊厥、抗癫痫和麻醉作用，过量引起呼吸中枢抑制、麻痹甚至死亡。由于其催眠作用缩短REMS，故目前已很少用于镇静催眠。巴比妥类药抗惊厥作用强大，临床主要用于小儿高热、破伤风、子痫、脑膜炎、脑炎等引起的惊厥，一般选择肌内注射苯巴比妥钠，对于危重病例，宜选用静脉注射戊巴比妥或异戊巴比妥，以迅速奏效，但后者的维持时间较短。另外，苯巴比妥可用于治疗癫痫大发作和癫痫持续状态；硫喷妥可用作静脉麻醉、诱导麻醉或基础麻醉，其他药物仅用作麻醉前给药。

巴比妥类镇静催眠作用主要是直接抑制最敏感的脑干网状结构上行激活系统，使大脑皮质兴奋性降低。研究表明，巴比妥类可以提高GABA神经对中枢神经元的抑制功能，呈现中枢抑制效应。

【不良反应】

1. 后遗效应　服用催眠剂量的巴比妥类药后，次晨可出现头晕、困倦、思睡、精神不振及定向障碍等症状。

2. 耐受性和依赖性　长期反复使用巴比妥类可产生耐受性，也可使患者产生心理依赖性和生理依赖性，此时突然停药易发生"反跳"现象，出现严重失眠等现象，迫使患者继续用药，终至成瘾，此时停药，可诱发戒断症状，故应避免滥用。

3. 急性中毒　一次大剂量（5～10倍催眠剂量）给药或静脉注射过快，可引起急性中毒，表现为昏迷、呼吸抑制、血压下降、体温降低、多种反射减弱或消失，最后呼吸衰竭而死亡。中毒抢救应强调支持疗法以维持呼吸、循环功能，同时积极排出药物（洗胃、导泻、碱化尿液、利尿、血液透析等）。提高尿液的pH可加速排泄，因此，苯巴比妥中毒时可用碳酸氢钠碱化尿液以加速排泄。

4. 过敏反应　少数人用药后可发生皮疹、血管神经性水肿、药热、粒细胞减少等症状，严重者偶见剥脱性皮炎。有过敏史者禁用巴比妥类药。

> **考点提示**
>
> 巴比妥类药急性中毒的表现及抢救措施。

三、其他类

水合氯醛（chloral hydrate）、副醛（paraldehyde，聚乙醛）

两药作用相同，水合氯醛采取口服或灌肠给药，副醛还可注射给药。药物作用特点为起效快，催眠作用可维持6～8小时，对睡眠时相影响较巴比妥类催眠药小，醒后无后遗效应。两药在临床上主要用于失眠，特别是顽固性失眠，大剂量有抗惊厥作用，也可用于破伤风、子痫、小儿高热及中枢兴奋药中毒所致的惊厥。

此类药物有特殊臭味，口服对胃有刺激性，可引起恶心、呕吐及上腹部不适等，应稀释后给药；有耐受性和依赖性，发生较慢；大剂量可抑制心脏。消化性溃疡及心、肝、肾功能严重障碍的患者禁用。

佐匹克隆（zopiclone）

佐匹克隆是新型环吡咯酮类镇静催眠药，口服吸收迅速，为 GABA 受体激动药，可直接产生选择性中枢抑制作用，作用与苯二氮䓬类相似，作用快，明显缩短睡眠潜伏期。佐匹克隆可用于各种失眠症，特别是不能耐受次晨后遗效应的患者。不良反应以中枢抑制症状为主，有的患者会出现过敏现象，也有耐受性和依赖性，与乙醇合用会引起呼吸抑制，用药期间应禁酒。

唑吡坦（zolpidem）

唑吡坦仅有镇静、催眠作用，抗焦虑、中枢性肌肉松弛和抗惊厥作用很弱。最常见的不良反应为胃肠道反应和神经系统反应。

> **知识链接**
>
> **失眠的治疗原则**
>
> 失眠是临床常见的主诉，主要症状表现为入睡困难、睡眠维持障碍、早醒、睡眠质量下降和总睡眠时间减少，同时伴有日间功能障碍。
>
> 对于失眠患者，往往遵循以下治疗原则：①首先应查明引起失眠的原因，针对病因给予相应的处理。如消除不良睡眠习惯，避免睡前兴奋性饮料的饮用；躯体疾病影响睡眠者应首先治疗原发病，如关节疼痛、甲状腺功能亢进、心绞痛，并合理应用苯二氮䓬类药。②使用镇静催眠药应遵循小剂量、短期应用、间断给药，缓慢减药和逐渐停药这个原则。剂量和用法应以临床需要为准，最理想的是入睡时间缩短、睡眠较深、晨醒后药物作用消失。③给予心理治疗，主要目的是根除或减轻失眠问题，阻止短暂失眠发展为慢性失眠，并改善患者的生活质量。④应用物理治疗，如调节情绪，缓解压力，避免剧烈活动、精神紧张；进行饮食调节，可食用具有安神助眠功效的食物；中医针灸、艾灸、推拿、按摩等，通过对身体特定部位或固定穴位的刺激，达到养心安神、促进睡眠的效果。

第二节 抗惊厥药

惊厥（convulsion）是各种原因引起的中枢神经过度兴奋的一种症状，表现为全身骨骼肌不自主的强烈收缩。常见于小儿高热、破伤风、癫痫大发作、子痫和中枢兴奋药中毒等。常用抗惊厥药主要有中枢抑制药如巴比妥类、水合氯醛和地西泮等，硫酸镁采取静脉注射也有很好的抗惊厥作用。

硫酸镁（magnesium sulfate，泻盐）

硫酸镁静脉注射可迅速升高血中 Mg^{2+} 浓度，发挥强大的中枢抑制作用，同时可对抗 Ca^{2+} 产生的肌肉松弛作用，主要用于各种惊厥，特别是对子痫、破伤风惊厥等疗效较好，安全范围小，用量和给药速度需特别注意。硫酸镁过量中毒会引起呼吸抑制、血压骤降等现象，严重者可致死亡。抢救时可静脉缓慢注射氯化钙以拮抗 Mg^{2+} 的抑制作用，同时配合其他抢救措施。

硫酸镁静脉注射还可产生扩张血管作用，可使患者血压迅速降低，并伴有心脏抑制等表现，可用于高血压危象、妊娠高血压等。硫酸镁口服具有导泻利胆等作用，局部湿敷可以消除水肿。

第三节 镇静催眠药用药护理

镇静催眠药用药护理见表 11-3。

表 11-3 镇静催眠药用药护理

用药护理程序	用药护理要点
用药前	1. 了解患者失眠的程度及个体要求,了解催眠药起效时间的快慢,维持时间的长短,做好宣教 2. 对有阻塞性呼吸系统疾病、新生儿、重症肌无力患者应提示医生慎用 3. 脂溶性高的药物出现中枢抑制作用快,要严密观察 4. 应备有急性中毒的特效解毒药氟马西尼和常规抢救药物、器械等
用药中	1. 做好用药宣教,提醒患者本品会影响反应力、记忆力和注意力,应避免从事精细或危险性工作 2. 静脉注射速度要慢,并密切观察呼吸和循环情况,如有呼吸困难等症状及时停药并报告
用药后	1. 用药后可致人体平衡功能失调,极易跌倒和受伤,告知患者注意安全 2. 一般以患者自觉症状减轻为评价指标,推荐失眠的综合治疗措施,特别是心理治疗和物理疗法可明显提高药物疗效,重点对耐受性和依赖性进行宣教,发现有强制性觅药行为应及时报告,并采取有效措施

思政园地

不踩红线　守住底线

失眠不仅影响个人健康,也影响家庭与社会,所以失眠不仅是医学问题,也是社会问题。使用镇静催眠药,利用药物对中枢神经的抑制来进入梦乡,似乎十分方便,但由于这类药物能够在短时间内产生镇静和催眠效果,就可能被人滥用以减轻焦虑或应对压力,长期或过量使用,存在疗效下降、耐受性增加、成瘾等安全风险。目前,国家对该类药物品所属的精神药品有专门的管理条例进行严格管理,保证其合法、安全、合理使用,防止流入非法渠道。中国共产党第二十次全国代表大会报告中也提出要强化药品安全监管,健全生物安全监管预警防控体系。通过学习大家应明白药物滥用造成的危害,严格遵守法律法规,不踩红线,守住底线,在医药专业工作中保持警惕,通过合理用药减少安全风险的产生,尽己所能地帮助广大患者及家属,使患者及时得到治疗,为患者的睡眠健康保驾护航。

自 测 题

一、选择题

A₁ 型题

1. 苯二氮䓬类不具有的不良反应是
   A. 中枢抑制　　　　　B. 中枢麻醉　　　　　C. 急性中毒
   D. 依赖性、成瘾性　　E. 共济失调

2. 地西泮急性中毒时可用的解毒药物是
   A. 三唑仑　　　　　　B. 甲喹酮　　　　　　C. 氟马西尼
   D. 甲丙氨酯　　　　　E. 扑米酮
3. 硫酸镁中毒可选用的对抗药物是
   A. 肾上腺素　　　　　B. 去甲肾上腺素　　　C. 异丙肾上腺素
   D. 葡萄糖　　　　　　E. 氯化钙

A₂型题

4. 郑某，女，23岁，患癫痫3年余，因突发意识丧失、抽搐而入院，诊断为癫痫持续状态，宜选用的治疗药物为
   A. 口服地西泮　　　　B. 口服硝西泮　　　　C. 静脉注射地西泮
   D. 口服阿普唑仑　　　E. 口服劳拉西泮
5. 某3岁男孩，因高热惊厥需要使用水合氯醛。此药胃肠刺激性较大，常采用
   A. 静脉注射　　　　　B. 饭后服用　　　　　C. 肌内注射
   D. 皮下注射　　　　　E. 灌肠
6. 某患者与他人发生争吵后，一气之下服了大量苯巴比妥，造成苯巴比妥急性中毒。为加速药物排泄应采取的措施是
   A. 静脉滴注5%葡萄糖注射液　　　　B. 静脉滴注碳酸氢钠注射液
   C. 静脉滴注低分子右旋糖酐　　　　D. 静脉滴注甘露醇
   E. 静脉滴注生理盐水

A₃/A₄型题

（7～8题共用题干）

患者，女，48岁，诊断为焦虑症，整日处于惶恐不安中，感觉"太难受了"，有自杀企图。
7. 该患者应选用的治疗药物是
   A. 地西泮　　　　　　B. 左旋多巴　　　　　C. 氯丙嗪
   D. 苯妥英钠　　　　　E. 硫酸镁
8. 护士在给予患者用药指导时应提示患者
   A. 长期服用　　　　　B. 小剂量服用　　　　C. 易出现依赖性
   D. 症状控制后停药　　E. 症状控制后服6～8周

（9～10题共用题干）

患者，女，55岁，近一段时间睡眠时间明显缩短，诊断为失眠症。
9. 该患者可选用的治疗药物是
   A. 肾上腺素　　　　　B. 地西泮　　　　　　C. 新斯的明
   D. 苯妥英钠　　　　　E. 利多卡因
10. 用该药治疗时，护理人员应进行用药监护，下列错误的是
    A. 宜睡前服　　　　　　　　　　　B. 长期应用观察有无依赖性
    C. 中毒时需及时抢救　　　　　　　D. 服药期间勿服用含乙醇的制剂
    E. 过量可导致血压升高

二、简答题

1. 说出苯二氮䓬类药镇静催眠的特点及适应证。
2. 叙述硫酸镁的药理作用及抗惊厥作用机制。

三、案例分析

患者，女，20岁，与家人争吵后口服大量苯巴比妥，出现昏迷、发绀、呼吸抑制、血压下降、多种反射减弱等症状。

请回答：

1. 这些症状产生的原因是什么？
2. 针对这种情况应如何处理？

（毕英谦）

第十二章 抗癫痫药

第十二章数字资源

学习目标

1. 解释苯妥英钠的药理作用、临床应用和主要不良反应，比较其他常用抗癫痫药的作用特点及临床应用。
2. 列举各型癫痫的首选药物及作用特点和主要不良反应。
3. 能指导患者正确使用抗癫痫药并评估药物的治疗效果。
4. 学会监测抗癫痫药的不良反应并执行相应的护理措施。
5. 具有以人为本的良好医德。

案例 12-1

患者，男，28 岁，幼年患过流行性脑脊髓膜炎，10 年前开始出现惊厥发作，伴有意识丧失，随年龄增大，发作越来越频繁。3 年前患者开始服用苯妥英钠，已有 1 年未发作，5 日前因缺药改用丙戊酸钠，今日晨突然痉挛抽搐，昏迷跌倒，口吐白沫，呼吸暂停，面色发绀，如此发作约 1 小时一次，每次持续 10 分钟，至就诊时已昏迷约 5 小时，两侧瞳孔散大，出汗较多，呼吸不规则。诊断：癫痫持续状态。

问题与思考：
1. 患者这次癫痫发作是否与突然中断有效药物治疗有关？
2. 这种情况为什么会导致癫痫发作？

癫痫（epilepsy）是由多种原因引起的脑组织局部神经元异常高频率放电，并向周围组织扩散而导致脑功能失调，表现为意识、运动、感觉、自主神经等多方面功能障碍和精神异常，具有突发性、短暂性和反复性等特点。根据发作的症状和脑电图的特征不同可将癫痫分为不同类型。按一般习惯也可将其分为全身性发作和部分性发作（表 12-1）。

表 12-1 癫痫发作类型及临床特征

发作类型	临床特征
全身性发作	
1. 强直阵挛发作（大发作）	是常见的发作类型之一，以意识丧失和全身抽搐为特征，自发作开始至意识恢复历时数分钟
2. 失神发作（小发作）	多见于儿童，表现为意识短暂中断，持续时间为 30 秒以内，可自然恢复
3. 肌阵挛发作	表现为突然、快速、短暂的肌肉或肌群收缩，一般无意识障碍
4. 癫痫持续状态	多指大发作持续状态，间歇期甚短，出现反复抽搐和持续昏迷为危重急症

续表

发作类型	临床特征
部分性发作	
1. 单纯部分性发作（局限性发作）	发作时程较短，一般不超过1分钟，无意识障碍，表现为局部肢体运动或感觉异常
2. 复杂部分性发作（精神运动性发作）	其主要特征是意识障碍，常出现精神症状及自动症，持续30秒到2分钟

抗癫痫药（antiepileptic drug）主要抑制或阻止大脑皮质病灶神经元异常放电的产生或扩散。作用机制多与增强 GABA 神经元功能，或调节神经细胞膜上离子通道等有关。

知识链接

癫痫的病因

1. 原发性癫痫　原发性癫痫是指无脑部器质性或代谢性疾病表现、致病原因尚不明确的一类癫痫，又称特发性癫痫。其发病多在儿童期和青春期。发作类型可表现为强直阵挛发作、典型失神发作或肌阵挛发作。其较易受到生理和环境的影响而发作。少数患者可有家族史。

2. 继发性癫痫　继发性癫痫是由多种脑部器质性病变或代谢紊乱所致，又称症状性癫痫。其常见的病因包括先天性疾病、颅脑外伤、感染、肿瘤、中毒、血管系统疾病、代谢障碍和脑寄生虫病。

第一节　常用抗癫痫药

苯妥英钠（phenytoin sodium，大仑丁）

【体内过程】苯妥英钠呈强碱性，不宜肌内注射，可静脉给药，口服吸收慢且不规则；血浆蛋白结合率为 80%～90%，口服 $t_{1/2}$ 平均为 22 小时，静脉注射 $t_{1/2}$ 为 10～15 h，连续用药需 6～10 天才可达到稳态血药浓度；经药酶代谢，代谢产物及少量药物原型由尿排出，具有"饱和代谢动力学"特点，即如果用量过大或短时内反复用药，可使代谢酶饱和，按零级动力学消除，使消除显著减慢，$t_{1/2}$ 明显延长，可达 60 小时，易产生中毒反应。

【药理作用与临床应用】

1. 抗癫痫　苯妥英钠对癫痫大发作和部分性发作疗效好，列为首选药；对复杂部分性发作也有效，但对小发作无效，甚至增加发作次数，故禁用于小发作。其抗癫痫作用特点是选择性好，抗癫痫的同时不引起中枢的广泛抑制，不出现催眠作用，不影响患者的正常工作和活动。

苯妥英钠对细胞膜有稳定作用，可阻止癫痫病灶的异常放电向周围正常脑组织扩散。此外，高浓度的苯妥英钠能提高脑内 GABA 的含量，增强 GABA 神经元的抑制性作用。

2. 抗外周神经痛　苯妥英钠对三叉神经痛疗效较好，对坐骨神经痛、舌咽神经痛也有一定的疗效。

3. 抗心律失常　苯妥英钠具有抗心律失常作用，主要用于强心苷中毒引起的快速型室性心律失常。

【不良反应】

1. 局部刺激 苯妥英钠碱性较强，局部刺激性较大，口服可出现消化道症状，静脉注射可引发静脉炎等。

2. 牙龈增生 发生率约为 20%，多见于儿童及青少年。此反应与部分药物经唾液排出刺激胶原组织增生有关，表现为牙龈红肿、出血、增生等。注意口腔卫生，经常按摩牙龈可减轻症状。一般停药 3~6 个月后可自行消退。

3. 神经系统 苯妥英钠用量过大或长期用药时，可导致小脑综合征，表现为眩晕、共济失调、眼球震颤、复视等，严重者可致精神错乱或昏睡、昏迷。

4. 造血系统 因苯妥英钠抑制二氢叶酸还原酶，长期应用可导致巨幼细胞贫血，个别患者可出现粒细胞减少、血小板减少、再生障碍性贫血等，可用叶酸加维生素 B_{12} 防治。

5. 其他 静脉注射过快可致房室传导阻滞、呼吸抑制；诱导药酶活性，加速维生素 D 代谢，可引起软骨病、佝偻病等；有过敏反应，可见药物热、皮疹等，偶见剥脱性皮炎；有致畸作用。

考点提示

苯妥英钠的药理作用、临床应用及主要不良反应。

卡马西平（carbamazepine，酰胺咪嗪）

卡马西平口服后 2~4 小时血药浓度达高峰，血浆蛋白结合率为 75%~80%。$t_{1/2}$ 初用平均为 36 小时，连续用药可减少到 15~20 小时。

卡马西平抗癫痫作用和机制与苯妥英钠相似，对各型癫痫均有效，对复杂部分性发作疗效最好，也可用于大发作和部分性发作，对小发作疗效较差，是复杂部分性发作的首选药物；对三叉神经痛疗效优于苯妥英钠，对其他外周神经痛也有效；也可用于锂盐无效的躁狂抑郁症患者，以及强心苷中毒所致的快速型室性心律失常等。

卡马西平不良反应较少，常见的有眩晕、视物模糊、恶心、呕吐、嗜睡等，少数人出现共济失调、手指震颤等反应，偶见皮疹、白细胞减少、血小板减少等。卡马西平用途较广，常作为预防用药，且有较强药酶诱导作用，应注意与其他药物的相互作用。

临床上应根据癫痫的类型不同选用不同的抗癫痫药（表 12-2）。

表 12-2 抗癫痫药的选用

癫痫类型	抗癫痫药物
强直阵挛发作	卡马西平、苯巴比妥、苯妥英钠、扑米酮、丙戊酸钠
失神发作	乙琥胺、氯硝西泮、丙戊酸钠、拉莫三嗪
肌阵挛发作	糖皮质激素、丙戊酸钠、氯硝西泮
癫痫持续状态	地西泮、劳拉西泮、苯巴比妥、苯妥英钠
单纯部分性发作	卡马西平、苯妥英钠、苯巴比妥
复杂部分性发作	扑米酮、丙戊酸钠、拉英酸钠

考点提示

治疗各型癫痫的首选药物。

第二节 抗癫痫药用药护理

抗癫痫药用药护理见表 12-3。

表 12-3 抗癫痫药用药护理

用药护理程序	用药护理要点
用药前	1. 合理选用给药方法，口服宜在饭后服用，一般不作肌内注射，静脉注射时宜选用较粗大的血管，以防引起静脉炎 2. 较大剂量于睡前服用，可减轻白天镇静作用引起的不良反应 3. 告知患者应长期规则用药，从低剂量开始，逐渐增加至最佳剂量并维持应用
用药中	1. 指导患者规律用药，不可随意停药，否则会诱发癫痫发作，甚至出现癫痫持续状态 2. 静脉给药速度宜慢，注意心血管反应等 3. 动态观察药物血药浓度及药物不良反应
用药后	1. 以控制发作次数和不良反应发生率为主要评价指标 2. 指导患者采取有效措施以减轻不良反应 3. 定期检查血常规等，有感染症状时应提示考虑药物的不良反应 4. 告知患者遵医嘱坚持长期、规律用药，切忌突然停药、减药、漏服或自行换药，尤其应防止在服药控制发作后不久自行停药

自 测 题

一、选择题

A_1 型题

1. 苯妥英钠的不良反应不包括
   A. 胃肠反应　　　　B. 齿龈增生　　　　C. 过敏反应
   D. 共济失调　　　　E. 肾严重损害
2. 对癫痫小发作疗效最好的药物是
   A. 乙琥胺　　　　　B. 卡马西平　　　　C. 扑米酮
   D. 丙戊酸钠　　　　E. 苯妥英钠
3. 下列叙述错误的是
   A. 苯妥英钠能诱导它本身的代谢
   B. 扑米酮可代谢为苯巴比妥
   C. 丙戊酸钠对所有类型的癫痫都有效
   D. 乙琥胺对癫痫小发作的疗效优于丙戊酸钠
   E. 硝西泮对癫痫肌阵挛发作和小发作疗效较好

A_2 型题

4. 患者，男，59 岁，坐骨神经痛，原用阿司匹林可以缓解，本次发作用阿司匹林后仍疼痛难忍，应选用的药物是
   A. 扑米酮　　　　　B. 卡马西平　　　　C. 地西泮
   D. 氯丙嗪　　　　　E. 乙琥胺

5. 患者，男，40 岁，6 年前曾患脑炎，近 2 个月来经常出现虚幻感，诊断为癫痫复杂部分性发作，可选用的药物是

    A. 氯丙嗪　　　　　　B. 卡马西平　　　　　C. 丙咪嗪
    D. 碳酸锂　　　　　　E. 普萘洛尔

A₃/A₄ 型题

（6～7 题共用题干）

患者，男，41 岁，有癫痫大发作史 17 年，低血压史 11 年。昨晚起患者大发作频繁，始终意识不清，并有发热，体温 38 ℃，于今日下午送急诊室。

6. 这种发作类型临床称为

    A. 癫痫小发作　　　　B. 癫痫连续发作　　　C. 癫痫持续状态
    D. 复杂部分性发作　　E. 单纯部分性发作

7. 首选的药物是

    A. 苯妥英钠缓慢静脉注射　　　　　　B. 异戊巴比妥钠缓慢静脉注射
    C. 苯巴比妥钠肌内注射　　　　　　　D. 水合氯醛灌肠
    E. 地西泮缓慢静脉注射

二、简答题

1. 简述抗癫痫药的作用机制。
2. 苯妥英钠的药理作用及主要不良反应有哪些？
3. 试列举常见的 6 种抗癫痫药及其主要临床用途。

三、案例分析

患者，女，30 岁，因癫痫大发作，连续服用苯巴比妥 2 周，主诉给药后恶心、上腹不适，牙龈增生，有眩晕感。

请回答：

1. 请做出初步判断，作为护士应如何处理？
2. 此外患者用药时还需注意哪些方面？

（毕英谦）

第十三章 治疗中枢神经系统退行性疾病药

学习目标

1. 解释左旋多巴的药理作用、临床应用和不良反应。
2. 概括抗帕金森病药物的分类及代表药,治疗阿尔茨海默病的主要药物。
3. 能指导患者正确使用治疗中枢神经系统退行性疾病药并评估药物的治疗效果。
4. 学会监测治疗中枢神经系统退行性疾病药的不良反应并执行相应的护理措施。
5. 具有以人为本的良好医德。

案例 13-1

患者,男,65岁,患帕金森病2年,近期因出现恶心、食欲缺乏、睡眠不好而就医。患者未向医生告知帕金森病史,医生给予下列处方:

Rp.
①左旋多巴片　0.25 g × 100
用法:一次 0.5 g,一日 3 次
②维生素 B_6 片　10 mg × 30
用法:一次 20 mg,一日 3 次

问题与思考:
上述处方是否合理?为什么?

第一节 抗帕金森病药

帕金森病(Parkinson disease,PD)又称震颤麻痹,是锥体外系功能失调引起的一种慢性中枢神经系统退行性疾病。帕金森病的主要表现为静止性震颤、肌强直和运动迟缓等。

知识链接

帕金森病的临床表现

帕金森病通常发病于50～79岁,65岁后发病率增高。其起病隐匿,发展缓慢,主要表现为静止性震颤、肌强直和运动迟缓等。首发症状以震颤最多,震颤通常位于手、胳膊或腿,其次为步行障碍、肌强直和运动迟缓。症状常自一侧上肢开始,逐渐波及同侧下肢、对侧上肢及下肢;一部分病例可自一侧下肢开始;两侧下肢同时开始极少见,不少病例疾病晚期症状仍存在左右差异。

一、中枢拟多巴胺类药

这类药物大多通过促进多巴胺的合成、释放，减少多巴胺的破坏及直接激动多巴胺受体等机制而发挥抗帕金森病的作用。

左旋多巴（levodopa，L- 多巴）

左旋多巴为酪氨酸合成儿茶酚胺的中间产物，即多巴胺的前体物质，口服易吸收，其吸收速率受多种因素影响，胃排空延缓、胃内酸度增加和抗胆碱药等因素可降低其生物利用度。吸收后，大部分药物在肝和胃肠黏膜被脱羧，转变成多巴胺。左旋多巴仅有少量（1%）进入中枢神经系统发挥疗效，不仅疗效减弱，而且外周不良反应增多。其代谢产物经肾排泄。

【药理作用与临床应用】

1. 抗帕金森病　进入脑组织的左旋多巴在脱羧酶的作用下转变为多巴胺，补充黑质-纹状体通路中多巴胺的不足，使多巴胺和乙酰胆碱两种递质重新建立平衡，降低过高的肌张力而发挥抗帕金森病作用。

左旋多巴的主要特点包括：起效慢，用药2～3周开始起效，1～6个月以上才获得最大疗效；对轻症、年轻和治疗初期的患者疗效明显，对重症及老年患者疗效差，对氯丙嗪等抗精神病药引起的锥体外系反应无效；对肌强直及运动困难疗效较好，对肌肉震颤疗效差；与外周多巴胺脱羧酶抑制药卡比多巴等合用，可增加脑组织中的多巴胺而提高疗效，并减轻外周不良反应。

一般在治疗后的3～4年内效果显著，通常可维持7～8年，此后疗效逐渐减弱甚至消失。原因可能是疾病的自然发展不能阻止，神经纤维损伤逐渐加重，丧失了对多巴胺的摄取和贮存功能。

2. 肝性脑病　肝性脑病又称肝昏迷。左旋多巴在脑内转变为多巴胺，再转变为去甲肾上腺素，对抗因肝衰竭而产生的假性递质（血中因肝功能障碍而升高的苯乙胺、酪胺在神经细胞内经 β- 羟化酶作用，分别生成的苯乙醇胺、羟苯乙胺）取代正常的递质去甲肾上腺素，缓解因假性递质引起中枢神经冲动传导障碍，恢复正常神经功能活动，使肝性脑病患者意识清醒。

【不良反应】

1. 外周反应　由左旋多巴在外周被脱羧酶转化为多巴胺所致。在用药初期主要表现如下。

（1）胃肠道反应：约80%的患者出现胃肠道反应，甚至引起消化道溃疡出血或穿孔，故消化性溃疡患者慎用。这与多巴胺刺激延脑催吐化学感受区（CTZ）有关。

（2）心血管反应：应用左旋多巴后，约30%的患者出现轻度直立性低血压，其原因不明；左旋多巴通过激动 β 受体，可导致心律失常。

2. 中枢反应　左旋多巴主要引起以下中枢反应。

（1）不自主异常运动：用药半年以上的患者约50%、2年以上的患者约80%可出现不随意运动，表现为不自主的张口、咬牙、伸舌、皱眉，头颈部、四肢或躯干的摇摆运动等，还可出现过度的呼吸运动引起的不规则换气或过度换气。减少用药剂量可使症状减轻，出现此反应意味着已达最大耐受量。

（2）开-关现象：用药1～2年约40%的患者出现此现象，表现为突然的多动不安（开），而后出现肌强直、运动不能（关），可交替出现，其原因不明。一旦出现此现象，可适当减少用量。

（3）精神障碍：常见失眠、焦虑、噩梦、躁狂、妄想或抑郁等，约15%的患者出现幻觉、妄想、谵妄等严重的精神错乱，与多巴胺作用于大脑边缘系统有关。

考点提示

左旋多巴的药理作用、临床应用及不良反应。

卡比多巴（carbidopa）

卡比多巴为 α-甲基多巴肼的左旋体，是脱羧酶抑制药，不易透过血脑屏障，小剂量选择性地抑制外周多巴脱羧酶；与左旋多巴合用可显著减少后者在外周脱羧，使其更多地进入脑组织以增强疗效，还可降低其外周不良反应的发生率。卡比多巴单独应用无治疗作用。其与左旋多巴组成的复方制剂多巴丝肼（剂量比为 1∶10），可以减少 75% 左旋多巴的剂量，仍可获得左旋多巴原剂量的疗效，是治疗震颤麻痹的首选药。

金刚烷胺（amantadine）

金刚烷胺为抗病毒药，兼有抗帕金森病作用，疗效不及左旋多巴，但优于中枢抗胆碱药。其起效快，维持时间短，缓解肌强直、震颤和运动障碍作用强，与左旋多巴合用可减少其不良反应。长期应用金刚烷胺可引起下肢皮肤出现网状青斑、踝部水肿，可能是儿茶酚胺释放引起的外周血管收缩所致。

溴隐亭（bromocriptine）

溴隐亭为麦角生物碱衍生物，是多巴胺受体强激动药，对外周多巴胺受体、α 受体也有较弱的激动作用。溴隐亭口服后 1 小时显效，2～3 小时达高峰，血浆 $t_{1/2}$ 为 3～8 小时。其作用特点有：①小剂量溴隐亭可激动结节-漏斗部位多巴胺受体，减少催乳素释放，用于治疗产后泌乳-闭经综合征；减少生长激素的释放，治疗肢端肥大症。②大剂量溴隐亭对黑质-纹状体通路的多巴胺受体有较强的激动作用，用于治疗帕金森病。不良反应与左旋多巴相似，易引起幻听、幻视和精神障碍等。

二、中枢抗胆碱药

中枢抗胆碱药可阻断中枢胆碱受体，拮抗纹状体内乙酰胆碱的作用，恢复胆碱能神经与多巴胺能神经的功能平衡，改善帕金森病的症状。

苯海索（benzhexol，安坦）

苯海索口服易吸收，通过阻断胆碱受体而减弱黑质-纹状体通路中乙酰胆碱的作用。其抗震颤效果好，也能改善运动障碍和肌肉强直。苯海索的疗效不如左旋多巴，主要应用于轻症帕金森病患者或不耐受左旋多巴或使用左旋多巴无效者。苯海索与左旋多巴合用可提高疗效。不良反应与阿托品相似而较轻，如口干、扩瞳、视物模糊、尿潴留、便秘。闭角型青光眼、前列腺肥大者慎用苯海索。

同类药物还有丙环定（procyclidine，开马君）、布地品（budipine）及东莨菪碱等。

三、抗帕金森病药用药护理

抗帕金森病药用药护理见表 13-1。

表 13-1　抗帕金森病药用药护理

用药护理程序	用药护理要点
用药前	1. 进行健康评估，识别适应证和高危患者 2. 对上肢震颤未能控制或有幻觉、错觉、抑郁等症状的患者，药物要代为保管，且每次送服到口 3. 告知患者长期服药过程中可能会出现某些症状加重或疗效减退的现象，应熟悉"开-关现象"的表现形式及应对方法
用药中	避免与维生素 B_6、抗精神病药合用，以免降低药物疗效或导致直立性低血压
用药后	1. 严密观察用药后反应，仔细观察震颤、肌强直或其他运动功能及语言功能的改善程度 2. 多数患者需长期或终身用药，切勿随意加减药物和药量 3. 做好健康教育，有助于提高疗效和患者依从性，降低或减轻不良反应

第二节　治疗阿尔茨海默病药

阿尔茨海默病（Alzheimer disease，AD）又称原发性老年痴呆，是发生于老年和老年前期，以进行性认知功能障碍和行为损害为主要临床表现的中枢神经系统退行性病变。该病患者的日常生活能力、行为和认知功能的损害是脑中乙酰胆碱缺乏造成的，补充乙酰胆碱的药物可以改善患者症状，目前主要治疗药物为胆碱酯酶抑制药、M 受体激动药和促进脑代谢的药物，治疗的主要目的是改善症状和延缓病情的进展。

一、常用的治疗阿尔茨海默病药

（一）胆碱酯酶抑制药

多奈哌齐（donepezil）

多奈哌齐为第二代可逆性中枢胆碱酯酶抑制药，可提高神经组织中乙酰胆碱的含量，对改善患者的认知功能如记忆力减退等有一定的疗效。

石杉碱甲（huperzine A，哈伯因）

石杉碱甲是我国学者 1982 年从中药千层塔中分离得到的一种新生物碱，是一种高选择性可逆性胆碱酯酶抑制药。其口服吸收良好，易于通过血脑屏障。石杉碱甲拟胆碱作用强，主要用于各型阿尔茨海默病的治疗，可改善患者的记忆障碍及衰老性记忆减退，并可改善认知情况。用药过量可导致激动、恶心、呕吐、腹泻、晕厥等不良反应。

（二）M 受体激动药

呫诺美林（xanomeline）

呫诺美林能选择性激动 M_1 受体，易透过血脑屏障，可改善患者认知功能和行为控制能力，大剂量口服可引起胃肠道反应和心血管系统反应。

（三）促进脑代谢的药物

阿尔茨海默病患者大脑局部存在对葡萄糖的利用下降和异常氧代谢，从而引起海马、皮质部分神经元变性坏死。目前临床采用甲磺酸二氢麦角碱（hydergine）、尼麦角林（nicergoline）、茴拉西坦（aniracetam）、银杏叶制剂等来改善大脑血液循环，扩张脑血管，增加脑血流量和对葡萄糖的利用，促进脑代谢，改善大脑功能。

 考点提示

治疗阿尔茨海默病的常用药物。

二、治疗阿尔茨海默病药用药护理

治疗阿尔茨海默病药用药护理见表 13-2。

表 13-2 治疗阿尔茨海默病药用药护理

用药护理程序	用药护理要点
用药前	1. 应对护理患者工作的困难程度有足够的心理和生理准备，保持良好心态以应对各种护理任务 2. 对伴有抑郁症、幻觉和自杀倾向的患者，要指导家属妥善保管药品，避免误服或过量服用 3. 评估患者生活中可能的危险环境，并加以预防
用药中	1. 提示患者定期监测的肝、肾功能，注意对患者排尿和排便情况的观察 2. 患者缺乏自主用药能力，忘记吃药、吃错药或忘了已服药又过量服用的情况容易发生，必须每次都亲自帮助患者将药全部服下，必要时做好记录，以免遗忘或错服
用药后	1. 患者服药后常不能诉说其不适，要细心观察患者有何不良反应，及时提示医生调整给药方案 2. 这类疾病病程长，预后差，要对患者家属或生活陪护人员做好全面详细的健康教育，提高其生活护理和心理护理能力

自 测 题

一、选择题

A_1 型题

1. 左旋多巴治疗帕金森病的机制是
   A. 激动中枢胆碱受体
   B. 补充纹状体中多巴胺的不足
   C. 减少去甲肾上腺素的再摄取
   D. 抑制脑内多巴胺的降解
   E. 阻断多巴胺受体
2. 左旋多巴易产生不良反应的主要原因是
   A. 大部分进入中枢神经系统
   B. 对 M 受体有激动作用
   C. 促进去甲肾上腺素释放
   D. 大量多巴胺通过血脑屏障
   E. 在外周转变为多巴胺
3. 金刚烷胺属于
   A. 促多巴胺释放药
   B. 胆碱酯酶抑制药
   C. COMT 抑制药
   D. 多巴胺前体药
   E. 抗胆碱药
4. 苯海索治疗帕金森病的特点是
   A. 尤适用于重症患者
   B. 不宜与左旋多巴合用
   C. 抗震颤效果好
   D. 伴青光眼患者可使用
   E. 无阿托品样不良反应
5. 下列能缓解氯丙嗪引起的急性肌张力障碍的药物是
   A. 苯海索
   B. 金刚烷胺
   C. 左旋多巴

D. 溴隐亭　　　　　　　　E. 卡比多巴

A₂型题

6. 患者，男，63岁，1年前被诊断为"阿尔茨海默病"，目前临床最常用的治疗药物是
   A. 抗焦虑药物　　　　　B. 抗抑郁药物　　　　　C. 抗精神病药
   D. 胆碱酯酶抑制药　　　E. 促进脑代谢药

7. 患者，男，60岁，典型的"面具脸"、慌张步态表现，确诊为帕金森病，但患者同时又患有青光眼，所以该患者最好不要用
   A. 溴隐亭　　　　　　　B. 左旋多巴　　　　　　C. 多巴胺
   D. 金刚烷胺　　　　　　E. 苯海索

8. 患者，男，45岁，因患严重精神分裂症，用氯丙嗪治疗2年，近日出现肌肉震颤、动作迟缓、流涎等症状，应用选用的药物是
   A. 苯海索　　　　　　　B. 左旋多巴　　　　　　C. 金刚烷胺
   D. 地西泮　　　　　　　E. 卡比多巴

A₃/A₄型题

（9~11题共用题干）

患者，男，71岁，2年来无诱因逐渐出现行动缓慢，行走时上肢无摆动，前倾屈曲体态；双手有震颤，双侧肢体肌张力增高；无智能和感觉障碍，无锥体束损害征。

9. 该患者最可能的诊断是
   A. 帕金森病　　　　　　B. 扭转痉挛　　　　　　C. 阿尔茨海默病
   D. 肝豆状核变性　　　　E. 脑动脉硬化

10. 最适当的治疗药物是
    A. 苯海索　　　　　　　B. 复方左旋多巴　　　　C. 司来吉兰
    D. 溴隐亭　　　　　　　E. 维生素

11. 选用上述药物治疗的目的是
    A. 治愈疾病　　　　　　B. 阻止疾病的进展　　　C. 改善症状
    D. 预防并发症　　　　　E. 增强体质

二、简答题

1. 不可用左旋多巴治疗由氯丙嗪引起的帕金森综合征的原因是什么？
2. 简述左旋多巴和卡比多巴合用的机制。

三、案例分析

患者，女，77岁，因近期多次无故走失而入院。家属诉称患者在3年前出现经常迷路、记忆力明显下降、前言不搭后语等现象，近期更加明显，不能说出亲属姓名，不记得是否吃过饭等，情绪低落，经常呆坐不动。结合临床检查，初步诊断为"阿尔茨海默病"。

请回答：

1. 该患者可选用哪些药物进行治疗？
2. 说明用药护理要点。

（毕英谦）

第十四章数字资源

第十四章 抗精神失常药

学习目标

1. 解释抗精神病药氯丙嗪的药理作用、临床应用和主要不良反应，比较其他常用抗精神病药的作用特点。
2. 说出抗抑郁症药、抗躁狂症药和抗焦虑药的常用药物及主要作用特点。
3. 能指导患者正确使用抗精神失常药并评估药物的治疗效果。
4. 学会监测抗精神失常药的不良反应并执行相应的护理措施。
5. 具有以人为本的良好医德。

案例 14-1

患者，女，45岁，经常心神不定、注意力无法集中，这种情况已有10年。昨天患者突然出现躁动、抽搐、流口水、发声困难等现象，同时情绪激动，易激惹，于是来我院检查，自述无抑郁等相关精神疾病，其他表现均无大碍，初步诊断为焦虑症，医生为其开具处方药帕罗西汀。

问题与思考：
1. 该患者用药是否合理？为什么？
2. 作为护士应如何对该患者进行用药指导？

精神失常是由多种原因引起的精神活动障碍的一类疾病。根据临床症状不同，精神失常可分为精神分裂症、躁狂症、抑郁症和焦虑症。治疗这些疾病的药物统称为抗精神失常药。抗精神失常药主要包括抗精神病药（antipsychotic drug）、抗躁狂症药（antimanic drug）、抗抑郁症药（antidepressant）和抗焦虑药（anxiolytic）。

第一节 抗精神病药

精神分裂症是一组以思维、情感、行为的分裂，精神活动与现实环境不协调为主要特征的一类最常见的精神病。抗精神病药主要用于治疗精神分裂症，能有效控制患者的幻觉、妄想等阳性症状；对感情淡漠、主动性缺乏等阴性症状则疗效较差甚至无效；对其他精神障碍导致的躁狂症状也有效。这类药物按化学结构不同可分为吩噻嗪类、硫杂蒽类、丁酰苯类和其他类。

一、吩噻嗪类

吩噻嗪类药均含有吩噻嗪的基本母核，临床常用的有氯丙嗪、奋乃静、氟奋乃静、三氟拉嗪和硫利达嗪等。

氯丙嗪（chlorpromazine，冬眠灵）

氯丙嗪是吩噻嗪类的代表药物，口服吸收慢而不规则；血浆蛋白结合率大于90%，易透过各种生物膜屏障，脑组织内浓度可达血浆浓度的10倍；主要在肝代谢，经肾排泄，因有脂肪组织蓄积，消除较缓慢。

【药理作用】氯丙嗪阻断中枢及外周的多巴胺受体，也可阻断α受体和M受体。

1. 对中枢神经系统的作用

（1）抗精神病作用：正常人服用治疗量的氯丙嗪后，表现为镇静、安定、感情淡漠和对周围事物反应性降低；有嗜睡感，在安静环境中易诱导入睡，但易唤醒，且加大剂量不引起麻醉。氯丙嗪能明显减少动物的自发活动，同时抑制动物的攻击行为，使之易于接近。精神病患者用氯丙嗪后可显现其良好的抗精神病作用，在不引起过分镇静的情况下，能迅速控制兴奋、躁动等症状；连续用药可使幻觉、妄想、躁狂及精神运动性兴奋逐渐消失，减轻思维障碍，使患者情绪安定、理智恢复、生活自理。

（2）镇吐作用：氯丙嗪镇吐作用强，小剂量可阻断延髓第四脑室底部的催吐化学感受区多巴胺受体，大剂量直接抑制呕吐中枢，产生强大的镇吐作用。但是，氯丙嗪不能对抗前庭受刺激引起的呕吐。

（3）对体温调节的影响：氯丙嗪抑制下丘脑体温调节中枢，使体温调节失灵，体温随环境温度变化而变化。氯丙嗪不仅降低发热者体温，而且也能略降正常体温。临床上以物理降温配合氯丙嗪用于低温麻醉。

2. 对自主神经系统的影响　氯丙嗪可阻断外周α受体，扩张血管，降低血压，大剂量可引起直立性低血压。氯丙嗪阻断M受体作用较弱，大剂量时出现明显抗胆碱作用，引起口干、便秘、尿潴留、心率加快等不良反应。

3. 对内分泌系统的影响　长期大剂量应用氯丙嗪能阻断下丘脑结节-漏斗通路的多巴胺受体，减少催乳素抑制因子的释放，使催乳素分泌增加，出现乳房肿大、溢乳等现象；抑制促性腺激素分泌，出现排卵延迟，性功能障碍等；抑制促肾上腺皮质激素分泌，导致肾上腺皮质功能减退症等；抑制生长激素分泌，可影响儿童生长发育，也试用于巨人症的治疗。

【临床应用】

1. 治疗精神病　氯丙嗪可迅速控制精神分裂症及其他精神病所致的兴奋、躁狂、幻觉、妄想等症状，临床主要用于以精神运动性兴奋、幻觉和妄想为主的精神分裂症，对急性患者疗效较好，但无根治作用，必须长期服用以维持疗效，减少复发；此外，也可治疗躁狂症及伴兴奋、紧张、妄想的其他精神病；对精神分裂症的阴性症状、思维贫乏、反应迟钝、情感淡漠、退缩、系统性妄想、拒食等症状疗效较差。

2. 治疗呕吐和顽固性呃逆　氯丙嗪可用于某些药物（如吗啡、雄激素、四环素、抗肿瘤药）和胃肠炎、尿毒症、癌症、放射病等疾病引起的呕吐；对顽固性呃逆也有显著疗效；但对晕动病所致的呕吐无效。

3. 用于低温麻醉和人工冬眠　氯丙嗪配合物理降温（冰浴、酒精擦浴等）可使患者体温降至正常以下，使器官活动减少，基础代谢率降低，因而可用于低温麻醉。氯丙嗪如与中枢抑制药合用，则可使患者深睡，从而降低机体基础代谢，提高组织对缺氧的耐受力，减轻机体对伤害性刺激的反应，扩张血管，改善微循环，这种状态，称为"人工冬眠"，有利于机体度过危重期。氯丙嗪常与异丙嗪、哌替啶等组成冬眠合剂，用于严重创伤、中毒性高热、惊厥、甲状腺危象等病症的辅助治疗。

【不良反应】

1. 一般反应　有嗜睡、淡漠、无力等中枢抑制症状；有鼻塞、直立性低血压、心动过速等α受体阻断症状，故静脉注射或肌内注射后，患者应卧床1～2小时后方可缓慢起立；有视物模糊、口干、眼压增高、无汗、便秘等M受体阻断症状；长期应用可致乳房肿大、闭经及生长减慢等内分泌紊乱症状。氯丙嗪局部刺激性较强，不宜皮下注射，静脉注射可引起血栓性静脉炎，应稀释后缓慢注射。

2. 锥体外系反应　是吩噻嗪类药最主要的不良反应，用药剂量和个体差异对其均有影响。患者用药后先后出现一系列锥体外系症状。

（1）急性肌张力障碍：用药初出现强迫性张口、伸舌、斜颈、呼吸障碍及吞咽困难。

（2）帕金森综合征：表现为肌张力增加、面容呆板（面具脸）、肌肉震颤、运动困难、流涎等。

（3）静坐不能：表现为坐立不安，反复徘徊。

以上三种症状的出现是氯丙嗪阻断黑质-纹状体通路的多巴胺受体后，胆碱能神经功能占优势所致，可用中枢抗胆碱药苯海索等缓解。

（4）迟发性运动障碍出现较晚，且持久存在，表现为不自主、有节律的刻板运动，出现口-舌-颊三联征，如吸吮、舔舌、咀嚼，与多巴胺受体上调机制有关，中枢抗胆碱药不能缓解，反可使之加重。

3. 过敏反应　常见皮疹、药热等，也可出现粒细胞缺乏等贫血症状。

4. 急性中毒　一次吞服大剂量氯丙嗪，可致急性中毒，患者出现昏睡、血压下降，甚至心肌损伤，如心动过速、心电图异常（P-R间期或Q-T间期延长，T波低平或倒置），应立即进行对症治疗。

5. 精神异常　患者出现意识障碍、淡漠、消极、抑郁、兴奋、躁动、幻觉、妄想等，应与原有疾病加以鉴别，一旦发生应立即减量、停药或改用其他药物。

考点提示

氯丙嗪的作用特点及不良反应。

其他吩噻嗪类药与氯丙嗪作用相似，在选择性和作用强度方面有所不同，其中奋乃静（perphenazine）和氟奋乃静因作用强、选择性高，比氯丙嗪应用更广。

吩噻嗪类抗精神病药作用比较见表14-1。

表14-1　吩噻嗪类抗精神病药作用比较

药物	抗精神病剂量 （mg/d）	副作用		
		镇静作用	锥体外系反应	降压作用
氯丙嗪	25～300	+++	++	+++（肌内注射） ++（口服）
氟奋乃静	2～20	+	+++	++
三氟拉嗪	5～20	+	+++	+
奋乃静	8～32	++	+++	+
硫利达嗪	150～300	+++	+	+++

+++：强；++：次强；+：弱

二、硫杂蒽类

氯普噻吨（chlorprothixene，泰尔登）

氯普噻吨抗精神病作用和抗幻觉、妄想作用比氯丙嗪弱，但镇静作用较强，还有较弱的抗抑郁和抗焦虑作用，抗胆碱作用和抗肾上腺素作用较弱，适用于伴有抑郁或焦虑症状的精神分裂症、焦虑性神经官能症、更年期抑郁症等。不良反应与氯丙嗪相似但较轻，锥体外系反应也较少。

三、丁酰苯类

氟哌啶醇（haloperidol）

氟哌啶醇作用类似于吩噻嗪类，对以兴奋、幻觉和妄想为主要表现的各种急、慢性精神病均有较好疗效，但锥体外系不良反应发生率高达80%，且程度严重。因其对心血管系统和肝的不良反应少，仍有一定临床使用价值。

氟哌利多（droperidol，氟哌啶）

氟哌利多作用短暂，临床常用于增强镇痛药作用，如与芬太尼合用，使患者处于痛觉消失、精神恍惚、反应淡漠的特殊麻醉状态，称为神经安定镇痛术（neuroleptanalgesia，NLA），该方法集镇痛、安定、镇吐、抗休克作用于一体，应用于小型外科手术和某些特殊检查等。

四、其他类

五氟利多（penfluridol）

五氟利多为长效抗精神病药，口服后8～16小时血药浓度达高峰，给药一次后作用可维持1周。

氯氮平（clozapine）

氯氮平为苯二氮䓬类广谱新型抗精神病药，疗效优于氯丙嗪和氟哌啶醇。

知识链接

精神病患者用药护理

药物在精神病的治疗中起着至关重要的作用，而一些精神病患者尤其是发作期的患者很难自己正确服药，所以做好精神病患者用药护理，是康复治疗中的一个关键问题。

1. 急性期协助服药　耐心劝说患者服药；可把无味的药搅拌在饭菜里；必要时请医生把给药方法改为肌内注射。

2. 防止患者假服药　警惕患者将药藏在舌下、牙缝、手指缝等地方，储积后一次服用而发生意外。

3. 注意药物的不良反应　服药后如仅有嗜睡、动作呆板、便秘、肥胖等较轻微的不良反应，不需治疗处理；如出现头颈歪斜、坐立不安、四肢颤抖等较重的不良反应，就必须在医生的指导下调整用药或进行治疗。

第二节　抗抑郁症药和抗躁狂症药

抑郁症和躁狂症统称为情感障碍性精神病，表现为情绪不能自控的过度低落或高涨。抑郁症常表现为情绪低落、缺乏乐趣、孤僻内向、缺乏精力、行动和思维迟钝，甚至悲观厌世；躁狂症则表现为情绪高涨、躁动不安、活动过度和语言、思维不能自制；部分患者具有躁狂-抑郁交替出现的症状。上述疾病特别是抑郁症具有隐匿发病、反复发作的特点，合理选用药物可以有效控制症状。

一、抗抑郁症药

抗抑郁症药主要通过增加脑内 5-羟色胺（5-HT）和去甲肾上腺素的含量而发挥抗抑郁症作用。目前临床常用的抗抑郁症药有三环类药、去甲肾上腺素再摄取抑制药、5-HT 再摄取抑制药和其他抗抑郁症药。

（一）三环类药

丙米嗪（imipramine）

【药理作用】

1. 中枢神经系统　正常人服用丙米嗪后出现以镇静为主的症状，表现为安静、头晕、注意力不集中等。抑郁症患者服药后却出现精神振奋，情绪提高，但起效缓慢，连续用药 2～3 周后才显效。

作用机制可能为丙米嗪抑制 NA 及 5-HT 的再摄取，从而提高突触间隙 NA、5-HT 浓度，促进和改善突触传递功能，发挥抗抑郁作用。

2. 自主神经系统　丙咪嗪治疗量能阻断 M 受体，引起口干、便秘、尿潴留和视物模糊等副作用。

3. 心血管系统　治疗量丙米嗪可降低血压，引起心律失常，这与其抑制心肌去甲肾上腺素再摄取有关。此外，丙米嗪对心肌还有奎尼丁样直接抑制作用，故心血管患者应慎用。

【临床应用】　丙咪嗪可用于治疗各型抑郁症，是目前治疗抑郁症的首选药，对内源性和更年期抑郁症效果较好，对反应性抑郁症次之，对精神分裂症伴抑郁状态者效果较差。

【不良反应】

1. 阿托品样作用　是其最常见的副作用，因治疗量丙米嗪能明显阻断 M 受体。常见表现有口干、便秘、瞳孔扩大、眼压升高、视物模糊、尿潴留、心动过速等。前列腺肥大和青光眼患者禁用。

2. 中枢神经系统反应　表现为乏力、头痛、失眠、肌肉震颤，大剂量可引起精神兴奋、躁狂、癫痫样发作。有癫痫病史者慎用。

3. 心血管系统反应　治疗量丙米嗪即可出现血压下降，药物过量可致直立性低血压（以老年人多见）、心动过速、心肌梗死等，可导致突然死亡。高血压、动脉硬化患者慎用。

4. 过敏反应　偶见皮疹、粒细胞减少及阻塞性黄疸等，长期大剂量用药时，应定期检查血常规和肝功能。过敏者禁用。

5. 其他　丙咪嗪可引起新生儿畸形，故妊娠期妇女禁用，肝肾功能不全者禁用。

阿米替林（amitriptyline）

阿米替林是临床上常用的三环类抗抑郁药，常口服给药。

多塞平（doxepin）

多塞平作用与丙米嗪相似，常口服给药。

（二）去甲肾上腺素再摄取抑制药

此类药物能选择性抑制去甲肾上腺素的再摄取而增加脑内去甲肾上腺素含量，用于抑郁症的治疗。特点是起效快，镇静、抗胆碱作用和降压作用均比三环类抗抑郁症药弱。常用药物有地昔帕明（desipramine）、马普替林（maprotiline）。

（三）5-HT 再摄取抑制药

此类药物对 5-HT 再摄取的抑制具有高度选择性，而对其他递质和受体几无作用，同时具有抗抑郁和抗焦虑双重作用，且不损害精神运动功能，也很少引起镇静作用，对心血管和自主神经系统功能影响很小。常用药物包括氟西汀、帕罗西汀、舍曲林、西酞普兰等。

（四）其他抗抑郁症药

曲唑酮（trazodone）

曲唑酮抗抑郁作用与三环类相似，为选择性 5-HT 再摄取抑制药，但对心血管系统毒性小，无抗胆碱副作用，是一个较安全的抗抑郁症药，可用于其他抗抑郁症药治疗无效的顽固性抑郁症，尤其适用于老年或伴有心血管疾病的抑郁症患者。

考点提示

常用抗抑郁症药及主要不良反应。

二、抗躁狂症药

抗精神病药中的氯丙嗪、氟奋乃静、氟哌啶醇和某些抗癫痫药如卡马西平均可用于躁狂症的治疗，但碳酸锂是目前典型的抗躁狂症药。

碳酸锂（lithium carbonate）

【药理作用】碳酸锂可抑制脑内去甲肾上腺素及多巴胺的释放，并促进其再摄取，还可促进 5-HT 的合成与释放，产生抗躁狂作用。

【临床应用】 碳酸锂临床主要用于治疗躁狂症，尤其对急性躁狂和轻度躁狂有效率达 80%；对精神分裂症的兴奋躁动症状也有效，与抗精神病药合用可产生协同作用。

【不良反应】 碳酸锂安全范围窄，随着剂量的增加，不良反应增多。

1. 一般反应 用药初期有恶心、呕吐、腹痛、腹泻、头晕、乏力、肢体震颤等。
2. 毒性反应 碳酸锂浓度超过 2 mmol/L 即可出现中毒症状，表现为中枢神经系统功能紊乱，如精神紊乱、深反射亢进、明显震颤，甚至昏迷与死亡。一旦出现上述症状，应立即停药并静脉注射生理盐水以加速锂盐排泄，且应对血锂浓度进行监测，帮助调节治疗量及维持量，及时发现急性中毒。

第三节 抗焦虑症药

焦虑症是一组以提心吊胆、恐惧和忧虑为主要临床表现的精神障碍，并常伴有紧张不安。临床常见的类型有急性焦虑、慢性焦虑与社交焦虑等。常用的治疗手段有药物治疗、心理治疗和电痉挛治疗。

一、药物治疗

（一）苯二氮䓬类

苯二氮䓬类是良好的镇静催眠药，兼有抗焦虑的作用，但是不可用于治疗共病的情况（如焦虑的同时患有抑郁症或者强迫症）。

（二）三环类（TCAs）

丙米嗪、阿米替林、氯米帕明、多塞平等都是临床常用的三环类抗抑郁症药，主要通过抑制突触前膜对去甲肾上腺素和5-HT的再摄取来增加突出间隙内这两种神经递质的浓度，最终发挥抗焦虑和抗抑郁的作用。

（三）5-HT_{1A}受体部分激动药

丁螺环酮和坦度螺酮能够与5-HT_{1A}受体结合，降低突触后膜上5-HT受体的敏感性和神经的传递功能，发挥抗焦虑作用。

（四）选择性5-HT再摄取抑制药（SSRI）

这类药物能够抑制突触前膜5-HT的再摄取来发挥抗抑郁和抗焦虑的作用，临床上经常使用的主要有氟西汀、帕罗西汀、舍曲林、氟伏沙明、西酞普兰等，其中帕罗西汀是临床上治疗焦虑症使用最广泛的一种药物。

（五）5-HT和NA再摄取抑制药（SNRI）

这类药物的作用机制为抑制5-HT及NA的再摄取，增强中枢5-HT及去甲肾上腺素能神经功能而发挥抗抑郁和抗焦虑作用。代表药物为文拉法辛和度洛西汀。

（六）其他药物

除了上述五种抗焦虑药之外，临床可用于治疗焦虑症的药物还有米氮平、曲唑酮、圣约翰草提取物、β受体阻断药和抗精神病药等。

二、心理治疗

焦虑症心理治疗常用方法有认知治疗、行为治疗及认知-行为治疗。通过让患指导者学会"换个角度看问题"，使患者走出思想误区或者避免继续"钻牛角尖"。心理治疗与药物治疗联合使用是目前治疗焦虑症的最佳选择。

三、电痉挛治疗

电痉挛治疗主要用于焦虑反复发作或者急性焦虑的患者，有极度烦躁不安的自伤或伤人行为，通过短程电休克疗法而改善患者精神状态。该疗法目前已广泛用于临床。

第四节 抗精神失常药用药护理

精神失常的症状明显，临床诊断一般不难，但要注意精神失常的病因一般比较复杂，单纯的药物治疗并不能从根本上治愈精神失常，必须与心理疏导等其他手段结合起来才能达到理想的治疗效果。另外，大部分抗精神失常药都具有比较严重的不良反应，应该密切关注患者的身体状态。

抗精神失常药用药护理见表 14-2。

表 14-2　抗精神失常药用药护理

用药护理程序	用药护理要点
用药前	1. 用药禁忌评估　正在使用或近期使用中枢抑制药的患者禁用，特殊人群如肝肾功能不全和妊娠期、哺乳期妇女禁用或者慎用 2. 调配药品　①正确实施给药：应尽可能单一用药，足量、足疗程治疗，一般不主张联用超过两种抗精神失常药；如果需要可联用两种作用机制不同的抗精神失常药，并密切关注。②注意药物相互作用：此类药物易引起嗜睡、认知障碍和跌倒等不良反应，注意避免与同样具有此类不良反应的药物合用；尽量避免与有严重肝肾功能损伤的药物合用
用药中	1. 告知患者药物作用、疗程、可能发生的不良反应及对策 2. 对于长期用药的患者，应告知定期来院检查，监测血常规、肝肾功能，以评估是否继续用药 3. 足量、足疗程使用，严禁私自停药或更改剂量，最好监督患者服药 4. 苯二氮䓬类药使用时必须密切关注药物的依赖性和戒断症状
用药后	1. 密切观察，一旦出现肝肾功能损伤，应该立即停药 2. 对于老年患者还应该关注认知功能、躯体功能等，一旦出现记忆受损或者容易跌倒等现象也应立即停药

思政园地

军中"南丁格尔"　为患者点亮希望之光

精神科护士由于工作环境和服务对象的特殊性，除了有着与普通护士相同的职业危害因素威胁外，更为严重的是她们每时每刻都要防范精神障碍患者这一特殊群体给他们造成身心伤害。

蔡红霞，在精神病护理岗位上一干就是几十年，在零距离照料这些患者的时候，免不了挨打被骂，但她却始终做到"打不还手，骂不还口"，真诚细致地为患者服务，她像一片红霞照亮了患者的心灵苦海。她先后当选为第十二、十三届全国人大代表，荣获国际护理界最高荣誉"南丁格尔奖"。作为一名护理人员，大家应该向蔡红霞学习，并努力做到既要关注患者的生命与健康，还要了解患者的权利与需求，更要尊重患者的人格与尊严，要无怨无悔地为这些特殊患者服务，这不仅是责任，更是在传递社会大家庭的关爱和温暖。

自　测　题

一、选择题

A_1 型题

1. 氯丙嗪抗精神病的作用机制是

　A. 阻断中脑 - 边缘系统和中脑 - 皮质通路多巴胺受体

B. 阻断结节-漏斗通路多巴胺受体

C. 阻断黑质-纹状体通路多巴胺受体

D. 阻断中枢 M 受体

E. 直接抑制中枢神经系统

2. 氯丙嗪降温作用主要是由于

  A. 抑制 PG 合成   B. 抑制大脑边缘系统   C. 抑制体温调节中枢

  D. 阻断纹状体多巴胺受体   E. 阻断外周 α 受体

3. 氯丙嗪引起的直立性低血压宜用

  A. 肾上腺素   B. 去甲肾上腺素   C. 尼可刹米

  D. 东莨菪碱   E. 苯海索

4. 长期大剂量应用氯丙嗪引起的主要不良反应是

  A. 心悸、口干   B. 锥体外系反应   C. 直立性低血压

  D. 肝功能损害   E. 粒细胞减少

5. 氯丙嗪引起心悸、口干、便秘、视物模糊及尿潴留的作用是因为

  A. 阻断 α 受体   B. 阻断多巴胺受体   C. 阻断 M 受体

  D. 阻断 H_1 受体   E. 阻断 N_2 受体

A_2 型题

6. 患者，女，33 岁，性格内向腼腆，失恋后出现幻觉、思维破裂、妄想等症状，应选用的治疗药物为

  A. 氯丙嗪   B. 碳酸锂   C. 丙米嗪

  D. 多塞平   E. 阿米替林

7. 患者，男，62 岁，退休工人，近来出现情感低落、思维迟缓、意志活动减退、睡眠障碍，常闭门独居、疏远亲友、回避社交，偶有自杀念头，应选用的治疗药物是

  A. 氯丙嗪   B. 氟哌啶醇   C. 五氟利多

  D. 碳酸锂   E. 丙米嗪

8. 某精神分裂症患者，误服大剂量氯丙嗪，出现严重的低血压症状，应选用的升压药为

  A. 肾上腺素   B. 去甲肾上腺素   C. 麻黄碱

  D. 异丙肾上腺素   E. 阿托品

A_3/A_4 型题

（9～10 题共用题干）

患者，女，50 岁，患精神分裂症，医嘱给予氯丙嗪治疗 1 个月余，近期出现面容呆板、动作迟缓、肌肉震颤及流涎等症状。

9. 这些症状属于

  A. 一般反应   B. 急性中毒   C. 肝毒性

  D. 锥体外系反应   E. 过敏反应

10. 下列能缓解这类反应的药物是

  A. 纳洛酮   B. 苯海索   C. 阿托品

  D. 肾上腺素   E. 新斯的明

二、简答题

1. 氯丙嗪降温作用有何特点？
2. 氯丙嗪过量或中毒所致的血压下降，为什么不能应用肾上腺素纠正？

三、案例分析

患者，女，32岁，平日上进心强，性格直率。由于工作失误，患者被领导在会上点名批评，当晚患者心烦少食，次日说话语无伦次，东奔西跑，时而跪地磕头，时而哭闹不止，劝止无效。诊断为"躁狂型精神分裂症"。

请回答：

1. 针对此患者临床可采取哪些治疗？
2. 可选用什么药物？

（毕英谦）

第十五章数字资源

第十五章 镇痛药

学习目标

1. 解释阿片受体激动药吗啡、哌替啶药理作用、临床应用和不良反应，比较其他常用镇痛药的作用特点及临床应用。
2. 说出阿片受体部分激动药常用药物的作用特点及临床应用。
3. 说出阿片受体阻断药常用药物的作用特点及临床应用。
4. 能指导患者正确使用镇痛药并评估药物的治疗效果。
5. 学会监测镇痛药的不良反应并执行相应的护理措施。
6. 具有精益求精的工匠精神。

案例 15-1

患者，男，56岁，3年前诊断为冠心病。近1周来患者心前区疼痛发作频繁，今晨骑车上班途中，突然胸骨后压榨性剧痛，触电样向左臂内侧放射，舌下含服硝酸甘油不能缓解，出大汗，面色苍白，手足发凉。入院后测血压 80/50 mmHg，心电图显示室性期前收缩。用药情况如下：①吗啡每6小时皮下注射 5 mg，共4次，疼痛缓解；②静脉滴注 2% 利多卡因注射剂，维持24小时；③多巴胺静脉注射，血压回升有尿后维持24小时。

问题与思考：
1. 吗啡用于此患者的目的是什么？
2. 在使用吗啡时应该注意哪些问题？

疼痛是一种复杂的生理心理活动，是机体受到损伤时出现的不愉快的感觉和情绪性体验，它既有伤害性刺激作用于机体所引起的痛感觉，又有机体对伤害性刺激的痛反应。疼痛是常见的疾病症状之一。疼痛的位置常指示病灶所在，而疼痛的性质间接说明病理过程的类型。

镇痛药既能够消除痛觉，又能缓解疼痛引起的不愉快情绪。因其反复使用易产生药物依赖性，易导致药物滥用及戒断症状，故称为麻醉性镇痛药。这类药物中绝大多数被归入管制药品之列，其生产、运输、销售和使用必须严格遵守"国际禁毒公约"和我国的有关法规，如《中华人民共和国药品管理法》《麻醉药品和精神药品管理条例》。

目前，临床上应用的镇痛药可分为阿片受体激动药、阿片受体部分激动药及其他镇痛药三类。

第一节 阿片受体激动药

阿片（opium，鸦片）

阿片为罂粟科植物罂粟未成熟蒴果浆汁的干燥物，含有 20 余种生物碱，如吗啡、可待因，具有镇痛、镇咳作用；罂粟碱具有平滑肌松弛作用，几无镇痛作用。

吗啡（morphine）

吗啡是阿片中的主要生物碱，含量约 10%，是典型的阿片受体激动药。

【体内过程】吗啡口服吸收良好，但首过消除明显，生物利用度仅 25%，故多采用皮下或肌内注射给药，作用维持 4～5 小时，血浆 $t_{1/2}$ 为 2～3 小时；药物吸收后大约 1/3 与血浆蛋白结合，游离型吗啡迅速分布于全身，以肺、肝、肾等组织浓度最高，因脂溶性低，仅有少量通过血脑屏障，但足以发挥中枢性药理作用，也可通过胎盘进入胎儿体内；主要在肝内与葡萄糖醛酸结合或脱甲基成为去甲吗啡，绝大多数经肾排泄，少量经胆汁及乳汁排泄。

考点提示

哺乳期妇女禁用吗啡的原因。

【药理作用】

1. 中枢神经系统作用

（1）镇痛：吗啡具有强大的镇痛作用，对持续性慢性钝痛作用大于间断性锐痛，对神经性疼痛效果较差，镇痛时不影响意识和其他感觉。

（2）镇静、致欣快感：吗啡可明显改善由疼痛引起的焦虑、恐惧等不良情绪反应，产生镇静作用，提高对疼痛的耐受力。

（3）抑制呼吸：治疗量吗啡即可抑制呼吸，使呼吸频率减慢，潮气量降低，通气量减少，其作用持久，并随剂量增加而增强。

（4）镇咳：吗啡具有强大的镇咳作用，可使咳嗽反射减轻或消失，与激动延脑孤束核阿片受体从而直接抑制延髓咳嗽中枢有关。

（5）缩瞳：吗啡兴奋支配瞳孔的副交感神经，引起瞳孔括约肌收缩，使瞳孔缩小。吗啡中毒时，瞳孔极度缩小产生针尖样瞳孔是其中毒标志。

（6）催吐：吗啡可兴奋延髓催吐化学感受区，引起恶心、呕吐。

2. 心血管系统作用　治疗量吗啡能抑制血管运动中枢，降低中枢交感神经张力和促进组胺释放，使外周血管扩张，降低外周阻力，当患者由仰卧位转为直立位时可发生直立性低血压，低血容量者更易发生。另外，吗啡可抑制呼吸使 CO_2 潴留，引起脑血管扩张而升高颅内压。

3. 内脏平滑肌作用

（1）胃肠平滑肌：吗啡能提高胃肠平滑肌及其括约肌张力，使胃排空延缓，肠推进性蠕动减弱；抑制胃、肠、胰液及胆汁等消化液的分泌而延迟食物消化；加之中枢抑制作用使便意迟钝，因而有止泻作用并可引起便秘。该作用并无耐受性。

（2）胆道平滑肌：治疗量吗啡引起胆道平滑肌和 Oddi 括约肌痉挛性收缩，使胆汁排空受阻，胆道和胆囊内压力明显提高，可导致上腹不适甚至诱发胆绞痛。

（3）其他：①吗啡可提高输尿管平滑肌和膀胱括约肌张力，引起排尿困难，导致尿潴留；②吗啡可对抗缩宫素对子宫兴奋的作用，使产程延长，临产妇应用会影响分娩；③大剂量吗啡可引起支气管平滑肌收缩，诱发或加重哮喘。

【临床应用】

1. 治疗急性锐痛　因吗啡连续应用易成瘾，故一般仅短期用于其他镇痛药无效的急性锐痛，如严重创伤、战伤、烧伤和癌症晚期剧痛。

 考点提示

吗啡镇痛的适应证及最常用的给药方法。

2. 心源性哮喘　是指急性左心衰竭患者突然发生急性肺水肿，导致肺泡换气功能障碍而引起的呼吸困难。吗啡用于心源性哮喘的机制与其扩张血管、抑制呼吸及镇静等作用有关。

3. 止泻　适用于急、慢性消耗性腹泻以减轻症状。可选用阿片酊或复方樟脑酊。

【不良反应】

1. 副作用　治疗量吗啡可引起眩晕、嗜睡、恶心、呕吐、便秘、呼吸抑制、排尿困难、胆道压力升高甚至胆绞痛、直立性低血压等。

2. 耐受性及依赖性　吗啡按常规剂量连用2～3周即可产生耐受性，且与其他阿片类药有交叉耐受性，表现为使用剂量逐渐增大，用药间隔时间缩短。连续应用可产生药物依赖性，首先表现为精神依赖，后出现生理依赖，表现为烦躁不安、出汗流泪、流涕、打哈欠、失眠、呕吐、腹泻、虚脱、意识丧失等，还有明显强迫性觅药行为。停药后可出现戒断症状，成瘾者为获取欣快感和减轻戒断症状带来的痛苦，常不择手段获取吗啡，给社会带来极大危害，甚至诱发犯罪，故应严格控制使用。

3. 急性中毒　吗啡过量可引起急性中毒，表现为昏迷、深度呼吸抑制、针尖样瞳孔三大特征，并伴有血压下降、严重缺氧、体温下降及尿潴留，甚至休克。死亡原因主要为呼吸麻痹。抢救措施为人工呼吸、适量吸氧，静脉注射阿片受体阻断药纳洛酮。

哌替啶（pethidine，度冷丁，dolantin）

哌替啶是目前临床常用的人工合成阿片受体激动药，口服易吸收，皮下或肌内注射吸收快、起效迅速，因此常注射给药。哌替啶可通过胎盘屏障进入胎儿体内，在肝内代谢为哌替啶酸和去甲哌替啶，两者再以结合形式经肾排出。

【药理作用与临床应用】哌替啶通过与脑内阿片受体结合产生效应，药理作用及作用机制与吗啡相似，但较弱。

1. 镇痛　哌替啶依赖性的产生较吗啡轻且慢，因此现已取代吗啡用于创伤、手术、癌症晚期等各种剧烈疼痛；缓解胆绞痛、肾绞痛等内脏剧烈绞痛仍需配合阿托品；由于新生儿对哌替啶抑制呼吸作用较为敏感，因此产妇临产前2～4小时内不宜使用。

2. 心源性哮喘　哌替啶可替代吗啡用于心源性哮喘的辅助治疗，效果良好。其作用机制同吗啡。

3. 麻醉前给药　麻醉前给予哌替啶，可使患者镇静，消除术前紧张、恐惧情绪，减少麻醉药用量，并缩短诱导期。

4. 人工冬眠　哌替啶与氯丙嗪、异丙嗪组成冬眠合剂，可辅助减低人工冬眠患者的基础代谢。

【不良反应】

1. 副作用　治疗量可引起眩晕、恶心、呕吐、口干、心悸及直立性低血压等,甚至发生晕厥。用药后应嘱患者卧床休息,直立时应缓慢。

2. 耐受性和依赖性　哌替啶耐受性和依赖性较吗啡小,连续应用1周可产生耐受性,连续应用2周可产生成瘾性,仍需控制性使用,已列入麻醉药品管理范畴。

3. 急性中毒　哌替啶剂量过大可明显抑制呼吸。

其他阿片受体激动药的比较见表15-1。

表15-1　其他阿片受体激动药的比较

常用药物	主要作用特点	临床用途	主要不良反应
可待因（codeine）（又称甲基吗啡，methylmorphine）	镇痛作用仅为吗啡的1/12～1/10,镇咳作用为其1/4,持续时间则与吗啡相似;镇静作用不明显	干咳	成瘾性及抑制呼吸、致便秘等作用均较吗啡弱
芬太尼（fentanyl）	短效、强效镇痛药,镇痛强度为吗啡的100倍。起效迅速,维持时间短	主要用于各种剧烈疼痛,也常用于麻醉辅助用药和静脉复合麻醉,并可与氟哌利多合用,用于神经安定镇痛术	成瘾性比吗啡强
美沙酮（methadone）	强效镇痛药。镇痛作用强度与吗啡相当,但持续时间长,其他作用较吗啡弱,使吗啡等药物的依赖性减弱	主要用于创伤、手术、癌症晚期等剧烈疼痛。替代疗法广泛用于吗啡和海洛因等药物成瘾者的脱瘾治疗	耐受性与依赖性发生较慢,戒断症状略轻

知识链接

美沙酮的戒毒作用

阿片类（海洛因）依赖撤药后4～6小时开始出现急性戒断症状,48～72小时戒断症状反应最为严重和痛苦,此后,戒断症状逐渐减轻,14～21天后大部分急性戒断症状得到缓解或基本解除。根据阿片类依赖戒断症状特点,可采用2～3周美沙酮递减治疗方案。在停用阿片类（海洛因）后4～6小时应用美沙酮,初次给药从15 mg开始,每次不宜超过30 mg,如不能缓解戒断症状或出现严重戒断反应,则可在6～8小时后视具体情况追加美沙酮,追加用量为每次5～10 mg。以停药后72小时内不出现严重戒断反应为原则进行剂量调整,减药速率可根据患者情况而定,一般第4～6天可每天减量5～10 mg,以后每天减3～5mg,2至3周完成递减。

第二节　阿片受体部分激动药

阿片受体部分激动药在小剂量或单独使用时,可激动阿片受体的不同亚型,呈现镇痛作用,剂量加大或与激动药合用时,又可阻断阿片受体。这类药物以镇痛作用为主,呼吸抑制作用及依赖性较弱。

喷他佐辛（pentazocine,镇痛新）

喷他佐辛为阿片受体部分激动药,可口服、皮下或肌内注射。

【药理作用】

1. 中枢神经系统作用　喷他佐辛的镇痛效力为吗啡的 1/3，呼吸抑制作用约为吗啡的 1/2。增加剂量其呼吸抑制强度并不按比例增强，故相对较为安全。

2. 内脏平滑肌作用　喷他佐辛对胃肠道平滑肌和胆道平滑肌的兴奋作用较吗啡弱，不引起便秘，胆道内压力升高不明显。

3. 心血管系统作用　不同于吗啡，喷他佐辛大剂量反而增快心率，升高血压，这与其能提高血浆中的儿茶酚胺含量有关。

【临床应用】喷他佐辛适用于各种慢性疼痛，也用于产科止痛。

【不良反应】常见不良反应有眩晕、嗜睡、出汗、轻微头痛等；偶引起焦虑、噩梦、幻觉，甚至惊厥等；大剂量可引起血压升高、心率加快、呼吸抑制，可用纳洛酮对抗。喷他佐辛突出优点是不易产生依赖性，已列入非麻醉药品管理范畴。

丁丙诺啡（buprenorphine）

丁丙诺啡为阿片受体部分激动药，可舌下含服、肌内注射或静脉注射。

第三节　其他镇痛药

曲马多（tramadol）

曲马多为中枢性镇痛药。其特点有：①口服易吸收；②镇痛作用强度约为吗啡的 1/3；③治疗量时无致平滑肌痉挛和明显的呼吸抑制作用，也不影响心血管功能，不会导致便秘等；④广泛用于中、重度急慢性疼痛，如创伤、手术、分娩和癌症晚期，也用于剧烈的关节痛、神经痛；⑤无欣快感。

第四节　阿片受体阻断药

阿片受体阻断药的化学结构与吗啡相似，与阿片受体有很强的亲和力，却几乎无内在活性。常用的药物有纳洛酮和纳曲酮。

纳洛酮（naloxone）

纳洛酮化学结构与吗啡相似，与阿片受体有较强的亲和力，但没有内在活性，对阿片受体各亚型均有竞争性拮抗作用。其口服易吸收，首过消除明显，常静脉给药，2 分钟起效，维持 30~60 分钟。纳洛酮可用于阿片类镇痛药急性中毒的抢救，能解除阿片类药呼吸抑制及其他中枢抑制症状；可通过诱发阿片类药依赖者严重戒断症状而用于阿片类药依赖者的鉴别诊断；也试用于急性酒精中毒、休克、脑外伤救治。

 考点提示

纳洛酮是阿片类镇痛药中毒抢救的首选药。

纳曲酮（naltrexone）

纳曲酮的化学结构与纳洛酮相似，其作用、用途与纳洛酮也相似，但生物利用度较高，作用强度是纳洛酮的2倍，作用持续时间可长达24小时。

第五节 镇痛药用药护理

镇痛药用药护理见表15-2。

表15-2 镇痛药用药护理

用药护理程序	用药护理要点
用药前	1. 了解疼痛类型、病因、用药史等 2. 做好心理护理，减轻或转移患者疼痛焦虑情绪和心理压力，帮助患者分散注意力 3. 合理制订护理程序，药物多采用口服、肌内和皮下注射，一般不用静脉注射，减少不良反应发生 4. 严格掌握适应证及禁忌证，掌握急性中毒、依赖性发作的特殊体征，有效鉴别，及时报告医生
用药中	1. 注意观察呼吸、血压、脉搏、瞳孔等表现，出现中毒前兆立即停药，并报告医生 2. 做好疼痛评估 3. "按时"给药而不是按需给药 4. 按阶梯给药 5. 注意用药个体化 6. 配备纳洛酮等特效解救药，抢救呼吸药品和器械
用药后	1. 评估用药效果、疼痛缓解情况 2. 针对腹胀、排尿困难、便秘、直立性低血压等不良反应，采取相应措施，如多食粗粮、多饮水、定时排便、缓慢改变体位等 3. 做好药品清点和登记工作

思政园地

警钟长鸣

阿片又称鸦片、大烟。200多年前英国强行向中国倾销鸦片，鸦片的泛滥极大地摧残了国人的身心健康，如任其发展下去，中华民族面临灭亡的危险，爱国英雄林则徐虎门销烟，英国以此为借口，1840年发动鸦片战争。鸦片战争以后，中国开始由独立的封建国家逐步变成半殖民地半封建的国家，中华民族开始了一百多年屈辱、苦难、探索、斗争的历程。

1949年，中国共产党经过艰苦卓绝的斗争建立了新中国，在经济高速发展的今天，出现危害更大的海洛因（也是以鸦片为基础人工半合成的）、冰毒等毒品。作为医务人员要严格遵守法规，不能滥用此类药物，并向周边的患者、同事、家人等宣传毒品的危害。

自 测 题

一、选择题

A_1 型题

1. 治疗胆、肾绞痛最好选用
   A. 哌替啶 + 阿托品　　　　B. 罗通定 + 阿托品　　　　C. 氯丙嗪 + 阿托品
   D. 吗啡 + 阿托品　　　　　E. 阿司匹林 + 阿托品

2. 吗啡不宜用于
   A. 分娩止痛　　　　　　　B. 外伤剧痛　　　　　　　C. 恶性肿瘤晚期疼痛
   D. 心肌梗死疼痛　　　　　E. 内脏绞痛

3. 哌替啶比吗啡常用的原因是
   A. 镇痛作用比吗啡强　　　B. 成瘾性比吗啡弱　　　　C. 无呼吸抑制作用
   D. 有平滑肌解痉作用　　　E. 镇咳作用比吗啡强

4. 心源性哮喘可选用
   A. 肾上腺素　　　　　　　B. 去甲肾上腺素　　　　　C. 异丙肾上腺素
   D. 吗啡　　　　　　　　　E. 多巴胺

5. 吗啡诱发胆绞痛是由于
   A. 胃窦部、十二指肠张力提高　　　　B. 胃排空延迟
   C. 胆道 Oddi 括约肌收缩　　　　　　D. 食物消化延缓
   E. 松弛平滑肌

A_2 型题

6. 患者，男，28 岁，因大面积烧伤入院，经清创后，患者自述疼痛难忍，医嘱给予吗啡。患者使用该药后的表现不包括
   A. 呼吸抑制　　　　　　　B. 便秘　　　　　　　　　C. 直立性低血压
   D. 腹泻　　　　　　　　　E. 镇咳

A_3/A_4 型题

（7～9 题共用题干）

患者，男，53 岁，3 个月前曾发生急性心肌梗死，经治疗后基本好转，已 2 周未用药。患者今晚突发剧咳而憋醒，不能平卧，且咳出粉红色泡沫样痰，情绪烦躁、大汗淋漓。查体：心率 120 次 / 分、呼吸 38 次 / 分、血压 160/94 mmHg，两肺野可闻及密集小水泡音。此患者被诊断为心源性哮喘。

7. 此患者可选用的药物是
   A. 吗啡　　　　　　　　　B. 阿司匹林　　　　　　　C. 芬太尼
   D. 阿托品　　　　　　　　E. 地高辛

8. 下列也能用于心源性哮喘的药物是
   A. 吗啡　　　　　　　　　B. 阿司匹林　　　　　　　C. 哌替啶
   D. 阿托品　　　　　　　　E. 芬太尼

9. 该类药物的不良反应不包括
   A. 成瘾性　　　　　　B. 耐受性　　　　　　C. 低血压
   D. 便秘　　　　　　　E. 凝血障碍

（10～12题共用题干）

患者，男，45岁，有意识障碍，经计算机体层成像（CT）检查，诊断为严重的颅脑外伤。

10. 为了降低脑组织耗氧，保护脑组织可以用
    A. 神经安定镇痛术　　B. 麻醉前给药　　　　C. 人工冬眠疗法
    D. 三级止痛法　　　　E. 心肺复苏

11. 此种疗法的药物组成是
    A. 吗啡＋阿司匹林　　　　　　　　　　　B. 哌替啶＋氯丙嗪＋异丙嗪
    C. 吗啡＋阿托品　　　　　　　　　　　　D. 哌替啶＋阿托品
    E. 哌替啶＋阿司匹林

12. 此组成的药物中具有成瘾性的药物是
    A. 吗啡　　　　　　　B. 阿托品　　　　　　C. 哌替啶
    D. 氯丙嗪　　　　　　E. 异丙嗪

二、简答题

1. 简述哌替啶用于心源性哮喘的机制。
2. 对使用镇痛药的患者进行用药护理时应注意哪些事项？

三、案例分析

患者，男，28岁，因大面积烧伤入院，经清创后，患者自述疼痛难忍，医嘱给予吗啡治疗。

请回答：

1. 使用该药时，要注意观察什么？
2. 该药可能会出现什么不良反应？有哪些表现？

（田朝晖）

第十六章 解热镇痛抗炎药

学习目标

1. 说出解热镇痛抗炎药的共性。
2. 解释阿司匹林的药理作用、临床应用、不良反应和禁忌证，比较同类药物中其他药物的作用特点及主要不良反应。
3. 说出常用抗痛风药物的主要作用特点。
4. 概括常用解热镇痛药复方制剂的组成成分及合理应用原则。
5. 能指导患者正确使用解热镇痛抗炎药并评估药物的治疗效果。
6. 学会监测解热镇痛抗炎药的不良反应并执行相应的护理措施。
7. 具有精益求精的工匠精神。

案例 16-1

患者，女，62 岁，关节疼痛、肿胀 10 年余，双侧腕关节活动障碍，伴晨僵感。门诊查体：右手指关节畸形，双侧腕关节强直，活动受限。辅助检查：类风湿因子（＋）；双侧腕关节 X 线正侧位检查示：关节间隙钙化。诊断为：类风湿性关节炎。门诊给予阿司匹林肠溶片，每次 1～1.5 g，每日 4 次治疗。患者服药 3 天后出现呕血、黑便、乏力，急诊胃镜检查结果提示：浅表糜烂性胃炎、十二指肠球部溃疡。

问题与思考：
1. 阿司匹林治疗类风湿性关节炎的机制是什么？还有哪些替代药物可以应用？
2. 案例中消化道出血、溃疡症状可能是由什么原因造成的？如何处理？

第一节 概 述

解热镇痛抗炎药是一类具有解热、镇痛作用，大多数还兼有抗炎、抗风湿作用的药物。这类药物的共同作用机制是抑制前列腺素（prostaglandin，PG）的生物合成，又称非甾体抗炎药（nonsteroidal anti-inflammatory drug，NSAID）（与具有甾体结构的肾上腺皮质激素类抗炎药相区别）。

一、解热作用

人体受到外源性致热原（如病毒、内毒素）或者内源性致热原（如白三烯、肿瘤坏死因子）刺激时，细胞因子分泌增加，激活环氧合酶（COX，前列腺素合成酶），使 PG 合成和释放增加，促使体温调定点升高，机体产热增加，散热减少，引起发热。

解热镇痛抗炎药能抑制 COX，减少 PG 的合成，使体温降低。其特点是可使发热者体温降至正常体温，对正常体温无影响，是临床发热常用的解热药物。

二、镇痛作用

组织发生炎症或损伤时,局部会产生和释放致痛性化学物质,如缓激肽、组胺、PG,刺激痛觉感受器,产生痛觉。

解热镇痛药可抑制炎症时PG的合成,呈现镇痛作用。其特点是镇痛作用弱,对炎症引起的慢性钝痛尤为有效,对创伤性剧痛及内脏绞痛无效,不抑制呼吸,不产生成瘾性,故临床广泛应用于头痛、牙痛、月经痛、神经痛、肌肉痛、关节痛等。

三、抗炎抗风湿作用

解热镇痛药能抑制炎症反应时PG的合成和释放而发挥抗炎抗风湿作用,主要用于风湿性关节炎和类风湿性关节炎,能有效缓解炎症引起的红、肿、热、痛等症状,但不能根治,也不能完全阻止病程的发展或并发症的出现。

 考点提示

解热镇痛抗炎药的作用机制。

第二节 常用解热镇痛抗炎药

阿司匹林(aspirin)

【体内过程】

1. 吸收 阿司匹林口服吸收迅速,主要吸收部位在小肠上部。pH、食物等多种因素可影响阿司匹林的吸收。

2. 分布 阿司匹林吸收后迅速水解为水杨酸而发挥作用,可广泛分布到机体的组织和细胞间液,包括关节腔、脑脊液、乳汁和胎儿的血液循环;血浆蛋白结合率为80%~90%。

3. 代谢 阿司匹林在吸收过程中和吸收后很快被水解,血浆半衰期短,大约15分钟。生成的水杨酸主要在肝进行生物转化,因为肝对水杨酸的代谢能力有限,所以不同剂量的阿司匹林的血浆半衰期不同,小剂量时为2~3小时,大剂量时可达15~30小时。

4. 排泄 阿司匹林主要经肾排泄,碱化尿液可促进排泄。

【药理作用与临床应用】

1. 解热镇痛 阿司匹林解热镇痛作用较强(每次0.3~0.6 g),常与其他解热镇痛药组成复方制剂,适用于感冒等引起的发热症状,以及头痛、牙痛、月经痛、神经痛、肌肉痛、关节痛等慢性钝痛。

2. 抗炎抗风湿 阿司匹林大剂量(每日3~4 g)具有较强的抗炎抗风湿作用,疗效迅速,适用于急性风湿热和类风湿性关节炎。急性风湿热患者在用药后24~48小时内退热,红细胞沉降率下降;对类风湿性关节炎患者,可使关节红肿疼痛症状缓解,目前仍为首选药。

3. 抑制血栓形成 阿司匹林小剂量(一般每日75~150 mg)即能抑制COX,显著减少血小板血栓烷A_2(TXA_2)的生成而防止血小板聚集及血栓形成,发挥抗凝血作用,而对前列环素(PGI_2)水平无影响;治疗量阿司匹林却可抑制PGI_2的合成(PGI_2与TXA_2是生理拮抗剂),反而促进血栓的形成。故临床常选择小剂量的阿司匹林用于预防血栓形成。

> **知识链接**
>
> **阿司匹林的其他用途**
>
> 1. 防治糖尿病及其并发症。
> 2. 预防妊娠期高血压。
> 3. 防治阿尔茨海默病。
> 4. 参与抗癌治疗,对实质性肿瘤如肺癌、直肠癌、肾癌、皮肤黑色素瘤有效。
> 5. 防治获得性免疫缺陷综合征(艾滋病)等。

> **考点提示**
>
> 阿司匹林不同剂量的临床用途。

【不良反应】

1. 胃肠道反应 是阿司匹林最常见的不良反应,口服可直接刺激胃黏膜而引起上腹部不适、恶心、呕吐;较大剂量或长期服用可诱发或加重消化性溃疡和无痛性胃出血,可能与阿司匹林抑制前列腺素合成有关,而前列腺素可保护胃黏膜。

2. 凝血障碍 阿司匹林小剂量可抑制血小板聚集,延长出血时间;大剂量或长期使用,可抑制凝血酶原的形成而引起出血。

3. 过敏反应 少数患者用药后可出现荨麻疹、血管神经性水肿甚至过敏性休克;某些哮喘史患者用药后可诱发哮喘,称为"阿司匹林哮喘"。

4. 水杨酸反应 大剂量特别是长期使用阿司匹林易中毒,可出现头痛、眩晕、恶心、呕吐、耳鸣、视力及听力减退,甚至精神失常、酸碱平衡失调等,称为水杨酸反应。

5. 瑞氏综合征(Reye syndrome) 病毒感染(如患流感、水痘、流行性腮腺炎)伴有发热的儿童,使用阿司匹林退热时,有发生瑞氏综合征(脑病合并内脏脂肪变性综合征)的危险,以肝衰竭合并脑病为突出表现,虽少见,但可致死。

【禁忌证】溃疡病活动期、哮喘、鼻息肉综合征、对此类药物过敏、儿童和青春期水痘及流感病毒感染、血友病和血小板减少症等凝血功能障碍、术前1周内、肝功能减退、肾衰竭的患者禁用。妊娠期和哺乳期妇女慎用。

对乙酰氨基酚(acetaminophen,扑热息痛)

对乙酰氨基酚口服吸收快而完全,解热镇痛作用温和持久,作用强度与阿司匹林相当,无抗炎抗风湿作用。此药适用于感冒发热、头痛、牙痛、肌肉痛、月经痛等。服用治疗量时,不良反应少,对胃肠道刺激小,偶见皮疹等过敏反应,服用过量可致肝、肾毒性。

其他常用解热镇痛抗炎药见表16-1。

表16-1 其他常用解热镇痛抗炎药

药物	主要作用特点及临床应用	主要不良反应
双氯芬酸(diclofenac)	具有解热、镇痛、抗炎作用,较吲哚美辛强;适用于中等程度疼痛、风湿性及类风湿性关节炎	不良反应除与阿司匹林相同外,偶见肝功能异常、白细胞减少

续表

药物	主要作用特点及临床应用	主要不良反应
布洛芬（ibuprofen）	解热、镇痛、抗炎抗风湿作用与阿司匹林相当；主要用于治疗风湿性及类风湿性关节炎	胃肠道反应较轻
萘普生（naproxen）	属长效解热镇痛抗炎药，作用较阿司匹林强；适用于治疗风湿性及类风湿性关节炎	长期服用耐受性好，与阿司匹林有交叉过敏现象
酮洛芬（ketoprofen）	与布洛芬相似	与阿司匹林有交叉过敏现象，胃肠道反应较常见
舒林酸（sulindac）	与吲哚美辛相似	胃肠道反应发生率低于吲哚美辛
吡罗昔康（piroxicam）美罗昔康（meloxicam）	具有明显的解热、镇痛和抗炎抗风湿作用；适用于风湿性和类风湿性关节炎，疗效同阿司匹林	不良反应较小，患者易耐受，但长期用药可引起消化道溃疡及出血
尼美舒利（nimesulide）	抗炎作用强；常用于骨关节炎、类风湿性关节炎、牙痛和腰腿痛的治疗	副作用小，偶有胃肠道反应，轻微而短暂
塞来昔布（celecoxib）	具有抗炎、镇痛和解热作用；适用于风湿性、类风湿性关节炎和骨关节炎的治疗，也可用于手术后镇痛、牙痛、痛经	胃肠道反应、出血和溃疡发生率较低
罗非昔布（rofecoxib）	具有解热、镇痛和抗炎作用；适用于增生性骨关节病和类风湿性关节炎的治疗	较少引起胃肠道反应，可能引起贫血、眩晕、水肿和高血压

第三节 解热镇痛药复方制剂

一、复方制剂的药物组成

感冒是临床上的常见病，对感冒的治疗多为对症治疗。解热镇痛抗炎药常与收缩鼻黏膜血管药、镇咳药、抗组胺药等制成复方制剂，用于缓解感冒引起的发热、头痛、鼻塞、流涕、全身肌肉酸痛及咳嗽等症状。常用的复方制剂有氨酚伪麻美芬片Ⅱ/氨麻苯美片、氨麻美敏片、酚麻美敏片、复方氨酚烷胺片（胶囊）和复方氨酚葡锌片等。常用复方制剂的组成成分和作用比较见表16-2。

表16-2 常用复方制剂的组成成分和作用比较

组成成分	药物类别	主要作用
对乙酰氨基酚	解热镇痛抗炎药	可发挥解热镇痛作用
布洛芬	解热镇痛抗炎药	可发挥解热镇痛作用
氯苯那敏	抗组胺药	可消除或减轻流泪、打喷嚏等过敏症状并促进睡眠
苯海拉明	抗组胺药	可消除或减轻流泪、打喷嚏等过敏症状并促进睡眠
咖啡因	中枢兴奋药	可缓解因脑血管扩张所致的头痛
伪麻黄碱	缩血管药	可消除鼻黏膜充血肿胀，减轻鼻塞症状
右美沙芬	镇咳药	可发挥中枢性镇咳作用
金刚烷胺	抗病毒药	可发挥抗病毒作用

二、复方制剂的合理应用原则

选择解热镇痛药复方制剂时应注意以下原则。

1. **根据症状选择** 如感冒初期鼻塞、流涕可选择含有伪麻黄碱成分的药物。
2. **根据年龄选择** 儿童最好选用儿科专用的抗感冒复方制剂,避免使用含咖啡因的复方制剂,以免引起惊厥。
3. **根据职业特点选择** 如高空作业、司机、精细工作者白天不可用含有抗阻胺药的感冒药。
4. **避免诱发严重不良反应** 如消化性溃疡、哮喘患者慎用阿司匹林;高血压,甲状腺功能亢进、心绞痛患者应慎用或禁用含伪麻黄碱成分的抗感冒药;孕妇前3个月慎用或最好不用抗感冒药等。
5. **避免重复用药** 如非处方药中的复方制剂主要组成成分相同时,联合应用可会出现重复用药的问题。

解热镇痛抗炎药仅用于缓解症状,在对症治疗的基础上应积极实施对因治疗,促进患者早日康复。

第四节 抗痛风药

痛风是体内嘌呤代谢紊乱引起的一种疾病,主要表现为高尿酸血症,尿酸盐沉积于关节、肾和结缔组织,引起关节局部粒细胞浸润和炎症反应。应用抗痛风药的目的在于纠正高尿酸血症、控制急性发作、缓解急性关节炎及慢性痛风性关节炎或肾病变。常用抗痛风药见表 16-3。

表 16-3 常用抗痛风药

分类	常用药物	主要作用特点及应用	主要不良反应
抑制尿酸生成药	别嘌醇(allopurinol)	减少尿酸生成;适用于痛风和痛风性肾病	不良反应少,偶见皮疹、胃肠道反应、氨基转移酶升高和白细胞减少等
促进尿酸排泄药	丙磺舒(probenecid)	促进尿酸排泄,缓解或防止尿酸盐结节的生成,减少关节损伤;适用于慢性痛风治疗	胃肠道反应,偶可引起消化性溃疡,还可引起白细胞减少、骨髓抑制及肝坏死
抑制粒细胞浸润药	秋水仙碱(colchicine)	对急性痛风性关节炎有选择性抗炎作用;用于急性痛风性关节炎	不良反应较多,常见消化道反应,中毒时出现水样腹泻及血便、脱水、休克,对肾及骨髓也有损害作用
解热镇痛抗炎药	吲哚美辛(indomethacin)	具有镇痛、抗炎作用;适用于急性痛风性关节炎	不良反应多,有胃肠反应、中枢反应、对血液系统的影响、过敏反应

第五节 解热镇痛抗炎药用药护理

发热是机体的一种防御反应,同时热型也是诊断疾病的重要依据,故对一般发热患者可不急于使用解热药物。在体温过高时则有必要应用,以防高热引起并发症。解热镇痛抗炎药用药护理见表 16-4。

表 16-4 解热镇痛抗炎药用药护理

用药护理程序	用药护理要点
用药前	1. 活动性消化道溃疡或其他原因引起的消化道出血禁用 2. 熟悉药物知识,所用药物的药理作用、不良反应 3. 肝肾功能不全和妊娠期、哺乳期妇女禁用或者慎用
用药中	1. 严密观察出血倾向,是否出现黑便、牙龈出血、血尿等症状 2. 与双香豆素类、磺酰脲类等药合用时,可加重出血、低血糖的不良反应;与甲氨蝶呤、青霉素、呋塞米等药合用时同样增强各自毒性;与肾上腺皮质激素类药合用时,更易诱发消化道溃疡,加重消化道出血 3. 对于解热镇痛药复方制剂,应指导患者认真阅读药品说明书,避免重复用药产生不良反应 4. 同服适量抗酸药、胃黏膜保护药以减轻胃肠道反应
用药后	1. 严密观察用药效果,观察体温、脉搏、呼吸情况及倾听患者主诉,注意体温是否降至正常、疼痛是否有缓解等 2. 出现皮疹、哮喘等过敏反应时应及时报告医生,遵医嘱及时停药,并用抗组胺药及糖皮质激素类药治疗 3. 告知患者所用药物的作用及不良反应,一旦出现出血症状及时就诊

思政园地

"三级止痛"提高癌症患者生活质量

中国共产党第二十次全国代表大会提出,必须坚持以人民为中心,推进健康中国建设,加强重大慢性病健康管理,提高基层防病治病和健康管理能力。WHO 最新发布的统计数据显示,2020 年中国新发癌症 457 万人,占全球 23.7%;死亡人数 300 万,约占全球 30%。中国癌症新发病例和死亡人数位列全球第一。

疼痛是折磨癌症患者的严重的症状之一,为了缓解癌症患者的痛苦,又不产生严重的不良反应,我国卫生部在 1991 年 4 月开展了"癌症患者三阶梯止痛治疗"工作。癌症患者三阶梯止痛治疗是在对癌痛的性质和原因做出正确评估后,根据癌痛程度来选择相应的镇痛药治疗。主要原则有:①应避免创伤性给药途径,尽量选择口服给药以便于患者长期用药;②应有规律地"按时"给药(3~6 小时给药一次)而不是"按需"给药;③要按阶梯给药,对轻度疼痛者主要选用解热镇痛抗炎药(如阿司匹林、对乙酰氨基酚),对中度疼痛者应选用弱阿片类药(如可待因、布桂嗪),对重度疼痛者应选用强阿片类药(如吗啡、哌替啶);④用药剂量和方案应个体化,注意对患者的实际疗效;⑤需要时可加用辅助药物,如解痉药、抗抑郁药、抗焦虑药。

自 测 题

一、选择题

A_1 型题

1. 阿司匹林的不良反应不包括
   A. 胃肠道反应
   B. 凝血障碍
   C. 依赖性
   D. 过敏反应
   E. 水杨酸反应

2. 下列不具有抗风湿作用的药物是
   A. 吲哚美辛　　　　B. 阿司匹林　　　　C. 布洛芬
   D. 对乙酰氨基酚　　E. 尼美舒利
3. 布洛芬与阿司匹林比较主要特点是
   A. 解热作用较强　　B. 镇痛作用较强　　C. 抗炎作用较强
   D. 抗风湿作用较强　E. 胃肠道反应较轻

A₂型题

4. 患者，女，5岁，头痛、乏力，头部、躯干多处见米粒至豌豆大的圆形紧张水疱，测体温 39.2 ℃，诊断为水痘。该患者不宜选用的退热药是
   A. 阿司匹林　　　　B. 吲哚美辛　　　　C. 对乙酰氨基酚
   D. 布洛芬　　　　　E. 吡罗昔康

A₃/A₄型题

（5～6题共用题干）

患者，男，65岁，天气转凉后出现头痛、鼻塞、流涕，测体温38.2 ℃，既往有支气管哮喘病史。

5. 护理措施不应考虑
   A. 解开过厚衣被散热　　B. 口服退热药物　　　　C. 前额放置冰袋
   D. 用0.5%麻黄碱滴鼻　　E. 用50%乙醇溶液擦浴
6. 支气管哮喘患者不能选用
   A. 吲哚美辛　　　　B. 布洛芬　　　　　C. 对乙酰氨基酚
   D. 阿司匹林　　　　E. 吡罗昔康

（7～10题共用题干）

患者，男，65岁，诊断为冠心病1年，心绞痛发作时经休息或含服硝酸甘油可以缓解。

7. 该患者平日不发作心绞痛时可服用的药物为
   A. 雷尼替丁　　　　B. 利尿药如氨苯蝶啶　C. 布洛芬
   D. 阿司匹林　　　　E. 硫酸镁
8. 应选择的服药剂量为
   A. 小剂量　　　　　B. 常用量　　　　　C. 大剂量
   D. 大于治疗量　　　E. 任何剂量
9. 患者入院查体：右手指关节畸形，辅助检查：类风湿因子（+）。诊断为类风湿关节炎。以下不适用于该患者的抗炎药物是
   A. 水杨酸钠　　　　B. 尼美舒利　　　　C. 吲哚美辛
   D. 布洛芬　　　　　E. 对乙酰氨基酚
10. 住院后患者因"胸骨后压榨性疼痛半日"急诊，心电图显示：急性广泛前壁心肌梗死。为减轻患者疼痛，首选的药物是
    A. 地西泮　　　　　B. 阿司匹林　　　　C. 吗啡
    D. 硝酸甘油　　　　E. 硝苯地平

二、简答题

1. 比较阿司匹林与氯丙嗪对体温影响的特点。
2. 不同剂量的阿司匹林具有哪些不同的药理作用和用途？

三、案例分析

患者，男，48岁，上腹部疼痛2年，多在冬春季发生，常因饮酒或情绪紧张而加重或复发，进餐或服用碳酸氢钠缓解。患者3天前因受凉感冒，出现发热、头痛，服用阿司匹林治疗后，出现上腹部疼痛，伴有泛酸、嗳气、口苦口干、大便干。胃镜检查：十二指肠溃疡，幽门螺杆菌阳性。

请回答：

1. 该患者服用阿司匹林后为何出现上腹部疼痛？
2. 该患者应如何用药治疗？
3. 抗幽门螺杆菌可选用哪些药物？

（田朝晖）

第十七章数字资源

第十七章　中枢兴奋药与促大脑功能恢复药

学习目标

1. 解释咖啡因的药理作用、临床应用和不良反应，比较同类药物中其他药物的作用特点和临床应用。
2. 概括促大脑功能恢复药的作用特点和临床应用。
3. 能指导患者正确使用中枢兴奋药与促大脑功能恢复药并评估药物的治疗效果。
4. 学会监测中枢兴奋药与促大脑功能恢复药的不良反应并执行相应的护理措施。
5. 具有热爱生命的良好职业道德。

案例 17-1

患者，男，30 岁，因"昏迷不醒"被家属送到急诊科就诊。查体：瞳孔极度缩小，双侧对称呈针尖样大小，呼吸深度抑制并伴有血压下降。

问题与思考：
1. 该患者是何种药物中毒？
2. 案例中患者呼吸抑制危及生命，抢救时应选择什么药物效果较好？
3. 该患者应如何给药？用药护理需要注意哪些问题？

中枢兴奋药是一类能提高中枢神经系统功能活动的药物，临床常用于治疗呼吸衰竭，使呼吸中枢兴奋，故又称为呼吸兴奋药。根据药物作用部位不同可将中枢兴奋药分为两类：①主要兴奋大脑皮质的药物，如咖啡因；②主要兴奋延脑呼吸中枢的药物，如尼可刹米、二甲弗林、洛贝林。

中枢兴奋药主要用于解救中枢抑制药中毒或某些传染病引起的中枢性呼吸衰竭患者，但这类药物选择性不高，安全范围小，兴奋呼吸中枢的剂量与导致惊厥的剂量之间的距离小，应用时应严格掌握剂量，宜限于短时就能纠正的呼吸衰竭患者。对此类患者临床主要采用人工呼吸机维持呼吸，因为它远比呼吸兴奋药有效而且安全可靠。

第一节　大脑皮质兴奋药

咖啡因（caffeine）

咖啡因是从咖啡豆、茶叶中提取的生物碱，现已人工合成，口服吸收好，难溶于水，可与苯甲酸钠形成可溶性复盐即安钠咖（苯甲酸钠咖啡因）供注射用。

> **知识链接**
>
> **咖 啡**
>
> 传说公元600年前后，埃塞俄比亚有一个牧羊人发现他的羊群每到夜晚都会异常兴奋地嚎叫，他向神父求助，神父观察后发现这些羊吃了一种不知名的果实，神父尝试之后发现这种果实可以令人兴奋，解除疲劳。后来用这种果实制作的饮料在当地流行，这就是最早的咖啡。公元1200年，咖啡从北非经红海传到雅典、开罗等地，逐渐成为世界人民喜爱的饮料。现代研究发现，饮用咖啡具有提神醒脑、帮助消化、利尿消肿、减肥瘦身的作用。

【药理作用与临床应用】

1. 中枢兴奋作用　咖啡因小剂量能兴奋大脑皮质，振奋精神，改善思维，消除睡意，减轻疲劳，提高工作效率；大剂量可直接兴奋延脑呼吸中枢和血管运动中枢，并提高呼吸中枢对二氧化碳的敏感性，使呼吸加深加快，血压升高。此药临床主要用于严重感染中毒及中枢抑制药（镇静催眠药、麻醉药、镇痛药等）过量或抗组胺药过量所致的呼吸抑制及循环衰竭。

2. 收缩脑血管　咖啡因对脑血管具有收缩作用，主要与解热镇痛药合用治疗一般性头痛，或与麦角胺配伍组成复方制剂麦角胺咖啡因（ergotamine and caffeine），用于治疗偏头痛。

3. 其他作用　咖啡因还具有松弛支气管和胆道平滑肌、利尿、强心及刺激胃酸和胃蛋白酶分泌等作用。这些作用均是药物副作用产生的原因，临床上没有具体用途。

【不良反应】咖啡因不良反应少见且较轻，有明显剂量相关性，过量可引起躁动不安、失眠、心悸甚至惊厥等中枢兴奋症状，高热的婴幼儿尤易发生惊厥。

哌甲酯（methylphenidate，利他林）

哌甲酯中枢兴奋作用较温和，能促进单胺类递质释放，改善精神活动，消除疲劳及睡意，解除轻度中枢抑制等；中等剂量也可兴奋呼吸中枢；大剂量可引起惊厥。此药主要用于巴比妥类等中枢抑制药过量中毒的抢救；也可用于轻度抑郁及小儿遗尿症、儿童多动症及发作性睡病等。不良反应较少，偶有失眠、心悸、焦虑等；大剂量可引起血压升高，出现头疼、眩晕、惊厥等症状。

第二节　呼吸中枢兴奋药

尼可刹米（nikethamide，可拉明）

尼可刹米为人工合成药，能直接兴奋延髓呼吸中枢，也可通过刺激颈动脉体和主动脉体化学感受器，反射性兴奋呼吸中枢，并提高呼吸中枢对CO_2的敏感性，使呼吸加深加快，对抑制状态的呼吸中枢作用更明显，其作用温和、短暂，需反复间歇给药。尼可刹米主要用于各种原因引起的中枢性呼吸抑制，对吗啡中毒所致呼吸抑制的解救及肺源性心脏病引起的呼吸衰竭疗效较好，对巴比妥类药中毒引起的呼吸抑制效果较差。

尼可刹米不良反应较少，大剂量时可引起血压升高、心动过速、出汗、震颤等，严重时可致惊厥。

洛贝林（lobeline，山梗菜碱）

洛贝林是从山梗菜中提取的生物碱，现已人工合成。此药对呼吸中枢无直接作用，通过刺激颈动脉体和主动脉体化学感受器，反射性兴奋呼吸中枢，使呼吸加深、加快。其作用快、弱、时间短暂，主要用于新生儿窒息、CO 中毒及其他中枢抑制药（如阿片、巴比妥类）中毒、肺炎或白喉等传染病引起的呼吸衰竭。

洛贝林安全范围较大，不易引起惊厥；较大剂量时因兴奋迷走神经中枢可致心动过缓、房室传导阻滞等。

二甲弗林（dimefline，回苏灵）

二甲弗林为人工合成药，对呼吸中枢有强大的直接兴奋作用，较尼可刹米强 100 倍，作用快而短，可明显提高血氧饱和度和降低 CO_2 分压，临床用于各种原因引起的中枢性呼吸衰竭，对肺性脑病有较好的苏醒作用。

二甲弗林安全范围较小，过量易致抽搐和惊厥，尤以小儿多见。

 考点提示

新生儿窒息抢救常选用洛贝林。

第三节 促大脑功能恢复药

促大脑功能恢复药，又称为改善脑组织代谢的药物，临床主要用于儿童大脑发育不全、老年患者脑功能退化及颅脑损伤后遗症等。常用促大脑功能恢复药见表 17-1。

表 17-1 常用促大脑功能恢复药

药物	主要作用特点	临床应用
甲氯芬酯（meclofenoxate，氯酯醒）	起效缓慢，对处于抑制状态的中枢神经系统有较强的兴奋作用	用于颅脑外伤、脑动脉硬化或中毒所致的昏迷、意识障碍等，也可用于新生儿缺氧症、小儿遗尿、小儿精神迟钝等的治疗
胞磷胆碱（citicoline）	口服无效，促进脑细胞内卵磷脂的合成，改善运动麻痹，能够扩展脑血管，增加脑血流量，可以促进脑功能的恢复和苏醒	用于脑外伤和脑手术后的意识障碍，对脑血栓及后遗症、脑动脉硬化性供血不足、震颤麻痹、药物慢性中毒等导致的脑功能障碍有一定治疗效果

第四节 中枢兴奋药和促大脑功能恢复药用药护理

中枢兴奋药的选择性作用与剂量有关，如使用剂量过大可引起惊厥、中枢神经抑制及昏迷（此种昏迷不能用中枢兴奋药解救），严重者可致死。中枢兴奋药和促大脑功能恢复药用药护理见表 17-2。

表 17-2　中枢兴奋药和促大脑功能恢复药用药护理

用药护理程序	用药护理要点
用药前	1. 胃溃疡患者慎用或禁用 2. 含有咖啡因的复方制剂不宜用于孕妇、小儿退热 3. 必须在保持呼吸道通畅的前提下使用，否则会发生呼吸肌疲劳，加重 CO_2 潴留
用药中	1. 严密观察患者生命体征，注意呼吸次数、节律 2. 咖啡因与某些中成药如麻黄碱同服，可产生协同作用，引起血压升高、心悸等症状；氨基糖苷类抗生素对呼吸肌有抑制作用，与尼可刹米合用会产生拮抗作用；氨茶碱具有扩张支气管平滑肌并刺激通气作用，与尼可刹米合用有协同作用，为避免引起惊厥反应，静脉注射时须稀释后缓慢注射，应遵循小剂量、间歇、多次给药的原则
用药后	1. 应用尼可刹米后如神志转清、呼吸幅度加深、动脉血气好转是有效的表现，可继续用药。反之，用药 4～12 小时神志无改善、呼吸浅促、血气指标恶化、出现胸腹矛盾运动等均为无效的表现，应停药 2. 用药过程中应密切观察患者病情变化，一旦患者出现烦躁不安、反射亢进、面部或肢体肌肉抽搐等惊厥先兆应立即减量或停药，必要时可用地西泮等药物对抗惊厥 3. 咖啡因用药后可产生依赖性，被列为第二类精神药品，应做好药品的管理和健康宣教

自 测 题

一、选择题

A_1 型题

1. 下列治疗小儿遗尿的有效药物是
   A. 尼可刹米　　　B. 洛贝林　　　C. 哌甲酯
   D. 吲哚美辛　　　E. 胞磷胆碱

2. 临床上咖啡因不能用于
   A. 头痛　　　B. 昏睡　　　C. 呼吸抑制
   D. 高血压　　　E. 神经症

3. 下列药物中对呼吸中枢既有直接作用又有间接兴奋作用的是
   A. 洛贝林　　　B. 二甲弗林　　　C. 甲氯芬酯
   D. 哌甲酯　　　E. 尼可刹米

4. 下列药物中对呼吸中枢主要起间接兴奋作用的是
   A. 洛贝林　　　B. 二甲弗林　　　C. 甲氯芬酯
   D. 哌甲酯　　　E. 尼可刹米

A_2 型题

5. 患者，女，35 岁，呼吸困难，嗜睡，血液碳氧血红蛋白（HbCO）浓度达 40%，诊断为 CO 中毒，宜选用的药是
   A. 尼可刹米　　　B. 洛贝林　　　C. 哌甲酯
   D. 吲哚美辛　　　E. 胞磷胆碱

A₃/A₄ 型题

（6～7题共用题干）

患者，女，20岁，3天前因大叶性肺炎入院诊治，今晨出现呼吸衰竭，意识昏迷现象。

6. 该患者考虑为呼吸衰竭，应选用的药物是
   A. 尼可刹米　　　　B. 胞磷胆碱　　　　C. 哌甲酯
   D. 吲哚美辛　　　　E. 洛贝林

7. 该药临床常用的给药方法是
   A. 口服　　　　　　B. 皮下注射　　　　C. 单次静脉给药
   D. 间歇静脉注射　　E. 舌下含服

二、简答题

1. 试述咖啡因的作用、临床应用和不良反应。
2. 比较尼可刹米和洛贝林的作用和用途。

三、案例分析

患儿，女，2岁，因肺炎入院治疗，中午出现呼吸衰竭，意识昏迷现象。

请回答：

1. 该患儿最好使用什么药物治疗？
2. 选用此药物的理由是什么？

（田朝晖）

第十八章 利尿药与脱水药

学习目标

1. 解释呋塞米、氢氯噻嗪、螺内酯三类利尿药的药理作用、临床应用和不良反应，概括其他利尿药的作用特点和临床应用。
2. 比较脱水药甘露醇、山梨醇、葡萄糖的药理作用、临床应用和主要不良反应。
3. 能指导患者正确使用利尿药与脱水药并评估药物的治疗效果。
4. 学会监测利尿药与脱水药的不良反应并执行相应的护理措施。
5. 具有仔细认真的工作态度。

案例 18-1

患者，男，45岁，因上消化道大出血就诊，诊断为"肝硬化门脉高压、食管胃底静脉破裂出血"，立即给予手术治疗，术后持续导尿监测2小时，尿量不足20 ml，医生开具医嘱，呋塞米和螺内酯联合应用。

问题与思考：
1. 呋塞米和螺内酯联合应用的依据是什么？
2. 该患者用药护理措施有哪些？

第一节 利尿药

利尿药（diuretics）是一类作用于肾脏，增加电解质和水的排出，产生利尿作用的药物，临床用于治疗心、肾、肝疾病所引起的水肿，也用于高血压等非水肿性疾病的治疗。利尿药按利尿作用强度可分为三类：①高效能利尿药，又称袢利尿药；②中效能利尿药，又称噻嗪类利尿药；③低效能利尿药，又称保钾利尿药。

知识链接

水 肿

组织间隙过量的体液潴留称为水肿，分为全身性水肿和局部性水肿。全身性水肿时往往同时有浆膜腔积液，如腹水、胸腔积液和心包腔积液。全身性水肿主要有心性水肿、肾性水肿、肝性水肿、营养不良性水肿，指压后可见组织凹陷。

一、利尿药的作用基础

尿液生成过程包括肾小球滤过、肾小管和集合管的重吸收和分泌3个环节。正常成人每天由肾小球滤过产生的原尿达180 L，含Na^+约600 g，但排出的终尿只有1～2 L，含Na^+ 3～5 g，说明肾小管和集合管有强大的重吸收能力。利尿药主要作用在重吸收环节，通过影响肾小管不同部位的离子转运机制，增加电解质的排出，减少水的重吸收，发挥利尿作用。

1. **近曲小管重吸收** 65%~70% 的 Na^+，除了以扩散方式通过 Na^+ 通道外，还受碳酸酐酶（carbonic anhydrase，CA）的影响。CA 可以催化 CO_2 溶于水后生成 H^+ 和 HCO_3^-，通过 Na^+-H^+ 交换方式重吸收 Na^+。

抑制碳酸酐酶药物可抑制 Na^+ 重吸收，产生利尿作用，由于此处未被吸收的 Na^+ 会被其后的肾小管重吸收，故利尿作用弱，如乙酰唑胺。

2. **髓袢升支粗段重吸收** 25% 的 Na^+ 主要通过 Na^+-K^+-$2Cl^-$ 同向转运体重吸收。抑制 Na^+-K^+-$2Cl^-$ 同向转运体的药物可使肾的稀释功能与浓缩功能都降低，呈现强大的利尿作用，如呋塞米。

3. **始段远曲小管重吸收** 10% 的 Na^+ 主要通过 Na^+-Cl^- 同向转运体重吸收。抑制 Na^+-Cl^- 同向转运体的药物同样影响肾的稀释与浓缩功能，利尿作用较弱，如氢氯噻嗪。

4. **集合管重吸收** 2%~5% 的 Na^+ 主要通过 Na^+、K^+ 通道，重吸收 Na^+ 和排出 K^+。醛固酮可促进这一过程。药物抑制此段的离子交换可产生利尿作用并能够发挥保钾排钠的调节作用，如螺内酯、氨苯蝶啶（图 18-1）。

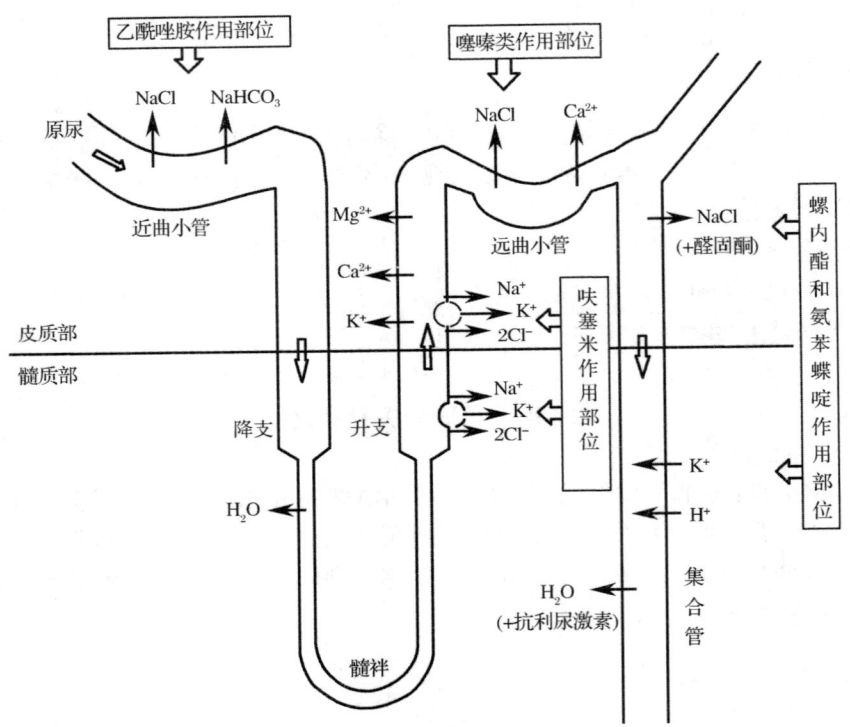

图 18-1 肾单位与药物的作用

二、常用利尿药

（一）高效能利尿药

高效能利尿药作用快速而强大，在肾小球滤过率低、其他药物难以奏效的情况下，仍能产生利尿作用。这类药物主要有呋塞米、布美他尼、托拉塞米、依他尼酸（etacrynic acid，利尿酸）、阿佐塞米、吡咯他尼等，因作用部位均是髓袢升支粗段，又称为袢利尿药（loop diuretic）。

呋塞米（furosemide，呋喃苯胺酸，速尿）

呋塞米口服吸收良好，30分钟显效，静脉注射5分钟显效，维持2~3小时，主要分布在肾等组织，大多以原型由肾小管分泌，经尿液排出，$t_{1/2}$约为1.5小时。

【药理作用】呋塞米利尿作用强大而迅速，可排出大量的等渗尿（成人24小时排尿可达50~60 L），同时排出Na^+、Cl^-、K^+、Ca^{2+}、Mg^{2+}等电解质，属于排钾利尿药。呋塞米还可扩张肾血管，增加肾血流量，扩张小静脉，减轻肺水肿。

【临床应用】

1. 严重水肿　呋塞米可用于心、肝、肾等病变引起的各类水肿。因其利尿作用强大，一般不作为首选，多用于其他利尿药无效的严重水肿患者。

2. 急性肺水肿　静脉注射呋塞米20~40 mg可扩张外周血管，降低外周阻力，减少回心血量，迅速减轻左心负荷，为急性肺水肿的首选药物。

3. 急性肾衰竭　早期使用呋塞米，对急性肾衰竭有预防作用。呋塞米可利尿、扩张肾血管，增加肾血流量和肾小球滤过率，促进排钠利尿，维持一定尿量；也可减轻细胞水肿和肾小管阻塞，对肾有一定保护作用。

4. 高钙血症　呋塞米通过抑制Ca^{2+}的重吸收，降低血钙。高钙血症危象时可静脉注射呋塞米40~80 mg。

5. 加速毒物排泄　对于以原型经肾排出的药物或毒物中毒，应用呋塞米，并配合输液，使24小时尿量达5 L以上，可加速毒物排出。

【不良反应】

1. 水、电解质平衡失调　常在过度利尿时发生，表现为低血容量、低钾血症、低钠血症、低镁血症、低氯性碱中毒等，以低钾血症最为常见，也最为严重。一般在用药后1~4周出现，其症状为恶心、呕吐、腹胀、无力及心律失常等。

2. 耳毒性　静脉注射大剂量呋塞米可引起眩晕、耳鸣、听力下降或耳聋，与内耳淋巴液电解质成分改变和耳蜗毛细胞损伤有关。

3. 其他　常见恶心、呕吐、上腹不适等症状，大剂量可引起胃肠道出血等；由于抑制尿酸排泄可导致高尿酸血症而诱发痛风；可引起一过性高血糖和高脂血症等；偶有粒细胞减少，血小板减少等过敏症状。

考点提示

呋塞米治疗水肿的类型及主要不良反应。

布美他尼（bumetanide，丁苯氧酸）

布美他尼作用和用途与呋塞米相似。特点是利尿作用强而持久，作用强度为呋塞米的40~60倍。不良反应与呋塞米相似但较轻，耳毒性低，大剂量时可出现肌肉疼痛和痉挛。

托拉塞米（torasemide）

托拉塞米利尿作用较强而持久，尿钾、钙的排出作用较呋塞米弱。

（二）中效能利尿药

中效能利尿药主要包括噻嗪类的氢氯噻嗪、苄噻嗪、氢氟噻嗪、环噻嗪、三氯噻嗪、苄氟噻嗪、甲氯噻嗪、环戊噻嗪、泊利噻嗪等。非噻嗪类的氯噻酮、吲达帕胺、美托拉宗、喹乙宗、希帕胺等与噻嗪类的作用和用途相似。

氢氯噻嗪（hydrochlorothiazide，双氢克尿噻，HCT）

氢氯噻嗪口服吸收快速而完全。一般1～2小时起效，维持时间6小时左右。

【药理作用】

1. 利尿作用　氢氯噻嗪的利尿作用弱于呋塞米，但氢氯噻嗪可促进Ca^{2+}在远曲小管的重吸收，减少尿液中的Ca^{2+}浓度，抑制高尿钙所致的肾结石的形成。

2. 抗利尿作用　机制尚不明确，可使尿崩症患者口渴感减轻，饮水量减少，尿量减少。

3. 降压作用　氢氯噻嗪在高血压的治疗中有着重要的地位。用药早期通过利尿作用降低血容量而降压，长期用药则通过扩张外周血管而降压。

【临床应用】

1. 各型水肿　氢氯噻嗪对轻、中度心源性水肿疗效良好，是慢性心功能不全的主要治疗药物之一；对肾受损较轻的肾性水肿疗效较好；肝性水肿者应慎用，避免低血钾诱发肝性脑病。

2. 尿崩症　主要用于肾性尿崩症及血管升压素无效的垂体性尿崩症。

3. 高血压　氢氯噻嗪是一线抗高血压药（详见第十九章）。

【不良反应】

1. 电解质紊乱　如低钾血症、低钠血症、低镁血症、低氯性碱血症等，其中以低钾血症多见。

2. 代谢性障碍　长期用药可导致代谢障碍，引起高血糖、高脂血症、高尿酸血症、高钙血症。

3. 过敏反应　可见皮疹、血小板减少、光敏性皮炎等。

（三）低效能利尿药

螺内酯（spironolactone，安体舒通）

【药理作用与临床应用】螺内酯利尿作用弱、缓慢而持久，属保钾利尿药。由于其作用弱，临床很少单独应用，常与其他利尿药联合应用，治疗伴有醛固酮升高的顽固性水肿，如肾病综合征、肝硬化等引起的水肿或腹水，对慢性充血性心力衰竭，在减轻水肿的同时还可逆转心室重构，远期效果更明显。

【不良反应】螺内酯不良反应轻微，主要是高钾血症，肾功能不良的患者尤易发生。

氨苯蝶啶（triamterene）和阿米洛利（amiloride）

此类药物均作用于末段远曲小管和集合管，阻滞Na^+通道，减少Na^+重吸收，继而影响K^+向管腔内分泌，因而产生排钠、保钾、利尿作用，属于保钾利尿药。临床上常与排钾利尿药合用治疗顽固性水肿，如心力衰竭、肝硬化和肾炎等引起的水肿。

氨苯蝶啶和阿米洛利不良反应较少，长期应用可引起高钾血症，肾功能不全、糖尿病患者及老年人较易发生；常见恶心、呕吐、腹泻等消化系统症状。

考点提示

具有保钾利尿作用的药物。

乙酰唑胺（acetazolamide，醋唑磺胺）

乙酰唑胺可抑制碳酸酐酶，减少近曲小管 Na^+ 的重吸收，利尿作用弱；还可抑制眼睫状体碳酸酐酶，减少房水生成，降低眼压。临床主要用于治疗青光眼，也用于急性高山病的预防。

各种利尿药作用比较见表 18-1。

表 18-1 各种利尿药作用比较

类别	代表药物	作用机制	利尿应用	其他应用	主要不良反应
高效能利尿药（袢利尿药）	呋塞米	抑制髓袢升支粗段 Na^+-K^+-$2Cl^-$ 同向转运体	各种严重水肿、急性肺水肿、急性肾衰竭、加速毒物排出	高钙血症	水和电解质紊乱，低钾血症多见，耳毒性
中效能利尿药（噻嗪类利尿药）	氢氯噻嗪	抑制远曲小管 Na^+-Cl^- 同向转运体	各种水肿，尤其心源性水肿好	高血压、高尿钙症、尿崩症	水和电解质紊乱，低钾血症多见
低效能利尿药（保钾利尿药）	螺内酯 氨苯蝶啶	拮抗醛固酮，抑制 Na^+ 通道	水肿，尤其伴醛固酮升高的顽固性水肿		高钾血症

第二节 脱水药

脱水药在静脉注射后能提高血浆渗透压，产生组织脱水作用，通过肾排出体外时，可增加尿液渗透压，促进水和部分离子排出，故又称渗透性利尿药（osmotic diuretics）。脱水药的共同特点有：①静脉注射后不易从毛细血管扩散进入组织，能提高血浆渗透压；②在体内不易被代谢；③能通过肾小球滤过，但不被肾小管重吸收。常用药物有甘露醇、山梨醇和葡萄糖等。

甘露醇（mannitol）

【药理作用与临床应用】

1. 脱水作用 20% 的甘露醇静脉给药后，能迅速提高血浆渗透压，使组织脱水，从而迅速降低颅内压、眼压。此药是治疗脑水肿的首选药，降低颅内压应在 1 小时内滴完；也可用于青光眼急性发作和术前准备。

2. 利尿作用 脱水作用可增加血容量，使肾小球滤过量增加；药物被肾小球滤过后，几乎不被肾小管重吸收，可增加肾小管管腔液渗透压，产生渗透性利尿作用。甘露醇可用于预防急性肾衰竭，避免或减轻少尿、无尿对肾小管的损伤。

【不良反应】甘露醇不良反应少见，但注射过快可引起一过性头痛、眩晕、视物模糊等。心功能不全、重度高血压和颅内活动性出血患者禁用。

 考点提示

甘露醇的临床用途。

其他脱水药作用比较见表 18-2。

表 18-2 其他脱水药作用比较

药物	作用及用途	主要不良反应
山梨醇（sorbitol）	常用其 25% 水溶液，因部分转化为果糖而影响其脱水作用，疗效不如甘露醇	轻
葡萄糖（glucose）	常用其 50% 高渗溶液，静脉注射时可产生高渗性利尿和脱水作用，但因易被代谢，故作用不持久，单独用于脑水肿时可有反跳现象，临床可与甘露醇或山梨醇合用治疗脑水肿	轻

第三节 利尿药与脱水药用药护理

利尿药与脱水药用药护理见表 18-3。

表 18-3 利尿药与脱水药用药护理

用药护理程序	用药护理要点
用药前	1. 应做好评估，评估患者的精神状态、生命体征、尿量及体重情况，了解患者水肿的原因、程度，血压，肝肾功能、电解质等实验室检查结果 2. 注意药物的协同或拮抗作用，呋塞米等强效利尿药具有耳毒性，应避免与相同不良反应的氨基糖苷类抗生素合用
用药中	1. 用药过程中应密切观察病情，观察药物疗效及不良反应 2. 长期使用利尿药，应监测血清电解质及酸碱平衡情况。低钾血症主要表现为肌无力、腹胀及心律失常。低钠血症主要表现为无力、嗜睡及意识障碍。根据病情合理选用利尿药 3. 每日用药 1 次，应早晨服药，以免夜间排尿次数增多 4. 为避免低钾血症，长期服用排钾利尿药时应补充钾盐或与保钾利尿药合用，与强心苷合用时更应注意补钾，以免增加强心苷的心脏毒性 5. 静脉注射甘露醇速度宜快，同时注意患者血压、呼吸、脉搏情况
用药后	1. 用药后应注意患者水肿消退程度，记录出入量，监测肝肾功能、电解质、酸碱平衡情况。一旦出现异常情况，应及时报告医生 2. 向患者详细介绍有关药物的名称、用法、剂量、作用和不良反应，并告知不可擅自加量、减量、停药 3. 当低血钾、低血镁同时存在时，应纠正低血镁，否则低血钾不易纠正。告知患者，氨苯蝶啶和阿米洛利用药期间，尿液可为淡蓝色荧光尿，是正常现象，不必担心

自 测 题

一、选择题

A_1 型题

1. 呋塞米的不良反应不包括
   A. 胃肠道反应　　B. 水、电解质平衡失调　　C. 耳毒性
   D. 高钾血症　　　E. 低钾血症
2. 氢氯噻嗪的用途不包括
   A. 伴有醛固酮升高的顽固性水肿　　　　　　　B. 中度心源性水肿

C. 轻度心源性水肿　　D. 尿崩症　　E. 高血压
3. 呋塞米的主要用途不包括
   A. 严重水肿　　B. 其他利尿药无效的严重水肿
   C. 急性肺水肿　　D. 急性肾衰竭　　E. 高钙血症
4. 氢氯噻嗪的不良反应电解质紊乱中多见
   A. 低钠血症　　B. 低镁血症　　C. 高钠血症
   D. 高钾血症　　E. 低钾血症
5. 具有保钾作用的利尿药有
   A. 螺内酯、氨苯蝶啶、阿米洛利、呋塞米
   B. 螺内酯、氨苯蝶啶、阿米洛利、氢氯噻嗪
   C. 螺内酯、氨苯蝶啶、阿米洛利、苄噻嗪
   D. 螺内酯、氨苯蝶啶、阿米洛利、乙酰唑胺
   E. 螺内酯、氨苯蝶啶、阿米洛利、布美他尼
6. 脱水药的特点不包括
   A. 静脉注射后不易从毛细血管扩散进入组织
   B. 能提高血浆渗透压
   C. 在体内不易被代谢
   D. 抑制肾小管对 Na^+ 的吸收
   E. 能通过肾小球滤过，但不被肾小管重吸收

A_2 型题

7. 患者，女，65 岁，面色苍白，自觉呼吸困难，出冷汗，口唇、甲床发绀，涌出大量粉红色泡沫痰，双肺听诊可闻及满肺湿啰音，诊断为急性肺水肿。该患者宜选用的利尿药为
   A. 螺内酯　　B. 氨苯蝶啶　　C. 呋塞米
   D. 阿米洛利　　E. 氢氯噻嗪

A_3/A_4 型题

（8～10 题共用题干）

患者，女，62 岁，间断活动后喘息、水肿 3 个月，咳嗽、咳痰 1 周。患者活动耐力下降，上楼 2 层以上需休息，胸部 X 线检查发现心脏扩大，下肢有凹陷性水肿。

8. 治疗时除使用强心苷外，应使用的利尿药为
   A. 呋塞米　　B. 氢氯噻嗪　　C. 螺内酯
   D. 氢氯噻嗪+螺内酯　　E. 呋塞米+螺内酯
9. 治疗过程中特别要监测
   A. 血钠　　B. 血钾　　C. 血镁
   D. 血氯　　E. 血钙
10. 治疗过程中必要时要补充
    A. 钠盐　　B. 钾盐　　C. 镁盐
    D. 氯盐　　E. 锌盐

二、简答题

1. 比较呋塞米和氢氯噻嗪的作用、用途和不良反应的不同。

2. 比较利尿药和脱水药的利尿作用的区别。

三、案例分析

患者，男，67岁，突然发生口眼歪斜、一侧肢体功能丧失等症状急诊入院，诊断为脑血栓。医嘱：20% 甘露醇注射液 250 ml 静脉滴注，每 4～6 小时一次。

请回答：

1. 该病例选药的依据是什么？
2. 静脉滴注甘露醇时，速度上有什么要求？
3. 下一步应采取哪些护理措施？

（田朝晖）

第十九章 抗高血压药

第十九章数字资源

学习目标

1. 说出抗高血压药的分类及常用药物。
2. 比较常用抗高血压药的作用特点、临床应用和不良反应。
3. 说明抗高血压药的临床用药原则。
4. 能指导患者正确使用抗高血压药并评估药物的治疗效果。
5. 学会监测抗高血压药的不良反应并采取相应用药护理措施。
6. 具有良好的健身与卫生习惯和尊重生命的意识。

案例 19-1

患者,男,40 岁,2 年前体检时发现血压升高,后多次检查血压为 150/95 mmHg 左右,诊断为高血压。患者在家服用贝那普利每次 5 mg,每日 1 次。服药后 1 个月开始出现刺激性干咳,肺部听诊未闻及干湿啰音。

问题与思考:

1. 该患者刺激性干咳是否与服用药物有关?为什么?
2. 该患者可更换哪种药物治疗高血压?

高血压是指未使用抗高血压药的情况下,非同日 3 次测量诊室血压,收缩压≥140 mmHg 和(或)舒张压≥90 mmHg,可分为原发性高血压和继发性高血压。原发性高血压又称高血压病,由遗传和多种环境因素交互作用,使正常血压调节机制失代偿所致。高血压早期病理改变主要是全身小动脉痉挛,当病变发展出现动脉硬化时,可累及心、脑、肾等重要脏器及发生眼底病变。临床上依据血压升高水平不同,将高血压分为轻度、中度、重度高血压或 1 级、2 级、3 级高血压。

原发性高血压目前尚无根治方法。降压治疗的最终目的是减少高血压患者心、脑血管病的发生率和死亡率。

知识链接

高血压急症

高血压急症是指血压显著或者突然升高,一般超过 180/120 mmHg,伴有进行性心、脑、肾等重要靶器官功能不全的表现。高血压亚急症是指血压升高明显但不伴有严重临床症状及进行性靶器官损害。少数患者病情急骤发展,舒张压≥130 mmHg,并有头痛,视物模糊,眼底出血,肾损害,持续蛋白尿、血尿与管型尿,称为恶性高血压。

第一节 抗高血压药的分类

维持动脉血压的基本因素是心排血量、外周阻力和血容量，血压的调节主要通过交感神经系统完成。抗高血压药主要通过影响交感神经系统、肾素-血管紧张素-醛固酮系统（renin-angiotensin-aldosterone system，RAAS）、血管舒缩功能和血容量等发挥降压作用。根据抗高血压药物的作用环节和作用机制不同，将抗高血压药分为以下几类。

1. 影响交感神经系统药
(1) 中枢性交感神经抑制药：可乐定、甲基多巴等。
(2) 神经节阻滞药：美卡拉明等。
(3) 肾上腺素能神经末梢阻滞药：利血平、胍乙啶等。
(4) 肾上腺素受体阻断药：① α受体阻断药，如哌唑嗪。② β受体阻断药，如普萘洛尔、阿替洛尔。③ α、β受体阻断药，如拉贝洛尔。

2. 扩张血管降低心脏负荷药
(1) 钙通道阻滞药：硝苯地平、尼群地平等。
(2) 松弛血管平滑肌药：硝普钠、肼屈嗪、二氮嗪等。

3. 肾素-血管紧张素系统抑制药
(1) 血管紧张素转化酶抑制药：卡托普利、依那普利等。
(2) 血管紧张素Ⅱ受体阻药：氯沙坦、缬沙坦等。
(3) 肾素抑制药：雷米克林等。

4. 减少血容量药 利尿药：氢氯噻嗪、吲达帕胺等。

第二节 常用抗高血压药

目前常用的抗高血压药可归纳为五大类，即利尿药、血管紧张素转化酶抑制药（ACEI）、血管紧张素Ⅱ（AT_1）受体阻断药（ARB）、钙通道阻滞药（CCB）和肾上腺素受体阻断药。

一、利尿药

氢氯噻嗪（hydrochlorothiazide）

【药理作用与临床应用】氢氯噻嗪为常用的中效能利尿药，其降压作用缓慢、温和、持久，无水钠潴留现象，不易产生耐受性，不引起直立性低血压。氢氯噻嗪降压机制：用药初期降压与排钠利尿、减少血容量有关；长期用药因持续排钠使血管平滑肌细胞内 Na^+ 减少，Na^+-Ca^{2+} 交换减少，使细胞内 Ca^{2+} 减少，从而使血管扩张，血压下降。

氢氯噻嗪单独使用可用于轻度高血压；与其他抗高血压药合用可用于中、重度高血压，既可增强降压效果又可减轻不良反应，是抗高血压联合用药方案中重要的药物之一，对钠敏感型高血压、老年收缩期高血压疗效显著。

【不良反应】氢氯噻嗪长期应用可引起低血钠、低血钾、低血镁，降低糖耐量，故糖尿病、高尿酸患者慎用。

考点提示

氢氯噻嗪的不良反应。

吲达帕胺（indapamide）

吲达帕胺为非噻嗪类吲哚衍生物。其特点是具有中等程度的排钠利尿作用，但利尿作用较氢氯噻嗪强，作用时间较长；可直接扩张小动脉、降低血管壁张力和血管对缩血管物质的反应性，从而使外周阻力下降，其扩张血管作用与其阻滞 Ca^{2+} 内流有关；促进血管内皮细胞产生一氧化氮（NO），有抗心肌肥厚作用；不影响脂质代谢。以上特点均有利于长期治疗高血压，故吲达帕胺近年来较多用于轻、中度高血压，尤其对伴有水肿、糖尿病及高脂血症者更适宜。

吲达帕胺不良反应较轻，有上腹不适、恶心、食欲减退、腹泻、头痛、嗜睡、皮疹等，可致血糖及血尿酸轻度升高，长期使用可使血钾降低，但较氢氯噻嗪轻。

二、血管紧张素转化酶抑制药（ACEI）

ACEI 是通过不同途径减弱或拮抗病理情况下血管紧张素 Ⅱ（Ang Ⅱ）所产生的一系列作用：①通过抑制血管紧张素转化酶，减少 Ang Ⅱ 的生成，从而降低血管张力并逆转心血管重构，发挥降低血压作用；②通过抑制血管紧张素转化酶减少缓激肽的水解，使缓激肽增多，而缓激肽具有扩张血管作用；③减少醛固酮的分泌，促进 Na^+ 的排泄。

知识链接

血管紧张素 Ⅱ 的生成与作用

肾素-血管紧张素-醛固酮系统（RAAS）在心血管功能调节及高血压发病中有重要作用。根据所在的部位不同将其分为两类：一类存在于血液中，称为循环 RAAS；另一类存在于心血管、脑、肾组织中，称为组织 RAAS。组织 RAAS 以旁分泌和自分泌的方式影响心血管及神经系统功能，甚至影响其组织结构的改变。血液或组织中的血管紧张素 Ⅰ（Ang Ⅰ）在血管紧张素 Ⅰ 转化酶作用下，转化为血管紧张素 Ⅱ（Ang Ⅱ），Ang Ⅱ 通过激动 Ang Ⅰ 受体，可产生多种作用：①使血管收缩、促进醛固酮分泌、促进 NA 释放；②促生长作用。Ang Ⅱ 是一种细胞生长因子，可诱导并促进心肌肥大、心肌及血管胶原含量增加、心肌间质成纤维细胞及血管壁细胞增生而致心肌及血管重构，参与高血压、缺血性心脏病、心力衰竭等心血管疾病的病理生理过程，加重加快疾病进程。

ACEI 常用药物有卡托普利（captopril）、依那普利（enalapril）、雷米普利（ramipril）、赖诺普利（lisinopril）及培哚普利（perindopril）等。这类药物的最大特点是可逆转心肌、血管壁重构，对保护靶器官具有重要意义。

卡托普利（captopril，巯甲丙脯酸）

【体内过程】 卡托普利口服易吸收，食物可减少其 30%～40% 的吸收；部分在肝代谢，40%～50% 以原型经肾排泄，肾功能不全时可致蓄积。

【药理作用】 卡托普利具有轻至中等强度的降压作用，起效快，持续时间较短；同时增加肾血流量，不伴有反射性心率加快。降压机制为抑制 ACE，使 Ang Ⅱ 生成减少，从而使血管舒张；醛固酮分泌减少，有利于排钠；肾血管扩张也可加强排钠作用；抑制 ACE，也可减少缓激肽的降解，使缓激肽增多，加强血管舒张；还可抑制交感神经系统的活性。卡托普利因抑制 ACE，使 Ang Ⅱ 减少，可防止和逆转心血管疾病时出现的心肌、血管壁的肥厚，具有器官保护作用。

【临床应用】卡托普利适用于各型高血压，对肾素活性高的患者降压作用较强，对伴有慢性心功能不全、慢性肾功能不全、冠心病者有较好疗效，尤其适用于合并有糖尿病及胰岛素抵抗、左心室肥厚、急性心肌梗死的高血压，与其他一线抗高血压药合用可提高疗效。这类药物也是目前治疗慢性心功能不全的主要药物之一。

考点提示

卡托普利的临床应用。

【不良反应】卡托普利短期应用不良反应较少，长期应用可致刺激性干咳，严重者需停药；也可有低血压、皮疹、血管神经性水肿、药物热、味觉减退、脱发、眩晕、头痛及晕厥等；少见白细胞与粒细胞减少，与用药剂量有关。合并肾功能不全者、合用保钾利尿药或 β 受体阻断药或补钾的患者、肾动脉狭窄者及孕妇禁用。

依那普利（enalapril）

依那普利为第二代血管紧张素转化酶抑制药，作用及用途与卡托普利相似。其特点为吸收受食物影响小，持续时间较长，可达 24 小时，主要经肾排泄，肾功能不全可致蓄积；降压作用较强，不良反应较少。

三、血管紧张素Ⅱ（AT$_1$）受体阻断药（ARB）

ARB 可直接阻断 Ang Ⅱ 的缩血管作用而降压，与 ACEI 相比，选择性更强，不影响缓激肽的降解，对 Ang Ⅱ 的拮抗作用更完全，不良反应较 ACEI 少，是继 ACEI 的新一代 RAAS 抑制药。

ARB 常用药物有氯沙坦（losartan）、缬沙坦（valsartan）、厄贝沙坦（irbesartan）、替米沙坦（telmisartan）等，其作用特点与 ACEI 类似，都能防止和逆转心肌肥厚和血管壁重构。这类药物因不影响缓激肽降解，无刺激性干咳，主要用于不能耐受 ACEI 的患者。

氯沙坦（losartan）

氯沙坦为 Ang Ⅱ 受体阻断药。Ang Ⅱ 受体有两种亚型，即 AT$_1$ 受体和 AT$_2$ 受体。氯沙坦可非竞争性拮抗 Ang Ⅱ 对 AT 受体的激动作用，从而扩张血管，降低血压，防治和逆转心肌、血管重构。其降压平稳，起效慢，作用强度与依那普利相似。氯沙坦可用于各种高血压的治疗，也可用于慢性心功能不全的治疗。

四、钙通道阻滞药（CCB）

钙通道阻滞药是一类选择性阻滞钙通道，抑制细胞外 Ca^{2+} 内流，降低细胞内 Ca^{2+} 浓度的药物。细胞内 Ca^{2+} 浓度降低，可使血管平滑肌松弛，还可影响其他 Ca^{2+} 参与的病理过程等。常用于抗高血压的钙通道阻滞药有硝苯地平、氨氯地平、尼群地平等。

硝苯地平（nifedipine）

【体内过程】硝苯地平口服易吸收，1~2小时作用达高峰，持续6~8小时；舌下含化5分钟后显效；静脉注射10分钟可使血压下降21%~26%；主要在肝内代谢，其代谢物可随尿液排出体外，仅少量原型药物由肾排泄。

【药理作用】硝苯地平降压作用显著，对正常血压无影响；口服起效快，降压作用持续时间较短，血压下降急剧，波动较大，对心、脑、肾等靶器官的血流量影响较大；对血管的选择性高，降压时伴有反射性心率加快、心排血量增多、肾素活性增高，与β受体阻断药合用可减弱此反应，并可加强降压作用。

【临床应用】硝苯地平适用于轻、中、重度高血压；可单用；单用时血压不能控制者可加用利尿药或β受体阻断药。因其普通制剂疗效持续时间短，所致血压波动较大，不利于靶器官保护，故主张用硝苯地平缓释或控释制剂，这两种制剂起效缓慢，降压平稳，效果优于普通制剂。

【不良反应】硝苯地平不良反应多见踝部水肿，一般卧床休息或停药12天后可消退；还可引起眩晕、头痛、颜面潮红、心悸及乏力等反应；短效制剂可能加重心肌缺血。

氨氯地平（amlodipine）

氨氯地平为长效钙通道阻滞药，口服吸收良好，不受食物影响，平稳降压可持续24小时；对血管平滑肌有较高的选择性，对心率、房室传导、心肌收缩力均无明显影响，并有逆转心血管重构的作用；长期与β受体阻断药、血管紧张素转化酶抑制药合用可增加肾血流量，效果更佳。

氨氯地平常见不良反应有头痛、眩晕、心悸、恶心、腹痛及水肿等，偶见皮疹、呼吸困难、肌肉痉挛和消化不良。

> **知识链接**
>
> **晨峰现象及抗高血压药的科学应用**
>
> 研究表明，人体的生理活动（血压、心率、体温等）存在着典型的昼夜节律性。人体血压表现为昼高夜低，清晨觉醒后，于6时—10时达到峰值（晨峰现象），15时出现一个次高峰，凌晨3时—5时降至低谷（两高一低）。进一步研究还表明，心血管事件（心绞痛、心肌梗死、心脏性猝死等）的发生也有典型的昼夜节律性，上午6时—10时严重心脏事件的发生占全天的35%~40%（清晨风险）。对于高血压患者，为了提高降压质量和用药依从性，应首选长效抗高血压药，结合动态血压监测，根据患者血压的昼夜节律特征及所用抗高血压药的药动学特点适当调整服药时间。

五、肾上腺素受体阻断药

哌唑嗪（prazosin）

【药理作用与临床应用】哌唑嗪选择性阻断血管平滑肌上的α_1受体，使血管扩张、血压下降。其对阻力血管的扩张作用强于容量血管，所以舒张压下降明显。降压作用特点为作用中等偏强，不伴有反射性心率加快；不增加肾素分泌；不减少肾血流量；最大特点是对代谢无不良影响，可改善脂质代谢。哌唑嗪适用于轻、中度及伴有心、肾功能不全的高血压患者，也可用于难治性心力衰竭。

【不良反应】常见不良反应有头痛、乏力和鼻塞等；部分患者出现"首剂现象"，表现为恶心、眩晕、心悸、直立性低血压，严重者可致晕厥，将首次剂量减为 0.5 mg 并睡前服用可避免"首剂现象"；偶有视物模糊、便秘、口干、抑郁等。

普萘洛尔（propranolol）

【药理作用与临床应用】普萘洛尔为 β 受体阻断药的代表药物。其降压作用强度中等、缓慢而持久；伴有心率减慢和心排血量减少；降压过程平缓，不引起直立性低血压；长期应用不产生耐受性。普萘洛尔的降压机制较为复杂，主要是阻断不同部位 β 受体产生的综合效应：①阻断心脏 β 受体，使心脏抑制，心排血量减少；②阻断肾小球旁器 $β_1$ 受体，使肾素分泌减少；③阻断中枢 β 受体，使外周交感神经功能下降；④阻断去甲肾上腺素能神经突触前膜 $β_2$ 受体，使去甲肾上腺素释放减少。普萘洛尔可单独用于治疗轻、中度高血压，也可与其他抗高血压药合用治疗中、重度高血压。

【不良反应】普萘洛尔抑制心肌收缩力，可致窦性心动过缓、房室传导阻滞、诱发或加重心力衰竭；阻断 $β_2$ 受体可诱发支气管哮喘；此外，可引起厌食、恶心、呕吐和腹泻等；长期用药可影响脂质代谢；突然停药，可发生停药综合征。

拉贝洛尔（labetalol，柳胺苄心定）

拉贝洛尔为 α、β 受体阻断药，降压作用强，起效快，伴有心率减慢，心排血量减少。拉贝洛尔同时阻断 $α_1$ 受体和 $β_2$ 受体，具有双重降压作用，适用于各型高血压，对常规治疗无效的高血压有效；静脉注射可用于高血压危象。因其立位降压作用强于卧位，因而较易导致直立性低血压。

第三节 其他抗高血压药

一、中枢性交感神经抑制药

可乐定（clonidine）

可乐定具有较强的中枢性降压作用，还具有镇痛和镇静作用，并可抑制胃肠分泌及运动。可乐定可用于其他抗高血压药无效的中度高血压，尤其是伴有消化性溃疡的高血压患者；近年来，也用于阿片类镇痛药依赖患者的戒毒治疗。

可乐定常见不良反应有口干、嗜睡、乏力及心动过缓等；长期使用可产生水钠潴留现象，与利尿药合用可避免；因其具有停药反应，用药期间不可突然停药。

二、松弛血管平滑肌药

硝普钠（sodium nitroprusside）

【药理作用与临床应用】硝普钠口服不易吸收，主要静脉滴注给药，在体内经转化可生成 SCN^-。其作用可直接扩张小动脉和小静脉，降低血压，减轻心脏前后负荷。降血压作用强大、迅速、短暂。静脉滴注 30 秒显效，2 分钟血压降至最低水平，停药 5 分钟内血压回升。

硝普钠主要用于高血压危象，高血压脑病及恶性高血压的紧急救治；也可用于难治性心力衰竭。

【不良反应】硝普钠静脉滴注速度过快可引起头胀痛、恶心、呕吐、出汗、心悸、烦躁不安等症状，减慢滴注速度或停药症状可减轻或消失。应严密监测血压，及时调整滴速，按 1 μg/（kg·min）速度输入，最快不超过 3 μg/（kg·min）。大剂量或连续使用时（尤其是肾功能不良者），可引起血氰化物或硫氰化物浓度升高而中毒。故大剂量或连续使用时应严密监测血氰化物浓度。该药见光分解，保存和使用时须避光。

肼屈嗪（hydralazine，肼苯哒嗪）

【药理作用与临床应用】肼屈嗪可直接扩张小动脉，降低外周阻力，使血压下降；对静脉无明显扩张作用；降压同时可引起明显的反射性心率加快、心排血量增多、肾素活性增高、水钠潴留，从而影响降压效果。该药常与利尿药及β受体阻断药合用于中度高血压，不宜单用。

【不良反应】常见不良反应有头痛、心悸、颜面潮红、恶心和呕吐等；长期大剂量（一日 400 mg 以上）应用可致红斑狼疮样综合征。心绞痛及心功能不全患者禁用。

三、肾上腺素能神经末梢阻滞药

利血平（reserpine）

【药理作用与临床应用】利血平作用缓慢、温和、持久，伴有心率减慢。其作用机制是抑制去甲肾上腺素能神经末梢去甲肾上腺素的再摄取、减少其合成及贮存，最终导致去甲肾上腺素耗竭，使交感神经张力降低，血管扩张，血压降低。该药还有镇静、安定作用。利血平适用于轻度高血压，对伴有心悸、精神紧张者较为适宜，但因其降压作用弱，不良反应较多，目前仅用于复方制剂。

【不良反应】常见不良反应有鼻塞、胃酸分泌增多、腹痛、腹泻和心率减慢等，中枢症状有嗜睡、疲惫，严重时可致精神抑郁。伴有消化性溃疡、精神抑郁患者禁用。

第四节 抗高血压药的临床应用原则

使用抗高血压药应遵循以下四项原则，即小剂量开始用药、优先选用长效制剂、联合用药及个体化治疗。

一、小剂量开始用药

绝大多数高血压患者需要长期服用抗高血压药。初始治疗时通常应采用较小的有效治疗剂量，有助于观察治疗效果和减少不良反应，而后根据需要逐步增加剂量。

二、优先选用长效制剂

尽可能使用每天给药 1 次、能持续 24 小时降压的长效药物制剂，以有效控制夜间血压及晨峰血压，更有效地预防心脑血管并发症。如使用中、短效制剂，则需每天给药 2～3 次，以达到平稳控制血压的目的。

三、联合用药

联合用药既可增加降压效果，又可互相抵消或减轻不良反应。在低剂量单药治疗效果不满意时，可以采用两种或两种以上抗高血压药联合治疗。事实上，2 级以上高血压为达到目标血压常需联合治疗。

我国临床优先推荐的几种联合用药方案有：ACEI/ARB+二氢吡啶类钙通道阻滞药（D-CCB）；ACEI/ARB+噻嗪类利尿药；D-CCB+噻嗪类利尿药；D-CCB+β受体阻断药。三种抗高血压药的联合治疗方案除有禁忌证外，必须包含利尿药。

四、个体化治疗

根据高血压患者的具体情况、药物有效性和耐受性，兼顾患者经济条件及个人意愿，选择适合患者的抗高血压药。

第五节 抗高血压药用药护理

高血压患者的护理包括生活方式干预和用药护理。生活方式干预包括减轻体重，减少钠盐摄入，补充钾盐，减少脂肪摄入，戒烟限酒，增加运动，减轻精神压力，保持心态平衡等。抗高血压药用药护理见表 19-1。

表 19-1 抗高血压药用药护理

用药护理程序	用药护理要点
用药前	1. 了解高血压患者家族史、生活方式、用药史、药名，查看居家血压记录本 2. 胃肠内食物可使卡托普利的吸收减少 30%～40%，宜在餐前 1 小时服药 3. 硝普钠见光易变质，溶液需临用前配制。宜使用微量注射泵，采用避光注射器及避光延长管，使用单独静脉通道给药，配制后有效期 24 小时 4. 建议使用长效制剂如缓释片或控释片，以提高用药依从性。缓释或控释制剂须整片吞服，勿嚼碎
用药中	1. 氢氯噻嗪用药期间应监测血电解质，出现紊乱时，可口服或静脉滴注氯化钾、硫酸镁等纠正；用药期间，增加高钾食物的摄入 2. 哌唑嗪首次用量减为 0.5 mg 并于睡前服用，可避免发生"首剂现象" 3. 应用 ACEI 可导致刺激性干咳，发生率为 5%～20%，常在用药 1 周至 6 个月内出现，停药后可自行消失，也可换用血管紧张素 Ⅱ 受体阻断药 4. 严格遵照医嘱，准确控制硝普钠静脉滴注速度，并向患者及家属说明严禁擅自调节泵速 5. 应用 β 受体阻断药可使心率减慢，应监测心率
用药后	1. 应用氢氯噻嗪后可使血中尿酸含量升高，诱发痛风，可口服别嘌醇防治 2. 监测血压，聆听患者主诉，观察药物作用及不良反应

自 测 题

一、选择题

A_1 型题

1. 以下兼有降压和恢复血管顺应性的药物是
   A. 胍乙啶　　　　　B. 肼屈嗪　　　　　C. 卡托普利
   D. 哌唑嗪　　　　　E. 可乐定

第十九章 抗高血压药

2. 下列可加重房室传导阻滞患者症状的药物是
   A. 普萘洛尔
   B. 哌唑嗪
   C. 米诺地尔
   D. 肼屈嗪
   E. 可乐定

3. 通过中枢作用而降压，且具有镇痛作用的抗高血压药是
   A. 甲基多巴
   B. 米诺地尔
   C. 普萘洛尔
   D. 哌唑嗪
   E. 可乐定

4. 高血压并发劳力性心绞痛可选用
   A. 硝酸异山梨酯
   B. 普萘洛尔
   C. 普鲁卡因胺
   D. 奎尼丁
   E. 硝苯地平

5. 静脉注射可用于高血压危象的肾上腺素受体阻断药是
   A. 拉贝洛尔
   B. 肼屈嗪
   C. 普萘洛尔
   D. 卡托普利
   E. 硝普钠

6. 易引起刺激性干咳的药是
   A. 硝苯地平
   B. 普萘洛尔
   C. 可乐定
   D. 卡托普利
   E. 哌唑嗪

7. 在使用时必须进行避光处理的抗高血压药是
   A. 氢氯噻嗪
   B. 可乐定
   C. 哌唑嗪
   D. 卡托普利
   E. 硝普钠

A_2 型题

8. 患者，男，58岁，头痛1个月，查体发现血压170/95 mmHg，下肢水肿并伴有窦性心动过速，可选用
   A. 氢氯噻嗪＋普萘洛尔
   B. 硝苯地平＋哌唑嗪
   C. 氢氯噻嗪＋硝普钠
   D. 氢氯噻嗪＋可乐定
   E. 硝苯地平＋卡托普利

9. 患者，男，60岁，高血压病史8年，同时伴有糖尿病、尿蛋白（＋），以下最佳的抗高血压药是
   A. α受体阻断药
   B. β受体阻断药
   C. ACEI
   D. 钙拮抗药
   E. 利尿药

10. 患者，男，62岁，3年前诊断为高血压。患者服药不规律，血压波动在 135～150/90～100 mmHg，自认为血压控制良好，昨天与家人发生争吵后出现剧烈头痛，自测血压192/114 mmHg，急诊入院。该患者首选的抗高血压药是
    A. 硝酸甘油
    B. 硝普钠
    C. 呋塞米
    D. 哌唑嗪
    E. 硝苯地平

11. 患者，女，66岁，十二指肠溃疡病史12年，今日因头痛、头晕就诊。查体：血压164/102 mmHg。以下药物该患者应慎用的是
    A. 可乐定
    B. 卡托普利
    C. 利血平
    D. 氢氯噻嗪
    E. 尼群地平

A_3/A_4 型题

（12～13题共用题干）

患者，男，55岁，诊断为高血压3年，最近因血压控制不好，出现头晕、头痛来医院就诊。

12. 护士在健康教育中，告知患者原发性高血压最严重的并发症是
    A. 心力衰竭　　　　　B. 肾衰竭　　　　　C. 脑出血
    D. 冠心病　　　　　　E. 糖尿病
13. 护士在指导患者使用抗高血压药时应注意
    A. 最好睡前服用
    B. 1周测量血压1次
    C. 从小剂量开始服用
    D. 短期内将血压降至正常
    E. 血压正常后及时停药

（14~15题共用题干）

患者，男，48岁，诊断为高血压10余年，现给予利尿药和ACEI进行治疗。

14. 责任护士向患者解释ACEI用于治疗高血压的机制是
    A. 抑制血管紧张素Ⅱ生成
    B. 抑制水钠重吸收
    C. 降低心肌收缩力
    D. 减慢心率，降低心排血量
    E. 扩张外周血管
15. 使用卡托普利治疗高血压，最常见的副作用是
    A. 头痛　　　　　　　B. 乏力　　　　　　C. 心率减慢
    D. 心率增快　　　　　E. 刺激性干咳

二、简答题

1. 列出临床一线抗高血压药及其代表药。
2. 简述硝苯地平、普萘洛尔、卡托普利的降压机制特点和临床应用。

三、案例分析

患者，男，67岁，高血压病史15年，服用氨氯地平片5 mg，每日1次，血压控制于130/80 mmHg。患者近3个月频繁应酬，未规律服药，因血压控制不佳，血压波动于160~170/70~90 mmHg来院就诊。患者既往高脂血症8年，服用阿托伐他汀20 mg，每日1次；糖尿病3年，服用二甲双胍500 mg，每日3次。体格检查：血压164/80 mmHg，双音清，心律齐，心率82次/分，未闻及杂音；腹软，腹部及脊肋角处可闻及收缩期杂音；双下肢无水肿。

请回答：
1. 简述氨氯地平抗高血压的作用机制、临床应用及不良反应。
2. 患者血压控制不佳的原因是什么？
3. 高血压非药物治疗原则有哪些？

（蔡惠贞）

第二十章 抗心力衰竭药

学习目标

1. 解释强心苷类药的药理作用、临床应用、不良反应及中毒防治、药物相互作用及给药方法。
2. 比较利尿药、RAAS 抑制药、β 受体阻断药、血管扩张药的药理作用、临床应用和不良反应。
3. 能指导患者正确使用抗心力衰竭药并评估药物的治疗效果。
4. 学会监测抗心力衰竭药的不良反应并采取相应用药护理措施。
5. 具有健康的生活方式和健康行为。

案例 20-1

患者，女，60 岁，因"高血压、心房颤动、心力衰竭、心功能Ⅲ级"住院治疗。医生给予：①地高辛 0.125 mg，每日 1 次，口服；②呋塞米 20 mg，每日 1 次，口服。

治疗 1 周后，查血钾为 2.9 mmol/L，心电图显示心率 55 次 / 分。

问题与思考：

1. 患者出现低血钾的原因是什么？应如何处理？
2. 呋塞米治疗心力衰竭的作用机制是什么？

慢性心力衰竭（chronic heart failure，CHF）是指心脏的收缩和（或）舒张功能障碍，使心脏泵血功能下降，无法满足机体需要的一种临床综合征，主要表现为静脉系统淤血和动脉系统供血不足的症状和体征，如食欲下降、恶心、呕吐、腹胀、水肿及不同程度的呼吸困难、咳嗽、咳痰等，并伴有疲乏无力、头晕、心悸、少尿等。治疗 CHF 的目标是增强心脏泵血功能、降低心脏负荷、增加心排血量、降低耗氧量，逆转心室重构，提高患者生存质量，降低死亡率，改善预后。

知识链接

慢性心力衰竭简介

慢性心力衰竭（CHF）是在各种病理因素的影响下，引起心肌受损，心肌收缩力减弱，心排血量减少，引发一系列代偿反应，主要有交感神经系统兴奋、肾素 - 血管紧张素 - 醛固酮系统激活等引起的血管收缩、心率加快、血容量增加，在 CHF 早期可短暂维持血液循环与重要脏器血流灌注，但长期活性增高会增加心脏前、后负荷，导致心室重构，促进心脏泵血功能的衰竭。

心功能分级

级别	依据及特点
Ⅰ级	患者患有心脏病，但日常活动量不受限制，一般活动不引起乏力、呼吸困难等心力衰竭症状
Ⅱ级	体力活动轻度受限。休息时无自觉症状，但平时一般活动可出现上述症状，休息后很快缓解
Ⅲ级	体力活动明显受限。休息时无症状，低于平时一般活动量时即可引起上述症状，休息较长时间后症状方可缓解
Ⅳ级	不能从事任何体力活动，休息时也有心力衰竭的症状，稍有体力活动后症状即加重，如无需静脉给药，可在室内或床边活动者为Ⅳa级，不能下床并需静脉给药支持者为Ⅳb级

第一节　正性肌力药

一、强心苷类

强心苷是一类选择性作用于心脏，增强心肌收缩力的药物。强心苷类制剂来源于洋地黄类植物，其基本作用、用途、不良反应相似，因结构不同，体内过程有差异。常用强心苷类药体内过程的比较见表 20-1，其中最常用的是地高辛。

表 20-1　常用强心苷类药体内过程的比较

药物	蛋白结合率（%）	肝肠循环（%）	生物转化（%）	肾排出（%）	血浆 $t_{1/2}$
洋地黄毒苷（digitoxin）	97	27	30～70	10	5～7 天
地高辛（digoxin）	<30	6.8	5～10	60～90	33～36 小时
毛花苷 C（lanatoside C）	5	少	极少	90～100	23 小时
毒毛花苷 K（strophanthin K）	5	少	0	90～100	12～19 小时

地高辛（digoxin）

【体内过程】地高辛口服生物利用度为 60%～80%，全身分布，约 20% 经肝代谢。肠内细菌可提高肝对其代谢能力，与抗菌药合用时肠内细菌减少，使其代谢减慢，血药浓度增加。

【药理作用】

1. 正性肌力作用　地高辛治疗量时可选择性作用于心脏，使其收缩力加强，心排血量增多。其特点是加快心肌收缩速度，相对延长心室舒张期，从而增加心肌供血及静脉回心血量，利于缓解外周组织的淤血和供血不足。对于衰竭心脏，由于心排血量增加，心室容积减少，心室壁肌张力下降，以及反射性兴奋迷走神经减慢心率，从而降低心肌耗氧量。

> **知识链接**
>
> **强心苷类药的作用机制**
>
> 强心苷类药的作用机制是该类药物与心肌细胞膜上 Na^+-K^+-ATP 酶（强心苷受体）特异性结合，抑制此酶的活性，导致 Na^+-K^+-ATP 酶功能部分受阻，使心肌细胞内 Na^+ 量增多，K^+ 量减少。通过 Na^+-Ca^{2+} 双向交换机制，最终使心肌细胞内 Ca^{2+} 浓度升高，在心肌细胞兴奋收缩偶联过程中，可利用的 Ca^{2+} 量增加，使心肌收缩力加强，呈现正性肌力作用。

2. 负性频率作用（减慢心率） 心功能不全时心率代偿性加快，地高辛可通过加强心肌收缩力，增加心排血量，利用减压反射而使心率减慢，进一步降低心肌耗氧量，利于改善心力衰竭患者的心功能。

3. 对心肌电生理的影响 地高辛因直接或间接对心肌组织的作用而对心肌电生理产生不同的影响（表20-2），在心房颤动和心房扑动的治疗中具有重要意义。

表 20-2 地高辛对心肌电生理的影响

电生理特性	窦房结	心房	房室结	浦肯野纤维	心室
自律性	↓	↓		↑	
传导速度	稍↑或（↓）		↓	↓	稍↑或（↓）
有效不应期	↓	稍↑		↓	↓

↑：增加；↓：下降；（↓）：中毒时下降

4. 对心电图的影响 治疗量时最早可见 T 波低平，甚至倒置，S-T 段呈鱼钩状；P-R 间期延长，表明房室传导减慢；P-P 间期延长，反映窦性频率减慢；也可见 Q-T 间期缩短，提示有效不应期（effective refractory period，ERP）及动作电位时程（action potential duration，APD）缩短。中毒量可引起各种心律失常，表现出异常心电图。

5. 其他作用 地高辛能降低慢性心力衰竭患者血浆的肾素活性，减少血管紧张素 I 及醛固酮含量，对心力衰竭时过度激活的 RAAS 产生抑制作用。此外，因心功能改善而增加了肾血流量和肾小球滤过率，同时抑制肾小管 Na^+-K^+-ATP 酶，减少 Na^+ 的重吸收，因而对心力衰竭患者有一定的利尿作用。另外，地高辛对中枢神经系统也有影响，中毒量可引起中枢兴奋症状和明显增强交感神经活性。

【临床应用】

1. 治疗心力衰竭 对伴有心房颤动和心室率加快的心力衰竭疗效最好；对风湿性或高血压心脏病及冠心病引起的心力衰竭疗效良好；对甲状腺功能亢进、严重贫血和维生素 B_1 缺乏症等心肌能量产生障碍的心力衰竭疗效差；对心肌炎等心肌严重损伤及肺源性心脏病所致的心力衰竭疗效差且易中毒；对伴有机械性阻塞性病变，如缩窄性心包炎、重度二尖瓣狭窄等所致心力衰竭无效。

2. 某些心律失常

（1）心房颤动：简称房颤，其主要危害在于心房过多冲动可能下传到心室引起心率加快，致使心室不能有效地泵出血液。地高辛治疗心房颤动的目的不在于停止心房颤动，而是通过抑制房室结传导作用减慢心率，改善循环障碍。

（2）心房扑动：心房扑动的冲动虽然较少，但较强，易传入心室，而使心室率较快且难以控制。故地高辛可通过缩短心房肌的不应期，使心房扑动转为心房颤动，继而发挥其治疗心房颤动的作用。

（3）阵发性室上性心动过速：地高辛通过增强迷走神经的功能，减慢传导而终止阵发性室上性心动过速。

 考点提示

地高辛的临床应用。

【不良反应】地高辛安全范围小，一般临床治疗量已接近60%的中毒量，但小剂量时不良反应较少。

1. 消化系统毒性反应　表现为恶心、呕吐、食欲缺乏等，出现较早，有提示性。
2. 神经系统毒性反应　有眩晕、头痛、乏力、失眠等。黄、绿视障碍为中毒的特征性表现，为停药指征。
3. 心脏毒性反应　是最严重、最危险的毒性反应，可出现各种心律失常。

（1）快速型心律失常：主要表现有室性期前收缩，二联律、三联律，房性、房室结性、室性心动过速，甚至心室颤动。其原因可能是中毒量地高辛高度抑制Na^+-K^+-ATP酶，细胞内严重失钾而使最大舒张电位负值变小，自律性增高。频发室性期前收缩是诊断地高辛中毒的可靠依据，二联律、三联律为停药指征。应酌情补钾，必要时可口服或注射苯妥英钠，也可静脉注射利多卡因治疗。严重中毒时，需应用地高辛抗体Fab片段，其具有良好的解毒作用，起效快、疗效肯定。

（2）房室传导阻滞：地高辛可引起不同程度的传导阻滞，也是因为地高辛高度抑制Na^+-K^+-ATP酶，导致细胞内失钾，静息膜电位负值变小，从而使动作电位0相幅度降低，传导阻滞。可选用阿托品等药物治疗，但禁忌补钾。

（3）窦性心动过缓：地高辛降低窦房结自律性，心率低于60次/分为停药指征。

 考点提示

地高辛的不良反应及注意事项。

【给药方法】

1. 负荷量加维持量法　负荷量是指在短期内（24小时）给予能充分发挥疗效又不至于中毒的最大耐受量（饱和量）。维持量是指每日给药量等于消除量，以维持疗效。
2. 每日维持量法　对病情不急、2周内未用过强心苷类药者，可用地高辛以每日维持量给药，疗效显著，而且中毒发生率显著降低。

二、非强心苷类

（一）磷酸二酯酶抑制药

磷酸二酯酶抑制药包括米力农（milrinone）、氨力农（amrinone）、维司力农（vesnarinone），主要通过抑制磷酸二酯酶Ⅲ（PDEⅢ），减少细胞内cAMP降解，增加细胞内cAMP含量，使细胞内Ca^{2+}浓度增加而呈现正性肌力作用及扩张血管作用。此类药物主要用于强心苷、利尿药及血管扩张药无效的心力衰竭患者。

米力农 (milrinone)

米力农是氨力农的第二代产品，与氨力农有相似的作用，但其作用较氨力农强 10～30 倍。

米力农为非强心苷类正性肌力药，又称磷酸二酯酶抑制药，通过抑制磷酸二酯酶活性促进 Ca^{2+} 通道膜蛋白磷酸化，Ca^{2+} 内流增加，从而增强心肌收缩力。短期应用可改善心力衰竭症状，长期应用可治疗重症慢性心力衰竭，但死亡率增加，因此，仅用于心脏术后急性收缩性心力衰竭、难治性心力衰竭及心脏移植前的终末期心力衰竭的患者的短期应用。

米力农口服给药不良反应严重，故仅短期静脉给药。主要不良反应有心律失常、头痛、血小板计数减少。

（二）钙通道阻滞药

钙通道阻滞药舒张动脉作用较强，降低心脏负荷显著，能增加心排血量，但由于其对受损心脏可能发生抑制作用，一般不作为慢性心力衰竭的常用药（详见第十九章）。

（三）钙增敏药

钙增敏药为正性肌力药开发的新方向。匹莫苯旦（pimobendan）能提高心肌收缩成分对细胞内 Ca^{2+} 的敏感性，使心肌收缩力加强。此作用可在不增加 Ca^{2+} 的前提下增加心肌收缩力，避免钙超载所致的心肌损伤和心律失常，对心肌有保护作用。另外，匹莫苯旦还可抑制 PDE Ⅲ。临床试验表明匹莫苯旦可增加患者的运动耐力，减轻心力衰竭症状，减少发作次数，对中、重度心力衰竭患者有效。匹莫苯旦不良反应较轻。

第二节　减轻心脏负荷药

一、利尿药

利尿药可促进 Na^+、H_2O 的排出，减少血容量，减少回心血量，降低心脏前负荷；长期应用可减少血管壁的 Na^+，减少 Na^+-Ca^{2+} 交换，扩张血管，降低心脏后负荷，改善心脏泵血功能。利尿药对伴有水肿、明显充血和淤血的心力衰竭患者尤为适用。常用药物有呋塞米、氢氯噻嗪等。

二、血管扩张药

扩张血管是 CHF 综合治疗措施之一，扩张容量血管、阻力血管可降低心脏前、后负荷，减轻静脉淤血和增加组织供血，改善心脏泵血功能，血管扩张药配合强心药、利尿药可用于中、重度及难治性 CHF 的治疗。

1. 扩张小动脉　使外周血管阻力即心脏后负荷降低而增加心排血量，如硝苯地平、氨氯地平、肼屈嗪、卡托普利，主要用于外周阻力高、心排血量明显减少的 CHF 患者。

2. 扩张小静脉　使回心血量减少，降低左心室舒张末压而减轻心脏前负荷，如硝酸酯类，主要用于肺静脉淤血明显者。

3. 扩张动、静脉　降低左心室舒张末压，使心肌的收缩与舒张更趋于一致，从而改善左心室顺应性，如硝普钠、哌唑嗪，主要用于心排血量低、肺静脉淤血和肺动脉高压者。

血管扩张药主要用于正性肌力药和利尿药无效的心力衰竭患者。治疗时应密切观察血压、心率变化，随时调整剂量，避免过度扩张血管引起血压过低导致冠脉供血不足，影响心肌供血而进一步加重 CHF 时的心肌缺血、缺氧及能量代谢障碍。

第三节　肾素 - 血管紧张素 - 醛固酮系统抑制药

发生 CHF 时，心肌及心肌间质细胞在结构、功能、数量等方面表现出的适应性、增生性的病理变化，致使心室壁、血管壁肥厚，即心室重构。近年来临床试验证明，血管紧张素转化酶抑制药（ACEI）具有可逆转左心室肥厚、防止心室重构的作用，对 CHF 的远期疗效更有利于实现治疗目标。

一、血管紧张素转化酶抑制药

卡托普利（captopril）

【药理作用与临床应用】
1. 改善血流动力学　卡托普利能抑制循环及组织中的血管紧张素 I（Ang I）向血管紧张素 II（Ang II）的转化，降低血及组织中的 Ang II 的浓度，并减少缓激肽的降解，从而舒张动、静脉，降低心脏负荷，进而降低心室壁肌张力，改善心功能。
2. 抑制心肌及血管的肥厚和增生　CHF 的病理变化可见心肌肥大，心肌纤维化，同时伴有左心室结构和功能的衰退，加剧心脏收缩和舒张功能障碍。小剂量卡托普利可有效阻止或逆转心室重构、肥厚，提高心血管顺应性。

卡托普利在临床上常用于消除、缓解 CHF 患者症状，有效防止和逆转心肌肥厚，降低病死率；可与利尿药、强心苷类药合用治疗心力衰竭。

【不良反应】卡托普利常见不良反应有低血压、咳嗽、高血钾等，以及影响胎儿发育。

二、血管紧张素 II 受体（AT_1）阻断药

氯沙坦（losartan）

氯沙坦可直接阻断 Ang II 与其受体 AT_1 的结合，其作用比 ACEI 更完全，抗 CHF 的作用与 ACEI 相似，但不良反应较少。

三、醛固酮受体阻断药

螺内酯（spironolactone，安体舒通）

大剂量醛固酮不仅具有保钠排钾作用，还具有促进生长的作用，从而加重心室重构。螺内酯通过阻断醛固酮受体，拮抗其作用，发挥逆转心室重构及利尿消肿作用。临床上螺内酯与氢氯噻嗪、ACEI 和（或）Ang II 受体阻断药合用治疗 CHF，效果较好。

第四节　β 受体阻断药

常用于治疗 CHF 的 β 受体阻断药有美托洛尔、卡维地洛等。现代医学证明 β 受体阻断药对 CHF 具有远期治疗意义。理由是其可以上调细胞的 β 受体，恢复机体对 β 受体的敏感性；通过抑制交感神经活性，降低儿茶酚胺类对心脏的毒性作用；抑制 RAAS 的活性；减慢心率，降低心肌耗氧量，改善缺血心肌的供血及能量代谢，改善心室的舒张功能及心力衰竭时的血流

动力学。β受体阻断药适用于心功能为Ⅱ～Ⅲ级的CHF患者,对高血压心脏病、缺血性心脏病、扩张性心脏病及舒张功能障碍所致的CHF有较好的疗效。在有效的强心、利尿、扩血管等措施配合下,改善CHF患者的症状同时应用β受体阻断药,可以减少不良反应,改善患者的生活质量,降低死亡率。

第五节 抗心力衰竭药用药护理

抗心力衰竭药用药护理见表20-3。

表20-3 抗心力衰竭药用药护理

用药护理程序	用药护理要点
用药前	应仔细了解患者的症状、体征、血电解质、肝肾功能、心电图表现、体重、心率和节律。采取低钠饮食,控制体重
用药中	密切观察中毒的早期症状:如果患者出现恶心、呕吐、视觉障碍、心律失常等应立即告知医生,及时处理
用药后	1. 严密观察药物不良反应,警惕低血钾的各种症状如嗜睡、肌无力、反射减弱,合用排钾利尿药时尤需注意监测血钾。可给予患者氯化钾溶液口服或高钾食物如橙汁、香蕉 2. 告知患者严格按处方、按规定时间服药,不可因忘记服药而自行加倍补服 3. 不可随意加用其他药物

思政园地

防微杜渐 抗击沉默杀手

高血压作为沉默杀手,已经成为脑卒中、心肌梗死乃至心血管疾病死亡的首要危险因素,其患病率逐年攀升,控制率却不容乐观。随着高血压防控工作的展开和深入,其工作重心已从疾病治疗向生活方式干预转变。"健康中国2030"规划纲要和中国共产党第二十次全国代表大会报告明确指出,要推进健康中国建设,必须坚持以预防为主,营造绿色环保的健康生活方式。因此,在高血压防治过程中,要考虑到人群之间的差异性,以患者的实际情况为基础,制订个体化用药方案;需明确高血压的本质是一种生活方式疾病,在日常生活需要防微杜渐,谨记"千里之堤,毁于蚁穴"的道理,从预防角度出发,践行健康膳食、戒烟限酒、保持理想体重、合理运动、改善睡眠、注意保暖与心理平衡的绿色健康生活方式,塑造自主自律的健康行为,用"行动"抗击"沉默",全方位守护自己的健康。

自 测 题

一、选择题

A_1型题

1. 下列不是强心苷类药的适应证的是
   A. 心房扑动 B. 心房颤动 C. 室性心动过速
   D. 阵发性室上性心动过速 E. 心力衰竭

2. 强心苷类药最严重的不良反应是
   A. 胃肠道反应　　　　B. 黄视　　　　　　　C. 神经系统反应
   D. 心脏毒性反应　　　E. 绿视
3. 地高辛治疗无效的心力衰竭是
   A. 先天性心脏病引起的　B. 高血压引起的　　　C. 缩窄性心包炎引起的
   D. 肺源性心脏病引起的　E. 风湿性疾病引起的
4. 心力衰竭患者使用利尿药时，需特别注意的是
   A. 呼吸　　　　　　　B. 心率　　　　　　　C. 肾功能
   D. 血清电解质　　　　E. 肝功能
5. 关于强心苷类药中毒的治疗措施，下列错误的是
   A. 立即停药　　　　　B. 口服10%氯化钾溶液　C. 应用苯妥英钠
   D. 应用利多卡因　　　E. 静脉注射10%葡萄糖酸钙溶液
6. 使用地高辛治疗心力衰竭，其主要的药理作用是
   A. 增强心肌收缩力　　B. 减轻心脏前负荷　　C. 减少心律失常的发生
   D. 降低心脏传导性　　E. 扩张冠状动脉
7. 能防止和逆转心力衰竭患者的心室肥厚，并能降低病死率的药物是
   A. 米力农　　　　　　B. 地高辛　　　　　　C. 卡托普利
   D. 硝苯地平　　　　　E. 氢氯噻嗪

A_2型题

8. 患者，男，66岁，心力衰竭，医生给予地高辛治疗后，出现房室传导阻滞，此时应选用
   A. 氯化钾　　　　　　B. 阿托品　　　　　　C. 苯妥英钠
   D. 肾上腺素　　　　　E. 利多卡因
9. 患者，男，55岁，入院诊断为扩张型心肌病、心力衰竭，心电图示心率94次/分，心房颤动，血钾5.6 mmol/L，血钠130 mmol/L。该患者不宜选用
   A. 硝酸异山梨酯　　　B. 呋塞米　　　　　　C. 螺内酯
   D. 地高辛　　　　　　E. 美托洛尔
10. 患者，男，67岁，因心力衰竭住院，医嘱为地高辛0.25 mg 口服，每日1次，护士在发药时需特别注意的是
    A. 发药前测量患者的脉搏
    B. 嘱患者服药后多休息
    C. 嘱患者服药后多饮水
    D. 嘱患者服药后不宜多喝水
    E. 待患者服药后再离开
11. 患者，女，53岁，因心力衰竭住院，既往有慢性肾衰竭病史6年，在治疗时应首选的利尿药是
    A. 阿米洛利　　　　　B. 氨苯蝶啶　　　　　C. 呋塞米
    D. 螺内酯　　　　　　E. 氢氯噻嗪
12. 患者，女，55岁，心力衰竭3年，长期服用呋塞米，责任护士应当关注的不良反应是
    A. 低血压　　　　　　B. 低血钠　　　　　　C. 低血钾
    D. 脱水　　　　　　　E. 发热

13. 患者，男，72岁，诊断为心力衰竭，住院时给予地高辛和氢氯噻嗪治疗，2周后患者出现嗜睡、恶心、呕吐、全身肌肉无力等症状。该患者可能发生了

  A. 高镁血症   B. 低钠血症   C. 低钾血症
  D. 低钙血症   E. 低氯血症

A_3/A_4 型题

（14～15题共用题干）

患者，女，62岁，因心力衰竭入院。患者在治疗期间出现头痛、恶心，绿视。查体：心率为47次/分。

14. 该患者最可能发生的不良反应是

  A. 硝普钠中毒   B. 洋地黄中毒   C. 氨茶碱中毒
  D. 阿托品中毒   E. 酚妥拉明中毒

15. 发生该不良反应最严重的表现是

  A. 心律失常   B. 视物模糊   C. 黄视、绿视
  D. 胃肠道反应   E. 头晕、头痛

二、简答题

1. 简述地高辛的不良反应及中毒的防治措施。
2. 简述硝苯地平、卡托普利的降压特点。

三、案例分析

黄某，男，58岁，因为反复呼吸困难2年，加重3个月入院。入院前2年，患者上1层楼后出现呼吸困难，有端坐呼吸，踝部水肿。

查体：血压160/110 mmHg，心率110次/分，颈静脉怒张，肝大可触及，四肢凹陷性水肿。

诊断：慢性心力衰竭、高血压。

治疗：使用药物地高辛、卡托普利、螺内酯。

请回答：

1. 该患者的用药依据是什么？
2. 对该患者应采取的护理措施有哪些？

（蔡惠贞）

第二十一章　抗心律失常药

学习目标

1. 简述抗心律失常药的分类及常用药物的主要作用特点和临床应用。
2. 说出抗心律失常药的主要作用机制。
3. 能指导患者正确使用抗心律失常药并评估药物的治疗效果。
4. 学会监测抗心律失常药的不良反应并采取相应用药护理措施。
5. 具有关爱精神和以人为本的良好医德。

案例 21-1

患者，女，49 岁，近 2 年无明显诱因突发胸闷、心悸、乏力，每次发作约 25 分钟，卧床休息后可自行缓解。发作时没有明显胸痛，无恶心、呕吐。最近劳累时突然出现心悸、胸闷，休息后未缓解。患者无高血压史。查体：心率 160 次 / 分，呼吸频率 18 次 / 分，血压 100/75 mmHg，神志清，呼吸平稳，甲状腺未见肿大，两肺呼吸音清晰，心音强、律齐，未闻及病理性杂音。胸部 X 线检查未见异常，心电图显示室上性心动过速。临床诊断：室上性心动过速。

问题与思考：
1. 该患者急诊可以使用哪些治疗方法？
2. 该患者可以使用哪些抗心律失常药？

心律失常是心动频率和节律的异常，心脏过快、过慢或不协调的收缩和舒张会致心脏泵血功能受损，严重者可危及生命。临床上心律失常可分为缓慢型和快速型心律失常两类，缓慢型心律失常主要有窦性心动过缓、房室传导阻滞等，临床常用阿托品或异丙肾上腺素类药治疗。快速型心律失常根据冲动起源不同可分为窦性、室上性和室性快速型心律失常三大类，表现有窦性心动过速、心房颤动和扑动、室上性心动过速、室性心动过速等，治疗比较复杂。本章主要介绍治疗快速型心律失常的药物。

知识链接

心肌电生理简介

心肌电生理特征性表现有：①自律性，与舒张期自动去极化速度、最大舒张电位和阈电位有关；②传导性，传导速度是由 0 相去极化速度决定的，后者与膜电位大小有关；③兴奋性和有效不应期，心肌细胞自去极化到引起传播性兴奋这段时间间隔称为有效不应期（ERP），ERP 的长短一般与动作电位时程（APD）的长短变化相适应，但程度可有不同（图 21-1）。

第二十一章 抗心律失常药

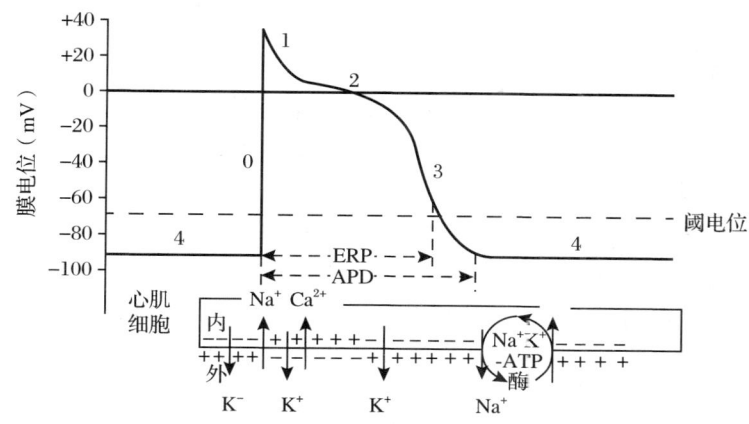

图 21-1 心室肌细胞膜电位与离子转运示意图
ERP：有效不应期；APD：动作电位时程

第一节 抗心律失常药对心肌电生理的影响与药物分类

一、抗心律失常药对心肌电生理的影响

心律失常的原因可归为心肌兴奋冲动形成障碍、冲动传导障碍或两者兼有。抗心律失常药通过不同程度地影响心肌细胞某些离子的跨膜转运过程，纠正心肌细胞的异常电生理过程而改善心脏节律和频率。

（一）影响冲动形成障碍

1. 降低自律性　窦房结或异位起搏点等自律性增高均可致心律失常，所以抑制快反应细胞 4 相 Na^+ 内流、慢反应细胞 4 相 Ca^{2+} 内流或促进 4 相 K^+ 外流，增加最大舒张电位，使其远离阈电位，均可降低自律性，改善心律。

2. 减少后去极化及触发活动　Ca^{2+} 内流增多可致早期后去极化，是异位起搏细胞继 0 相去极化之后所发生的去极化。后去极化电位一旦达到阈电位即可引发一连串异常冲动的发放，即触发活动。后去极化所致的触发活动与 Ca^{2+} 内流增多有关，或与细胞肌质网释放 Ca^{2+} 过多、诱发 Na^+ 短暂内流有关。因此，钙通道阻滞药和钠通道阻滞药均可抑制后去极化而减少触发活动。

（二）影响冲动传导

折返是指一个冲动沿环形通路折回原处，反复运行、反复激动组织的现象，是快速型心律失常发生的重要机制之一。折返形成有三个条件：①解剖或功能性环路存在；②环路中各部位不应期不一致；③环路中有传导性降低的部位。正常时，浦肯野纤维末梢细微分支的任意二者（AB 和 AC 支）与心肌纤维（BC 支）可组成环路，其中若 AB 或 AC 不应期延长、缩短（或不一致）或传导减慢时，可出现单向传导阻滞，冲动不能下传而引起折返。单次折返可引起一次期前收缩，连续多次折返则引起阵发性心动过速、扑动或颤动（图 21-2）。通过改变传导速度，可改善单向阻滞

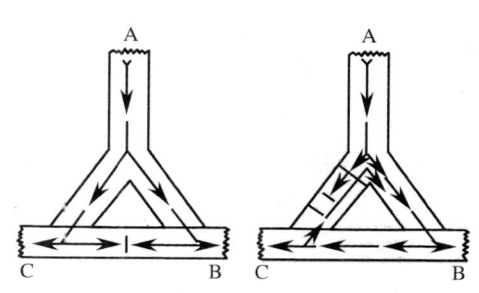

图 21-2 浦肯野纤维末梢正常冲动传导（左图）、单向阻滞和折返（右图）

和消除折返。

抗心律失常药通过促进 3 相 K^+ 外流使膜电位下移而降低膜电位水平,增加 0 相去极化幅度,加快传导,使由传导减慢出现的单向阻滞消除,最终消除折返;也可以通过阻滞 0 相 Na^+ 内流而减慢传导,使由传导减慢出现的单向阻滞进一步加重变为双向阻滞,也利于消除折返。

(三)延长有效不应期(ERP)

无论是绝对延长 ERP 还是相对延长 ERP,均可使因折返或自律性增加而产生的过多冲动或异位起搏的冲动更多地落在心肌细胞动作电位的 ERP 上,从而无法引起一次可传播的动作电位。抗心律失常药可以通过抑制 0 相 Na^+ 内流或抑制 3 相 K^+ 外流而延长 APD,从而绝对延长 ERP;药物促进 3 相 K^+ 外流使复极速度加快,这样使心肌细胞的 APD 和 ERP 均缩短,但 APD 比 ERP 缩短得更多,所以 ERP 占 APD 的比例增加,从而相对延长 ERP;药物延长 ERP 时表现为对 ERP 较长的心肌延长较少,对 ERP 较短的心肌延长较多,这样使相邻心肌的 ERP 趋于一致,最终消除折返。

二、抗心律失常药的分类

抗心律失常药根据它们的作用机制不同可以分为如下五类(表 21-1)。

表 21-1 抗心律失常药的分类

分类		药物
Ⅰ类	钠通道阻滞药	
	Ⅰa类 适度阻滞钠通道,抑制钾外流	奎尼丁、普鲁卡因、丙吡胺等
	Ⅰb类 轻度阻滞钠通道,促进钾外流	利多卡因、苯妥英钠、美西律等
	Ⅰc类 重度阻滞钠通道	普罗帕酮、氟卡尼等
Ⅱ类	β受体阻断药	普萘洛尔、阿替洛尔等
Ⅲ类	延长动作电位时程药	胺碘酮、索他洛尔等
Ⅳ类	钙通道阻滞药	维拉帕米、地尔硫䓬等
Ⅴ类	其他类	腺苷

第二节 常用抗心律失常药

一、Ⅰ类——钠通道阻滞药

(一)Ⅰa类

此类药物适度阻滞钠通道,抑制 Na^+ 内流,并有一定程度的抑制 K^+ 外流的作用。

奎尼丁(quinidine)

奎尼丁为金鸡纳树皮中的一种生物碱,是奎宁的右旋体。

【药理作用与临床应用】奎尼丁治疗量时可阻滞 4 相 Na^+ 内流和后去极化 Ca^{2+} 内流,降低自律性;阻滞心房、心室、浦肯野纤维等 0 相 Na^+ 内流,减慢其传导;抑制 K^+ 外流,能延长心房、心室、浦肯野纤维的 ERP 和 APD;还有抗胆碱及阻断 α 受体作用。奎尼丁为广谱抗心律失常药（适用于房性、室性及房室结性心律失常），临床上应用于心房颤动和心房扑动电复律术前及术后，可提高成功率、巩固疗效及防止复发；治疗心房颤动时与地高辛合用，防止心室率加快。

【不良反应】奎尼丁安全范围小，常见的不良反应如下。

1. 金鸡纳反应　胃肠道反应（恶心、呕吐、腹痛、腹泻等）、中枢神经系统反应（耳鸣、听力减退、视物模糊、晕厥等）。

2. 心血管反应　低血压、心律失常（窦性心动过缓、房室及室内传导阻滞、室性心动过速等）。

3. 毒性反应　偶见，表现为患者意识丧失、四肢抽搐、呼吸停止，即奎尼丁晕厥或猝死，是阵发性室性心动过速、心室颤动所致。处理：人工呼吸、胸外心脏按压、电击除颤，药物治疗可以用异丙肾上腺素、乳酸钠等。

【用药注意事项】用奎尼丁治疗心房颤动、心房扑动前应先应用强心苷，苯巴比妥可降低奎尼丁的作用，奎尼丁与其他血管舒张药合用易致严重的低血压。奎尼丁慎用于心功能不全、低血压、肝功能不全和肾衰竭患者，禁用于重度房室传导阻滞、严重心肌损害、强心苷中毒和高血钾患者。

普鲁卡因胺（procainamide）

普鲁卡因胺为局部麻醉药普鲁卡因的衍生物，作用与奎尼丁相似，属广谱抗心律失常药，无α受体阻断作用，抗胆碱和负性肌力作用较弱。该药主要用于室性期前收缩及室性心动过速，疗效优于奎尼丁，静脉给药用于抢救危急病例。普鲁卡因胺口服可致胃肠道反应，久用可出现红斑狼疮样反应，停药后可消失，必要时可用糖皮质激素治疗。

丙吡胺（disopyramide）

丙吡胺对心脏的直接作用与奎尼丁相似，主要用于室性期前收缩、室性心动过速、心房颤动、心房扑动。不良反应有抗胆碱作用引起的口干、视物模糊、尿潴留等，久用可引起心功能不全。青光眼、前列腺肥大患者禁用，肝、肾功能不全及老年人慎用。

（二）Ⅰb类

利多卡因（lidocaine）

【体内过程】利多卡因首过效应明显，口服无效，常用注射给药，$t_{1/2}$约为100分钟，血浆蛋白结合率为70%，有效血药浓度为1.5～5 μg/ml。

【药理作用与临床应用】利多卡因轻度阻滞钠通道，促进K^+外流，降低浦肯野纤维的自律性，相对延长有效不应期，提高心室致颤阈。利多卡因治量对传导无影响；当血K^+较高时，阻滞Na^+内流使传导减慢，变单向阻滞为双向阻滞，消除折返；当血K^+浓度较低或心肌部分去极化时，促进K^+外流，使膜电位下移，传导加快，消除单向阻滞而消除折返。

利多卡因可用于各种室性心律失常，如室性期前收缩、室性心动过速和心室颤动，对于急性心肌梗死、心导管术等引起的心律失常可作为首选药，也可以防治器质性心脏病及药物中毒（如强心苷类）引起的室性心律失常。

【不良反应】神经系统症状表现为嗜睡、眩晕、头痛、视物模糊等，眼球震颤是利多卡因中毒的早期信号；大剂量可致呼吸抑制、惊厥、昏迷等，也可出现窦性心动过缓、传导阻滞、血压下降等，故二度、三度房室传导阻滞者禁用；偶见过敏反应。

苯妥英钠（phenytoin sodium，大仑丁）

苯妥英钠与利多卡因相似，可降低浦肯野纤维自律性，能与强心苷竞争 Na^+-K^+-ATP 酶，抑制强心苷中毒所致的迟后去极化，是治疗强心苷中毒所致的室性心律失常的首选药物之一。苯妥英钠对于强心苷中毒引起的各种快速型心律失常疗效好；对于其他原因所致的室性心律失常也有效，但临床较少用，多选用利多卡因。

苯妥英钠可口服或静脉给药，静脉注射过快可引起心律失常、血压下降及呼吸抑制等。妊娠、中度房室传导阻滞者慎用；严重心功能不全、心动过缓、贫血、血细胞减少者禁用。苯妥英钠刺激性强，宜用注射用水稀释后缓慢静脉注射。

 考点提示

苯妥英钠是治疗强心苷中毒引起的快速型心律失常的首选药物。

美西律（mexiletine，慢西律）

美西律作用与利多卡因相似，特点是口服生物利用度高，血浆半衰期长。美西律可用于治疗各种室性心律失常，包括急性心肌梗死、心脏术后及强心苷中毒所致的室性心律失常；常口服用以维持利多卡因的疗效。不良反应较多，常见有胃肠道反应、低血压、心动过缓、传导阻滞、中枢神经系统症状。

（三）Ic 类

普罗帕酮（propafenone，心律平）

这类药物重度阻滞钠通道，可降低自律性、减慢传导、延长 APD 和 ERP。此外，阻断 β 受体、轻度阻滞钙通道，并有轻度负性肌力作用。普罗帕酮为广谱抗心律失常药，用于室性或室上性快速型心律失常。不良反应有胃肠道反应，偶见粒细胞减少、红斑狼疮样反应等；严重者可致心律失常，如心动过缓、传导阻滞、窦房结功能低下等。病态窦房结综合征患者、低血压患者、孕妇、儿童及肝肾功能不全者、老年人等慎用；严重传导阻滞、心动过缓者禁用。

二、Ⅱ类——β 受体阻断药

普萘洛尔（propranolol，心得安）

普萘洛尔通过阻断心脏传导系统的 β 受体，降低其自律性，减慢传导，适用于交感神经功能亢进的各种快速型心律失常，是窦性心动过速的首选药，也适用于其他室上性心动过速或同时有高血压、心绞痛的患者。

索他洛尔（sotalol）

索他洛尔为 β 受体阻断药，兼有钙通道阻滞作用，可降低窦房结和浦肯野纤维的自律性，减慢房室结传导并延长心肌的 ERP，用于各种快速型心律失常。不良反应发生率较普萘洛尔低。

艾司洛尔（esmolol）

艾司洛尔是具有心脏选择性的超短效静脉应用的 β_1 受体阻断药，无内在拟交感活性和膜稳定作用，能抑制窦房结及房室结的自律性、传导性，主要用于治疗室上性心律失常，降低心房扑动、心房颤动时的心室率。艾司洛尔静脉注射后数秒起效，$t_{1/2}$ 为 9 分钟。不良反应有低血压、心肌收缩力减弱等。

三、Ⅲ类——延长动作电位时程药

胺碘酮（amiodarone，乙胺碘呋酮）

【体内过程】胺碘酮口服吸收慢而不完全，起效慢，静脉注射 10 min 见效；经肝代谢，主要经胆汁排泄，血浆半衰期与用药时间有关，呈正相关。

【药理作用与临床用途】

胺碘酮可通过抑制 Na^+、K^+、Ca^{2+} 内流而降低窦房结和浦肯野纤维的自律性，减慢房室结及浦肯野纤维的传导速度，明显延长心肌细胞的 APD、绝对延长心肌细胞的 ERP。胺碘酮可用于各种快速型室上性及室性心律失常的防治，也可用于冠心病引起的心律失常，是治疗预激综合征的首选药，也可用于严重的室性心动过速及心室颤动，但须静脉注射。

胺碘酮还可以阻断 α、β 受体及 T_3、T_4 受体，减弱甲状腺激素对心脏的兴奋作用，并降低外周阻力，减少心肌耗氧量，对缺血性心肌有一定保护作用。

【不良反应】胺碘酮大剂量长期应用不良反应较多，常见的有胃肠道反应；少数患者可出现甲状腺功能紊乱，因含碘之故；偶见肺纤维化较严重，表现为间质性肺炎；还可见角膜微晶沉积；静脉注射时可出现心动过缓、房室传导阻滞、室性心动过速、心功能不全、低血压等；长期使用引起尖端扭转性心动过速；与其他三类抗心律失常药合用可引起窦性心动过缓，甚至停搏。胺碘酮禁用于碘制剂过敏者、甲状腺功能紊乱患者、心动过缓及房室传导阻滞患者。

四、Ⅳ类——钙通道阻滞药

维拉帕米（verapamil，异搏定）

维拉帕米通过阻滞钙通道，抑制心肌细胞 Ca^{2+} 内流，降低其自律性、减慢传导和延长有效不应期（ERP）；主要影响窦房结和房室结，也抑制后去极化。维拉帕米主要用于室上性心律失常，是阵发性室上性心动过速的首选药；也可用于缺血再灌注引起的心律失常；对心房颤动、扑动患者可减慢心室率。维拉帕米静脉注射速度过快或剂量过大可引起血压下降、心动过缓、房室传导阻滞及诱发心力衰竭。老年人及心、肾功能不良者慎用；病态窦房结综合征、二度及以上传导阻滞和心力衰竭所致的心源性休克者等禁用。

考点提示

维拉帕米的适应证。

五、其他类

腺苷（adenosine）

【体内过程】腺苷在体内消除迅速，起效快而作用短暂，$t_{1/2}$ 极短，仅数秒钟，故静脉注射速度要迅速，否则在其到达心脏之前可能已被消除。

【药理作用】腺苷为内源性嘌呤核苷酸，通过与特异性 G 蛋白结合，作用于腺苷受体，激活乙酰胆碱敏感性 K^+ 通道，使 K^+ 外流增加，缩短 APD，使心肌传导组织细胞膜超级化而降低自律性。腺苷还能抑制 Ca^{2+} 内流，延长房室结的 ERP、减慢房室传导及抑制交感神经兴奋引起的迟后去极化，从而发挥抗心律失常作用。此外，腺苷还有扩血管作用。

【临床应用】腺苷静脉注射可短暂减慢窦性心律及房室结的传导，主要用于终止阵发性心动过速。静脉注射 ATP 有时也能产生与腺苷类似的作用。

【不良反应】常见不良反应为短暂的心动过缓和低血压；面红、头痛、出汗和眩晕也常见，偶有心房颤动。严重哮喘和严重慢性阻塞性肺部疾病患者禁用，老年人应慎用。

> **知识链接**
>
> **心律失常的治疗**
>
> 心律失常的治疗方式有药物治疗和非药物治疗两种。药物治疗在抗心律失常方面发挥了重要作用。目前应用的抗心律失常药物中，有些能迅速终止心律失常的发作，有些能显著减少心动过速的复发，从而减轻患者的症状，改善患者的预后。但抗心律失常药物治疗可导致新的心律失常或使原有心律失常加重，发生率为 5%～10%。要做到正确合理应用抗心律失常药，必须掌握心脏电生理特征、心律失常发生机制和药物作用机制。非药物治疗包括人工心脏起搏、心脏电复律、心导管消融治疗和手术治疗等，其优点是可减少心律失常甚至获得治愈。

第三节　抗心律失常药用药护理

抗心律失常药用药护理见表 21-2。

表 21-2　抗心律失常药用药护理

用药护理程序	用药护理要点
用药前	1. 与患者充分沟通，了解其病史及用药史，询问心律失常的类型及发作情况，有无药物过敏史 2. 进行相关用药知识教育 （1）如果患者是初次用药，特别注意防止引起直立性低血压 （2）奎尼丁、胺碘酮等药物胃肠道反应明显，最好采用餐中或餐后服药 （3）患者服用胺碘酮前应该向患者说明可能发生的不良反应：氨基转移酶升高；光过敏；角膜色素沉着；胃肠道反应；甲状腺功能亢进或减退；心脏方面：心动过缓，用药期间应加以注意

用药护理程序	用药护理要点
用药中	1. 静脉注射 （1）必须在持续心电监测和血压监测下缓慢静脉注射至少 2 分钟 （2）利多卡因、普萘洛尔静脉注射时用 5% 的葡萄糖液稀释 （3）糖尿病患者用药期间可引起血糖过低，对非糖尿病患者无降糖作用。故糖尿病患者应定期监测血糖 2. 药效观察 （1）用药期间应严密观察患者的血压、心率及心律的变化，以及心脏、肺、肝、肾功能状况 （2）应用普罗帕酮时需在心电监测下缓慢推注，医护共同观察，复律即停药
用药后	1. 监测心律失常是否得到缓解和控制，睡眠等精神状况是否改善，心率、脉律、心电图、肝肾功能、血常规等是否恢复正常 2. 了解患者对抗心律失常药相关知识的知晓率是否提高，是否能正确服药，坚持治疗

自 测 题

一、选择题

A_1 型题

1. 关于普萘洛尔抗心律失常作用的描述，错误的是
   A. 用于治疗与交感神经兴奋有关的心律失常
   B. 对一般室性心律失常无效
   C. 对室性和室上性心律失常都有效
   D. 主要通过阻断 β 受体对心脏产生作用
   E. 高浓度时有膜稳定作用

2. 轻度阻滞 Na^+ 通道的药物是
   A. 利多卡因　　　　　　B. 普鲁卡因胺　　　　　　C. 普萘洛尔
   D. 胺碘酮　　　　　　　E. 丙吡胺

3. 急性心肌梗死所致的室性心律失常宜用
   A. 丙吡胺　　　　　　　B. 胺碘酮　　　　　　　　C. 维拉帕米
   D. 利多卡因　　　　　　E. 普萘洛尔

4. 胺碘酮抗心律失常的作用机制是
   A. 提高窦房结和浦肯野纤维的自律性
   B. 加快浦肯野纤维和窦房结的传导速度
   C. 缩短心房和浦肯野纤维的动作电位时程、有效不应期
   D. 阻滞心肌细胞 Na^+、K^+、Ca^{2+} 通道
   E. 激动 α 及 β 受体

5. 重度阻滞 Na^+ 通道的药物是
   A. 利多卡因　　　　　　B. 普鲁卡因胺　　　　　　C. 普萘洛尔
   D. 普罗帕酮　　　　　　E. 丙吡胺

6. 奎尼丁对心肌细胞膜的作用主要是
   A. 促进 K^+ 外流
   B. 促进 Ca^{2+} 内流
   C. 抑制 Na^+ 内流
   D. 抑制 Ca^{2+} 外流
   E. 促进 Na^+ 内流

7. 关于利多卡因的电生理作用错误的是
   A. 缩短 APD
   B. 显著减慢传导
   C. ERP 相对延长
   D. 降低自律性
   E. 促进 K^+ 外流

8. 关于 Ⅰa 类抗心律失常药的药理作用叙述不正确的是
   A. 降低膜反应性
   B. 适度阻滞钠通道
   C. 减慢 0 相去极化速度
   D. 抑制 Na^+ 内流，抑制 K^+ 外流
   E. APD 缩短明显，相对延长 ERP

A_2 型题

9. 患者，女，54 岁，有甲状腺功能亢进的病史，近日因过劳和精神受刺激，而出现失眠、心悸、胸闷。体检：心率 160 次/分，心电有明显的心肌缺血改变，窦性心律失常。患者此时最好选用
   A. 胺碘酮
   B. 奎尼丁
   C. 普鲁卡因胺
   D. 普萘洛尔
   E. 利多卡因

10. 患者，男，42 岁，因心悸、胸闷 5 天入院，心电图显示频发性室性期前收缩，宜选用的抗心律失常药是
    A. 胺碘酮
    B. 索他洛尔
    C. 美西律
    D. 奎尼丁
    E. 普罗帕酮

11. 患者，女，45 岁，有心肌缺血病史，经治疗后几年来一直健康。患者近日突然出现心悸、气短，数分钟后能自然缓解，如此每日可发作数次，发作时常伴有心绞痛的症状。经心电图检查诊断为阵发性室上性心动过速。患者此时最好选用
    A. 普鲁卡因胺
    B. 硝苯地平
    C. 维拉帕米
    D. 索他洛尔
    E. 普罗帕酮

12. 蔡某，女，38 岁，因急性心肌梗死引起的室性心动过速入院，入院后的首选药是
    A. 利多卡因
    B. 奎尼丁
    C. 维拉帕米
    D. 美托洛尔
    E. 地高辛

13. 万某，男，60 岁，因长期应用某药导致角膜色素沉积，该药可能是
    A. 奎尼丁
    B. 苯妥英钠
    C. 利多卡因
    D. 胺碘酮
    E. 维拉帕米

14. 刘某，男，58 岁，因心肌梗死入院 3 日，今日输液后出现室性心律失常，对其抢救的有效药物是
    A. 利多卡因
    B. 奎尼丁
    C. 美托洛尔
    D. 维拉帕米
    E. 胺碘酮

15. 李某，女，62 岁，因强心苷类药中毒引起快速型心律失常，该情况应选用的药物是
    A. 苯妥英钠
    B. 胺碘酮
    C. 普鲁卡因胺
    D. 美托洛尔
    E. 奎尼丁

二、简答题

1. 抗心律失常药的基本电生理作用有哪些？
2. 简述各类抗心律失常药的代表药及主要临床应用。

三、案例分析

患者，男，20岁，大学二年级学生，校足球队的队员。患者近半年在训练中经常出现心率加快，长时间不能恢复正常等情况，未采取措施，1天前上课中，突然觉得心率加快，自测心率120次/分，同时感觉胸闷、气短，遂紧急入院。经检查此患者被诊断为阵发性室上性心动过速。

请回答：

1. 阵发性室上性心动过速首选何药治疗？
2. 该药在应用时应注意什么？

（张红霞）

第二十二章数字资源

第二十二章 抗心绞痛药

学习目标

1. 说出抗心绞痛药的作用机制及常用药物的给药方法。
2. 比较三类抗心绞痛药的药理作用、临床应用和不良反应。
3. 说明硝酸酯类与β受体阻断药联合用药的临床意义及注意事项。
4. 能指导患者正确使用抗心绞痛药并评估和促进药物治疗效果。
5. 学会监测抗心绞痛药的不良反应并执行相应的护理措施。
6. 具有关爱老年患者和以人为本的良好医德。

案例 22-1

患者，男，56岁，患"冠心病、心绞痛"5年，心绞痛常由劳累诱发，每周发作3～5次，每次持续数分钟。一直服用硝酸异山梨酯和丹参片等治疗。患者近1个月心绞痛发作频繁，每周10～20次，持续时间延长，以"冠心病、不稳定型心绞痛"收住院。医生给予硝酸甘油10 mg加入液体静脉滴注，每分钟10滴，24小时维持。静脉输液过程中，患者渐感头痛，遂告知护士。

问题与思考：
1. 硝酸甘油对不稳定型心绞痛是否有效？
2. 患者出现头痛是什么原因？如何处理？

冠状动脉发生粥样硬化引起血管管腔狭窄或一过性阻塞或冠状动脉痉挛导致心肌缺血缺氧甚至坏死引起的心脏病称为冠状动脉粥样硬化性心脏病，简称冠心病，又称缺血性心脏病。冠心病临床上可分为五型：无症状性心肌缺血型、心绞痛型、心肌梗死型、缺血性心肌病和猝死型。本章主要介绍抗心绞痛药。

知识链接

心绞痛分型

心绞痛是由于冠状动脉粥样硬化、狭窄和（或）痉挛，导致冠状动脉供血不足，心肌发生急剧短暂的缺血、缺氧，代谢产物堆积而引起的一种临床综合征。临床上依据病情不同将心绞痛分为三型：①稳定型心绞痛，与冠状动脉内粥样硬化斑块形成有关；②不稳定型心绞痛，由冠状动脉内斑块破溃、血小板聚集、血栓形成引起；③变异型心绞痛，由冠状动脉痉挛引起。

心绞痛发作时主要表现为阵发性的胸骨后压榨性疼痛，有濒死感，并放射至心前区和左上肢。三种类型心绞痛的发作机制都是心肌供氧和耗氧之间平衡失调，冠脉血流量不能满足心肌代谢的需要，缺氧代谢导致酸性代谢产物增多，刺激神经导致疼痛发作。

第一节 常用抗心绞痛药

抗心绞痛药是通过增加心肌供氧和（或）降低心肌耗氧，使心肌供氧和耗氧恢复平衡，改善心肌缺血及改善能量代谢，抑制血栓形成等机制来治疗心绞痛的药物。临床常用的抗心绞痛药有硝酸酯类、β受体阻断药、钙通道阻滞药、抗血小板药及改善心肌能量代谢的药物等，本节主要介绍前三类药物。

一、硝酸酯类

此类药物常用的有硝酸甘油（nitroglycerin）、硝酸异山梨酯（isosorbide dinitrate）单硝酸异山梨酯（isosorbide mononitrate）。其中硝酸甘油最为常用。

硝酸甘油（nitroglycerin）

【体内过程】硝酸甘油口服首过消除明显，舌下含服易经黏膜吸收，生物利用度约80%，含服后2～5分钟起效，作用持续20～30分钟；经肝转化，由肾排出。硝酸甘油主要以舌下途径给药，静脉给药起效更快，也可经皮肤给药。

> **知识链接**
>
> **冠心2号方**
>
> 冠心2号方是中医药治疗冠心病的经典方剂。它的研究起始于20世纪60年代，当时鉴于发达国家心血管疾病发病的急剧增高，国家组织了阜外医院、中国中医研究院西苑医院、北京协和医院等十余家医疗机构成立了北京地区冠心病协作组。北京地区防治冠心病协作组遵循毛主席关于中西医结合的方针，利用我国传统中医药学的优势，结合现代医学的实验手段，进行冠心病的防治研究，并最终确定了冠心2号方的药物组成和比例，由北京中药厂制成浸膏。
>
> 1972年，北京地区冠心病协作组发表《冠心2号方治疗冠心病心绞痛疗效的初步报告》。报告指出，冠心2号具有减轻或缓解患者心绞痛的作用，对某些患者心电图也有所改善，并有一些患者在服用冠心2号复方后，可以少服或停服硝酸甘油。报告总结认为冠心2号复方对冠状动脉粥样硬化心脏病有一定的疗效。
>
> 经过近半个世纪的临床实践，冠心2号方以其基础研究深厚，临床疗效突出而稳定，在我国冠心病的防治工作中得到了广泛的应用。

【药理作用】硝酸甘油的基本药理作用是松弛平滑肌，尤以松弛血管平滑肌最显著。

1. 扩张动静脉，降低心肌耗氧量　硝酸甘油治疗量时可扩张全身血管，尤以小静脉及容量血管更为明显。容量血管扩张，可使回心血量减少，心脏前负荷降低，心室壁肌张力降低；扩张动脉，可降低心脏后负荷。心脏前后负荷均降低，故心肌耗氧量降低。

2. 扩张冠状动脉，增加缺血心肌的供血　发生心绞痛时，缺血区心肌的微循环处于扩张状态，血流阻力相对低于非缺血区。硝酸甘油可扩张较大冠脉及其侧支血管，增加冠脉血流量，使血液较多地流向缺血区，从而改善缺血心肌的供血。

3. 降低心室内压，使冠脉血流重新分配　舒张期冠脉灌注压主要取决于主动脉压和左心室压力差。硝酸甘油扩张容量血管，减少回心血量，降低舒张末期左室内压，使心内膜下血管的压力减轻，冠脉灌注压增加，有利于血液从心外膜血管流向缺血的心内膜，增加心内膜下层供血。

4. 保护缺血心肌，减轻缺血损害　硝酸甘油能直接保护心肌，缩小心肌梗死范围，改善左心室重构，还能增强心肌的电稳定性，减少心肌缺血并发症。

【临床应用】

1. 防治各型心绞痛　舌下含服可迅速缓解心绞痛症状，能有效终止发作，也可预防发作；与β受体阻断药合用可减少用量、提高疗效、减轻不良反应。
2. 急性心肌梗死　用于急性心肌梗死早期，可通过降低心脏负荷，增加缺血心肌供血而防止梗死面积的扩大。但剂量不宜过大，否则降低冠脉灌注压会加重心肌缺血。
3. 心功能不全　作为扩血管药用于心功能不全，可降低心脏负荷，有利于改善心脏功能。
4. 高血压危象　静脉给药可用于因血管阻力突然上升所致血压急剧升高而出现的高血压危象。

【不良反应】硝酸甘油常见不良反应有搏动性头痛、面红、心悸、直立性低血压、晕厥等；过量可因血压骤降加重心绞痛；大剂量可出现高铁血红蛋白血症；连续服用2～3周可出现耐受性，停药1～2周后可恢复敏感性，间歇给药可减少耐受性，补充叶酸和富含巯基的食物或药物可延缓其耐受性的产生。

硝酸异山梨酯（isosorbide dinitrate，消心痛）

硝酸异山梨酯为长效硝酸酯类，作用较硝酸甘油弱，但持续时间长。不良反应与硝酸甘油相似。

单硝酸异山梨酯（isosorbide mononitrate）

单硝酸异山梨酯口服吸收完全，生物利用度高，个体差异小，毒性低，疗效高，作用持续时间长，适用于心绞痛的长期治疗和预防。

二、β受体阻断药

常用的β受体阻断药有普萘洛尔、吲哚洛尔、噻吗洛尔、美托洛尔等，均可发挥抗心绞痛作用，其中以普萘洛尔为代表。

普萘洛尔（propranolol）

【药理作用】

1. 降低心肌耗氧量　心绞痛发作时，交感神经兴奋性增高，心率加快，心肌收缩力加强，使心肌耗氧量进一步加强。普萘洛尔可阻断β受体，抑制交感神经，使心率减慢，心肌收缩力减弱，心肌耗氧量降低。
2. 改善缺血心肌的供血　心率减慢可延长舒张期，冠脉供血时间延长，使血液易从心外膜向缺血的心内膜下输送；同时，耗氧量降低使非缺血区血管阻力增加，缺血区血管阻力减小，使血液向缺血区分布，因而增加缺血区供血。
3. 改善能量代谢　通过改善缺血心肌对葡萄糖的摄取和利用，改善糖代谢，减少耗氧；促进组织中氧合血红蛋白的解离，增加组织供氧。

此外，普萘洛尔还具有抑制血小板聚集的作用，有利于缓解心绞痛。

【临床应用】普萘洛尔适用于稳定型心绞痛，尤其适用于伴有高血压、心律失常的患者；用于心肌梗死可缩小梗死面积。普萘洛尔不宜用于变异型心绞痛。

普萘洛尔宜与硝酸酯类合用，因为β受体阻断药可以纠正硝酸酯类因降压引起的反射性心率加快而不利于降低心肌耗氧量的缺点；同时硝酸酯类可改善β受体阻断药抑制心肌收缩力而引起的心室容积扩大，以及冠脉收缩倾向不利于心肌供血、供氧的缺点，二者相互取长补短，适用于各型心绞痛。

【不良反应】普萘洛尔突然停药可诱发心绞痛，甚至心肌梗死或猝死。其他不良反应有头晕、乏力、低血压、心动过缓等，用药不当易诱发心力衰竭及支气管哮喘。

三、钙通道阻滞药

常用于抗心绞痛的钙通道阻滞药有硝苯地平、维拉帕米、地尔硫䓬等。

【药理作用】

1. 降低心肌耗氧量　钙通道阻滞药通过阻滞 Ca^{2+} 内流而扩张外周血管，抑制心肌收缩力，减轻心脏负荷，降低心肌耗氧量。

2. 增加缺血心肌的供血　此类药物通过减少 Ca^{2+} 内流，扩张冠脉，解除冠脉痉挛，从而增加冠脉供血，改善心肌的缺血。

3. 保护缺血心肌　心肌缺血、缺氧时，能量代谢障碍可致细胞内 Ca^{2+} 超负荷，细胞内 Ca^{2+} 过多会诱导细胞损伤、坏死。钙通道阻滞药可通过阻滞钙通道，减轻因细胞内 Ca^{2+} 超负荷所致的细胞损伤。

4. 抑制血栓形成　钙通道阻滞药可抑制血小板聚集，抑制心肌缺血时血栓的形成。

【临床用途】钙通道阻滞药适用于各型心绞痛。

【不良反应】硝苯地平可引起心率加快，有增加心肌缺血的危险，应慎用。对于不稳定型心绞痛，选用维拉帕米与地尔硫䓬安全性较高。同时钙拮抗药可引起患者踝关节水肿及直立性低血压，所以用药护理时应注意患者体位变化。

第二节　抗心绞痛药用药护理

抗心绞痛药用药护理见表 22-1。

表 22-1　抗心绞痛药用药护理

用药护理程序	用药护理要点
用药前	1. 根据患者的病史、症状及相关检查，了解并确定心绞痛发作类型 2. 询问患者是否用过抗心绞痛药，以及所用药物的名称、剂量、用药时间及疗效情况 3. β受体阻断药使用前首先要明确诊断，变异型心绞痛患者不得应用；禁用于有支气管哮喘病史的患者和窦性心动过缓的患者 4. 使用钙通道阻滞药应严格掌握和控制药物剂量和给药速度，提倡使用缓释剂型
用药中	1. 硝酸甘油舌下含服时，每5分钟含服一片（0.25～0.5 mg），如15分钟内总量达3片后，疼痛持续存在，应立即就医；静脉给药应在心电监测下，应用注射泵输注；注意避光 2. β受体阻断药在用药期间注意检测心率、血压，尤其是与硝酸甘油合用时，更要注意血压的变化 3. 钙通道阻滞药在用药期间，要检测心率和血压，避免血压降低过快
用药后	1. 观察心绞痛缓解情况，做好用药宣教 2. 硝酸甘油性质不稳定，有挥发性，需要密封、阴凉处避光保存，随身携带，便于急用

> **思政园地**
>
> **不忘初心　坚定信念**
>
> 越来越多的心血管疾病威胁着人体的健康，心绞痛这类缺血性心脏病如不及时诊治，患者就会有生命危险，这就需要护理工作者在临床中尽职尽责护理患者，耐心沟通并做好用药宣教。
>
> 医者仁心是所有医务工作者都应该具备的仁爱之心，华佗、张仲景、林巧稚、裘法祖、吴孟超等医学家广受世人敬仰，就是因为他们都有一颗仁慈仁爱之心，他们行医为善，尽职尽责，将救死扶伤、启德铭善作为磨难之下的行医使命。章金媛、陈静、邢少云、刘小娟、甘秀妮、赵雪红、蒋艳、张颖惠等南丁格尔奖章获得者之所以获得南丁格尔奖章是因为她们总是走到患者床旁，以心换心，跟患者近点，再近一点。
>
> 同学们只有认识生命，尊重生命，才会爱护生命，敬畏生命；只有不忘初心，坚定信念，学好药理学知识，才能做到"勿取服或故用有害之药，尽力提高护理之标准"；只有谨守南丁格尔誓言，加强救死扶伤的道术、心中有爱的仁术、知识扎实的学术、本领过硬的技术、方法科学的艺术的学习和培养，才能够成为护德高尚、护理技术精湛的白衣天使。

自 测 题

一、选择题

A_1 型题

1. 心绞痛患者随身携带的最重要的急救药是
   A. 肾上腺素　　　　B. 普萘洛尔　　　　C. 硝苯地平
   D. 硝酸甘油　　　　E. 维拉帕米

2. 变异型心绞痛宜选用
   A. 硝酸甘油　　　　B. 硝苯地平　　　　C. 普萘洛尔
   D. 硝酸异山梨酯　　E. 酚妥拉明

3. 硝酸甘油治疗心绞痛最主要的作用是
   A. 扩张冠状动脉，增加心肌供血
   B. 扩张外周动脉，降低血压
   C. 扩张外周动、静脉，减轻心脏负荷
   D. 减慢心率
   E. 增加心排血量

4. 心绞痛急性发作最常用的药物是
   A. 维拉帕米　　　　B. 普萘洛尔　　　　C. 硝苯地平
   D. 硝酸甘油　　　　E. 硝酸异山梨酯

5. 下列不宜使用美托洛尔的疾病是
   A. 变异型心绞痛　　B. 甲状腺功能亢进　C. 高血压伴快速型心律失常
   D. 稳定型心绞痛　　E. 不稳定型心绞痛

A_2 型题

6. 患者，男，69 岁，因心绞痛发作 3 天入院，入院后查患者既往史得知他曾服用过硝酸甘油、美托洛尔、硝苯地平治疗心绞痛。这三种药物的共同作用特点是
   A. 降低心肌耗氧量　　　B. 减慢心率　　　C. 降低心室壁肌张力
   D. 扩张冠状动脉　　　　E. 降低心肌收缩力

7. 患者，女，49 岁，胸闷、气短反复发作 3 个月余，休息时突发胸骨后压榨性疼痛，心电图检查示 ST 段抬高，诊断为变异型心绞痛。该患者应首选的药物是
   A. 普萘洛尔　　　　　　B. 硝苯地平　　　C. 硝酸甘油
   D. 吗啡　　　　　　　　E. 阿司匹林

A_3/A_4 型题

（8～9 题共用题干）

患者，男，48 岁，晨起时自觉心前区不适，胸骨后阵发性闷痛来院就诊，心电图无异常。

8. 患者入院后，休息时再次出现胸骨后闷痛，心电图显示 ST 段抬高。该患者应首选的抗心绞痛药是
   A. 硝酸异山梨酯　　　　B. 硝酸甘油　　　C. 普萘洛尔
   D. 硝苯地平　　　　　　E. 维拉帕米

9. 若考虑抗心绞痛药治疗，请问下述药物不宜选用的是
   A. 硝酸异山梨酯　　　　B. 硝酸甘油　　　C. 普萘洛尔
   D. 硝苯地平　　　　　　E. 维拉帕米

（10～13 题共用题干）

患者，女，71 岁，因心绞痛反复发作 6 小时入院，入院后给予硝酸甘油抗心绞痛治疗。

10. 该药最常采用的给药途径是
    A. 舌下含服　　　　　　B. 软膏涂抹　　　C. 肌内注射
    D. 贴膜剂经皮给药　　　E. 口服

11. 硝酸甘油不具有的作用是
    A. 扩张容量血管　　　　B. 减少回心血量　　C. 降低心肌耗氧量
    D. 增加心室壁肌张力　　E. 扩张冠状动脉

12. 下列不属于硝酸甘油的不良反应的是
    A. 面部潮红　　　　　　B. 血管搏动性头痛　C. 眼压升高
    D. 全身水肿　　　　　　E. 高铁血红蛋白血症

13. 伴有哮喘的心绞痛患者不宜选用
    A. 硝酸甘油　　　　　　B. 硝苯地平　　　C. 美托洛尔
    D. 硝酸异山梨酯　　　　E. 地尔硫䓬

二、简答题

1. 临床上硝酸酯类与普萘洛尔联合应用治疗心绞痛的意义是什么？
2. 硝酸酯类用药护理要点有哪些？

三、案例分析

患者，男，50 岁，因劳累与情绪过于激动而突发心前区剧烈疼痛。查体：血压 130/90 mmHg，

心率110次/分。诊断：稳定型心绞痛伴窦性心动过速。医生给予患者硝酸甘油片含化，普萘洛尔片口服治疗。

请回答：
1. 该医生的用药是否合理？
2. 如何对该患者做好用药护理？

（张红霞）

第二十三章 调血脂药

学习目标

1. 解释 HMG-CoA 还原酶抑制药的药理作用、临床应用和不良反应。
2. 概括其他类调血脂药的作用特点及临床应用。
3. 能指导患者正确使用调血脂药并评估药物的治疗效果。
4. 学会监测调血脂药的不良反应并执行相应的护理措施。
5. 具有健康的生活方式和尊重生命的意识。

案例 23-1

患者，男，52岁，有6年高血压病史，遵医嘱应用利尿药、β受体阻断药、钙通道阻滞药联合降压治疗，血压基本稳定在130/90 mmHg左右。患者近1周因工作压力大，出现心悸、头晕、胸闷、失眠、乏力等症状，遂入院检查。体检：血压150/90 mmHg，心率90次/分，低密度脂蛋白胆固醇（LDL-C）4.6 mmol/L，甘油三酯（TG）2.1 mmol/L，总胆固醇（TC）6.57 mmol/L，高密度脂蛋白胆固醇（HDL-C）1.16 mmol/L，临床诊断为混合型高脂血症，医生除要求患者继续服用抗高血压药外，开出如下处方：

Rp.
    洛伐他汀片　20 mg×40
    用法：每次40 mg，每日1次
    阿昔莫司片　250 mg×60
    用法：每次250 mg，每日3次

问题与思考：
此处方是否合理？请说明理由。

第一节　高脂血症

知识链接

血　脂

血脂是指血浆中所含脂类的统称，主要包括胆固醇（cholesterol，Ch）、甘油三酯（triacylglycerol，TG）、磷脂（phospholipid，PL）、游离脂肪酸（free fatty acid，FFA）等。血脂在血液中与载脂蛋白（apolipoprotein，Apo）结合成脂蛋白在血液中存在和运转。根据脂蛋白密度范围和电泳特性的不同，将其分为乳糜微粒（chylomicron，CM）、极低密度脂蛋白（very low density lipoprotein，VLDL）、中密度脂蛋白（intermediate density lipoprotein，IDL）、低密度脂蛋白（low density lipoprotein，LDL）和高密度脂蛋

白（high density lipoprotein，HDL），脂蛋白以相对恒定的浓度维持着机体平衡。

血脂异常是血浆中 VLDL、IDL、LDL、ApoB 高于正常值，可伴有 HDL、ApoA 低于正常值。这些脂质异常容易在动脉中形成粥样斑块，引起心脑血管事件的发生。对于血脂异常甚至是血脂正常的人，不管通过何种途径（药物治疗或非药物治疗）降低血脂，都能有效地降低冠心病及其他心脑血管事件的发生，并能降低死亡率，提高生存率。

高脂血症是由脂肪代谢或运转异常使血浆一种或多种脂质增高所致，血浆中的脂质与蛋白质合成水溶性蛋白，才能在血液中运转，故高脂血症常为高脂蛋白血症的反映。临床上高脂血症又分为原发性和继发性两种，原发性高脂血症多与遗传性脂蛋白代谢缺陷有关。依据血浆脂蛋白的电泳表现，原发性高脂蛋白血症可分为五型：高胆固醇血症（Ⅱa型）、高甘油三酯血症（Ⅳ型）、混合型高脂血症（Ⅱb、Ⅲ、Ⅰ）（表23-1）。继发性高脂血症多由代谢紊乱性疾病或其他因素所致，常见于糖尿病、甲状腺功能亢进症、肾病综合征及酒精中毒等。

表 23-1 高脂蛋白血症的类型

分型	发病率	血浆中升高成分	
		脂蛋白	脂质
Ⅰ	最少见	CM ↑	TC ↑、TG ↑↑↑
Ⅱa	常见	LDL ↑	TC ↑↑
Ⅱb	常见	LDL ↑、VLDL ↑	TC ↑↑、TG ↑↑
Ⅲ	较少见	IDL ↑	TC ↑↑、TG ↑↑
Ⅳ	最常见	VLDL ↑	TG ↑↑

注：↑代表增加；↓代表下降

第二节 调血脂药

调节血脂药主要目的是提高高密度脂蛋白（HDL），降低总胆固醇（TC）和甘油三酯（TG），以减轻或防止动脉硬化的形成。目前常用的调血脂药：羟甲基戊二酰辅酶A（hydroxymethylglutaryl coenzyme A，HMG-CoA）还原酶抑制药（又称他汀类药）、胆汁酸螯合剂、苯氧酸类、烟酸及烟酸衍生物、深海鱼油等。

一、HMG-CoA 还原酶抑制药

HMG-CoA 还原酶是内源性（在肝细胞中）胆固醇合成的限速酶，抑制 HMG-CoA 还原酶可以减少内源性胆固醇的合成。HMG-CoA 还原酶抑制药主要降低 TC 和 LDL，轻度增加 HDL 水平，是目前治疗高胆固醇血症的主要药物。

洛伐他汀（lovastatin）

洛伐他汀为第一个用于临床的 HMG-CoA 还原酶抑制药，它由土霉菌培养液中分离得到，现已人工合成。

【体内过程】洛伐他汀口服吸收率约30%，与食物同服可增加吸收，给药后 2～4 h 血药浓度达峰值，血浆蛋白结合率约95%。其化学结构母核为无活性的内酯环结构，在肝内被水解成羟基酸而呈现药理作用。其调血脂作用稳定、可靠，有剂量依赖性，一般用2周出现效应，4~6周可达最佳效果。

【药理作用】

1. 调血脂作用　洛伐他汀能竞争性抑制HMG-CoA还原酶，使内源性胆固醇的合成减少，促使肝代偿性增加LDL受体合成，增加肝对LDL的摄取，从而使血浆TC、LDL、VLDL、TG水平降低，增加HDL。

2. 其他作用　洛伐他汀能抑制动脉平滑肌细胞增殖，延缓内膜增厚，提高血管内皮细胞对扩血管物质的反应性，逆转血管重构；抑制血小板聚集；稳定和减少粥样斑块；并能抑制单核巨噬细胞的黏附功能等。

【临床应用】

1. 高脂血症　洛伐他汀作为一线治疗药用于治疗各种原发性高胆固醇血症、杂合子家庭性高胆固醇血症、Ⅲ型高脂蛋白血症和继发性高胆固醇血症（如糖尿病性和肾性高脂血症）。用药方法为晚餐时顿服。

2. 胆固醇升高等高风险患者　特别是有其他的动脉粥样硬化危险因素患者的一级预防。

3. 有症状的动脉粥样硬化性疾病患者　如心肌梗死和中风的二级预防。

4. 预防心脑血管急性事件　洛伐他汀可抑制和稳定斑块，降低脑卒中及心肌梗死的发生率。

【不良反应】洛伐他汀不良反应少而轻，常见头痛、疲乏、皮疹、腹胀、腹泻、腹痛、便秘、恶心、消化不良等；偶有白细胞减少、肝功能异常、磷酸肌酸激酶增加；较罕见引起横纹肌溶解症，出现肌痛，无力、发热、肌红蛋白尿、肌酸激酶升高等症状，严重者可导致急性肾衰竭，与烟酸类、苯氧乙酸类、红霉素、环孢素A合用可加重横纹肌溶解症状，故禁止合用。对此药过敏及持续肝功能异常者、孕妇、哺乳期妇女禁用。

同类药物还有辛伐他汀（simvastatin）、普伐他汀（pravastatin）、氟伐他汀（fluvastatin）和阿托伐他汀（atorvastatin）等。长期应用辛伐他汀能有效降低胆固醇。普伐他汀口服吸收快、亲水性较强，不易通过血脑屏障，降低胆固醇作用明显，而对甘油三酯几乎无降低作用。氟伐他汀除调血脂作用外，同时具有抑制动脉平滑肌细胞增殖、延缓内膜增厚的功能，主要用于控制饮食无效的高胆固醇血症。

 考点提示

HMG-CoA还原酶抑制药可能会引起横纹肌溶解症。

知识链接

横纹肌溶解症

横纹肌溶解症是指一系列影响横纹肌细胞膜、膜通道及其能量供应的多种遗传性或获得性疾病导致的横纹肌损伤，细胞膜完整性改变，细胞内物质（肌红蛋白、肌酸磷酸、小分子物质等）漏出，多伴有急性肾衰竭及代谢紊乱。常见症状为肌肉酸痛、肿胀、痉挛、水肿、乏力甚至急性肾衰竭。服用HMG-CoA还原酶抑制药并发的横纹肌溶解症多发生在用药后36小时~24个月，脱水、发热、酸中毒等症易诱发。老年人、糖尿病患者、长期饮酒者以及慢性肾功能不全者等均为易感人群。

二、胆汁酸结合树脂类药

临床常用的胆汁酸结合树脂类药有考来烯胺（cholestyramine，胆消胺）、考来替泊（colestipol，降胆宁）。

【药理作用与机制】胆汁酸结合树脂类药又称胆汁酸螯合剂，均为碱性阴离子交换树脂。该类药物不溶于水，口服不被吸收，在肠道与胆汁酸形成络合物从而阻止胆汁酸的肝肠循环，减少了食物中脂类的吸收；肝中胆汁酸减少，加速了肝中胆固醇向胆汁酸转化，并促进肝细胞表面 LDL 受体增加或活性增强，促进血浆中 LDL 向肝中转移，从而使血浆 LDL 和 TC 浓度明显降低。其作用强度与剂量有关，对 HDL 几乎无影响，对 TG 和 VLDL 的影响轻微而不恒定。同时，该类药物可反馈性增强 HMG-CoA 还原酶活性，使肝胆固醇合成增多，故常与 HMG-CoA 还原酶抑制药联合应用，以增强降脂作用。

【临床应用】胆汁酸结合树脂类药主要用于治疗以 TC 和 LDL-C 升高为主，而 TG 水平正常的 II_a、II_b 型高脂血症；与烟酸合用治疗混合型高脂血症；与 HMG-CoA 还原酶抑制药合用治疗严重高胆固醇血症；与普罗布考合用不仅能增强疗效，还可减少便秘等不良反应。

【不良反应】胆汁酸结合树脂类药有特殊臭味和一定刺激性，不良反应较多，因用药剂量大，常见恶心、腹胀、便秘等胃肠道反应；可干扰镁、铁、锌、脂肪的吸收，高剂量会发生脂肪性腹泻；长期应用还可致脂溶性维生素缺乏，应当补充维生素 A、维生素 D、维生素 K 及钙。

三、其他调血脂药

临床常用的其他调血脂药还有苯氧酸类、烟酸及烟酸衍生物、深海鱼油等，见表 23-2。

表 23-2　临床常用的其他调血脂药

分类	药物	药理作用及临床用途	不良反应
苯氧酸类	苯扎贝特（bezafibrate）	TG↓、VLDL↓、LDL↓、HDL↑	胃肠道反应；偶见皮疹、脱发、视物模糊、血常规异常等
	非诺贝特（fenofibrate）	抗血小板聚集；降低血液黏稠度；增加纤溶酶活性	
	吉非罗齐（gemfibrozil）		
	环丙贝特（ciprofibrate）	用于 II_b、III、IV 型高脂血症	
烟酸及烟酸衍生物	烟酸（nicotinic acid）	TG↓、VLDL↓、LDL↓、HDL↑	血管扩张、皮肤潮红、瘙痒
	肌醇烟酸酯（inositol nicotinate）	扩张血管和抑制血小板聚集	

第三节　调血脂药用药护理

调血脂药用药护理见表 23-3。

表 23-3　调血脂药用药护理

用药护理程序	用药护理要点
用药前	1. 肝病患者慎用，孕妇和哺乳期妇女禁用 HMG-CoA 还原酶抑制药 2. II 型糖尿病、痛风、溃疡病、活动型肝病、孕妇禁用烟酸及烟酸衍生物

续表

用药护理程序	用药护理要点
用药中	1. 药物治疗的同时要控制饮食和定时检查血脂变化 2. HMG-CoA 还原酶抑制药禁与苯氧酸类、烟酸、红霉素、环孢素 A 合用，因合用时可增加横纹肌溶解症的发生率或使其加重；体重较轻的患者和甲状腺功能低下患者也容易发生，应慎用 3. 适宜晚上给药
用药后	1. 应定期检查肝功能 2. 监控药物不良反应，如出现全身性肌肉疼痛、僵硬、乏力时应警惕横纹肌溶解症的发生

自 测 题

一、选择题

A_1 型题

1. 以下关于烟酸的适应证叙述最准确的是
   A. Ⅰ型高脂蛋白血症
   B. Ⅱa 型高脂蛋白血症
   C. Ⅲ型高脂蛋白血症
   D. Ⅴ型高脂蛋白血症
   E. 广谱调血脂药

2. 可明显降低血浆甘油三酯的药物是
   A. 烟酸
   B. 胆汁酸结合树脂类药
   C. 抗氧化药
   D. 苯氧酸类药
   E. HMG-CoA 还原酶抑制药

3. 对苯氧酸类药的叙述正确的是
   A. 能明显降低血浆 TG、VLDL-C
   B. 可升高 TC、LDL-C
   C. 主要用于原发性高胆固醇血症
   D. 可降低 HDL-C
   E. 可降低纤溶酶活性

4. HMG-CoA 还原酶抑制药的严重不良反应是
   A. 肌肉触痛
   B. 肝损害
   C. 溶血性贫血
   D. 过敏反应
   E. 横纹肌溶解症

5. 洛伐他汀的作用是
   A. 主要影响胆固醇合成
   B. 主要影响胆固醇吸收
   C. 影响脂蛋白合成、转运及分解的药物
   D. 主要影响甘油三酯合成
   E. 主要影响胆固醇排泄

6. 对混合型血脂异常，必须联合应用 HMG-CoA 还原酶抑制药和苯氧酸类药，最佳的给药方法是
   A. 早晨服用苯氧酸类药，晚上服用 HMG-CoA 还原酶抑制药
   B. 早晨服用 HMG-CoA 还原酶抑制药，晚上服用苯氧酸类药
   C. 早晚联合服用 HMG-CoA 还原酶抑制药和苯氧酸类药
   D. 晚上联合服用 HMG-CoA 还原酶抑制药和苯氧酸类药
   E. 每隔 2 周交替服用苯氧酸类药和 HMG-CoA 还原酶抑制药

A_2 型题

7. 患者，男，71岁，既往有血脂异常，胆固醇7.7 mmol/L，甘油三酯2.3 mmol/L，肝功能正常。患者连续服用氟伐他汀和非诺贝特5个月，检查肝功能：谷草转氨酶（GOT）142 U/L（正常值40 U/L），谷丙转氨酶（GPT）126 U/L（正常值40 U/L），磷酸激酶（CPK）2000 U/L（正常值25～200 U/L）。依据上述检查结果判断该患者用药后出现了

  A. 肌肉毒性   B. 肝毒性   C. 心脏毒性
  D. 肾毒性   E. 神经毒性

8. 患者，男，65岁，长期高脂血症，既往用药史较复杂，以下其使用过的药物中既能降LDL也降HDL的药物是

  A. 烟酸   B. 普罗布考   C. 辛伐他汀
  D. 非诺贝特   E. 考来替泊

9. 方某，女，58岁，高胆固醇血症，使用HMG-CoA还原酶抑制药降血脂导致出现严重不良反应，最可能的不良反应是

  A. 胃肠道反应   B. 横纹肌溶解症   C. 胃肠道损害
  D. 低血压   E. 抑郁症

二、简答题

1. 高脂血症患者应注意哪些饮食因素？对血脂异常的患者进行健康教育的内容有哪些？
2. 列举调血脂药的种类及代表药。

三、案例分析

患者，男，59岁，体胖，10天前进行健康体检时被诊断为高血脂蛋白血症（Ⅳ型），医嘱给予洛伐他汀治疗，每日1次，每次20 mg，晚餐时服用。患者现已服药4周，去医院复查血脂，结果显示血脂仍高，医生嘱其调整饮食，增加了洛伐他汀的剂量至每次40 mg，每日1次。

请回答：

1. 为什么要增加洛伐他汀的剂量？
2. 该患者应如何调整饮食？

（张红霞）

第二十四章　作用于血液与造血系统的药物

第二十四章数字资源

学习目标

1. 说出抗血栓药和止血药的分类，解释常用药物的药理作用、临床应用和不良反应。
2. 说出抗贫血药的分类，解释各类常用药物的药理作用、临床应用和不良反应。
3. 概括血容量扩充药、促白细胞增生药常用药物的作用特点、临床应用和不良反应。
4. 能指导患者正确使用作用于血液与造血系统药物并评估和促进药物的治疗效果。
5. 学会监测作用于血液与造血系统药物的不良反应并执行相应的护理措施。
6. 具有关爱精神和以人为本的良好医德。

第一节　抗血栓药

一、抗凝血药

抗凝血药（anticoagulants）是通过影响凝血过程的不同环节而阻止血栓形成的药物，主要用于血栓栓塞性疾病的预防与治疗。

案例 24-1

患者，男，70 岁，因"高热、咳嗽、咳黄痰 3 天"到急诊科就诊。患者于 2 周前因颈部淋巴瘤在外院进行了化疗。急诊查体：体温 38℃、血压 100/70 mmHg、神清、双肺均有干湿啰音、脉搏 104 次 / 分、节律整齐、腹（−）。胸部 X 线检查提示双侧肺炎，急收入院治疗。患者入院后次日早晨血压 70/30 mmHg，咳痰，痰中带血，查房时发现其前胸皮下有散在出血点，急查凝血功能，初步判断为弥散性血管内凝血，医嘱给予肝素钠静脉滴注。

问题与思考：
1. 给予患者肝素钠治疗的目的是什么？
2. 肝素钠静脉滴注时应监护哪些内容？

肝素（heparin）

肝素的主要成分为黏多糖硫酸酯，来源于动物肺、肠等器官的提取物，有大量的负电荷，呈强酸性，为大分子化合物，不易透过生物膜，因此口服无效，临床常用静脉给药，注射剂为无色或淡黄色澄明液体。

【药理作用与临床应用】

1. 抗凝血　肝素在体内、体外均有强大、快速的抗凝作用。肝素的抗凝作用主要是通过增强抗凝血酶Ⅲ（antithrombin Ⅲ，AT-Ⅲ）活性来完成，AT-Ⅲ是血浆中的一种生理性抗凝物质，能与凝血酶Ⅱa和因子Ⅸa、Ⅹa、Ⅺa结合并使其活性丧失。肝素与AT-Ⅲ结合后使其构型改变，提高抗凝血酶Ⅲ（AT-Ⅲ）的活性，加强其抗凝血作用。肝素主要用于防治血栓形成和扩大，如深静脉血栓、脑梗死、肺栓塞及急性心肌梗死。在弥散性血管内凝血（disseminated intravascular coagulation，DIC）的早期应用肝素，可防止纤维蛋白原及其他凝血因子耗竭而引发继发性出血。肝素还可用于体外循环、血液透析和心导管检查等体外抗凝。

2. 抗动脉粥样硬化作用　与其调血脂、保护血管内皮细胞、抑制血管平滑肌细胞增殖等作用有关，停药后该作用立即消失，因此无重要临床意义。

【不良反应】

1. 自发性出血　为肝素主要的不良反应。肝素过量可引起关节腔积血，黏膜、伤口自发性出血。轻度不良反应停药即可，如出血严重，可缓慢注射肝素特异性解毒剂鱼精蛋白（protamine）急救，每次剂量不可超过50 mg。

2. 血小板减少症　使用肝素进行治疗的患者约有5%可出现血小板减少症，多数发生在用药后7～10天（与机体的免疫反应有关）。

3. 其他　肝素长期应用可以引起骨质疏松、自发性骨折；偶见过敏反应，如哮喘、结膜炎、发热、荨麻疹；孕妇使用可诱发早产或死胎。

> **考点提示**
>
> 肝素过量所致出血的解救药物。

低分子量肝素（low molecular weight heparin，LMWH）

低分子量肝素是指相对分子量小于7000的肝素，从普通肝素分离或降解而获得。其特点有：①个体差异小，抗凝剂量易于掌握；②抗凝活性较肝素弱，但抗血栓作用增强，出血危险性相对较小，安全性能高；③半衰期较长，作用时间长，皮下注射每日只需1～2次。临床常用制剂有依诺肝素、替地肝素等，临床用途、禁忌证与肝素相似。

华法林（warfarin）

华法林为香豆素类药，口服吸收后参与体内代谢，呈现抗凝血作用，故称口服抗凝血药。华法林是临床最为常用的口服抗凝血药，该类药物还有双香豆素、醋硝香豆素（新抗凝）、苯丙香豆素等。

【药理作用与临床应用】华法林化学结构与维生素K相似，能竞争性对抗维生素K的作用，抑制依赖维生素K的凝血因子Ⅱ、Ⅶ、Ⅸ、Ⅹ在肝细胞中的合成，使凝血酶原含量降低，从而产生抗凝作用，防止血栓形成。华法林对血液中已合成的凝血因子无效，故只有在体内已合成的上述凝血因子耗竭后才能发挥作用，口服至少需要12～24小时方可出现作用，1～3天作用达高峰，停药后维持时间长。华法林只有体内抗凝血作用而无体外抗凝血作用。

华法林临床用于预防和治疗血栓栓塞性疾病，如血栓性静脉炎、肺栓塞、心肌梗死，尤其适用于需要长期维持抗凝血状态的患者，如心脏瓣膜修复术者。

【不良反应】华法林过量可见自发性出血，如消化道、尿道、口鼻腔、宫腔、皮下出血，如有严重出血者，应立即输血并肌内注射维生素 K。少数患者可见头痛、厌食、消化道症状、皮肤过敏反应等。

 考点提示

华法林过量所致出血的解救药物。

枸橼酸钠（sodium citrate）

枸橼酸钠化学结构中的酸根与血中钙离子形成难解离的可溶性络合物，使血中钙离子减少而发挥抗凝血作用，仅用于体外抗凝，常作为采集血液标本和输血的抗凝血药，一般每 100 ml 全血中加入 2.5% 的枸橼酸钠 10 ml。如大量输血或输血速度过快可致低钙血症反应，可引起抽搐、心功能不全、血压骤降及出血，一旦发生应立即静脉注射适量的钙盐进行解救。用药期间少数患者可出现过敏反应，如皮疹、过敏性休克，甚至多器官衰竭，应密切关注患者反应，如若出现过敏症状立即停药并给予抗过敏药治疗。

二、抗血小板药

血小板在血栓栓塞性疾病，特别是动脉血栓疾病形成中起着非常重要的作用。抗血小板药主要是通过抑制血小板花生四烯酸代谢、增加血小板内 cAMP 浓度、抑制腺苷二磷酸（ADP）活化血小板和阻断血小板膜糖蛋白 II_b/III_a 受体，从而抑制血小板黏附、聚集和释放，达到阻止血栓形成的作用。

（一）抑制血小板花生四烯酸代谢药

阿司匹林

阿司匹林为抗血小板药中应用最广泛的药物，小剂量可用于预防慢性稳定型心绞痛，心肌梗死的一级及二级预防，脑梗死、短暂性脑缺血发作后脑梗死的二级预防，冠脉搭桥术后血栓形成的预防；还可用于治疗缺血性心脏病，能降低死亡率和再梗死率（见第十六章解热镇痛抗炎药）。

（二）增加血小板内 cAMP 药

双嘧达莫（dipyridamole，潘生丁，persantin）

双嘧达莫口服吸收缓慢，个体差异大，通过抑制血小板内的磷酸二酯酶，减少 cAMP 水解，从而产生抗血小板聚集等，防止血栓形成。双嘧达莫可用于心脏手术或心脏瓣膜置换术，减少血栓栓塞的形成；也可用于治疗血栓栓塞性疾病，单独应用作用较弱，与阿司匹林联合应用效果好；也可与华法林合用防止心脏瓣膜置换术后血栓形成；与肝素等抗凝药合用可引起出血倾向。不良反应轻微，主要表现为胃肠道反应和过敏反应，如上腹部不适、恶心，也可引起血管扩张血压下降、头痛、眩晕、皮疹等。

（三）抑制 ADP 活化血小板药

苯丙香豆素（ticlopidine）

苯丙香豆素通过抑制 ADP 介导的血小板活化，不可逆地抑制血小板的黏附和聚集，其抗血小板作用强,但起效缓慢,口服约3～5天见效,停药后可维持10天。苯丙香豆素主要用于预防脑卒中、心肌梗死及外周动脉血栓性疾病的复发,疗效优于阿司匹林。不良反应主要有消化道反应、中性粒细胞减少、血小板减少性紫癜、骨髓抑制等。

氯吡格雷抗血小板的作用机制与噻氯匹定相似,但作用较强,不良反应较少。

(四)血小板膜糖蛋白 II_b/III_a 受体阻断药

阿昔单抗(abciximab)是较早的单克隆抗体,后来开发的拉米非班(lamifiban)、替罗非班(tirofiban)抑制血小板聚集作用较阿昔单抗更强,不良反应较少,临床用于治疗急性心肌梗死、血栓栓塞性疾病和不稳定型心绞痛,治疗效果良好。

三、纤维蛋白溶解药

纤维蛋白溶解药,又称溶栓药(thrombolytic),可促进纤溶酶原转化为纤溶酶,使纤维蛋白溶解,对新形成的血栓有溶解作用。一般认为血栓形成6小时内进行溶栓治疗,可明显降低致残率和病死率。

> **知识链接**
>
> **纤维蛋白溶解过程**
>
> 纤维蛋白溶解的基本过程可分为两个阶段:纤溶酶原的激活与纤维蛋白的降解。
>
> 1. 纤溶酶原的激活 纤溶酶原的激活物主要有三类。①血管激活物:当血管内出现血凝块,血管内皮细胞释放大量这类激活物,并吸附于血纤维蛋白凝块上面。②组织激活物:当组织受损时此类激活物释放入血,促使纤溶酶原变为纤溶酶。③尿激活物:尿液中含有纤溶酶原激活物,称为尿激酶,它是肾及泌尿道上皮细胞释放的。这些激活物都具有防止纤维蛋白栓塞,保持管腔通畅的生理作用。
>
> 某些细菌也含有激活纤溶酶原的物质。如链球菌中含有链激酶,故机体感染这些细菌后,可激活纤溶酶原成为纤溶酶。
>
> 2. 纤维蛋白的降解 纤溶酶是血浆中活性最强的蛋白酶,但其特异性较差。它可以水解肽链上各个赖氨酸-精氨酸相连接的部位,从而逐步将整个纤维蛋白或纤维蛋白原的分子,分割成很多可溶性的小肽(蛋白质碎片),这些小肽统称为纤维蛋白降解产物。此降解产物一般不再凝固。

案例 24-2

患者,男,77岁,因突发晕厥10分钟急诊科就诊。患者10分钟前于静坐时突发意识不清伴晕倒在地,持续约10秒,无抽搐与尿和大便失禁。入院查体:体温36.4℃,脉搏104次/分,呼吸18次/分,血压85/60 mmHg。双肺呼吸音清,心率104次/分,节律整齐,心音低钝,各瓣膜区未闻及杂音。心电图示V1、V2呈QS型,V3呈rS型,V1～3导联ST段弓背向上抬高0.25～0.45 mV,以V2为著,并与T波融合成单向曲线。心肌损伤标志物肌红蛋白、肌钙蛋白T(cTnT)、肌钙蛋白I(cTnI)阳性。初步诊断为ST段抬高型急性前间壁心肌梗死。

问题与思考:

1. 该患者应如何应用溶栓药?
2. 应用溶栓药应注意哪些事项?

尿激酶（urokinase，UK），链激酶（streptokinase，SK）

二者均为第一代溶栓药，药理作用和临床用途相同。尿激酶是由人肾细胞合成，从健康人新鲜尿液中提取，无抗原性，不引起过敏反应，较为常用，也可用于对链激酶过敏者。链激酶是从 β- 溶血性链球菌培养液中提取的一种蛋白质，具有抗原性，可导致过敏反应，应用较少。

【药理作用与临床应用】尿激酶和链激酶能激活体内纤维蛋白溶解系统，使血栓表面纤溶酶原转化成纤溶酶，直接溶解血栓，对急性期（6 h 内）血栓效果好。两药可用于治疗血栓栓塞性疾病，如急性心肌梗死、脑梗死、肺梗死等的早期。

【不良反应】大量快速注射可引起自发性出血，少数人对链激酶产生过敏反应。

重组组织型纤溶酶原激活物（tissue plasminogen activator，t-PA）

t-PA 为第二代溶栓药，又名阿替普酶。t-PA 采用基因技术获得，对形成血栓的纤维蛋白选择性高，对循环中的纤维蛋白几无影响，溶栓速度较快，主要用于治疗肺栓塞、脑栓塞、急性心肌梗死，动脉再通率较链激酶高，出血等不良反应更少，是较理想的第二代溶栓药。第二代溶栓药还包括阿尼普酶。

瑞替普酶（reteplase，rPA）

rPA 属于第三代溶栓药，具有选择性高、起效快、疗效强、耐受性好、剂量易于控制、给药方便、不良反应少等优点，临床主要用于急性心肌梗死患者。常见不良反应有出血、血小板减少等，有出血倾向者慎用。

四、抗血栓药用药护理

抗血栓药用药护理见表 24-1。

表 24-1 抗血栓药用药护理

用药护理程序	用药护理要点
用药前	1. 严格掌握适应证，确定合理的用药方案 2. 详细询问患者用药史、过敏史及家族史，注意配伍禁忌 3. 用药前应掌握患者的主要症状和体征，如血压、心率、全血细胞计数、血小板计数、血细胞比容、部分凝血激酶时间 4. 识别高危患者，明确药物的禁忌证 5. 做好护理沟通、心理护理等措施
用药中	1. 遵照医嘱准确执行给药方案，严格执行"三查""七对"的原则，避免医疗差错和事故的发生 2. 注意药物应用的剂量、滴注速度和更换部位 3. 密切观察患者的症状和体征变化，有无牙龈出血、消化道出血、泌尿道出血等情况，发现异常及时报告医生处理。除停药外，可用鱼精蛋白、维生素 K_1 或输新鲜血液处理 4. 认真观察和评估疗效
用药后	1. 密切观察患者是否有出血的症状和体征，监测凝血功能的变化，观察有无出血倾向 2. 教会患者观察出血的各种表现，如有出血现象，及时报告医护人员，避免患者恐慌

第二节 止血药

止血药是指能加速血液凝固或降低毛细血管通透性，促使出血停止的药物，用于治疗出血性疾病。

一、促进凝血因子生成药

维生素 K（vitamin K）

维生素 K 广泛存在于自然界中，其基本结构为甲萘醌，可分为脂溶性和水溶性两类：前者包括植物中提取的维生素 K_1 和肠道微生物合成的维生素 K_2，均需胆汁协助吸收；后者为人工合成的维生素 K_3 和维生素 K_4。

【药理作用与临床应用】维生素 K 作为 γ-羧化酶的辅酶，参与肝凝血因子 Ⅱ、Ⅶ、Ⅸ、Ⅹ 的活化过程，促进血液凝固。维生素 K 缺乏时肝只能合成无活性的凝血因子，导致凝血障碍而引起机体出血。该药在临床上用于治疗维生素 K 缺乏引起的出血症，包括：①维生素 K 吸收障碍，如阻塞性黄疸、胆瘘、慢性腹泻患者；②维生素 K 合成减少，如早产儿、新生儿和长期使用广谱抗生素者；③维生素 K 拮抗药如香豆素类、水杨酸类等过量引起的出血。

> **考点提示**
>
> 新生儿出血的首选药物。

【不良反应】维生素 K 不良反应较少。维生素 K_1 快速静脉注射可出现面红、出汗、血压下降、胸闷甚至虚脱等，故一般采用肌内注射；维生素 K_3、维生素 K_4 的刺激性强，口服后可有恶心、呕吐等胃肠道症状；大剂量时可引起新生儿及早产儿溶血性贫血、血胆红素升高及黄疸；葡萄糖-6-磷酸脱氢酶缺乏的患者使用该药也可诱发急性溶血性贫血。

二、抗纤维蛋白溶解药

氨甲环酸（tranexamic acid，AMCHA，止血环酸）
氨甲苯酸（aminomethylbenzoic acid，PAMBA，止血芳酸）

二者均能竞争性抑制纤溶酶原激活因子，阻止纤溶酶生成，大剂量可抑制纤溶酶，从而抑制纤维蛋白或纤维蛋白原的溶解，产生止血作用。两药在临床上主要用于原发或继发性纤维蛋白溶解过程亢进性出血，如肝、胰、肺、前列腺、子宫、肾上腺等部位的手术过程的异常出血，产后出血，也可用于链激酶、尿激酶过量产生的出血。氨甲环酸比氨甲苯酸止血效果强，临床常用。氨甲环酸和氨甲苯酸可引起头晕、恶心、胸闷、消化道症状等不良反应；剂量过大可促进血栓形成，甚至诱导心肌梗死。

三、作用于血管的止血药

垂体后叶素（pituitrin）

垂体后叶素为神经垂体分泌的含氮激素，包括缩宫素和血管加压素。缩宫素（催产素）是子宫兴奋药;血管加压素(抗利尿素)可产生止血作用。该药可直接作用于血管平滑肌,收缩小动脉、小静脉及毛细血管而止血,对内脏血管作用明显,临床用于咯血、门脉高压引起的上消化道出血及产后大出血。该药静注过快可导致面色苍白、胸闷、心悸、恶心、过敏反应等,应缓慢静脉注射。

四、促血小板生成药

酚磺乙胺(etamsylate)

酚磺乙胺通过降低毛细血管通透性,使血管收缩;还能增加血小板数量,增强其聚集性和黏附性,促使血小板释放凝血活性物质等,使凝血时间缩短,从而起止血作用。其止血作用迅速,持续时间较长。酚磺乙胺可用于防治外科手术出血过多和血管因素引起的出血,如血小板减少性紫癜,以及胃肠道、眼底、牙龈、鼻黏膜等部位或器官的出血等。不良反应少,偶见暂时性血压下降。

五、止血药用药护理

止血药用药护理见表 24-2。

表 24-2 止血药用药护理

用药护理程序	用药护理要点
用药前	1. 详细询问患者用药史、过敏史及家族史,注意药物的相互作用 2. 明确诊断出血原因,合理选择药物及给药方法 3. 明确药物的适应证和禁忌证,必要时可配合使用凝血因子等 4. 做好护理沟通、心理护理等措施
用药中	1. 遵照医嘱准确执行给药方案,严格执行"三查""七对"的原则,避免医疗差错和事故的发生 2. 注意药物的剂量、滴注速度,根据需要及时更换部位 3. 定期测定凝血酶原时间以调整药物用量和给药次数,一旦凝血时间出现异常应及时报告医生并备好抢救用药 4. 用药期间加强监护,预防血栓等并发症的形成 5. 认真观察和评估疗效及不良反应,如有异常情况及时报告医生
用药后	1. 协助医生评价、完善药物的治疗方案 2. 出血症状控制后,应加强监护;避免可能引起出血的各种原因,指导患者在日常生活中加强预防保健措施,减少复发率 3. 注意止血药应用过量可能引起的血栓形成等并发症,应加强护理 4. 开展合理用药的健康教育及用药指导

思政园地

用"三心"护佑静脉血栓患者生命

深静脉血栓形成是指血液在下肢深静脉内不正常凝结,阻塞静脉管腔,导致静脉回流障碍,从而引起患者的疼痛不适及患肢的肿胀。患者长期卧床,因疼痛较重、患肢肿胀而担心预后,护士要主动与患者交谈,增加其自信心,使之能积极配合治疗。护理过程要足够耐心、细心、贴心,密切观察肢体皮温、色泽、水肿及足背静脉搏动情况,注意保持床单的平整、清洁，及时更换已污染的床单、防止褥疮。肺栓塞是深静脉血栓形成最严重的并发症，患者突然出现呼吸困难、胸痛、咳嗽、恐惧感等症状时，需警惕肺栓塞的可能，应立即报告医生，并予支持性护理。

第三节　抗贫血药

贫血是指循环血液中红细胞数或血红蛋白含量低于正常值时产生的症状。贫血并不是一种独立的疾病。贫血的药物治疗一般遵循物质补偿原则即缺什么补什么。临床常见缺铁性贫血，再生障碍性贫血发生率低，但治疗难度较大。

案例24-3

患者，女，30岁，2年前做了胃大部分切除术，近半年来时感头晕、耳鸣、乏力、气短，经检查诊断为缺铁性贫血。

问题与思考：
1. 该患者应选用何药治疗？
2. 如何对患者进行用药护理？

一、常用药物

硫酸亚铁（ferrous sulfate）

【体内过程】铁的吸收部位主要在十二指肠和空肠上段，无机铁以 Fe^{2+} 形式易于吸收，Fe^{3+} 形式难于吸收。凡能使 Fe^{3+} 还原为 Fe^{2+} 的因素均有利于铁的吸收，如胃酸、维生素C、果酸、谷胱甘肽。口服铁剂时可同时服用稀盐酸、维生素C或摄入蔬菜、水果以提高疗效。胃酸缺乏、碱性药物、高钙、高磷酸盐、茶或含鞣酸的植物可使铁剂沉淀，妨碍铁的吸收；四环素和铁剂可形成络合物，可相互影响吸收。

进入血液的 Fe^{2+} 变成 Fe^{3+}，Fe^{3+} 与血浆球蛋白结合形成转运铁蛋白复合体，将铁运送到骨髓供造血使用或以铁蛋白形式储存。铁主要通过肠黏膜细胞脱落及胆汁、尿液排出体外。

考点提示

影响口服铁剂在消化道吸收的因素。

【药理作用】铁是红细胞成熟时期合成血红蛋白不可缺少的原料。吸收到体内的铁可进入骨髓的有核红细胞内与原卟啉结合形成血红素，后者再与珠蛋白结合而成为血红蛋白。

【临床应用】铁剂用于预防或治疗各种原因引起的缺铁性贫血，对妊娠期和哺乳期妇女、婴幼儿喂养不当、慢性失血引起的缺铁性贫血效果尤其显著。用药1周后一般症状即可逐渐改善，网织红细胞数于治疗后10～14天达到高峰，血红蛋白4～8周接近正常。为使体内储备铁恢复正常，当血红蛋白含量正常后，尚需减半量继续服药2～3个月，并进行对因治疗。

【不良反应】口服铁剂可见恶心、呕吐、上腹不适及腹泻等胃肠道刺激症状，宜饭后服用；

铁与肠道内硫化氢结合可引起黑便、便秘。小儿误服 1 g 以上铁剂可诱发急性中毒，表现为恶心、呕吐、血性腹泻、休克、昏迷等，2 g 以上可引起死亡。

> **知识链接**
>
> **缺铁性贫血的病因**
>
> 1. 慢性失血　是缺铁性贫血产生的主要原因，如消化道溃疡、食管静脉曲张、痔疮、钩虫病、月经量过大等引起的慢性失血。
> 2. 吸收障碍　萎缩性胃炎、胃癌、胃次全切除手术后等患者对铁的吸收减少，体内储备铁一旦耗竭即可诱发缺铁性贫血。
> 3. 铁的需求量大而摄入不足　生长发育期的婴儿、青少年和妊娠期或哺乳期的妇女等，对铁的需求量大，若食物中铁的摄入不足，易导致缺铁性贫血的产生。
> 4. 红细胞大量被破坏　如疟疾、溶血等也可引起铁的缺乏，从而产生缺铁性贫血。

叶酸（folic acid）

叶酸属于 B 族维生素，在动物肝、肾、酵母和绿叶蔬菜中含量丰富。人体不能合成叶酸，必须从食物中摄取，经小肠吸收储存于肝内。

【药理作用与临床应用】叶酸在体内无活性，被人体吸收以后，在体内被还原成二氢叶酸，然后进一步还原成有活性的四氢叶酸。在维生素 B_{12} 的协助下，四氢叶酸作为一碳单位的传递体，参与氨基酸和核酸的合成。当叶酸缺乏时，DNA 合成障碍，影响红细胞的生长和成熟，引起巨幼细胞贫血；消化道黏膜上皮细胞的增殖受到抑制，可出现舌炎、腹泻等症状。

叶酸可用于各种原因引起的叶酸缺乏而导致的巨幼细胞贫血（如营养性、婴儿期或妊娠期），以叶酸治疗为主，维生素 B_{12} 为辅。维生素 B_{12} 缺乏所致的恶性贫血，叶酸只能纠正血常规，不能改善神经损害症状。长期应用二氢叶酸还原酶抑制剂药如甲氧苄啶、乙胺嘧啶和苯妥英钠等引起的巨幼细胞贫血，须用甲酰四氢叶酸治疗。

维生素 B_{12}（vitamin B_{12}）

维生素 B_{12} 是一组含钴的 B 族维生素的总称，广泛存在于动物内脏、肌肉、牛奶及蛋黄中。氰钴胺、羟钴胺性质稳定，为临床常用的维生素 B_{12}。

【药理作用与临床应用】维生素 B_{12} 是多种生化反应的辅酶，主要参与机体两种代谢过程。

1. 促进叶酸的循环再利用　维生素 B_{12} 在同型半胱氨酸转变为甲硫氨酸的过程中，使 N-5-甲基四氢叶酸转变为四氢叶酸。当维生素 B_{12} 缺乏时，叶酸代谢发生障碍，导致出现巨幼细胞贫血。

2. 维持神经髓鞘的完整性　维生素 B_{12} 使脂肪酸代谢中间产物甲基丙二酸变成琥珀酸，参与三羧酸循环，这与神经髓鞘脂蛋白合成有关。当维生素 B_{12} 缺乏时，影响神经髓鞘的脂质合成，使中枢和外周神经纤维结构不完整而导致脑、脊髓及外周神经发生病变。

维生素 B_{12} 主要用于治疗恶性贫血及巨幼细胞贫血的辅助用药；也用于治疗神经炎、神经萎缩等神经系统疾病和肝病疾病（肝炎、肝硬化）的辅助治疗。

【不良反应】维生素 B_{12} 偶可引起过敏反应，甚至过敏性休克，故不能滥用；不宜采用静脉给药。

二、抗贫血药用药护理

抗贫血药用药护理见表 24-3。

表 24-3 抗贫血药用药护理

用药护理程序	用药护理要点
用药前	1. 明确贫血类型，制订合理的治疗方案 2. 告知患者及家属抗贫血药的服药方法和注意事项 3. 详细询问患者用药史、过敏史及家族史，过敏体质或对重组人红细胞生成素过敏者慎用或禁用重组人红细胞生成素 4. 注意药物的禁忌证和相互作用 5. 做好护理沟通、心理护理等措施
用药中	1. 遵照医嘱准确执行给药方案，严格执行"三查""七对"的原则，避免医疗差错和事故的发生 2. 掌握药物的剂量及给药方法 3. 定期测定血液中血红蛋白含量和红细胞数，以观疗效，如使用 1 个月以上无明显改善，应提示医生调整治疗方案 4. 认真观察和评估疗效及不良反应，如有异常情况及时报告医生
用药后	1. 协助医生评价、完善药物的治疗方案 2. 贫血症状改善后，应继续服用一段时间药物，并加强健康教育，纠正引起贫血的不良习惯 3. 注意药物可能引起的不良反应，尤其是铁剂误服过量中毒等

第四节 促白细胞增生药

由于遗传、病理因素或多种理化因素引起周围血中白细胞总数低于正常值称为白细胞减少症。近几年随着各种细胞因子及相关基因重组药物的出现，对白细胞减少症等疾病的治疗有了很大的进展，目前在临床用途较多、疗效较好的有重组人粒细胞集落刺激因子（非格司亭）和重组人粒细胞/巨噬细胞集落刺激因子等。

非格司亭（filgrastim，升白能，重组人粒细胞集落刺激因子）

非格司亭是通过 DNA 重组技术获得的人粒细胞集落刺激因子。其作用是促进中性粒细胞成熟，并促进骨髓释放成熟的粒细胞入血且可使其功能增强，用于各种因素（肿瘤放、化疗，再生障碍性贫血，骨髓发育不良等）引起的白细胞减少症和粒细胞减少症。非格司亭不能与恶性肿瘤化疗药物同时应用，应在化疗药物应用前或后 24～48 小时使用，避免发生药物的相互作用。常采用皮下注射或静脉滴注，静脉注射时应与 5% 葡萄糖注射液或等渗盐水混合。非格司亭的不良反应多为过敏反应。

第五节 血容量扩充药

机体大量失血或失血浆可以引起血容量降低，甚至导致休克。补充血容量、维持重要器官有效灌注量是治疗低血容量性休克的关键。临床上除输血或血浆外，使用血容量扩充药提高血液胶体渗透压是非常重要的治疗措施。这类药物具有维持血浆胶体渗透压、作用时间持久、无毒、无抗原性的特点。常用的药物有右旋糖酐、羟乙基淀粉40（706代血浆）等。

右旋糖酐（dextran）

右旋糖酐为高分子葡萄糖聚合物，因聚合的分子数目不同，产生不同分子量的制剂，常用的有右旋糖酐70（中分子右旋糖酐）、右旋糖酐40（低分子右旋糖酐）、右旋糖酐20（小分子右旋糖酐）。

【药理作用与临床应用】

1. 扩充血容量　右旋糖酐静脉输入后可提高血浆胶体渗透压而扩充血容量，用于严重烧伤、手术出血等引发的低血容量性休克等。中分子右旋糖酐分子量较大，不易透过血管壁，故作用持久；小分子右旋糖酐和低分子右旋糖酐此作用较弱。

2. 利尿　低分子右旋糖酐和小分子右旋糖酐能快速从肾小球滤过，且不被肾小管吸收而产生渗透性利尿作用，可用于防治急性肾衰竭。

3. 抗血栓　低分子右旋糖酐和小分子右旋糖酐能减少血小板的聚集，降低血液黏滞性改善微循环，阻止血栓形成，用于预防手术等引发的血栓栓塞性疾病，也可以用于防治心肌梗死、血栓后静脉炎等。

知识链接

血栓栓塞性疾病的治疗原则

血栓栓塞性疾病属一种多学科交叉性的常见病、多发病，随着现代社会生活方式和饮食结构改变及老龄化的加重，使得血栓栓塞性疾病发病率呈指数级增长。动脉和静脉血管内血栓形成和栓塞过程，极易造成组织及脏器缺血和器官功能受损，是导致外周及心脑血管不良事件的最终环节，也是造成高残疾率、高病死率的直接原因。

血栓栓塞性疾病主要通过药物治疗、康复治疗和预防治疗三种方式进行治疗，以药物治疗为主。急性期和进展期应用溶栓药比较有效，预防血栓形成主要应用阿司匹林、氯吡格雷等基础药物。

【不良反应】右旋糖酐偶可引起过敏反应如荨麻疹、发热等症状，严重者可出现血压下降、呼吸困难；连续用药时可致凝血障碍和出血。

【用药护理】血容量扩充药用药护理见表24-4。

表24-4　血容量扩充药用药护理

用药护理程序	用药护理要点
用药前	1. 用药前应详细询问患者有无食物及药物过敏史，对过敏体质、有凝血障碍、出血性疾病、肝肾功能不良者应禁用低分子右旋糖酐 2. 对初次用药者建议做皮试 3. 做好护理沟通、心理护理等措施
用药中	1. 遵照医嘱准确执行给药方案，严格执行"三查""七对"的原则，避免医疗差错和事故的发生 2. 使用本品时滴注速度宜慢并且应严密观察5～10 min，滴注过程中应注意调节电解质平衡，如发现有休克反应，须立即停药 3. 右旋糖酐不宜与双嘧达莫、维生素C、维生素K在同一溶液中合用
用药后	1. 协助医生评价、完善药物的治疗方案 2. 疗程不宜过长，避免大分子药物不断蓄积于肝肾而诱发多种不良反应

自 测 题

一、选择题

A₁ 型题

1. 关于链激酶的叙述不正确的是
   A. 是 β 溶血性链球菌产生的一种蛋白质
   B. 能与纤溶酶原结合，促使游离的纤溶酶原变成纤溶酶
   C. 对各种早期栓塞症有效
   D. 有出血倾向者禁用
   E. 对栓塞时组织坏死有独特疗效

2. 弥散性血管内凝血选用的药物是
   A. 肝素　　　　　　　B. 维生素 K　　　　　　C. 叶酸
   D. 氨甲苯酸　　　　　E. 阿司匹林

3. 氨甲苯酸的作用是
   A. 直接抑制纤溶酶原生成
   B. 妨碍纤溶酶原激活成纤溶酶
   C. 增加血小板聚集
   D. 促使毛细血管收缩
   E. 正常浓度下直接抑制纤溶酶

4. 维生素 B_{12} 主要用于治疗的疾病是
   A. 缺铁性贫血　　　　B. 慢性失血性贫血　　　C. 再生障碍性贫血
   D. 恶性贫血　　　　　E. 地中海贫血

5. 低分子右旋糖酐不能用于
   A. 防治脑血栓形成　　B. 防治低血容量性休克　C. 预防术后血栓形成
   D. 防治心功能不全　　E. 渗透性利尿

A₂ 型题

6. 某早产患儿，发热，体温 38.0℃，伴面色苍黄，逐渐加重，在当地给予退热针剂肌内注射，扎针部位出血不止，患儿出现呕吐，次数频繁，呕吐物为胃内容物，喷射性，医生诊断为消化道出血，宜选用的治疗药物是
   A. 肝素　　　　　　　B. 华法林　　　　　　　C. 维生素 K
   D. 氨甲环酸　　　　　E. 枸橼酸钠

A₃/A₄ 型题

（7～9题共用题干）

某永久性心房颤动患者，长期口服华法林治疗，近日因调整华法林剂量及合并用药品种，突发口腔（牙龈）出血不止、四肢大面积皮下瘀斑，且逐渐扩大，诊断为华法林过量引起的出血。

7. 可用于解救华法林过量引起的出血的药物是
   A. 肝素　　　　　　　B. 华法林　　　　　　　C. 维生素 K

D. 氨甲环酸　　　　　E. 枸橼酸钠

8. 可增强香豆素类药抗凝作用的药物是
   A. 西咪替丁　　　　B. 苯巴比妥　　　　C. 苯妥英钠
   D. 口服避孕药　　　E. 利福平

9. 可减弱香豆素类药抗凝作用的药物是
   A. 西咪替丁　　　　B. 阿司匹林　　　　C. 氯霉素
   D. 苯巴比妥　　　　E. 甲硝唑

（10～11题共用题干）

患者，女，20岁，面色苍白，唇、甲色淡，头晕、乏力、气短、体力下降近3个月，每次来月经过程中经血时有时无可达20余天，经检查诊断为缺铁性贫血。

10. 给予铁剂口服治疗护理中错误的是
    A. 可与维生素C同服
    B. 服用铁剂时忌饮浓茶
    C. 宜饭后应用
    D. 血红蛋白正常后应继续使用数月
    E. 缺铁性贫血伴有感染者为增强疗效可将铁剂和四环素联合应用

11. 铁剂与以下药物合用可促进其吸收的是
    A. 维生素A　　　　B. 维生素B　　　　C. 维生素C
    D. 维生素D　　　　E. 维生素K

二、简答题

1. 简述肝素的临床应用及不良反应。
2. 简述维生素K的临床用途、不良反应及用药监护。

三、案例分析

方女士怀孕12周去医院做B超检查，检查结果提示胎儿是一个无脑儿，属于严重的畸形，医生建议终于妊娠。后来医生了解到方女士为了身体苗条，始终节食，体内的叶酸含量比较低，有可能是这个原因导致的胎儿畸形。

请回答：

1. 叶酸的临床应用有哪些？
2. 孕妇如何补充叶酸？

（余瑞铭）

第二十五章 抗组胺药

学习目标

1. 说出组胺受体的分类、分布及效应。
2. 解释 H_1 受体阻断药、H_2 受体阻断药的药理作用、临床应用和不良反应。
3. 能指导患者正确使用抗组胺药并评估药物的治疗效果。
4. 学会监测抗组胺药的不良反应并执行相应的护理措施。
5. 具有人文关怀精神和诚实守信、敬业爱岗的良好医德。

组胺（histamine）是引起过敏反应的主要介质。在机体接触变应原后，组胺从肥大细胞等细胞中释放出来与各组织靶细胞中的 H_1 受体结合，从而产生过敏性结膜炎、过敏性鼻炎 - 哮喘综合征、荨麻疹、湿疹等过敏反应。

第一节　H_1 受体阻断药

案例 25-1

患者，男，15岁，主诉"鼻痒、喷嚏、清涕、鼻塞9年，眼痒3年余"来院就诊。患者3年前开始出现眼痒、眼红、眼肿的症状，不伴咳嗽、喘憋、胸闷。辅助检查：鼻镜检查鼻黏膜苍白水肿，总鼻道狭窄，总鼻道和鼻咽部大量清水涕。医生诊断为过敏性鼻炎。

问题与思考：
1. 过敏性鼻炎患者应选用何种抗组胺药？
2. 如何对患者进行用药指导？

【分类】H_1 受体阻断药可以分为三类：第一代、第二代和第二代新型 H_1 受体阻断药。

第一代：苯海拉明（diphenhydramine）、异丙嗪（promethazine，非那根）、赛庚啶（cyproheptadine）、氯苯那敏（chlorpheniramine，扑尔敏）等。此类药物不良反应有中枢抑制和抗胆碱作用，表现为嗜睡、困倦、口眼鼻干等症状。

第二代：西替利嗪（cetirizine）、氯雷他定（loratadine）、咪唑斯汀（mizolastine）、依巴斯汀（ebastine）等。此类药物作用时间长，无中枢抑制作用和抗胆碱作用。

第二代新型：地氯雷他定（desloratadine）、西替利嗪（cetirizine）、左西替利嗪（levocetirizine）、左卡巴斯汀（levocabastine）、枸地氯雷他定（desloratadine citrate disodium）、非索非那定（fexofenadine）等。新型药物除具有抗组胺作用外，还有广泛抗炎作用，能够抑制黏附分子、白介素-6（IL-6）、趋化因子等炎症介质释放，通过拮抗组胺和非组胺依赖的炎症反应控制过敏反应。

【体内过程】H_1 受体阻断药口服、注射均易吸收，起效时间多为 15～30 min，分布较广，大部分经肝代谢、肾排泄。

【药理作用及临床应用】

1. 抗组胺作用（抗过敏） 此类药物可阻断 H_1 受体，使胃肠、支气管平滑肌扩张，皮肤血管收缩，从而使过敏症状减轻。其主要用于皮肤黏膜变态反应性疾病，对荨麻疹、花粉症、过敏性鼻炎和血管神经性水肿效果较好；对药疹、接触性皮炎及昆虫咬伤引起皮肤瘙痒和水肿有一定的疗效；对输血或输液引起的过敏反应有防治作用；对支气管哮喘疗效差，对过敏性休克无效。

2. 中枢抑制作用 第一代药物表现为镇静、嗜睡等，其中苯海拉明和异丙嗪中枢抑制作用最强，可用于治疗失眠，尤其适用于变态反应性疾病引起的烦躁、失眠。

3. 抗胆碱作用 第一代药物大多有抗胆碱作用。中枢抗胆碱作用可产生抗晕止吐效应，用于晕动病和放射病等引起的呕吐，常用药物为苯海拉明和异丙嗪。外周抗胆碱作用表现为口干、便秘、视物模糊、尿潴留、眼压升高等。

4. 其他 异丙嗪与氯丙嗪、哌替啶组成冬眠合剂，用于人工冬眠。

常用 H_1 受体阻断药作用特点见表 25-1。

表 25-1 常用 H_1 受体阻断药作用特点比较

药物	抗组胺	中枢抑制	抗晕止吐	抗胆碱	持续时间（h）
第一代					
苯海拉明	++	+++	++	+++	4～6
异丙嗪	++	+++	++	+++	6～12
氯苯那敏	+++	+	-	++	4～6
第二代					
西替利嗪	+++	-	-	-	12～24
左卡巴斯汀	+++	-	-	-	12
氯雷他定	+++	-	-	-	24
第二代新型					
非索非那定	++++	-	-	-	56

+++：强；++：中；+：弱；-：无

【不良反应】

1. 中枢抑制 第一代 H_1 受体阻断药多见嗜睡、头晕、乏力、反应迟钝、注意力不集中等。

2. 抗 5- 羟色胺作用 如长期服用赛庚啶可刺激食欲引起体重上升。

3. 抗胆碱作用 可引起阿托品样反应，表现为口干、心悸、视物模糊、排尿困难。异丙嗪、赛庚啶、苯海拉明此作用显著。

4. 心脏毒性 第二代 H_1 受体阻断药如特非那定剂量过大可引起心动过速、心悸、心律失常。

5. 偶见反应 粒细胞减少及溶血性贫血。

考点提示

H_1 受体阻断药的不良反应。

第二节　H_2受体阻断药

H_2受体阻断药能选择性阻断胃壁细胞上的H_2受体,抑制胃酸分泌,主要用于治疗消化性溃疡,常用药物有西咪替丁、雷尼替丁、法莫替丁、尼扎替丁等(详见第二十六章作用于消化系统的药物)。

第三节　抗组胺药用药护理

抗组胺药用药护理见表25-2。

表25-2　抗组胺药用药护理

用药护理程序	用药护理要点
用药前	1. 用药禁忌评估。新生儿和早产儿、孕妇、哺乳期妇女、青光眼、尿潴留、前列腺增生、幽门梗阻患者及对此类药物过敏者禁用;重症肌无力、癫痫、哮喘、甲状腺功能亢进、糖尿病患者,以及老年人、孕妇、哺乳期妇女慎用;儿童不宜服用;皮试前不用 2. 调配药品。①正确实施给药:苯海拉明刺激性强,不宜皮下注射,应选择大肌群深部肌内注射;②注意药物相互作用:第一代H_1受体阻断药不宜与阿托品、三环类抗抑郁药、单胺氧化酶抑制药合用,以免加强其抗胆碱作用。第二代H_1受体阻断药不宜与大环内酯类抗生素合用,以免加重心脏毒性
用药中	1. 为减轻胃肠道反应,嘱患者饭后服用 2. 用药期间不宜从事高空作业、驾驶及机械操作等工作,不宜饮酒,不宜与中枢神经抑制药合用
用药后	评估药物疗效,过敏反应是否好转或消除,有无严重药物不良反应发生

> **思政园地**
>
> **团结协作　攻克难题**
>
> 1950年,罗纳·普朗克公司在研究抗组胺药时合成了氯丙嗪,原本是希望从中找出抗疟药,因这些产品中有一些具有抗组胺作用。同年巴黎外科医生亨利·拉伯里特(Henri Laborit)得到了异丙嗪,当时他正在探索抗组胺药能否减轻休克,结果发现,患者应用异丙嗪之后情绪发生了很大变化,显得平静,放松。基于此发现,拉伯里特发表了一篇没有数据的临床观察记录,巧合的是,这篇论文被罗纳·普朗克公司看到,公司立即着手将抗组胺药转向开发作用于中枢神经系统的药物。通过了解氯丙嗪的发现、发展过程,可以知道一种药物的开发成功并不是一个人的功劳,是很多人共同努力的结果。在医疗护理团队中,每个成员都应明确团队的目标,并清楚自己的角色和职责。团队的目标应该与患者的需求和护理计划相一致,同时每个成员要清楚自己在团队中的定位和任务,例如,团队中的护士负责患者的日常护理。

自 测 题

一、选择题

A_1 型题

1. 下列疾病应用苯海拉明无效的是
   A. 荨麻疹　　　　　　B. 过敏性鼻炎　　　　　C. 血管神经性水肿
   D. 血清病所致高热　　E. 接触性皮炎

2. 无中枢抑制作用的药物是
   A. 苯海拉明　　　　　B. 异丙嗪　　　　　　　C. 赛庚啶
   D. 氯苯那敏　　　　　E. 西替利嗪

3. 苯海拉明不具有的作用是
   A. 镇静　　　　　　　B. 催眠　　　　　　　　C. 抗过敏
   D. 抑制胃酸分泌　　　E. 抗晕止吐

A_2 型题

4. 患者，男，32岁，因全身皮肤剧烈瘙痒，出现红色丘疹突出于皮肤，到当地医院就诊，经检查，诊断为荨麻疹。医生给患者开了氯苯那敏片。这类药物最常见的不良反应是
   A. 烦躁、失眠　　　　B. 镇静、嗜睡　　　　　C. 消化道反应
   D. 致畸　　　　　　　E. 耳毒性

二、简答题

1. 因昆虫咬伤引起皮肤瘙痒并因此入睡困难的患者，应选用哪类药治疗？为什么？
2. 为何驾驶员、高空作业者及精密仪器操纵人员工作期间应避免服用氯苯那敏？

三、案例分析

患者，男，32岁，长途汽车司机。因驾驶途中全身皮肤剧烈瘙痒，出现红色丘疹突出于皮肤，到当地医院就诊，经检查，诊断为荨麻疹。医生给患者开了氯雷他定片，用法：10 mg，一日1次。

请回答：

1. 该患者用氯雷他定治疗的依据是什么？
2. 如何对该患者进行用药指导？

（余瑞铭）

第二十六章数字资源

第二十六章 作用于消化系统的药物

学习目标

1. 说出抗消化性溃疡药的分类，解释常用药物的作用特点、临床应用和不良反应。
2. 说出消化功能调节药的分类，解释硫酸镁的药理作用、临床应用、不良反应。
3. 概括同类药物中其他药物的主要作用特点及临床应用。
4. 能指导患者正确使用作用于消化系统的药物并评估药物的治疗效果。
5. 学会监测作用于消化系统的药物的不良反应并执行相应的护理措施。
6. 具有严谨细致和一丝不苟的工作作风。

第一节 抗消化性溃疡药

案例 26-1

患者，女，48 岁，经常反酸、嗳气，反复出现上腹部疼痛，饥饿时加重，进食后常能自行缓解。患者因近几天疼痛加重来院就诊，诊断为十二指肠球部溃疡，幽门螺杆菌试验阳性。医生开具处方：奥美拉唑 20 mg，每天 1 次，用药 4 周；克拉霉素 500 mg，每天 2 次，用药 2 周；替硝唑 500 mg 每天 2 次，用药 2 周。疗程结束后溃疡愈合，幽门螺杆菌试验阴性。

问题与思考：
1. 奥美拉唑的主要药理作用是什么？
2. 应用克拉霉素和替硝唑的目的是什么？

消化性溃疡是指发生在胃和十二指肠的慢性溃疡，是一种常见病、多发病，包括胃溃疡和十二指肠溃疡。其发病机制主要是致溃疡因素（胃酸、胃蛋白酶、幽门螺杆菌、非甾体抗炎药等）强于防御保护因素（胃黏膜、胃黏液、前列腺素、碳酸氢盐等）。临床治疗原则以去除病因和减少胃酸分泌、加强胃黏膜保护机制为主。常用抗消化性溃疡药有抗酸药、抑制胃酸分泌药、胃黏膜保护药和抗幽门螺杆菌药。

知识链接

消化性溃疡的发病机制

消化性溃疡的发病机制主要是损伤胃肠黏膜的攻击因子（胃酸、胃蛋白酶、幽门螺杆菌、促胃液素、乙醇、非甾体抗炎药等）增强，防御因子（黏液屏障、胃黏膜血流、黏膜修复、前列腺素、碳酸氢盐等）减弱。引起消化性溃疡的主要原因是幽门螺杆菌直接损伤黏膜上皮，促进促胃液素的分泌而使胃酸分泌增加，还可损伤血管内皮而影响黏膜血流，降低黏膜的防御功能；另外，胃酸、胃蛋白酶对胃肠黏膜的自身消化可导致胃、十二指肠黏膜损伤，从而形成溃疡。

一、抗酸药

抗酸药为弱碱性化合物，口服后在胃内直接中和胃酸，降低胃液酸度和胃蛋白酶活性，减轻胃酸、胃蛋白酶对胃、肠黏膜的损伤。理想的抗酸药应作用迅速、持久，不吸收、不产气、不引起腹泻或便秘，对黏膜及溃疡面有收敛和保护作用。临床上常将抗酸药制成复方制剂以增强疗效，减少不良反应。

常用抗酸药特点比较见表26-1，常用复方制剂有复方氢氧化铝、复方铝酸铋等。

表26-1 常用抗酸药特点比较

药物	抗酸作用	收敛作用	保护作用	胃酸增多	排便	碱血症
碳酸钙	中、快、久	-	-	+	便秘	-
氧化镁	强、慢、久	-	-	-	轻泻	-
氢氧化镁	中、快、久	-	-	-	轻泻	-
三硅酸镁	弱、慢、久	-	+	-	轻泻	-
氢氧化铝	中、慢、久	+	+	-	便秘	-
碳酸氢钠	强、快、短	-	-	-	-	+

考点提示

抑制胃酸分泌药和抗酸药的作用比较。

二、抑制胃酸分泌药

（一）H_2受体阻断药

此类药物口服易吸收，血浆蛋白结合率低，可透过血脑屏障和胎盘屏障，肝代谢率低，主要经肾排泄，部分经乳汁排泄。

H_2受体阻断药通过竞争性阻断胃壁细胞上的H_2受体，阻断组胺及组胺受体激动药与H_2受体结合，能明显抑制基础胃酸分泌和夜间胃酸分泌，对进食、胰岛素、咖啡因等刺激引起的胃酸分泌也有抑制作用。常用H_2受体阻断药比较见表26-2。

表26-2 常用H_2受体阻断药比较

药物	作用特点	临床应用	不良反应及注意事项
第一代 西咪替丁（cimetidine，甲氰咪胍）	阻断H_2受体，能明显抑制基础胃酸及食物、药物和其他因素所引起的胃酸分泌	主要用于十二指肠溃疡，但停药后易复发，对胃溃疡疗效较差；也可用于治疗带状疱疹	胃肠道反应，头痛、头晕、乏力；大剂量出现精神错乱、谵妄、幻觉等；少数患者出现粒细胞减少、氨基转移酶升高；有轻度抗雄性激素作用；抑制药酶活性

续表

药物	作用特点	临床应用	不良反应及注意事项
第二代 雷尼替丁（ranitidine）	抑制胃酸分泌作用为西咪替丁的4～10倍。具有速效和长效的特点	适用于胃和十二指肠溃疡、反流性食管炎，对应用西咪替丁无效的患者仍有效	与西咪替丁相似，但较轻
第三代 法莫替丁（famotidine）	抑制胃酸分泌作用为西咪替丁的40～50倍	适用于胃和十二指肠溃疡、反流性食管炎、应激性溃疡及急性胃黏膜出血等	对药酶无影响，无抗雄激素作用，不良反应发生率低，常见恶心、呕吐、头痛、头晕、皮疹、白细胞减少等

（二）H^+-K^+-ATP酶抑制药（质子泵抑制药）

此类药物通过抑制H^+-K^+-ATP使H^+不能从胃壁细胞内泵向胃腔，从而减少胃酸分泌，由于其疗效显著，已超过H_2受体阻断药。成为目前世界上应用最广的抑制胃酸分泌的药物。常用药物有第一代奥美拉唑（omeprazole）；第二代兰索拉唑（lansoprazole）；第三代泮托拉唑（pantoprazole）、雷贝拉唑（rabeprazole）。

奥美拉唑（omeprazole，洛赛克）

【药理作用与临床应用】奥美拉唑对各种原因引起的胃酸分泌有强大而持久的抑制作用；能减少胃蛋白酶分泌；可增加胃黏膜血流量，促进溃疡愈合；还有抗幽门螺杆菌的作用。

奥美拉唑适用于胃和十二指肠溃疡、反流性食管炎、上消化道出血、佐林格-埃利森综合征，治愈率高，且复发率低。

【不良反应】奥美拉唑主要不良反应有头痛、头晕、失眠、外周神经炎、口干、恶心、腹胀等；偶有皮疹、氨基转移酶升高、男性乳房发育、溶血性贫血等；长期应用由于胃酸分泌减少可使胃内细菌滋生。

（三）M_1受体阻断药

哌仑西平（pirenzepine，胃疾平）

哌仑西平能选择性阻断胃壁细胞的M_1受体，小剂量即可抑制胃酸分泌，主要用于胃和十二指肠溃疡、反流性食管炎，疗效与西咪替丁相似，二者合用可提高疗效。不良反应较轻，可见口干、视物模糊、便秘、头痛、嗜睡等。

（四）促胃液素受体阻断药

丙谷胺（proglumide）

丙谷胺能竞争性阻断胃壁细胞上的促胃液素受体，抑制胃酸分泌；对胃黏膜有保护作用并促进溃疡愈合。此药可用于消化性溃疡、慢性胃炎。其疗效较H_2受体阻断药差，已不单独应用。

三、胃黏膜保护药

胃黏膜保护药通过增强胃黏膜的细胞屏障和黏液-HCO_3^-盐屏障而发挥抗溃疡作用。

> **知识链接**
>
> ### 胃黏膜屏障
>
> 胃黏膜屏障包括细胞屏障和黏液-HCO_3^-盐屏障,细胞屏障由胃黏膜细胞顶部的细胞膜和细胞间紧密连接组成,有抵抗胃酸和胃蛋白酶的作用。黏液-HCO_3^-盐屏障是由HCO_3^-盐和胃液中的黏液混合组成,在胃黏膜表面形成黏液不动层,能防止胃酸、胃蛋白酶损伤胃黏膜细胞。当胃黏膜屏障功能受损时可导致溃疡。

枸橼酸铋钾(bismuth potassium citrate,胶体次枸橼酸铋)

枸橼酸铋钾口服后可在胃酸中形成氧化铋胶体,形成保护膜;改善胃黏膜血流,促进溃疡的愈合;抑制胃蛋白酶活性,促进胃黏液、HCO_3^-盐、前列腺素的分泌;还有抗幽门螺杆菌的作用。枸橼酸铋钾适用于胃和十二指肠溃疡、慢性胃炎。不良反应偶有恶心、便秘、腹泻等,服药期间可见舌及粪便黑染。枸橼酸铋钾不宜与抗酸药和牛奶同服。肾功不良及孕妇禁用。

其他胃黏膜保护药比较见表 26-3。

表 26-3 其他胃黏膜保护药比较

药物	作用特点	临床应用	不良反应及注意事项
硫糖铝(sucralfate)	口服后在胃酸中聚合成胶体,形成保护膜;促进黏液、HCO_3^-盐、前列腺素的分泌;促进溃疡面愈合;还能抑制胃蛋白酶活性和抑制幽门螺杆菌繁殖	胃和十二指肠溃疡、慢性浅表性胃炎、反流性食管炎等	便秘、口干、恶心、皮疹、眩晕等。不宜与碱性药物、胃酸分泌抑制药合用
米索前列醇(misoprostol)	能抑制胃酸和胃蛋白酶分泌;还能促进黏液和HCO_3^-分泌,改善胃肠黏膜血液供给,增强黏膜的屏障作用	消化性溃疡、应激性溃疡和急性胃黏膜损伤性出血,尤其适用于非甾体抗炎药所致的消化性溃疡	腹痛、腹泻、恶心和胃肠胀气等。孕妇禁用
恩前列素(enprostil)	类似米索前列醇,持续时间较长,一次用药抑制胃酸作用持续12小时	胃和十二指肠溃疡、胃炎等,尤其适用于预防和治疗非甾体抗炎药引起的消化道黏膜损伤和溃疡	腹泻,头痛、恶心、便秘、腹痛等。孕妇禁用

四、抗幽门螺杆菌药

> **知识链接**
>
> ### 幽门螺杆菌(Hp)
>
> 幽门螺杆菌是一种微需氧革兰氏阴性菌,寄居于胃和十二指肠的黏液层与黏膜细胞之间。由于幽门螺杆菌分泌蛋白分解酶,可使胃黏液降解而破坏黏液屏障,直接损伤黏膜上皮,促进促胃液素的分泌而使胃酸分泌增加,此外还损伤血管内皮而影响黏膜血流,降低黏膜防御功能。

幽门螺杆菌的感染与消化性溃疡、慢性胃炎、胃癌的发病有密切关系。根除幽门螺杆菌不但可促进溃疡愈合，而且可预防溃疡复发，从而彻底治愈溃疡。因此，凡有幽门螺杆菌感染的消化性溃疡，无论初发或复发、活动或静止、有无并发症，均应予以根除幽门螺杆菌治疗。目前常用于抗幽门螺杆菌的药物有：①抗菌药，包括阿莫西林、克拉霉素、庆大霉素、甲硝唑、替硝唑、四环素、多西环素、呋喃唑酮等；②铋剂，包括枸橼酸铋钾、硫糖铝等；③质子泵抑制药，包括奥美拉唑、兰索拉唑、泮托拉唑等。单一用药疗效较差，且易产生耐药性，常采用多药联合应用，目前临床上常采用铋剂四联（质子泵抑制药+铋剂+2种抗菌药）治疗方案，疗程10～14天。

第二节　消化功能调节药

一、助消化药

助消化药多为消化液中的成分或促进消化液分泌的药物，能促进食物的消化或制止肠道内容物过度发酵，主要用于消化系统分泌功能减弱或消化不良。临床常用助消化药见表26-4。

表26-4　临床常用助消化药

药物	药理作用	临床应用	注意事项
稀盐酸（dilute hydrochloric acid）	增强胃蛋白酶活性，促进胰液和胆汁分泌	用于各种原因引起的胃酸缺乏	饭前或餐中用水稀释后服用，以免刺激胃黏膜，常与胃蛋白酶合用
胃蛋白酶（pepsin）	分解蛋白质	胃蛋白酶缺乏或过量饮食引起的消化不良	常与稀盐酸合用，不能与抗酸药配伍
胰酶（pancreatin）	消化蛋白质、淀粉和脂肪	消化不良、食欲缺乏、胰液分泌不足所致的消化不良	常用肠溶片，需整片吞服。禁与酸性药物同服
乳酶生（lactasin）	分解糖类产生乳酸，抑制肠内腐败菌繁殖，减少发酵和产气	消化不良、腹胀及小儿消化不良性腹泻	饭前服。禁与抗菌药及吸附药同服

二、促胃肠动力药和止吐药

胃肠运动受神经、体液和胃肠神经丛调节，如果调控失常，则易引起胃肠运动功能异常，表现出胃肠运动功能低下或亢进症状，甚至呕吐。呕吐是由多种原因引起的一种复杂的反射活动，同时又是一种保护反应，但剧烈呕吐可导致机体水和电解质紊乱，除需要对因治疗外，应及时止吐，可应用H_1受体阻断药、M受体阻断药、氯丙嗪等有止吐作用的药物。

甲氧氯普胺（metoclopramide，胃复安）

甲氧氯普胺为第一代促胃肠动力药，具有中枢和外周双重作用。

【药理作用】

1. 止吐作用　阻断中枢催吐化学感受区（CTZ）多巴胺（D_2）受体，产生较强的中枢性止吐作用，较大剂量时也阻断$5-HT_3$受体，也产生止吐作用。

2. 胃肠促动作用　阻断胃肠多巴胺受体，促进胃排空和增加胃肠运动，防止食物反流。

3. 催乳作用　阻断下丘脑多巴胺受体，减少催乳素抑制因子的释放，有一定的催乳作用。

【临床应用】甲氧氯普胺可用于各种原因（包括放疗、化疗）引起的恶心、呕吐，胃肠功能失调所致的消化不良及胃胀气，也可用于反流性食管炎、胆汁反流性胃炎及产后少乳等。

【不良反应】甲氧氯普胺常见不良反应有头晕、嗜睡、困倦，大剂量或久用可引起锥体外系反应，可用苯海索等中枢抗胆碱药对抗；还可有乳房胀痛、溢乳、男子乳腺发育等；注射给药可引起直立性低血压。甲氧氯普胺不宜与吩噻嗪类、M受体阻断药合用，以免降低疗效，加重不良反应。

多潘立酮（domperidone，吗丁啉）

多潘立酮属第二代促胃肠动力药，是外周多巴胺受体阻断药，不易通过血脑屏障，几乎无锥体外系反应。

多潘立酮通过阻断胃肠多巴胺受体，加强胃肠蠕动，促进胃排空，防止食物反流，具有促胃肠动力和止吐作用。此药主要用于胃排空延缓、胃食管反流病、功能性消化不良及其他消化系统疾病引起的呕吐等。不良反应较轻，偶见轻度腹痛、腹泻、头痛、眩晕、嗜睡等。婴幼儿及孕妇慎用。此药不宜与抗胆碱药合用，以免降低疗效。

西沙必利（cisapride）

西沙比利为 $5-HT_4$ 受体激动药，对胃和小肠作用类似于甲氧氯普胺，但也能增加结肠运动，引起腹泻；能促进乙酰胆碱释放，促进食管、胃、肠运动。此药可用于胃运动减弱、各种胃轻瘫、胃肠反流性疾病、反流性食管炎、术后胃肠麻痹、慢性便秘和结肠运动减弱等。不良反应有暂时性肠痉挛和腹泻。

昂丹司琼（ondansetron）、阿洛司琼（alosetron）、格拉司琼（granisetron）

此类药物选择性阻断外周神经系统突触前 $5-HT_3$ 受体，从而阻断呕吐反射，起到止吐作用，主要用于肿瘤放疗和化疗导致的呕吐。

三、泻药和止泻药

（一）泻药

泻药是通过增加肠蠕动、增加肠内水分或使肠内容物软化或润滑肠道利于粪便排出的药物。容积性泻药口服吸收很少，在肠道内形成高渗，使肠容积增大，刺激肠壁加强蠕动，产生导泻作用。

案例 26-2

患者，女，29岁，怀孕38周，因先兆子痫入院。目前患者有轻微头痛，血压为 140/90 mmHg，尿蛋白（++），呼吸、脉搏正常。遵医嘱给予患者硫酸镁解痉。

问题与思考：

1. 硫酸镁的给药方式是口服还是静脉给药？
2. 患者在应用硫酸镁治疗的过程中，护士应注意什么？

硫酸镁（magnesium sulfate，泻盐）

硫酸镁为容积性泻药，其给药途径不同，产生不同的药理作用。

【药理作用与临床应用】

1. 导泻　硫酸镁口服后，在肠道中以 Mg^{2+} 和 SO_4^{2-} 的形式存在，难以被肠壁吸收，使肠内渗透压升高而阻止肠内水分的吸收，增加肠腔内容积，刺激肠壁反射性引起肠蠕动而促进排便。其导泻作用强而迅速。主要用于清空肠内容物、排出肠内毒物及驱虫后排出虫体。

2. 利胆　硫酸镁口服后可刺激十二指肠黏膜，反射性引起胆总管括约肌松弛、胆囊收缩，促进胆囊排空，呈现利胆作用。主要用于阻塞性黄疸、慢性胆囊炎和胆石症。

3. 抗惊厥　硫酸镁注射给药后可抑制中枢和松弛骨骼肌，呈现抗惊厥作用。主要用于各种原因所致的惊厥，尤其是子痫。

4. 降压　硫酸镁注射给药后，Mg^{2+} 可直接扩张血管平滑肌，并能引起交感神经冲动传导障碍，从而使血管扩张，血压下降。主要用于高血压危象和高血压脑病的治疗，尤其是妊娠高血压。

5. 消炎消肿　用 50% 硫酸镁溶液局部热敷患处，可消炎消肿。

 考点提示

硫酸镁的药理作用及临床应用。

【不良反应】服用大量高浓度的硫酸镁溶液，可因排出大量水分而导致脱水；硫酸镁注射过量或静脉注射速度过快，可引起急性 Mg^{2+} 中毒，表现为中枢抑制、腱反射减弱或消失、血压急剧下降、呼吸抑制等。一旦出现中毒，应立即进行人工呼吸并静脉注射葡萄糖酸钙抢救。孕妇、月经期妇女禁用。其他常用导泻药的特点及应用见表 26-5。

表 26-5　其他常用导泻药的特点及应用

类别	药物	作用特点及应用	注意事项
容积性泻药	硫酸钠（sodium sulfate）	导泻作用同硫酸镁但较弱，无中枢抑制作用。用于中枢抑制药中毒时加速药物排出	因严重器质性病变引起近期排便困难、年老体弱、充血性心力衰竭、水肿患者禁用，孕妇禁用；全身重度衰竭者，严重心、脑、肺、肾疾病患者，月经期妇女慎用
接触性泻药	酚酞（phenolphthalein）	口服后刺激结肠黏膜，促进其蠕动而产生导泻作用。用于慢性便秘和习惯性便秘	酚酞经肾排泄，遇碱性尿液时使尿液显红色，应与血尿相区别
润滑性泻药	液体石蜡（liquid paraffin）开塞露（50% 甘油）（glycerol enema）	滑润肠壁和软化粪便。用于慢性便秘、高血压或痔疮患者便秘滑润肠壁和软化粪便，适用于儿童及老年人	长期服用可影响脂溶性维生素及钙、磷的吸收；婴幼儿不宜使用

（二）止泻药

腹泻可由多种原因引起，以对因治疗为主。由于剧烈或持久的腹泻可导致营养吸收减少和水、电解质紊乱，故在对因治疗的同时，应适当给予止泻药。临床常用止泻药的作用、应用及不良反应见表 26-6。

表 26-6 临床常用止泻药的作用、应用及不良反应

类别	药物	作用特点及应用	不良反应
肠蠕动抑制药	地芬诺酯（diphenoxylate）	止泻作用与吗啡相似，无镇痛作用。用于急、慢性功能性腹泻与地芬诺酯相似，但止泻更强更持久；也用于急、慢性腹泻	有成瘾性、胃肠道反应。肝病患者慎用
	洛哌丁胺（loperamide）		不良反应少。婴幼儿禁用
收敛吸附药	蒙脱石散（dioctahedral smectite）	覆盖于整个肠腔表面，增加黏液屏障作用，并能吸附固定多种病原体后随粪便排出。适用于急慢性腹泻、肠道菌群失调，对小儿急性腹泻效果显著	久用可致便秘。不宜与其他药物合用，应提前1小时服用其他药

第三节 作用于消化系统的药物用药护理

作用于消化系统的药物用药护理见表 26-7。

表 26-7 作用于消化系统的药物用药护理

用药护理步骤	用药护理要点
用药前	1. 了解药物过敏史，有过敏史者禁用 2. 孕妇、哺乳妇及8岁以下儿童禁用 H_2 受体阻断药；孕妇和肾功能不良者禁用枸橼酸铋钾；孕妇禁用米索前列醇；对青霉素过敏者禁用阿莫西林；月经期、妊娠期、中枢抑制药中毒禁用硫酸镁导泻；肾功能不良、老年患者禁用硫酸镁，防止中毒 3. 助消化药、促胃肠动力药、胃黏膜保护药、丙谷胺等应在餐前服用；奥美拉唑应空腹服；H_2 受体阻断药应在餐后即刻服或睡前一次服用；抗酸药应在饭后1小时和睡前服，片剂应咀嚼后服用，乳剂用药前应充分摇匀；胰酶为肠溶片应整片吞服；西咪替丁为药酶抑制剂，使苯妥英钠、苯巴比妥、茶碱、普萘洛尔、华法林、丙米嗪、苯二氮䓬类、维拉帕米、地高辛和奎尼丁的代谢减慢，毒性增强；与四环素、酮康唑、阿司匹林同服使这些药物吸收减少
用药中	1. H_2 受体阻断药静脉滴注过快可引起低血压和心律失常，应控制滴速，偶见血细胞减少、氨基转移酶升高，应定期查血常规和肝肾功能；质子泵抑制药如奥美拉唑服用时应整片（粒）吞服，不得咀嚼或压碎，并至少在餐前1小时服用 2. 枸橼酸铋钾口服可使舌苔和粪便染成黑色，应提前告知患者 3. 甲硝唑可引起恶心、呕吐等，应饭后服，可用甲氧氯普胺、维生素 B_6 等对抗
用药后	观察患者病情是否好转，有无严重的药物不良反应发生；患者能否叙述药物治疗相关知识，以及能否正确、合理用药，配合治疗

自 测 题

一、选择题

A_1 型题

1. 具有保护溃疡面的抗酸药是
   A. 碳酸氢钠　　　　　B. 硫酸钠　　　　　C. 氧化镁
   D. 碳酸钙　　　　　　E. 氢氧化铝

2. 阻断 H_2 受体，抑制胃酸分泌的药物是
   A. 氢氧化铝　　　　　B. 西咪替丁　　　　　C. 哌仑西平
   D. 丙谷胺　　　　　　E. 奥美拉唑
3. 奥美拉唑治疗消化性溃疡的作用机制是
   A. 中和胃酸　　　　　B. 阻断 H_2 受体　　　C. 阻断 M 受体
   D. 杀灭幽门螺杆菌　　E. 抑制胃壁细胞质子泵
4. 以下药物抑制胃酸分泌作用最强的是
   A. 奥美拉唑　　　　　B. 哌仑西平　　　　　C. 法莫替丁
   D. 西咪替丁　　　　　E. 丙谷胺
5. 下列药物属于止泻药的是
   A. 甲氧氯普胺　　　　B. 多潘立酮　　　　　C. 硫酸镁
   D. 地芬诺酯　　　　　E. 西沙必利

A_2 型题

6. 某患者，因长期服用非甾体抗炎药造成消化性溃疡，宜选用的药物是
   A. 氢氧化铝　　　　　B. 西咪替丁　　　　　C. 哌仑西平
   D. 奥美拉唑　　　　　E. 米索前列醇
7. 某患者，便秘后应用泻药，尿液呈红色，经化验尿呈碱性（排除血尿），请分析患者应用的药物是
   A. 液体石蜡　　　　　B. 硫酸镁　　　　　　C. 酚酞
   D. 开塞露　　　　　　E. 硫酸钠
8. 患者，男，27岁，因上腹部不适、食欲减退等就诊，诊断为胃炎。护士在对其进行宣教时，应告知与胃炎发病相关的细菌是
   A. 大肠埃希菌　　　　B. 伤寒沙门菌　　　　C. 幽门螺杆菌
   D. 空肠弯曲菌　　　　E. 嗜盐杆菌

A_3/A_4 型题

（9～11题共用题干）

患者，男，36岁，5年来经常于餐后3～4小时出现上腹疼痛，并伴有反酸、嗳气、上腹烧灼感，3天前因大量饮酒后上腹疼痛持续不缓，继而呕吐暗红色血液，来院就诊。

9. 患者所患疾病可能为
   A. 肝炎　　　　　　　B. 胃炎　　　　　　　C. 胃溃疡
   D. 十二指肠溃疡　　　E. 胆囊炎
10. 下列药物不能用于溃疡病治疗的是
    A. 氢氧化铝　　　　　B. 硫酸镁　　　　　　C. 西咪替丁
    D. 奥美拉唑　　　　　E. 枸橼酸铋钾
11. 既可以治疗厌氧菌感染，又可以杀灭幽门螺杆菌的药物是
    A. 庆大霉素　　　　　B. 阿莫西林　　　　　C. 甲硝唑
    D. 呋喃唑酮　　　　　E. 红霉素

二、简答题

1. 常用的抗消化性溃疡药有哪些？

2. 临床常用的泻药有哪些种类？请分别举例其代表药物。

三、案例分析

患者，男，35岁，近4年来常有上腹部疼痛，为烧灼样痛，无放散，多于餐前出现，进食后可缓解，偶有夜间痛醒，有反酸、嗳气，从未就诊。患者5天前排黑便，呈间断性，不成形，每次量不多，未在意，2天前无明显诱因出现恶心、呕吐，呕吐物为咖啡渣样物，混有胃内容物，量共约200 ml，无头晕、心悸，今日再次出现呕咖啡渣样物，量约100 ml，无头晕、乏力、心悸，入院诊治。患者胃镜检查示十二指肠球部可见一椭圆形溃疡，直径约1.0 cm×1.5 cm，边缘光整，底部充满白色渗出物，周围黏膜充血、水肿，Hp试验阳性，确诊为十二指肠球部溃疡合并上消化道出血、幽门螺杆菌感染。医生开具处方：奥美拉唑40 mg，每12小时一次，静脉滴注。3天后改为口服40 mg，每天1次，用药4周；枸橼酸铋钾240 mg，每天2次，用药4周；克拉霉素500 mg，每天2次，用药2周；替硝唑500 mg，每天2次，用药2周。疗程结束后痊愈。

请回答：
1. 该患者应用这四种药物的目的各是什么？
2. 为何要四种药物联用？

（张　鹏）

第二十七章数字资源

第二十七章 作用于呼吸系统的药物

学习目标

1. 说出镇咳药的分类，解释常用药物的作用特点、临床应用和不良反应。
2. 说出平喘药的分类，解释常用药物的作用特点、临床应用和不良反应。
3. 说出祛痰药的分类，解释常用药物的作用特点、临床应用和不良反应。
4. 能指导患者正确使用作用于呼吸系统的药物并评估药物的治疗效果。
5. 学会监测作用于呼吸系统的药物的不良反应并执行相应的护理措施。
6. 具有严谨细致和一丝不苟的工作作风。

咳嗽、咳痰、喘息是呼吸系统疾病的常见症状，多数是由感染或过敏反应所引起，各种症状可单独出现或同时存在并相互影响、互为因果。因此，治疗呼吸系统疾病，除应用抗微生物药对因治疗外，应及时使用平喘药、镇咳药或祛痰药，合理应用这些药物可以缓解症状，减轻患者痛苦，并能有效防止肺气肿、肺动脉高压等继发性疾病的发生，提高患者生活质量。

案例 27-1

患者，女，36 岁，季节性哮喘发作，主要为初夏季花粉传播时所诱发，并伴有过敏性鼻炎，因刺激而引起呛咳、气急及哮喘。

问题与思考：
1. 缓解哮喘发作的药物有哪些？
2. 用何药可预防过敏性鼻炎所致哮喘？

第一节 平喘药

支气管哮喘是一种慢性气道炎性疾病，其发病机制与慢性支气管炎、气道高反应性、可逆性支气管狭窄及自主神经调节功能异常有关，上述病理过程与组胺、前列腺素、白三烯等炎症介质和白介素等细胞因子，以及肥大细胞和淋巴细胞等炎症细胞都密切相关。

平喘药是用于缓解、消除或预防喘息发作的药物，主要适用于治疗支气管哮喘和喘息性支气管炎。哮喘的药物治疗目前以防治哮喘病理基础的慢性支气管炎为主，兼用支气管扩张药，控制喘息症状。常用药物可分为抗炎平喘药、支气管扩张药和抗过敏平喘药三类。

> **知识链接**
>
> 哮喘病的治疗原则和目标
>
> 1. 治疗原则 ①尽量查找病因和（或）触发因素，并避免之；②解痉与抗炎治疗并重（即标本兼治）；③坚持长期正规治疗，治疗药物应个体化；④加强自我管理教育和病情监测。
> 2. 治疗目标 ①有效控制急性发作症状，并维持最轻的症状，甚至无症状，防止因哮喘而死亡；②防止症状加重或反复；③尽可能将肺功能维持在正常或接近正常水平；④防止发生不可逆的气流受限；⑤保持正常活动（包括运动）能力；⑥避免药物不良反应。

一、抗炎平喘药

（一）糖皮质激素类药

糖皮质激素类药有强大的抗炎和抗过敏作用，不仅能改善临床症状，还能阻止病程的进展，治疗和长期预防哮喘发作效果显著，是治疗哮喘的最有效的药物。

氟替卡松（fluticasone）

氟替卡松是局部抗炎作用最强，全身副作用最小的吸入性糖皮质激素，主要用于治疗重度慢性哮喘和支气管扩张药无效的哮喘，长期应用可减少哮喘发作程度和次数，甚至终止发作，对哮喘急性发作控制症状效果较差。主要不良反应有声音嘶哑、口咽部念珠菌感染（鹅口疮），以及口腔内小血肿等表现，每次给药后用生理盐水漱口可降低此不良反应；长期应用也可出现全身副作用，如肾上腺皮质功能减退症。

倍氯米松（beclomethasone）

倍氯米松为地塞米松衍生物，局部抗炎作用比地塞米松强500倍，起效慢，作用维持时间长，吸入给药可控制哮喘，对全身作用轻。倍氯米松不能用于急性发作和哮喘持续发作患者，用于支气管扩张药不能满意控制的慢性哮喘患者。

临床常用的抗炎平喘药还有氟尼缩松（flunisolide）、布地奈德（budesonide）等。

（二）磷酸二酯酶-4抑制药

选择性磷酸二酯酶-4抑制药具有抗炎、调节免疫、松弛气道平滑肌等作用。常用药物有罗氟司特（roflumilast），用于慢性喘息性支气管炎、支气管哮喘、慢性阻塞性肺疾病等。

二、支气管扩张药

支气管扩张药是常用的平喘药，这类药物主要包括：肾上腺素受体激动药、茶碱类药、M受体阻断药等，主要是通过松弛呼吸道痉挛状态的平滑肌，降低气道阻力而产生平喘作用。

（一）肾上腺素受体激动药

此类药物分为非选择性β受体激动药和选择性β受体激动药两类，二者均是通过激动β受体，活化腺苷环化酶，增加平滑肌细胞内cAMP浓度而使平滑肌松弛，对各种刺激引起的支气管平滑肌痉挛有明显的舒张作用；还能抑制肥大细胞释放过敏介质，对过敏性哮喘有预防作用。肾上腺素、异丙肾上腺素和麻黄碱虽然平喘作用迅速、强大，但由于其对β_1、β_2受体缺乏选择性，易发生兴奋心脏等不良反应，在临床上已逐渐被选择性β_2受体激动药如沙丁胺醇、特布他林、克伦特罗、福莫特罗等取代。

沙丁胺醇（salbutamol，舒喘灵）

【体内过程】沙丁胺醇口服给药因不易被消化道中的酶代谢，作用维持时间较长。口服生物利用度为30%，用药后30 min起效，2～4 h作用达高峰，作用持续时间6 h以上；气雾剂吸入5 min起效，1 h达高峰，可持续6 h。此药主要通过肠壁和肝代谢，主要经肾排泄。

【药理作用】沙丁胺醇选择性激动支气管上的 β_2 受体，平喘作用与异丙肾上腺素相当，但作用更持久，也能稳定肥大细胞膜、抑制组胺和白三烯等致炎因子的释放，从而使支气管平滑肌松弛，支气管痉挛减轻。

【临床应用】沙丁胺醇雾化吸入用于控制哮喘急性发作，口服给药治疗支气管哮喘和喘息性支气管炎。

【不良反应】少数患者可出现恶心、头晕、头痛、心悸、骨骼肌震颤等，骨骼肌震颤可能与激动骨骼肌的 β_2 受体有关；长期或过量使用可致过速性心律失常、血压升高、低血钾及低敏感性等。高血压病、冠心病、糖尿病、甲状腺功能亢进患者及孕妇慎用。

其他选择性 β_2 受体激动药见表27-1。

表 27-1 其他选择性 β_2 受体激动药

药名	药理药物	临床应用	不良反应
特布他林（terbutaline）	选择性激动 β_2 受体，松弛支气管平滑肌，平喘作用与沙丁胺醇相当	支气管哮喘、喘息性支气管炎	震颤、心悸、强直性痉挛等
克伦特罗（clenbuterol）	选择性激动 β_2 受体，口服给药平喘作用为沙丁胺醇的100倍。除可以增强呼吸道纤毛运动、促进痰液排出外，还能阻断组胺和5-羟色胺释放	持续性支气管哮喘、喘息型支气管炎、肺气肿	心悸、口干、震颤
沙美特罗（salmeterol）	新型选择性长效 β_2 受体激动药，还有强大的抑制过敏介质释放作用	支气管哮喘、喘息性支气管炎	震颤、心悸、头痛
福莫特罗（formoterol）	长效 β_2 受体激动药，兼具松弛支气管平滑肌和抗炎作用，平喘作用较沙丁胺醇强且较持久	支气管哮喘、喘息性支气管炎、肺气肿，特别适用于哮喘夜间发作患者	震颤、心悸、头痛

（二）茶碱类药

茶碱类药均是甲基黄嘌呤类衍生物，有松弛支气管平滑肌的作用，对处于痉挛状态的支气管平滑肌作用更为显著。

氨茶碱（aminophylline）

由于茶碱的水溶性低，临床上把茶碱与乙二胺配伍制成氨茶碱，以提高水溶性并增强作用。氨茶碱碱性较强，局部刺激性强；口服给药生物利用度差异大，一次给药作用时间可维持5～6小时；静脉给药起效较快，血药浓度相对较稳定；也可直肠给药；主要经肝代谢，由肾排泄。

【药理作用】氨茶碱直接松弛支气管平滑肌，对处于痉挛状态的支气管更为突出，并有强心、利尿和中枢兴奋等作用。作用机制主要有：①抑制磷酸二酯酶，使细胞内cAMP分解减慢，增加平滑肌细胞内cAMP浓度；②促进内源性儿茶酚胺类物质释放，间接扩张支气管；③阻断腺苷受体，对抗其收缩平滑肌作用；④降低细胞内钙离子浓度，松弛支气管平滑肌；⑤抑制肥大细胞释放炎症介质，发挥抗炎及免疫调节等作用，其中抗炎作用有利于哮喘缓解期的治疗。

【临床应用】氨茶碱主要用于急、慢性哮喘和喘息性慢性支气管炎，尤其适用于住院治疗的严重哮喘患者和慢性阻塞性肺疾病；还用于中枢性睡眠呼吸暂停综合征的治疗；对急性心功能不全和心源性哮喘有效；也可用于心源性水肿的辅助治疗。

【不良反应】氨茶碱安全范围小，不良反应多见，主要有：①消化系统症状，因口服刺激性大，有恶心、呕吐、食欲缺乏等现象，饭后服用或用缓释剂可减轻。②心血管系统症状，表现为心悸、血压下降等，静脉注射过快可引起快速型心律失常、血压骤降甚至休克等，给药时应密切注意血压、心率的变化。③神经系统症状，表现为失眠、兴奋、躁动不安甚至惊厥等，必要时可配伍镇静催眠药。

多索茶碱（doxofylline）

多索茶碱可显著抑制磷酸二酯酶，扩张支气管作用强于氨茶碱10～15倍，兼具镇咳作用；无腺苷受体阻断作用，对中枢、心脏的影响较小，作用维持时间长，大剂量给药可致血压下降。临床用于支气管哮喘和伴有支气管痉挛的其他疾病。

（三）M受体阻断药

此类药物多为阿托品的衍生物，对呼吸道的M受体具有一定的选择性作用，但对M受体亚型无明显选择性。

异丙托溴铵（ipratropium）

异丙托溴铵为阿托品的异丙基衍生物，口服不易吸收，气雾吸入后可选择性阻断支气管平滑肌上的M受体，能明显扩张支气管又不影响痰液分泌，对心血管系统无明显影响。该药可用于伴有迷走神经功能亢进的哮喘、喘息性慢性支气管炎和慢性阻塞性肺疾病等，适用于长期应用β2受体激动药疗效不佳的患者。不良反应少，少数患者有口干、口苦、喉痒、干咳和异味。

氧托溴铵（oxitropium）和噻托溴铵（tiotropium）的作用和应用与异丙托溴铵相似。

三、抗过敏平喘药

此类药物包括肥大细胞膜稳定药、H_1受体阻断药和抗白三烯药物等，主要通过抗过敏和轻度的抗炎作用，预防哮喘的发生。

色甘酸钠（disodium cromoglicate）

色甘酸钠口服吸收极少，主要用其微细的粉末制成喷雾吸入给药。色甘酸钠对支气管平滑肌没有直接松弛作用，也无抗炎作用。平喘作用主要是通过稳定肥大细胞膜，阻止Ca^{2+}内流，阻止肺部肥大细胞脱颗粒，减少组胺、白三烯等过敏介质释放而发挥作用，但对已经释放的过敏介质无效。该药可用于防治变应原性、运动性或其他刺激所致的哮喘，可预防哮喘发作；也可用于过敏性鼻炎、溃疡性结肠炎及其他胃肠道过敏性疾病。不良反应少，少数患者吸入药物后有咽喉和气管刺激症状，引起呛咳、气急，甚至诱发哮喘，必要时合用$β_2$受体激动药可防止其发生。

考点提示

色甘酸钠对正在发作的哮喘的作用。

其他抗过敏平喘药见表27-2。

表 27-2 其他抗过敏平喘药

药名	药理药物	临床应用	不良反应
奈多罗米钠（nedocromil sodium）	抑制支气管黏膜的炎性细胞释放炎症介质，降低哮喘患者的气道反应，有明显的抗炎作用；还能抑制呼吸道感觉神经末梢P物质的释放	各种原因引起的哮喘	较少，偶见头痛、恶心等，儿童、孕妇慎用
酮替芬（ketotifen）	是 H_1 受体阻断药，还能阻止肥大细胞脱颗粒，抗过敏，能抑制哮喘患者的非特异性气道高反应性，并能增强 $β_2$ 受体激动药的平喘作用，效果优于色甘酸钠	口服主要用于预防性治疗外源性支气管哮喘、过敏性鼻炎，运动性哮喘和阿司匹林诱发的哮喘等，对儿童的疗效优于成人	偶见嗜睡、疲倦无力、头晕等中枢抑制现象
扎鲁司特（zafirlukast）	选择性与白三烯受体结合，抑制白三烯引起的血管通透性增加、气道炎症和支气管平滑肌痉挛，对冷空气、抗原、阿司匹林和运动等引起的支气管痉挛有明显的抑制作用	预防和治疗成人及12岁以上儿童慢性轻中度支气管哮喘，不宜用于急性哮喘	较少，主要是头痛、面部潮红、腹痛等

第二节 镇咳药

咳嗽是呼吸系统受到刺激时产生的一种保护性反射活动。轻度咳嗽有利于痰或异物的排出，不需镇咳药。但是剧烈的无痰干咳会增加患者的痛苦，影响休息与睡眠，甚至引起其他并发症，故应在对因治疗的同时加用镇咳药。镇咳药通过作用于中枢神经系统抑制咳嗽中枢，或通过作用于外周神经系统抑制咳嗽反射弧中的感受器和传入神经纤维末梢而发挥镇咳作用。按作用机制不同，镇咳药可分为中枢性镇咳药和外周性镇咳药两类，有些药物兼有外周和中枢两个方面的作用。

一、中枢性镇咳药

可待因（codeine，甲基吗啡）

可待因是阿片类生物碱，口服吸收迅速而完全，对延髓咳嗽中枢有选择性抑制作用，镇咳作用强而迅速，同时具有镇痛作用。其镇咳作用为吗啡的1/4，镇痛作用为吗啡的1/12～1/7，抑制呼吸、便秘、成瘾性等较吗啡弱。

可待因主要用于各种原因引起的剧烈干咳，尤其适用于干咳伴胸痛的患者；不宜用于多痰、痰黏稠的患者。主要不良反应为恶心、呕吐等，过量可抑制呼吸中枢；久用仍可成瘾，应控制使用。

考点提示

列举久用有成瘾性和耐受性的镇咳药。

右美沙芬（dextromethorphan，右甲吗南）

右美沙芬为人工合成的吗啡衍生物，口服吸收良好，起效较快，镇咳作用与可待因相当或略强，但无镇痛作用，也无依赖性，主要用于各种原因引起的干咳及频繁剧烈的咳嗽。右美沙芬治疗量时不抑制呼吸，安全范围大，不良反应少，偶见头晕、嗳气等反应。中毒时可出现呼吸、循环抑制等表现。

喷托维林（pentoxyverine，咳必清）

喷托维林是人工合成的非成瘾性镇咳药，镇咳强度约为可待因的1/3，大剂量对支气管有局部麻醉作用和阿托品样作用，能抑制呼吸道感受器和传入神经末梢，松弛支气管平滑肌。该药主要用于上呼吸道炎症引起的急性咳嗽，对小儿疗效优于成人。不良反应少，偶见轻度头痛、头晕、口干、便秘等。痰多、青光眼、前列腺肥大和心功能不全的患者禁用。

二、外周性镇咳药

苯佐那酯（benzonatate，退嗽）

苯佐那酯属于丁卡因衍生物，具有较强的局部麻醉作用，选择性抑制肺牵张感受器及感觉神经末梢，镇咳强度弱于可待因，用于上呼吸道感染引起的刺激性干咳、阵咳，也可用于支气管镜等检查前预防咳嗽。不良反应可见轻度嗜睡、头晕、鼻塞等；应整片吞服，以防引起口腔麻木。

苯丙哌林（benproperine）

苯丙哌林是兼有中枢性和外周性双重镇咳作用的强效镇咳药，既能抑制咳嗽中枢，还能抑制肺及胸膜牵张感受器引起的肺-迷走神经反射，且有平滑肌解痉作用，镇咳作用强于可待因，久用无成瘾性，主要用于上呼吸道感染、刺激物、吸烟等引起的咳嗽，对刺激性干咳效果更佳。不良反应为偶见轻度口干、头晕、胃部烧灼感和皮疹等。

第三节 祛痰药

祛痰药是指能够增加呼吸道分泌，使痰稀释或黏痰溶解，或增加呼吸道黏膜上皮纤毛运动使痰易于排出的药物。根据作用机制不同，祛痰药可分为痰液稀释药（又称恶心性祛痰药）和黏痰溶解药两类。

一、痰液稀释药

氯化铵（ammonium chloride）

氯化铵口服后能刺激胃黏膜迷走神经末梢而引起轻微的恶心，反射性地引起呼吸道腺体分泌增加。部分氯化铵从呼吸道黏膜排出，提高管腔膜内渗透压，保留了水分，从而稀释痰液，使之易于咳出。氯化铵常与其他药物配伍制成复方，用于急、慢性呼吸道炎症的多痰患者。此药对胃肠有较强的刺激性，宜饭后服用。溃疡病、肝肾功能不全者禁用。

二、黏痰溶解药

乙酰半胱氨酸（acetylcysteine）

乙酰半胱氨酸为含巯基的化合物，能裂解痰中的酸性黏蛋白肽链的二硫键，降低痰的黏滞性，使之易咳出，可雾化吸入或气管内滴入给药，用于治疗各种疾病引起的黏稠痰阻塞气道、咳痰困难的患者。

乙酰半胱氨酸有特殊异味，有刺激性，可导致支气管痉挛，可配伍异丙肾上腺素等药物以避免此不良反应的发生，支气管哮喘和呼吸功能不全的老年患者慎用。

同类药物还有美司坦（mecysteine）、厄多司坦（erdosteine）、羧甲司坦（carbocisteine）等，作用和应用均类似。

溴己新（bromhexine，必消痰）

溴己新作用于支气管腺体，能裂解黏痰中的黏多糖纤维，并抑制黏多糖合成，降低黏痰的黏滞性，还能促进呼吸道黏膜的纤毛运动。溴己新还有镇咳作用。临床上溴己新用于慢性支气管炎、支气管扩张或支气管哮喘所致痰液黏稠不易咳出的患者。部分患者可见恶心、氨基转移酶升高。消化性溃疡、肝肾功能不良者慎用。

第四节 作用于呼吸系统的药物用药护理

作用于呼吸系统的药物用药护理见表 27-3。

表 27-3 作用于呼吸系统的药物用药护理

用药护理步骤	用药护理要点
用药前	1. 解释哮喘的病因，根据哮喘患者基本情况和哮喘类型制订护理程序和实施方案。根据医嘱选择合理给药方法，注意控制给药剂量和浓度，尤其是静脉给药，必要时准备心血管反应的急救药品和措施等 2. 了解患者病史和用药史，明确引起患者咳、痰、喘症状的呼吸系统急慢性疾病的性质、严重程度、病程等；了解患者用药的剂量、种类、时间、效果，有无过敏史等 3. 对患者进行用药相关知识教育。当哮喘发作时，视病因、病情给予合适的平喘药的同时应采取祛痰措施。中度以上的哮喘发作，使用平喘药的同时要进行抗感染治疗。只有当哮喘重度发作，用一般平喘药效果不佳或反复发作时，才能使用肾上腺皮质激素类药
用药中	1. 静脉给药时应密切观察患者反应，在观察哮喘症状改善的同时，监测心率和血压等，预防不良反应的发生。 2. 指导患者正确用药。①雾化吸入给药：应给患者示范，临床上常见患者因不能正确使用雾化吸入而导致治疗失败现象；②在服用缓释片时，应嘱患者整片以水吞服，不可嚼碎或掰开服用，以免影响疗效；③粉雾剂给药：吸入药粉后屏住呼吸 2~3 s，防止药粉喷出，告诫患者雾化吸入时，不可随意增加药量或喷雾次数，以免引起中毒；④气雾吸入结束后，应立即用温水漱口，预防声嘶、口干、白念珠菌感染；⑤服用复方甘草口服溶液、止咳糖浆等外周镇咳药时，不要用水冲服，用药后 5 分钟内不要饮水，以免药物被稀释后不能保护咽部黏膜，无法阻断刺激
用药后	1. 密切观察患者反应，观察患者的症状是否得到有效控制，各种临床检查指标是否恢复正常；了解患者对所用药物的一般知识知晓度是否提高，能否正确使用药物，坚持治疗 2. 做好长期不良反应监测，糖皮质激素类药潜在的二重感染和激素水平紊乱、茶碱类引起消化性溃疡、β 受体激动药引起心律失常等是主要监测内容 3. 做好哮喘合理用药宣教工作，向患者介绍激素等药物在哮喘治疗中的重要意义，哮喘缓解后的维持治疗对疾病预后的重要意义等。指导患者建立健康合理的生活方式，降低哮喘的发生频率

> **思政园地**
>
> **最美天使**
>
> 2017年9月4日下午，大坪医院的五名护士正在车站等车。突然，一阵急促的广播声传来，请求医护人员前往候车室救助一名突发急症的乘客。听到求援后，她们立即赶往现场，发现一名60岁左右的妇女瘫软在候车椅上，呼吸困难、口唇发白。通过查看患者随身携带的药品和病征，她们判断该患者是哮喘病发。尽管已给患者用药，但患者病情没有缓解，开始口吐白沫、口唇发绀，意识逐渐丧失。面对危急情况，她们果断合力将患者抬下平放在地，开放气道并将患者的头偏向一侧，轮流施行胸外心脏按压和人工呼吸。经过约10分钟的抢救，患者呼吸开始平稳，意识逐渐恢复，脱离了危险。随后，患者被送往附近医院继续治疗。
>
> 这五位护士成为大家心中当之无愧的"最美天使"。她们利用自己的专业救治技术，成功地将乘客从死亡线上拉回。她们的勇气、冷静和专业精神令人钦佩。这次事件再次体现了医护人员的职业精神和责任感。她们不仅在工作中尽职尽责，而且在关键时刻挺身而出，用自己的行动诠释了什么是真正的医者仁心。同学们应该尊重医护人员的工作，理解他们的辛苦和付出，他们是社会的脊梁，是健康的守护者。

自 测 题

一、选择题

A_1 型题

1. 下列不属于中枢性镇咳药的是
   A. 可待因　　　　　　B. 苯佐那酯　　　　　　C. 右美沙芬
   D. 喷托维林　　　　　E. 苯丙哌林

2. 下列药物久用有成瘾性和耐受性的是
   A. 可待因　　　　　　B. 氨茶碱　　　　　　　C. 色甘酸钠
   D. 氯化铵　　　　　　E. 苯佐那酯

3. 下列叙述不正确的是
   A. 祛痰药可以使痰液变稀或溶解，使痰易于咳出
   B. 祛痰药可以作为镇咳药的辅助药使用
   C. 祛痰药促进痰液的排出，可以减少呼吸道黏膜的刺激性，具有间接的镇咳平喘作用
   D. 祛痰药促进支气管腺体分泌，有控制继发性感染的作用
   E. 祛痰药有弱的防腐消毒作用，可减轻痰液恶臭

A_2 型题

4. 患者，女，56岁，冠心病史3年，近日支气管哮喘发作，宜选用的药物是
   A. 异丙肾上腺素　　　B. 沙丁胺醇　　　　　　C. 色甘酸钠
   D. 地塞米松　　　　　E. 氨茶碱

5. 患者，女，36岁，有消化性溃疡既往史，因感冒咳嗽数日，呼吸不畅，痰多不易咳出，

咳嗽引起肺部疼痛就诊,建议使用的药物是
  A. 溴化铵   B. 喷托维林   C. 可待因口服液
  D. 乙酰半胱氨酸   E. 溴己新

A₃/A₄型题
(6~7题共用题干)
患者,男,48岁因感冒咳嗽近1周,剧烈干咳,自行服用右美沙芬效果不佳,咳嗽引起肺部疼痛就诊。
6. 为缓解症状患者可用
  A. 麻黄碱   B. 喷托维林   C. 可待因口服液
  D. 苯丙哌林   E. 溴己新
7. 能抑制延髓咳嗽中枢,久用易成瘾的药物是
  A. 可待因   B. 乙酰半胱氨酸   C. 色甘酸钠
  D. 苯佐那酯   E. 氯化铵

二、简答题
1. 临床常用的平喘药有哪些类型?
2. 可待因是否为中枢性镇咳药?其主要临床用途有哪些?

三、案例分析
患者,男,60岁,5年前患者受凉后出现咳嗽、咳痰伴喘息,痰量中等且黏稠,自服抗炎及镇咳药(具体不详)后缓解。此后5年间断出现上述症状,多于秋冬季气候交替时出现,每年发作3~4个月左右。2年前患者再次发作时曾于某医院行X线检查,明确诊断为"慢性支气管炎急性发作",经治疗后缓解。2周前患者于受凉后流涕、咽痛,而后转为咳嗽、咳痰伴喘息,痰量多,痰黏稠不易咳出,自服止咳糖浆等药未见缓解反而逐渐加重,尤其夜间明显,以致影响睡眠。检查双肺呼吸音粗,双肺可闻及少量散在细小湿啰音及哮鸣音。X线检查可见双下肺纹理增粗、紊乱。诊断为慢性支气管炎。

治疗方案:吸氧治疗,每次1~2小时,每日2~3次;克林霉素,每次0.6 g,每日2次;溴己新,每次16 mg,每日3次;氨茶碱缓释片,每次0.1 g,每日2次。雾化疗法,生理盐水5 ml、庆大霉素2 ml(局部抗感染)、糜蛋白酶4000 U(稀释痰液)、地塞米松5 mg(控制炎症、对抗过敏和减少组织增生)制成配制液,每日吸入2次,每次30分钟。

请回答:
1. 溴己新对该患者可产生什么治疗作用?
2. 为什么要用氨茶碱缓释片?其作用机制是什么?

(张 鹏)

第二十八章 作用于子宫的药物

学习目标

1. 解释子宫平滑肌兴奋药缩宫素的药理作用、临床应用和不良反应，比较麦角新碱与前列腺素的作用特点和临床应用。
2. 说出常用子宫平滑肌抑制药的作用特点及临床应用。
3. 能指导患者正确使用作用于子宫的药物并评估药物的治疗效果。
4. 学会监测作用于子宫的药物的不良反应并执行相应的护理措施。
5. 树立正确的护理职业价值观，对患者保持关心和尊重，遵守职业道德和法律法规。

案例 28-1

患者，女，28岁，初产妇，妊娠41周，尚未临产。超声显示：胎盘功能正常，羊水量减少。诊断为过期妊娠，给予缩宫素 2.5 U 静脉滴注进行催产。

问题与思考：
1. 该患者使用缩宫素的依据是什么？
2. 在该患者用药过程中，应如何其进行护理与监护？

第一节　子宫平滑肌兴奋药

子宫平滑肌兴奋药是一类选择性兴奋子宫平滑肌，使子宫平滑肌收缩的药物，临床上常用的有缩宫素、麦角生物碱、前列腺素等。它们的作用可因子宫的生理状态、药物种类和剂量大小而改变，使子宫产生节律性收缩和强直性收缩，前者主要用于催产、引产，后者主要用于产后止血或促进子宫复原等。

缩宫素（oxytocin，催产素）

【体内过程】缩宫素是一种含有二硫键的多肽类物质，目前临床应用的缩宫素为人工合成品或从羊、牛、猪的神经垂体后叶提取分离的药物制剂。该药对蛋白水解酶敏感，故口服无效；气雾吸入和舌下含服可经鼻腔及口腔黏膜吸收；肌内注射吸收良好，3～5分钟起效，作用可维持20～30分钟；静脉注射起效更快，但维持时间很短，必要时静脉滴注给药以维持疗效。部分药物经肝和肾代谢失活，少部分药物以结合形式由尿排出。

【药理作用】

1. 兴奋子宫平滑肌　缩宫素可直接兴奋子宫平滑肌，增加子宫收缩力和收缩频率。其作用强度及性质取决于所用剂量和子宫的生理状态：小剂量（2～5 U）对子宫底部产生兴奋作用，加快子宫（特别是妊娠末期子宫）的节律性收缩，其收缩性质与正常生理分娩相似，而对子宫颈产生松弛作用，从而促使胎儿顺利分娩；大剂量（5～10 U）可使子宫平滑肌张力持续升高，最终导致子宫持续强直性收缩，易造成胎儿窒息和子宫破裂，不利于胎儿分娩。另外，子宫平滑肌对缩宫素的敏感性受体内激素水平的影响，孕激素可降低子宫平滑肌对缩宫素的敏感性，而雌激素反之。妊娠12～24周，孕激素水平较高，子宫收缩较弱，有利于胎儿安全发育；而妊娠36周后，雌激素水平逐渐升高，子宫自发性收缩逐渐增强，小剂量缩宫素即可产生催产和引产的作用，临产时子宫平滑肌对缩宫素最为敏感，有利于胎儿顺利分娩。分娩后子宫平滑肌对缩宫素的敏感性逐渐降低。

知识链接

缩宫素的缩宫作用机制

缩宫素通过与缩宫素受体结合产生缩宫作用。人体子宫平滑肌细胞膜存在特异性缩宫素受体，该受体与G蛋白（G_9、G_{11}）相偶联，活化时，通过G蛋白介导激活磷脂酶C，生成1,4,5-三磷酸肌醇，促进细胞内钙池释放Ca^{2+}；也可通过细胞膜去极化，激活电压敏感性钙通道，增加细胞质中Ca^{2+}浓度，从而增加子宫平滑肌的收缩活动。子宫平滑肌对缩宫素敏感性的增加与该受体数量增加相平行。不同妊娠期其受体密度不同，在妊娠13～17周时受体增加6倍，末期达80倍，分娩时进一步增加，故对缩宫素敏感性大大增加。此外，动物实验证明，缩宫素可使子宫内膜和蜕膜产生和释放前列腺素，这可能也与其子宫收缩效应有关。

2. 促进排乳　缩宫素能收缩乳腺小叶周围的肌上皮细胞而促进排乳，但乳汁分泌总量不增加。

3. 其他　大剂量缩宫素可短暂而显著的舒张血管平滑肌，使血压下降。缩宫素还有轻度抗利尿作用。

【临床应用】

1. 催产和引产　小剂量缩宫素用于产道无障碍、胎位正常、头盆相称而宫缩无力的难产，静脉滴注可用于催产以促进分娩；小剂量缩宫素也可用于死胎、过期妊娠或患有心脏病、肺结核等严重疾病需提前中断妊娠而引产者。

2. 产后止血　如产后24小时内阴道出血量超过400 ml时，可立即皮下或肌内注射较大剂量缩宫素，迅速引起子宫强直性收缩，压迫子宫肌层内血管而止血；缩宫素也可用于妇科手术中的宫壁注射止血。由于其作用时间短暂，常合用麦角生物碱制剂以维持疗效。

3. 催乳　在哺乳前2～3分钟，选用滴鼻液滴鼻可促进排乳，每次3滴或少量喷于一侧或两侧鼻孔内。

考点提示

缩宫素的药理作用及临床应用。

【不良反应】缩宫素不良反应较少，偶见恶心、呕吐、心律失常及过敏反应等。剂量过大或滴速过快均可引起子宫强直性收缩，导致胎儿窒息或子宫破裂。

麦角新碱（ergometrine）

【体内过程】麦角新碱属于麦角生物碱类中的一种，易溶于水，口服、皮下或肌内注射均易吸收，对子宫的兴奋作用强。

【药理作用】麦角新碱能选择性兴奋子宫平滑肌，使子宫收缩。其作用的强弱与子宫的生理状态和用药剂量有关，妊娠子宫比未孕子宫敏感，临产时及新产后最为敏感。与缩宫素比较，麦角新碱子宫兴奋作用起效快、作用强大而持久，小剂量可增加子宫平滑肌收缩频率和强度，剂量稍大收缩加强并延长，可引起子宫平滑肌强直性收缩，且子宫体和子宫颈同时产生收缩作用，故不适用于催产和引产。

考点提示

麦角新碱不能用于催产和引产的原因。

【临床应用】

1. 子宫出血　麦角新碱可用于月经过多、产后、刮宫术后等多种原因引起的子宫出血，常用肌内注射，使子宫平滑肌强直性收缩，机械性压迫肌层内血管而止血。

2. 产后子宫复原　若产后子宫复原进展缓慢，容易导致子宫出血或感染。麦角新碱可促进子宫收缩而加速子宫复原。

【不良反应】注射麦角新碱可致恶心、呕吐、头晕、面色苍白、血压升高等反应；偶见过敏反应，严重者出现呼吸困难、血压下降等。麦角新碱禁用于催产和引产。

前列腺素（prostaglandins，PGs）

前列腺素是一类广泛存在于人体内的自身活性物质之一，是一种不饱和脂肪酸，对心血管、呼吸、消化、血液及生殖系统具有广泛的生理和药理作用。作为子宫兴奋药使用的前列腺素主要包括地诺前列酮（dinoprostone，PGE_2，前列腺素 E_2）、地诺前列素（dinoprost，$PGF_{2\alpha}$，前列腺素 $F_{2\alpha}$）、硫前列酮（sulprostone）和卡前列素（carboprost，15-甲基前列腺素 $F_{2\alpha}$）等。

【药理作用】此类药物对妊娠各个时期的子宫均有兴奋作用，对临产前的子宫最为敏感，且其作用不受激素水平的影响；兴奋子宫作用与正常分娩时相似，使子宫体节律性收缩的同时使子宫颈松弛，有利于胎儿分娩。

【临床应用】此类药物可用于终止早期或中期妊娠和足月引产，也可用于宫缩无力导致的顽固性产后出血。给药方法有静脉滴注，阴道内、宫腔内或羊膜腔内给药。

【不良反应】少数患者用药后可引起恶心、呕吐、腹痛、腹泻等消化道反应，但并不严重，一般不需处理。地诺前列素能收缩支气管平滑肌并诱发哮喘，地诺前列酮能升高眼压，故青光眼、哮喘及过敏体质的患者不宜使用。

第二节　子宫平滑肌抑制药

子宫平滑肌抑制药又称抗分娩药（tocolytic drug），能抑制子宫平滑肌收缩，减少子宫活动，延长妊娠期，主要用于防治早产和痛经。临床常用的药物有 β_2 受体激动药、硫酸镁、钙通道阻滞药、前列腺素合成酶抑制药和缩宫素抑制药。

利托君（ritodrine，安宝）

利托君为选择性 β_2 受体激动药，可激动子宫平滑肌中的 β_2 受体，抑制子宫平滑肌收缩，使子宫活动减少而延长妊娠期，主要用于防治早产。一般先采用静脉滴注，取得疗效后，口服给药维持疗效。静脉给药不良反应较为严重，可致恶心、呕吐、心率加快、胸闷、头痛、神经过敏、高血糖、低血钾、过敏性休克等，有报道极个别病例出现肺水肿而死亡。有严重心血管疾病者及妊娠不足 20 周和分娩进行期的孕妇禁用；糖尿病患者及使用排钾利尿药者慎用。利托君必须在有抢救条件的医院使用，并须熟悉其不良反应且在能做出正确处理的医生的密切观察下使用。

硫酸镁（magnesium sulfate）

硫酸镁含有 Mg^{2+}，可直接作用于子宫平滑肌细胞，拮抗 Ca^{2+} 的子宫收缩活性而松弛子宫平滑肌，抑制早产时子宫收缩，可用于防治早产、妊娠高血压综合征及子痫发作。硫酸镁静脉注射常引起潮热、出汗、口干，注射速度过快引起头晕、恶心、呕吐、眼球震颤；极少数病例血钙降低，甚至出现肺水肿；用量过大可引起肾功能不全、心脏和呼吸抑制等。

第三节　作用于子宫的药物用药护理

作用于子宫的药物用药护理见表 28-1。

表 28-1　作用于子宫的药物用药护理

用药护理程序	用药护理要点
用药前	1. 缩宫素用于催产和引产时必须注意以下要点：一是严格掌握剂量、给药速度，避免引起胎儿窒息或子宫破裂；二是严格掌握禁忌证，凡产道异常、胎位不正、头盆不称、前置胎盘及 3 次妊娠以上的经产妇或剖宫产史者禁用 2. 麦角新碱能经乳汁排出，使婴儿出现麦角样毒性反应，还可能抑制泌乳，故哺乳期妇女不宜用；催产和引产禁用麦角新碱；有严重心血管疾病者及妊娠不足 20 周和分娩进行期的孕妇禁用利托君 3. 用药前应检查和监护子宫收缩的频率、持续时间和强度，孕妇脉搏和血压，胎儿的心率和成熟度等；做好心理护理，减轻患者疼痛、焦虑情绪和心理压力，帮助患者分散注意力
用药中	1. 严密监测母亲及胎儿的心率、母亲的血压等情况，及时调整滴速或停药 2. 硫酸镁安全范围窄，静脉给药时严格控制剂量与速度，用药期间密切监测患者膝腱反射、血压及呼吸等
用药后	1. 做好相关护理有助于提高疗效 2. 发现严重不良反应，采取相应措施

思政园地

最温暖的房子

子宫是孕育胎儿的场所，从生命伊始到最后一抹光辉，每个人一生中住过的最温暖、最舒适、最安全的房子就是母亲的肚子。母亲肚子里那个小小的子宫，蕴藏着大大的能量。因为受精卵从输卵管进入子宫成功着床后，子宫就开始了新生命的孕育过程，这期间，母亲的身体会发生一系列变化，如激素水平的变化会影响母亲的身体和情绪，同时子宫也在逐渐扩大，到最后骨开十指或剖腹七层，母亲才能将一个健康宝宝成功降生。这一过程，对于母亲来说是痛苦的，但更是幸福的，所以尊重母亲、感恩母亲、孝顺母亲是当下每个人都应该做的事情。中国共产党第二十次全国代表大会报告指出，要"实施公民道德建设工程,弘扬中华传统美德",而孝顺母亲本是中华传统美德,特别是在学习了本章知识后,知道了有的母亲为了防止胎儿早产会用到子宫平滑肌抑制药,有的母亲难产会用到子宫平滑肌兴奋药,这些过程都体现了母亲孕育新生命的伟大,所以应该做到百善孝为先,大力弘扬中华传统美德。

自 测 题

一、选择题

A_1 型题

1. 缩宫素可用于
    A. 治疗尿崩症　　　　　B. 乳腺分泌　　　　　C. 小剂量用于催产和引产
    D. 小剂量用于产后止血　E. 治疗痛经和月经不调

2. 麦角新碱不用于催产和引产的原因是
    A. 作用较弱　　　　　　B. 作用强而持久,剂量稍大即引起子宫强直性收缩
    C. 妊娠子宫对其敏感性低　D. 使血压下降　　　　E. 起效缓慢

A_2 型题

3. 周女士,26岁,足月妊娠,昨晚8时发动分娩,开始时子宫收缩力良好,但当宫口开大至3 cm时,宫缩减弱,持续时间缩短,间歇时间长,每当阵缩达高峰时按压子宫壁,感觉不够硬且可被压下陷,宫颈不再继续扩张。宜选用的催产药是
    A. 小剂量缩宫素静脉滴注　B. 大剂量缩宫素肌内注射　C. 麦角新碱
    D. 硫酸镁　　　　　　　　E. 麦角胺

4. 王女士,24岁,怀孕2个月,因患先天性心脏病而需终止妊娠,应给予的药物是
    A. 麦角新碱　　　　　　B. 缩宫素　　　　　　C. 利托君
    D. 硫酸镁　　　　　　　E. 麦角胺

5. 患者,34岁,妊娠期女性,停经37^{+5}周。患者自孕32周产检时开始出现血压升高(130/93 mmHg),无头痛、视物模糊、心悸、胸闷等不适,约20分钟前突发头晕,后出现抽搐,急诊送入院,诊断为"子痫"。该患者宜选用的药物是
    A. 缩宫素　　　　　　　B. 前列腺素　　　　　C. 麦角新碱
    D. 硫酸镁　　　　　　　E. 利托君

A_3/A_4 型题

(6~7题共用题干)

患者,女,31岁,妊娠28周,近日由于出现下腹部不规律疼痛,并伴有阴道血性分泌物而就医,诊断为先兆早产。

6. 应选用的药物是
    A. 缩宫素　　　　　　　B. 前列腺素　　　　　C. 麦角新碱
    D. 麦角胺　　　　　　　E. 利托君

7. 该药防治早产的原因是
   A. 激动子宫平滑肌中的 β₂ 受体，抑制子宫平滑肌收缩，使子宫活动减少
   B. 兴奋子宫平滑肌
   C. 阻断钙通道而松弛子宫平滑肌
   D. 抑制前列腺素合成酶
   E. 拮抗缩宫素受体

（8～9题共用题干）
患者，女，30岁，剖宫产后突然阴道出血，伴有大血块，经检查诊断为产后出血。
8. 治疗药物可选用
   A. 麦角新碱　　　　B. 硫酸镁　　　　C. 利托君
   D. 沙丁胺醇　　　　E. 特布他林
9. 该药物禁用于
   A. 催产　　　　　　B. 偏头痛　　　　C. 胆绞痛
   D. 糖尿病　　　　　E. 低血压

二、简答题

1. 比较缩宫素与麦角新碱对子宫的作用和临床应用。
2. 简述大剂量缩宫素不能用于引产和催产的原因。

三、案例分析

患者，女，27岁，因停经 42^{+4} 周，超预产期住院。入院检查：生命体征平稳，宫口未开，胎膜未破，羊水 3.3 cm，过期妊娠。患者入院后静脉滴注缩宫素，出现有规律宫缩，进入产程并顺利分娩一男婴。

请回答：
1. 该患者应用缩宫素的依据是什么？
2. 使用缩宫素应注意什么？

（尹彩霞　余瑞铭）

第二十九章 肾上腺皮质激素类药

学习目标

1. 说出肾上腺皮质激素的分类及常用药物。
2. 解释糖皮质激素类药的药理作用、临床应用、禁忌证、不良反应、用法和疗程。
3. 说出盐皮质激素、促皮质激素及皮质激素抑制药的临床应用。
4. 能指导患者正确使用糖皮质激素类药并评估药物的治疗效果。
5. 学会监测糖皮质激素类药的不良反应并执行相应的护理措施。
6. 树立正确的护理职业价值观,诚实守信,敬业爱岗,为患者提供安全、有效的护理服务。

案例 29-1

患者,男,37岁,因患肾病综合征,长期采用醋酸泼尼松龙片治疗。近期,患者又因感冒入院,查体后发现有满月脸、皮肤变薄、四肢消瘦等症状。

问题与思考:

1. 患者出现这种表现的原因是什么?
2. 应如何指导患者接受治疗?

肾上腺皮质激素(adrenocortical hormones)是肾上腺皮质所分泌的激素总称,包括盐皮质激素、糖皮质激素和性激素。因这类药物均为甾体类化合物,故又称甾体激素。肾上腺皮质激素通常指盐皮质激素和糖皮质激素,其中以糖皮质激素最常用。

第一节 糖皮质激素类药

糖皮质激素(glucocorticoid,GC)的基本结构为甾体结构,构效关系密切,改变结构可获得多种人工合成药物,作用时间延长、抗炎作用增强、水盐代谢作用减弱。常用糖皮质激素类药的分类及特点见表29-1。

表 29-1 常用糖皮质激素类药的分类及特点

类别	药物	与受体的亲和力	水、盐代谢（比值）	糖代谢（比值）	抗炎作用（比值）	$t_{1/2}$（h）	持续时间（小时）
短效	氢化可的松	1	1.0	1.0	1.0	1.5	8～12
	可的松	0.01	0.8	0.8	0.8	1.5	8～12
中效	泼尼松	0.05	0.8	3.5	3.5	>3.3	12～36
	泼尼松龙	2.2	0.8	4.0	4.0	>3.3	12～36
	甲泼尼龙	11.9	0.5	5.0	5.0	>3.3	12～36
	曲安西龙	1.9	0.1	5.0	5.0	>3.3	12～36

续表

类别	药物	与受体的亲和力	水、盐代谢（比值）	糖代谢（比值）	抗炎作用（比值）	$t_{1/2}$ (h)	持续时间（小时）
长效	地塞米松	7.1	0.1	30	30	>5.0	36~72
	倍他米松	5.4	0.1	30~35	25~35	>5.0	36~72
外用	氟氢可的松	3.5	200	12	12		8~12
	氟轻松	1	150	40	40		

【体内过程】糖皮质激素类药口服和注射均易吸收，也可通过关节腔内注射、皮肤、黏膜等局部用药，但应注意局部使用糖皮质激素时因药物吸收也可产生全身作用。在血浆中与皮质激素结合蛋白（corticosteroid binding globulin，CBG）结合，肝、肾功能不全时可降低CBG含量，使游离型糖皮质激素增多。口服可的松或氢化可的松吸收迅速而完全，血药浓度1~2小时可达峰值，作用持续8~12小时，主要在肝代谢。可的松（cortisone）和泼尼松（prednisone）在肝内分别转化为氢化可的松（hydrocortisone）和泼尼松龙（prednisolone）后才具有生物活性。药酶诱导剂（苯巴比妥、利福平和苯妥英钠）可加快糖皮质激素的代谢，合用时需加大糖皮质激素的用量。代谢产物可与葡萄糖醛酸或硫酸结合后由尿排出。

【药理作用】

1. 抗炎作用　糖皮质激素有强大的非特异性抗炎作用，可抑制多种原因引起的炎症反应。对急性炎症或在炎症早期，糖皮质激素可抑制毛细血管扩张，减轻渗出、水肿，抑制白细胞浸润及吞噬反应，从而改善炎症的红、肿、热、痛等症状；对慢性炎症或在炎症后期，糖皮质激素可抑制毛细血管和成纤维细胞的增生，延缓肉芽组织生成，从而防止粘连和瘢痕形成，减轻炎症后遗症。

2. 免疫抑制与抗过敏作用　糖皮质激素对免疫过程的多个环节均有抑制作用，小剂量时主要抑制细胞免疫，能抑制巨噬细胞对抗原的吞噬和处理、减少淋巴细胞尤其是T淋巴细胞数量、阻断多种细胞因子如IL-2的产生；大剂量时也能干扰体液免疫，抑制抗体的生成。糖皮质激素可减少组胺、慢反应物质、缓激肽及5-羟色胺等过敏介质的释放，从而可减轻过敏性疾病症状。

3. 抗内毒素作用　糖皮质激素能提高机体对细菌内毒素的耐受能力，减少内源性致热原的释放，还可抑制体温调节中枢，降低对内源性致热原的敏感性，对严重感染时的高热状态具有良好的解热作用。糖皮质激素对外毒素无效。

4. 抗休克作用　大剂量糖皮质激素对各种休克具有对抗作用，特别是感染中毒性休克。其抗休克的作用机制除与前述抗炎、抑制免疫、抗内毒素作用有关外，还包括：①直接扩张痉挛状态的血管；②降低血管对缩血管活性物质的敏感性，改善微循环；③稳定溶酶体膜，减少心肌抑制因子的释放等。

5. 其他作用

（1）影响血液与造血系统：糖皮质激素可刺激骨髓造血功能，增加红细胞、中性白细胞及血小板数量，使嗜酸性和嗜碱性粒细胞减少，使淋巴组织萎缩，淋巴细胞减少。

（2）影响中枢神经系统：糖皮质激素可提高中枢神经系统的兴奋性，引起激动、失眠、欣快等反应。

（3）影响消化系统：糖皮质激素可促进胃酸和胃蛋白酶的分泌，促进消化，增加食欲。但长期大剂量使用糖皮质激素时，也有诱发或加重消化性溃疡的风险。

（4）影响水和电解质代谢：糖皮质激素可促进肾远曲小管和集合管对Na^+的重吸收和K^+

的排出，有微弱的盐皮质激素样作用，可引起低钾血症；长期应用还可减少 Ca^{2+} 在小肠的吸收及肾小管的重吸收，引起低钙血症和骨质脱钙。

> **知识链接**
>
> **糖皮质激素对物质代谢的影响**
>
> 1. 糖代谢　糖皮质激素能促进糖原异生、减慢葡萄糖有氧氧化、减少组织对葡萄糖的利用，从而升高血糖，并增加肝糖原、肌糖原含量。
> 2. 蛋白质代谢　糖皮质激素促进蛋白质分解，大剂量可抑制蛋白质的合成，久用可致生长减慢、肌肉消瘦、皮肤变薄、骨质疏松、淋巴组织萎缩和伤口愈合延缓等。
> 3. 脂肪代谢　糖皮质激素促进脂肪分解，抑制其合成，久用可升高血胆固醇含量，并激活四肢皮下的脂酶，引起脂肪重新分布于面部、胸部、背部及臀部，形成满月脸和向心性肥胖。

考点提示

糖皮质激素的药理作用。

【临床应用】

1. 严重感染　对严重的细菌感染，如暴发型流行性脑膜炎、重症伤寒、中毒性肺炎、中毒性菌痢、急性粟粒性肺结核及败血症，糖皮质激素可迅速缓解中毒、衰竭等症状。因糖皮质激素无抗菌作用，治疗严重感染时须合用足量、有效的抗菌药。病毒感染一般不用糖皮质激素，但对严重传染性肝炎、麻疹和乙型脑炎、流行性腮腺炎等合理应用糖皮质激素可收到肯定疗效。

2. 防止某些炎症后遗症　对于脑膜炎、心包炎、风湿性心瓣膜炎、关节炎、睾丸炎等，糖皮质激素可减轻炎症导致的瘢痕与粘连，减轻炎症后遗症。对于眼科疾病，糖皮质激素可用于虹膜炎、角膜炎、视网膜炎、视神经炎等，还可防止角膜混浊等。

3. 自身免疫性疾病、器官移植排斥反应和过敏性疾病

（1）自身免疫性疾病：对于风湿热、风湿性及类风湿关节炎、全身性红斑狼疮、肾病综合征等，糖皮质激素可缓解其症状，延缓病程，但不能根治。

（2）器官移植排斥反应：糖皮质激素可抑制异体器官移植手术的排斥反应，与环孢素 A 等免疫抑制药合用可增强疗效，注意应适当减少两类药的用量。

（3）过敏性疾病：糖皮质激素可用于荨麻疹、血管神经性水肿、过敏性鼻炎、支气管哮喘等，是治疗银屑病、湿疹、接触性皮炎、剥脱性皮炎等免疫性或过敏性皮肤疾病的首选药物；也用于治疗各种药物所致的过敏反应。

4. 休克　糖皮质激素对感染中毒性休克疗效最好，需配合使用足量、有效的抗菌药，并早期、短疗程、大剂量突击使用；对过敏性休克宜与肾上腺素合用；对心源性休克和低血容量性休克也有效，但必须结合病因治疗。

5. 血液系统疾病　糖皮质激素对再生障碍性贫血、粒细胞减少症、血小板减少症、过敏性紫癜等能明显缓解症状，但停药后易复发；对淋巴细胞白血病、恶性淋巴瘤均有较好疗效。

6. 替代疗法　糖皮质激素与盐皮质激素联合，用于急、慢性肾上腺皮质功能减退症、腺垂体功能减退症和肾上腺次全切除术后的补充替代疗法。

7. 局部应用　对于湿疹、接触性皮炎、银屑病、肛门瘙痒等，常选用氟氢可的松或氟轻松

软膏外用制剂局部治疗；对于严重皮肤病，如剥脱性皮炎及天疱疮需全身治疗。

8. **恶性肿瘤**　糖皮质激素是控制晚期及转移性乳腺癌的重要药物。泼尼松对前列腺癌术后应用雌激素不能有效控制的患者，可明显改善症状。

【不良反应】

1. **医源性肾上腺皮质功能亢进症**　长期大剂量使用糖皮质激素可以引起水、盐、糖、蛋白质及脂肪代谢紊乱，表现为向心型肥胖、多毛、无力、肌肉萎缩、皮肤变薄、骨质疏松、低血钾、水肿、高血压、高血糖、高脂血症等，又称库欣综合征（Cushing syndrome），故用药期间宜低盐、低糖、高蛋白饮食，补充钾离子。停药后这些症状一般会自行消退。

2. **医源性肾上腺皮质功能不全**　长期大剂量使用糖皮质激素，由于激素负反馈调节机制，抑制下丘脑及腺垂体分泌促肾上腺皮质激素（adrenocorticotropic hormone，ACTH），使肾上腺皮质萎缩，肾上腺皮质功能不全，糖皮质激素分泌减少。患者在应激情况如出血、感染、寒冷时，可引起肾上腺皮质不全或肾上腺皮质危象，表现为头晕、恶心、呕吐、低血压、低血糖等。

3. **诱发或加重有关病症**　长期大剂量使用，可诱发或加重有关病症，具体表现及严重程度与患者个体差异、疾病史和用药方案等有关。

（1）诱发或加重感染：因糖皮质激素有抑制免疫作用，能使机体抵抗力下降，可诱发感染或使体内潜在的感染灶扩散，特别是有结核病潜在病灶或病毒性、真菌性隐性感染者，应高度重视。

（2）诱发或加重消化性溃疡：因糖皮质激素促进胃酸及胃蛋白酶分泌、抑制胃黏膜再生功能，可诱发或加重胃、十二指肠溃疡，甚至引起出血、穿孔等。饭后服用可减轻症状，严重时给予抗消化性溃疡药治疗。

（3）诱发或加重糖尿病：因糖皮质激素有升高血糖作用，故糖尿病患者应注意降血糖药的应用，必要时停用糖皮质激素。

（4）诱发或加重心血管疾病：糖皮质激素可诱发高血压和动脉粥样硬化等，可能与其引起水钠潴留、升高血容量和升高血清胆固醇含量等因素有关，长期应用时较为明显。用药期间应加强抗高血压、抗动脉粥样硬化的药物治疗。

（5）诱发或加重骨质疏松、肌肉萎缩、伤口愈合延缓等：严重者可发生自发性骨折，甚至股骨头坏死，与其抑制蛋白质合成，增加钙、磷排泄有关；并因抑制生长素分泌造成负氮平衡，可影响儿童生长发育。用药期间应调整饮食、加强钙及维生素D的补充。

（6）诱发或加重精神病和癫痫：与其中枢兴奋作用有关，一般患者可出现激动、失眠等症状，诱发或加重精神病史或癫痫病史患者的症状，可对症治疗。

（7）诱发或加重白内障和青光眼：与其影响糖代谢而升高血糖、引起水钠潴留而升高眼压等作用有关。

> **考点提示**
>
> 糖皮质激素的临床应用及不良反应。

【禁忌证】骨折、重度高血压、活动性溃疡病、糖尿病、妊娠、严重精神病和癫痫、创伤修复期、角膜溃疡、青光眼、白内障、妊娠和抗微生物药不能控制的病毒感染或真菌感染（如水痘、鹅口疮）等。当禁忌证和适应证同时存在时，应权衡利弊，慎重使用。有时因病情危急，不得不用时，待度过危险期后，应尽早减量或停药。

【用法及疗程】宜根据患者的病情、药物的作用和不良反应特点确定药物制剂、用药剂量、给药方法及疗程。

1. **大剂量突击疗法**　适用于重症、急症、危及生命的严重感染及各种休克。常用氢化可的松静脉滴注，首次剂量 200～300 mg，一日量可达 1 g 以上，疗程不超过 3～5 天，大剂量应用时，应联用氢氧化铝凝胶等，以防止急性消化道出血。

2. 一般剂量长期疗法　适用于反复发作、病变范围广泛的慢性疾病，如风湿性关节炎、肾病综合征、结缔组织病、顽固性支气管哮喘、淋巴细胞白血病。常用泼尼松口服，开始按每次 10～20 mg（或其他糖皮质激素制剂的等效剂量），每日 3 次给药，产生临床疗效后，逐渐减量（每 3～5 天减量 1 次，每次按 20% 递减）至最小维持量。疗程 6～12 个月，给药方法有如下两种。

（1）每日晨给药法：每天用药 1 次，在早晨 7:00—8:00，一次给予全天的剂量。常用氢化可的松或可的松短效类制剂。

（2）隔晨给药法（次晨隔日疗法）：每 2 天用药 1 次，在早晨 7:00—8:00，一次给予 2 天的剂量。常用泼尼松及泼尼松龙等中效类制剂，采用隔日疗法，可避免发生医源性肾上腺皮质功能不全。因为糖皮质激素的分泌受 ACTH 的调控，而 ACTH 的分泌具有昼夜节律性，即每日上午 8:00—10:00 为分泌高潮，随后逐渐下降，午夜 1:00—4:00 为分泌低潮。在清晨一次给予大剂量糖皮质激素，正值体内分泌 ACTH 高峰时，由此对 ACTH 的负反馈作用较弱，故对肾上腺皮质功能的抑制作用也最小。

> **知识链接**
>
> **糖皮质激素停药指征**
>
> 长期应用糖皮质激素，如遇到下列情况之一，应撤去或停用糖皮质激素：①非严格按照适应证使用糖皮质激素的情况，考虑停药；②使用糖皮质激素治疗，已达到了最大的期待治疗效益，不宜再用糖皮质激素而应改药者，考虑停药；③充分使用后仍不能达到满意疗效，考虑停药或更加全面的治疗；④因严重不良反应或并发症，难以继续用药者。

3. 小剂量替代疗法　适用于垂体前叶功能减退、原发性慢性肾上腺皮质功能减退症及肾上腺皮质次全切除术后等肾上腺皮质功能减退症。一般用维持量，常用可的松每日 12.5～25 mg 或氢化可的松每日 10～20 mg。

第二节　盐皮质激素类药

盐皮质激素由肾上腺皮质球状带细胞分泌，临床使用的盐皮质激素类药除了肾上腺皮质分泌的醛固酮外，还有去氧皮质酮等。

去氧皮质酮（desoxycortone）

去氧皮质酮是醛固酮前体，具有类似醛固酮的保钠排钾作用，对糖代谢影响较小，主要用于慢性肾上腺皮质功能不全症的替代治疗。不良反应有高血压、水肿、低血钾、充血性心力衰竭等。肝肾功能不全、妊娠期、黏液性水肿等患者应适当减量。

第三节　促肾上腺皮质激素与肾上腺皮质激素抑制药

一、促肾上腺皮质激素

促肾上腺皮质激素（corticotrophin，adrenocorticotropic hormone，ACTH）由腺垂体嗜碱细

胞合成和分泌，并受下丘脑促肾上腺皮质素释放激素（corticotropin releasing hormone，CRH）的调节，是维持肾上腺正常形态和功能的重要激素。大剂量糖皮质激素对下丘脑及腺垂体起负反馈作用，可抑制 CRH 及 ACTH 的分泌。

ACTH 口服后在胃内被胃蛋白酶破坏而失效，只能注射给药。ACTH 在正常人的血浆浓度，清晨 8 时为 22 pg/ml，晚 10 时为 9.6 pg/ml。ACTH 主要促进糖皮质激素分泌，但只有在肾上腺皮质功能完好时方能发挥治疗作用。一般在给药后 2 h，肾上腺皮质才开始分泌氢化可的松，故不能作为抢救治疗药物使用。

ACTH 可用于诊断垂体 - 肾上腺皮质功能水平及长期使用皮质激素停药前后防止因停药而发生肾上腺皮质功能不全。ACTH 易引起过敏反应，现已少用。

二、肾上腺皮质激素抑制药

肾上腺皮质激素抑制药可代替外科的肾上腺皮质切除术或用于术后辅助治疗，临床常用的有米托坦和美替拉酮。

米托坦（mitotane）

米托坦可选择性地使肾上腺皮质束状带及网状带细胞萎缩、坏死，但不影响球状带，故醛固酮分泌不受影响。用药后血、尿中氢化可的松及其代谢物迅速减少。米托坦主要用于不可切除的肾上腺皮质肿瘤、切除后复发的肾上腺皮质肿瘤及肾上腺皮质肿瘤术后辅助治疗。不良反应可有皮疹、厌食、恶心、腹泻、嗜睡、头痛、眩晕、乏力、中枢抑制及运动失调等。

美替拉酮（metyrapone）

美替拉酮能抑制 11β- 羟化反应，干扰 11- 去氧皮质酮转化为皮质酮及 11- 去氧氢化可的松转化为氢化可的松的过程，临床用于库欣综合征的治疗和鉴别诊断，以及治疗肾上腺皮质肿瘤和其他能刺激产生 ACTH 的肿瘤。不良反应较少，可有眩晕、消化道反应等；大剂量服用可引起肾上腺皮质功能不全。

第四节　肾上腺皮质激素类药用药护理

肾上腺皮质激素类药用药护理见表 29-2。

表 29-2　肾上腺皮质激素类药用药护理

用药护理程序	用药护理要点
用药前	1. 了解患者病史、用药史及过敏史 2. 了解患者一般状况及症状体征，如血压、体重、血糖、血钾、心率情况 3. 特别注意妊娠期、哺乳期妇女及老年人用药，禁用于严重精神病和癫痫病史、骨折、重度高血压、活动性溃疡病、活动性肺结核、新近胃肠吻合术、严重糖尿病、创伤修复期、角膜溃疡、妊娠及抗菌药不能控制的感染 4. 用促肾上腺皮质激素药前应备好抗过敏药 5. 合理制订护理程序，减少不良反应发生

用药护理程序	用药护理要点
用药中	1. 对于院外治疗患者应向其介绍药品保管和使用方法，叮嘱患者严格按医嘱服药，不可随意改变剂量或间隔时间，切不可刚一见效即自行停药，定期复诊，以便根据病情调整剂量 2. 口服时，可于进餐时给药，以减少胃肠道不适；不可皮下注射给药；肌内注射时，宜深部注射，如长期注射糖皮质激素类药，应经常更换部位，防止局部肌肉萎缩 3. 应避免同时接种各类疫苗；结核菌素试验、过敏反应试验等皮肤试验结果易呈假阴性，应予以重视
用药后	1. 库欣综合征出现较明显，一般可以耐受，宜低盐、低糖、高蛋白、富含维生素及钾的饮食，适当补钙及维生素 D 等 2. 长期用药者，应监测血压、心率、体温、体重及定期眼科检查；如果出现咽痛、低热、乏力、咳嗽、消瘦、腹痛、柏油样便等症状，应及时报告或指导患者就诊 3. 此类药物可干扰多项生化检验结果，如血常规、血钾、血糖、血脂，发现异常及时报告医生 4. 观察患者有无皮肤紫斑、情绪变化、反酸、咽痛、发热、肌肉痉挛（低钙症状），并监测药物的其他副作用，发现异常及时报告医生 5. 诱发和加重的各种疾病具有一定的隐匿性，应予高度重视，必要时可配伍抗高血压药、降血糖药等 6. 连续用药期间不可突然停药，以免诱发或加重病情

思政园地

关注药品安全　杜绝滥用糖皮质激素

药物是一把双刃剑，在发挥其防治作用的同时也可能产生或轻或重的不良反应。糖皮质激素药理作用广泛，临床用途较多，不良反应多，不以治疗疾病为目的滥用糖皮质激素对个人健康及社会均可造成严重影响。如果将糖皮质激素添加到饲料中，虽然可促使鸡、猪、牛等快速生长，加快出栏速度，但人吃了这样的肉食之后很可能会使人体内正常的代谢活动或生理活动受到干扰。如果将糖皮质激素添加至化妆品中（可能用到的激素有倍他米松、哈西奈德、地塞米松、氢化可的松、丙酸氯倍他索、曲安奈德等），皮肤或许会在短期内看起来白嫩细腻，但一旦停用，就可能出现瘙痒、灼热、水肿、脱屑等症状；糖皮质激素没有抗菌作用，长期使用含有糖皮质激素的化妆品会使人体出现感染、骨质疏松、高血糖、高血压等症状，甚至诱发中枢神经系统兴奋症状，如诱发精神病和癫痫，还可能有加重溃疡等不良反应。成人长期使用或滥用一种含丙酸氯倍他索的激素，则可能出现皮肤萎缩、毛细血管扩张、多毛、紫癜、色素沉着、毛囊炎等。

自测题

一、选择题

A_1 型题

1. 糖皮质激素对血液系统的影响为
   A. 红细胞降低　　　　　B. 血小板减少　　　　　C. 酸性粒细胞增加
   D. 中性粒细胞减少　　　E. 淋巴细胞减少

2. 糖皮质激素用于严重感染时,须加用
   A. 抗菌药 B. 中枢抑制药 C. 强心药
   D. 抗心律失常药 E. 盐平衡药
3. 肝功能不良者不适宜选用
   A. 氢化可的松 B. 可的松 C. 泼尼松龙
   D. 倍他米松 E. 地塞米松
4. 下列与糖皮质激素的抗炎作用无关的是
   A. 稳定肥大细胞颗粒 B. 抑制白细胞和巨噬细胞的游走
   C. 稳定溶酶体膜 D. 抑制成纤维细胞DNA的合成
   E. 解除血管痉挛,改善微循环
5. 下列不属于糖皮质激素的适应证的是
   A. 严重感染 B. 风湿和类风湿性关节炎
   C. 精神分裂症 D. 自身免疫病
   E. 炎症引起的瘢痕和粘连
6. 下列不属于糖皮质激素药理作用的是
   A. 抗炎 B. 抗免疫 C. 抗休克
   D. 抗菌 E. 抗内毒素
7. 下列不属于糖皮质激素禁忌证的是
   A. 骨折 B. 肾上腺皮质功能减退症
   C. 癫痫 D. 骨质疏松症
   E. 活动性溃疡病

A₂型题

8. 患者,女,28岁,患大叶性肺炎,临床表现有咳嗽、发热、气促等症状,最宜选用的治疗方案是
   A. 小剂量氢化可的松长程疗法+青霉素
   B. 小剂量氢化可的松+青霉素长程疗法
   C. 单用大剂量氢化可的松突击疗法
   D. 大剂量氢化可的松+青霉素突击疗法
   E. 小剂量泼尼松隔日一次服+青霉素
9. 患者,女,46岁,患再生障碍性贫血,血常规检测结果为红细胞、血小板数量及血红蛋白含量均低于正常值,宜选用
   A. 叶酸 B. 胰岛素 C. 硫酸亚铁
   D. 地塞米松 E. 青霉素
10. 患者,男,34岁,诊断为垂体前叶功能减退,使用糖皮质激素治疗时宜采用
    A. 大剂量突击疗法 B. 小剂量替代疗法 C. 隔日疗法
    D. 局部用药 E. 吸入给药
11. 患者,女,61岁,诊断为感染性休克,使用糖皮质激素治疗时宜采用
    A. 大剂量突击疗法 B. 小剂量替代疗法 C. 隔日疗法
    D. 局部用药 E. 吸入给药

A_3/A_4 型题

（12～13 题共用题干）

患者，女，23 岁，突发高热、惊厥、呕吐，进而出现面色苍白、四肢厥冷、血压骤降，诊断为暴发型流行性脑脊髓膜炎所致感染中毒性休克。

12. 该患者应选用的药物是
    A. 去甲肾上腺素 B. 多巴胺 C. 氯丙嗪
    D. 糖皮质激素 E. 右旋糖酐
13. 护士在给患者做用药指导时应提示患者
    A. 大剂量突击治疗 B. 小剂量服用 C. 隔日晨时用药
    D. 一般剂量长期治疗 E. 局部给药治疗

二、简答题

1. 简述糖皮质激素的药理作用。
2. 糖皮质激素长期使用时可能出现哪些不良反应？

三、案例分析

患者，女，55 岁，因长期使用糖皮质激素，出现向心性肥胖、多毛、肌肉萎缩、皮肤变薄，并有低血钾、水肿、高血压、高血糖等表现，诊断为库欣综合征。

请回答：

1. 该患者的临床表现可能与糖皮质激素影响了哪些代谢有关？
2. 用糖皮质激素时，护理人员应如何对患者进行用药监护？

（苗久旺）

第三十章数字资源

第三十章 降血糖药

学习目标

1. 说出胰岛素的常用制剂与用法，解释胰岛素的药理作用、临床应用和不良反应。
2. 说出口服降血糖药的分类及常用药物，比较各类口服降血糖药的作用特点、临床应用和不良反应。
3. 能指导患者正确使用降血糖药并评估药物的治疗效果。
4. 学会监测降血糖药的不良反应并执行相应的护理措施。
5. 具有关爱精神和以人为本的良好医德。

案例 30-1

患者，男，55 岁，自述出现多饮、多食、多尿现象，每日饮水量 3500 ml，每日排尿达 6 次以上。患者近期体重有所减轻，入院检测后，诊断为 2 型糖尿病。

问题与思考：
1. 患者出现这种表现的原因是什么？
2. 应如何指导患者接受治疗？

第一节 胰岛素类

胰岛素（insulin）

胰岛素属多肽类激素，是由胰岛 β 细胞分泌的一种蛋白质激素。药用胰岛素可分为动物胰岛素（由猪、牛胰腺中提取）、胰岛素类似物和人胰岛素，也可通过基因重组技术得到单组分人胰岛素。

【体内过程】胰岛素口服后易被消化酶破坏，必须注射给药，多采用皮下注射，主要被肝、肾灭活。胰岛素血浆半衰期约 10 min，在普通胰岛素中加入碱性蛋白质和锌，可获得中、长效胰岛素制剂（表 30-1），其释放、吸收缓慢，作用维持更久。中、长效胰岛素制剂均为混悬剂，不能静脉注射。

表 30-1 胰岛素常用制剂和特点

分类	药物	给药途径	作用时间（小时）			给药时间
			开始	高峰	维持	
短效	普通胰岛素	静脉注射	立即	1/2	2	急救
		皮下注射	1/2~1	2~4	6~8	餐前30分钟，3~4次/日

续表

分类	药物	给药途径	作用时间（小时）			给药时间
			开始	高峰	维持	
中效	低精蛋白锌胰岛素	皮下注射	2～4	8～12	18～24	早餐或晚餐前60分钟，1～2次/日
	珠蛋白锌胰岛素	皮下注射	2～4	6～10	12～18	
长效	精蛋白锌胰岛素	皮下注射	3～6	16～18	24～36	早餐或晚餐前60分钟，1次/日

【药理作用】胰岛素主要影响代谢过程。

1. 降低血糖　通过促进葡萄糖进入细胞内，加速葡萄糖的有氧氧化和无氧酵解，促进糖原的合成和贮存，抑制糖原的分解及异生，从而减少血糖的来源，增加血糖的去路，降低血糖。

2. 影响脂肪代谢　促进脂肪合成并抑制其分解，减少游离脂肪酸和酮体的生成。

3. 影响蛋白质代谢　促进蛋白质的合成，抑制蛋白质的分解。

4. 促进钾离子转运　激活细胞膜 Na^+-K^+-ATP 酶，促进 K^+ 进入细胞内，增加细胞内 K^+ 浓度，同时降低血中 K^+ 浓度。

【临床应用】

1. 糖尿病　胰岛素对各型糖尿病均有效。主要用于：①1型糖尿病，需终身使用胰岛素；②饮食疗法与口服降血糖药治疗无效的2型糖尿病；③糖尿病并发症，各种急性或严重并发症如酮症酸中毒、非酮症高渗性昏迷；④糖尿病合并严重感染、妊娠、创伤、手术等各种应激状态；⑤继发性糖尿病等。胰岛素不能恢复胰岛功能，故对糖尿病无根治作用。

2. 纠正细胞内缺钾　与葡萄糖、氯化钾组成极化液（GIK液），用于纠正细胞内缺钾，防治急性心肌梗死时的心律失常；也可用于治疗高钾血症。

3. 其他　小剂量（5～10U）胰岛素可用于辅助治疗营养不良、消瘦、顽固性妊娠呕吐，配合高渗葡萄糖溶液也常用于急性酒精中毒的治疗。

考点提示

胰岛素的临床应用。

【不良反应】

1. 低血糖反应　是胰岛素最常见的不良反应，由用量过大或患者未按时进食、过度运动等所致。轻者有饥饿感、乏力、出汗、心悸、焦虑、震颤等症状，重者可引起精神情绪紊乱、抽搐、昏迷、惊厥、休克，甚至死亡，是其最严重的不良反应。症状轻者可饮糖水或摄食，重症者应立即静脉注射50%葡萄糖。特别注意鉴别糖尿病患者是低血糖昏迷、酮症酸中毒性昏迷还是糖尿病非酮症高渗性昏迷。

2. 过敏反应　以动物来源胰岛素较为常见，可出现荨麻疹、血管神经性水肿、紫癜等过敏症状，偶见过敏性休克，可用抗组胺药或糖皮质激素类药治疗。

3. 胰岛素抵抗（胰岛素耐受性）　机体对胰岛素的敏感性降低的现象称为胰岛素抵抗，又称胰岛素耐受性。胰岛素抵抗可分为急性型和慢性型两种。急性型可由创伤、感染、手术、情绪激动等原因引起，此时需消除诱因，并加大胰岛素用量。慢性型可能与体内产生了抗胰岛素的抗体或胰岛素受体数量下调有关，应采用更换制剂或加用口服降血糖药、合用免疫抑制药等方法处理。

4. 其他 皮下注射部位可能有红肿、硬节、皮下脂肪萎缩等，个别患者长期应用出现体重增加、胰岛素水肿及屈光不正等。

> **考点提示**
>
> 胰岛素的不良反应。

第二节　口服降血糖药

口服降血糖药通过多种机制发挥降血糖作用，主要适用于2型糖尿病。常用药物种类很多，主要包括磺酰脲类、双胍类、α-葡萄糖苷酶抑制药、胰岛素增敏药等。

一、磺酰脲类

磺酰脲类药种类较多，常用的药物有：第一代甲苯磺丁脲（tolbutamide）、氯磺丙脲（chlorpropamide）；第二代格列本脲（glyburide）、格列喹酮（gliquidone）、格列吡嗪（glipizide）；第三代格列美脲（glimepiride）、格列齐特（gliclazide）等。其中第三代药物降血糖作用强，还具有改善脂质代谢、抗血小板作用。

【体内过程】磺酰脲类药口服吸收好，血浆蛋白结合率较高，经肝代谢后，由肾排泄。第二代药物的血浆半衰期长，排泄慢，每日只需给药1次，其他药物排泄较快，给药间隔相应缩短。肝、肾功能不良者慎用。

【药理作用与临床应用】

1. 降血糖　磺酰脲类药可刺激胰岛β细胞释放胰岛素，也能抑制胰高血糖素的分泌，增强靶细胞对胰岛素的敏感性。对正常人和胰岛功能尚存的糖尿病患者有效，对1型糖尿病及已切除胰腺者无作用。此类药物用于胰岛功能尚存且单用饮食控制无效的轻、中度2型糖尿病患者，也用于发生胰岛素抵抗的1型糖尿病患者。磺酰脲类药与胰岛素配伍使用效果较好，但应调整剂量。

2. 抗利尿　氯磺丙脲、格列本脲可促进抗利尿激素的分泌，并增强其作用而减少尿量，可用于尿崩症，与氢氯噻嗪合用可提高疗效。

3. 对凝血功能的影响　第三代磺酰脲类药能降低血小板黏附力，刺激纤溶酶原的合成，恢复纤溶活性，改善微循环，可用于防治糖尿病并发的微血管病。

> **考点提示**
>
> 磺酰脲类药的药理作用与临床应用。

【不良反应】主要有恶心、腹痛、腹泻等消化道反应，也可发生皮肤瘙痒、药疹等过敏症状；少数患者出现粒细胞减少和胆汁淤积性黄疸及肝损害，应定期检查肝功能和血常规；大剂量使用也会出现低血糖反应，老年糖尿病患者和肝、肾功能不全者易发生持久性的低血糖，新型药物的低血糖反应较轻。

二、双胍类

二甲双胍（metformin）、苯乙双胍（phenformin）

双胍类药是最早发现的口服降血糖药，能抑制葡萄糖的肠道吸收和体内糖原异生，促进糖的无氧酵解而降低血糖。二甲双胍单独应用或与磺酰脲类药联合应用可增加患者对胰岛素的敏感性且不增加体重，但不能促进胰岛β细胞释放内源性胰岛素，对胰岛功能完全丧失的患者仍然有效，但对正常人血糖几乎无影响。

双胍类药主要用于饮食控制无效的2型糖尿病，特别是肥胖型患者。主要不良反应有胃肠道反应等，长期应用易引起乳酸血症和酮血症等，尤以苯乙双胍的发生率较高，现已少用。肾功能不全者禁用。

 考点提示

二甲双胍的临床应用。

三、α-葡萄糖苷酶抑制药

阿卡波糖（acarbose）、伏格列波糖（voglibose）

α-葡萄糖苷酶抑制药可抑制小肠上皮的α-葡萄糖苷酶，抑制碳水化合物的水解，延缓葡萄糖的吸收而降低血糖，降低餐后高血糖的作用尤其明显。

α-葡萄糖苷酶抑制药适用于胰岛素依赖型和非胰岛素依赖型糖尿病患者，常作为2型糖尿病治疗的基本用药，与磺酰脲类、双胍类合用增强疗效。服药期间应同时增加饮食中碳水合化物比例，并限制单糖的摄入量，以提高药物疗效。不良反应主要是肠鸣、腹胀、腹泻等消化道反应。

四、胰岛素增敏药

胰岛素增敏药是目前改善胰岛素抵抗和胰岛β细胞功能的有效药物之一，与其他口服降血糖药和胰岛素配伍可明显提高治疗效果。

罗格列酮（rosiglitazone）

罗格列酮为噻唑烷酮衍生物，能增强肝、肌肉和脂肪组织对胰岛素的敏感性，并促进外周组织对糖的摄取，同时降低血中胰岛素水平，兼有调节血脂、抑制血小板聚集和改善胰岛β细胞功能等作用。

罗格列酮主要用于发生胰岛素抵抗的1型糖尿病和2型糖尿病的治疗，一般应与磺酰脲类或二甲双胍联合使用。常见的不良反应是体重增加和水肿，与胰岛素联用时更明显，尚有嗜睡、消化道反应、肌肉和骨骼痛等；还可引起少数患者出现肝毒性，尤以曲格列酮（troglitazone）明显。

同类药物还有吡格列酮（pioglitazone）、西格列酮（ciglitazone）、恩格列酮（englitazone）等，故又称列酮类药。

五、其他口服降血糖药

瑞格列奈（repaglinide）、那格列奈（nateglinide）

此类药物为非磺酰脲类促胰岛素分泌药，能根据进餐时血糖变化而促进胰岛素生理性释放，故又称餐时血糖调节药。两药主要用于治疗2型糖尿病，尤其对磺酰脲类过敏或不耐受的患者更为适用；因其大部分经胆汁排泄，对糖尿病肾病患者也更为适用。常见不良反应有较轻微短暂的低血糖反应、腹泻等；偶有皮肤过敏反应、轻度和暂时性肝酶指标升高。

第三节 降血糖药用药护理

降血糖药用药护理见表30-2。

表30-2 降血糖药用药护理

用药护理步骤	用药护理要点
用药前	1. 了解患者病史、用药史及过敏史 2. 识别高危人群及禁忌证：妊娠期或哺乳期的妇女应停用口服降血糖药；肝、肾功能不良者和糖尿病酮症酸中毒者禁用双胍类药 3. 了解患者一般状况及症状体征：血压、心率、饮食量、体重 4. 监测血糖、尿糖、血脂水平等 5. 告知患者及其家属低血糖症状及应急措施，应嘱咐患者随身携带食品，以便出现低血糖反应时立即食用 6. 合理制订护理程序，减少不良反应的发生
用药中	1. 嘱患者按医嘱规律用药，不可随意改变剂量或间隔时间，以免出现高血糖或低血糖昏迷 2. 正确选择给药方法：以皮下注射为主，静脉注射用于酮症酸中毒等 3. 合理选择部位，以前臂外侧、大腿和腹部皮下为宜，有计划更换部位，避免脂肪萎缩或局部感染 4. 指导患者自行注射胰岛素的正确方法：抽取药液要准确，避免过度振摇产生气泡等，使用专用注射器较好，做皮下注射时应抽回血，切不可误入血管内 5. 密切观察患者反应，是否有出汗、心率加快、饥饿等现象，老年人低血糖反应多不典型，可迅速昏迷，应警觉，一旦出现低血糖反应，应立即抢救 6. 对重度糖尿病昏迷的患者应注意鉴别是低血糖昏迷、酮症酸中毒昏迷还是糖尿病非酮症高渗性昏迷 7. 如出现胰岛素过敏反应，应立即停药，并报告医生给予抗过敏治疗
用药后	1. 指导患者科学合理饮食、控制体重、适当锻炼 2. 向患者及家属介绍胰岛素制剂的剂量计算方法、进餐与给药时间确定方法、低血糖反应时自救应急措施等 3. 指导患者保存胰岛素制剂的方法：胰岛素应低温保存，不可冷冻或受热。避免从冰箱内取出胰岛素后立即注射，冷的胰岛素可降低吸收率，而且可引起脂肪萎缩，应于注射前半小时从冰箱内取出待用，注意制剂有效期及性状改变 4. 指导患者自测血糖、尿糖，根据每日尿糖或血糖水平、体重制订剂量个体化方案 5. 长期应用胰岛素的患者，可采用更换胰岛素制剂和选用新型胰岛素制剂等措施避免发生胰岛素抵抗

思政园地

我国首次合成结晶牛胰岛素

糖尿病是一种常见病、多发病。世界卫生组织已将糖尿病列为三大疑难病之一，并把每年的11月14日定为"世界糖尿病日"，号召世界各国在这一天广泛开展糖尿病宣传、教育和防治工作，以推动国际糖尿病防治事业的开展。

1965年9月17日，中国科学院上海生物化学研究所的科学家们经过6年多的艰苦奋斗，终于成功合成了世界上第一个人工合成结晶牛胰岛素，这次重大突破标志着我国在生物技术领域的加速发展。老一辈科学家们强烈的民族责任心和高度的使命感时刻激励着年轻一代的科学研究人员，他们也继承了老一辈科学家们艰苦奋斗、锐意创新、无私奉献、勇攀高峰的科学精神。

自 测 题

一、选择题

A₁型题

1. 磺酰脲类降血糖药的作用机制是
   A. 提高胰岛 α 细胞功能　　B. 刺激胰岛 β 细胞释放胰岛素
   C. 加速胰岛素合成　　D. 抑制胰岛素降解
   E. 促进胰岛素吸收

2. 可用于尿崩症的降血糖药是
   A. 格列本脲　　B. 精蛋白锌胰岛素　　C. 氯磺丙脲
   D. 甲苯磺丁脲　　E. 普通胰岛素

3. 下列对胰岛素的描述中，错误的是
   A. 抑制糖原的分解和糖异生
   B. 促进蛋白质合成，抑制其分解
   C. 促进脂肪合成，抑制其分解
   D. 用于 1 型糖尿病
   E. 不用于 2 型糖尿病

4. 下列用于肥胖型糖尿病的药物是
   A. 格列本脲　　B. 罗格列酮　　C. 二甲双胍
   D. 甲苯磺丁脲　　E. 阿卡波糖

5. 双胍类药治疗糖尿病的机制是
   A. 增强胰岛素的作用
   B. 促进组织摄取葡萄糖
   C. 刺激内源性胰岛素的分泌
   D. 阻滞 ATP 敏感的钾通道
   E. 增加靶细胞膜上胰岛素受体的数目

A₂型题

6. 患者，女，52 岁，为 1 型糖尿病患者，在治疗过程中出现心悸、出汗、饥饿感、意识模糊，该患者最可能发生的问题是
   A. 过敏反应　　B. 心律失常　　C. 自主神经功能紊乱
   D. 低血糖反应　　E. 周围神经炎

7. 患者，男，37 岁，为 2 型糖尿病患者。该患者因病胰腺被切除，如使用下列降血糖药效果最差的是
   A. 低精蛋白锌胰岛素　　B. 二甲双胍　　C. 苯乙双胍

D. 甲苯磺丁脲　　　　　　E. 珠蛋白锌胰岛素
8. 患者，男，43岁，近期被诊断为1型糖尿病，下列有关药物使用的说法中正确的是
   A. 单用格列本脲　　　　B. 单用二甲双胍　　　　C. 应使用胰岛素
   D. 单用阿卡波糖　　　　E. 只能使用胰岛素，不能加用口服降血糖药

A₃/A₄ 型题
（9～10题共用题干）
患者，女，53岁，有多饮、多食病史4年，近期明显感到身体消瘦，入院后，诊断为2型糖尿病。
9. 患者需要使用的基础治疗措施为
   A. 用口服降糖药治疗　　B. 用胰岛素治疗　　　　C. 手术治疗
   D. 运动治疗　　　　　　E. 控制饮食
10. 如患者采用基础治疗无效后，又单用磺酰脲类或单用双胍类药治疗效果均不理想，可以尝试的措施为
    A. 继续加大剂量使用磺酰脲类药
    B. 继续加大剂量使用双胍类药
    C. 使用磺酰脲类联合双胍类药治疗
    D. 使用糖皮质激素
    E. 使用胰岛素

二、简答题

1. 简述胰岛素的主要不良反应。
2. 简述口服降血糖药的种类及代表药物。

三、案例分析

患者，女，18岁，4年前诊断为1型糖尿病，采用普通胰岛素治疗方案。患者2天前因外出旅游未能按时注射胰岛素，也未能很好地控制饮食，今日感觉疲乏无力、口渴、多饮，尿量明显增加，并伴有食欲减退、恶心、呕吐等症状，3小时前出现头晕、嗜睡、呼气烂苹果味而入院，经检查确诊为糖尿病酮症酸中毒。

请回答：
1. 该患者发生酮症酸中毒的诱因有哪些？
2. 如何指导患者正确使用胰岛素？

（苗久旺）

第三十一章 甲状腺激素类药与抗甲状腺药

第三十一章数字资源

学习目标

1. 说出甲状腺激素类药的药理作用、临床应用及不良反应。
2. 说出抗甲状腺药的分类及常用药物,比较各类抗甲状腺药的药理作用、临床应用和不良反应。
3. 能指导患者正确使用甲状腺激素类药与抗甲状腺药并评估药物的治疗效果。
4. 学会监测甲状腺激素类药与抗甲状腺药的不良反应并执行相应的护理措施。
5. 具有关爱精神和以人为本的良好医德。

案例 31-1

患者,女,42 岁。近期常有心悸、失眠症状,且情绪容易激动,甚至还时常焦虑。入院后,检测甲状腺指标:促甲状腺激素(TSH)低于正常值,而游离三碘甲状腺原氨酸(FT_3)和游离甲状腺素(FT_4)均高于正常值。

问题与思考:
1. 患者出现这种表现可能患有何种疾病?
2. 应如何指导患者接受治疗?

第一节 甲状腺激素类药

甲状腺素(thyroid,T_4)、三碘甲状腺原氨酸(triiodothyronine,T_3)均是甲状腺激素,其中 T_3 吸收快,作用强,T_4 相对作用时间较长,可进入胎盘和乳汁,其制剂应避光保存。

【药理作用】

1. **维持生长发育** 甲状腺激素是人体正常生长发育所必需的激素,可促进蛋白质合成、骨骼生长和神经系统发育等,婴幼儿甲状腺功能低下时,其生长和智力发育均受影响,可致呆小病(克汀病),成人甲状腺激素分泌不足则可引起黏液性水肿。

2. **促进代谢** 甲状腺激素能促进物质氧化,增加耗氧,提高基础代谢率,促进产热。甲状腺功能亢进患者有怕热、多汗、消瘦等症状;甲状腺功能不全患者基础代谢率降低,产热减少。

3. **维持神经系统兴奋性** 表现为中枢神经兴奋和交感神经兴奋。甲状腺激素应用过量时可导致患者情绪激动、易怒、失眠等,因其提高心血管对儿茶酚胺的敏感性,可引起心脏兴奋、血压升高等。

【临床应用】

1. **单纯性甲状腺肿** 首先应补碘进行病因治疗。当甲状腺肿大明显时,可给予适量甲状腺激素,作为替代补充以缓解因腺体增生肥大造成的压迫症状。甲状腺功能亢进患者服用抗甲状腺药时，加服 T_4 有利于减轻突眼、甲状腺肿大等症状。此病应以预防为主。

2. 甲状腺功能减退症

（1）呆小病：此病治疗越早效果越好。应从小剂量开始用药，有效时应终身治疗。

（2）黏液性水肿：小剂量开始用药，逐渐加量，一般 2～3 周后症状消退。黏液性水肿昏迷者必须立即静脉注射大剂量甲状腺素，待患者苏醒后改为口服。

> **考点提示**
>
> 甲状腺激素的临床应用。

【不良反应】甲状腺激素过量可引起甲状腺功能亢进样症状，如心悸、多汗、失眠、手震颤，对老年人和心脏病患者可诱发心绞痛和心肌梗死，一旦发生应停用甲状腺激素，并可用 β 受体阻断药对抗。

左甲状腺素（levothyroxine）

左甲状腺素为人工合成的左旋 T_4 盐类制剂，药理作用、临床用途、不良反应与天然甲状腺素相同，但口服起效缓慢、作用温和、维持时间长，半衰期为 6～7 天。由于其具有相当稳定的活性且价格便宜、无过敏性及半衰期长的特点，最适用于甲状腺激素的替代治疗。黏液性水肿昏迷患者可静脉注射，症状改善后改用口服制剂。

碘塞罗宁（liothyronine）

碘塞罗宁为人工合成的 T_3 盐类制剂，口服起效快速、作用强大（约为左甲状腺素的 4 倍）、维持时间短，半衰期约为 33 小时。由于其价格高且对心脏毒性较大，不作常规用药，一般用于治疗严重的甲状腺功能减退症。

第二节 抗甲状腺药

甲状腺功能亢进症（hyperthyroidism），简称甲亢，是多种原因导致的以甲状腺素分泌过多，引起以神经、循环、消化等系统兴奋性增高和代谢亢进为主要表现的综合征。一般有手术治疗、药物治疗和放射治疗等治疗方法。

目前常用的抗甲状腺药（antithyroid drugs）主要有硫脲类（thioureas）、碘及碘化物、放射性碘、β 受体阻断药等。

一、硫脲类

硫脲类药是最常用的抗甲状腺药，可分为两类：①硫氧嘧啶类，如甲硫氧嘧啶（methylthiouracil）、丙硫氧嘧啶（propylthiouracil）；②咪唑类，如甲巯咪唑（thiamazole）、卡比马唑（carbimazole）。

【体内过程】硫脲类口服吸收良好，主要分布于甲状腺，可通过胎盘进入乳汁。硫氧嘧啶类作用时间较短；咪唑类因在甲状腺内富集浓度高，故作用时间长，可采用每日 1 次的给药方法。

【药理作用】

1. 抑制甲状腺激素的合成　硫脲类可抑制过氧化物酶，从而抑制酪氨酸的碘化及缩合，使甲状腺激素的合成受阻。因此类药物对已合成的甲状腺激素无对抗作用，也不能影响甲状腺激素的释放，故其起效较慢。

2. 免疫抑制作用　硫脲类轻度抑制免疫球蛋白的生成，使血液循环中甲状腺刺激性免疫球蛋白（thyroid stimulating immunoglobulin，TSI）下降，对甲亢患者有一定的病因治疗作用。

3. 抑制外周组织中 T_4 转化为 T_3　丙硫氧嘧啶能快速抑制外周组织中 T_4 转化为 T_3，降低血清 T_3 浓度。

【临床应用】

1. 甲亢的内科治疗　多用于轻症、不宜手术或 ^{131}I 治疗者，开始应用大剂量，一般 2～3 周后起效，1～3 个月基础代谢率恢复正常，此后逐渐减至维持量，疗程在 1～2 年以上。

2. 甲亢术前准备　为减少甲状腺次全切除手术患者在麻醉和手术后的并发症，防止术后发生甲状腺危象，术前应先服用硫脲类药，使甲状腺功能恢复或接近正常，但由于应用此类药物后刺激甲状腺组织增生、充血、变软，增加手术难度，为减少术中出血，应在术前 2 周配伍大剂量碘剂，使腺体缩小变硬，以利于手术进行。

3. 甲状腺危象的辅助治疗　甲亢患者可因感染、手术、精神刺激等诱因导致甲状腺激素大量释放入血，出现高热、虚脱、心力衰竭、肺水肿、电解质紊乱等症状，严重时可导致死亡。抢救时应以大剂量碘剂为主，同时辅以大剂量硫脲类（常用丙硫氧嘧啶）及其他综合措施。

考点提示

硫脲类药的药理作用与临床应用。

【不良反应】因患者常需长期使用硫脲类药，故其不良反应发生相对较多，主要有过敏反应、消化道反应和粒细胞缺乏症。最严重的不良反应为粒细胞缺乏症，发生率为 0.3%～0.6%，一般在用药后 2～3 个月内发生，故用药期间应定期检查血常规，如出现白细胞总数明显降低或有发热、咽痛等症状，应立即停药观察，或给予对症治疗。妊娠期和哺乳期妇女禁用；结节性甲状腺肿合并甲亢及甲状腺癌患者禁用；对硫脲类药过敏者禁用。

二、碘及碘化物

这类药物以碘化钾（potassium iodide）和复方碘溶液（卢戈液，Lugol's solution）在临床最常用。

【药理作用与临床应用】碘剂的作用随剂量不同而有质的差异。

1. 小剂量碘剂　小剂量碘剂为合成甲状腺激素的必要原料，可防治单纯性甲状腺肿。对早期病例疗效较好，对晚期病例则甲状腺肿大不易完全消退。

2. 大剂量碘剂　大剂量碘剂通过抑制甲状腺腺泡的蛋白酶，减少 T_3、T_4 的释放，产生抗甲状腺作用；还有拮抗 TSH 刺激腺体增生的作用，使腺体缩小、变硬。其作用快而强。一般用药 1～2 天起效，10～15 天达最大效应，随后作用逐渐降低。大剂量碘剂主要用于：①甲亢术前准备。术前 2 周口服复方碘溶液以使甲状腺组织退化、血管减少，腺体缩小变韧，有利于手术进行及减少出血等。②甲状腺危象的治疗。大剂量碘剂为甲状腺危象主要抢救药物，能迅速缓解甲状腺危象症状，但须配合使用硫脲类药。

考点提示

碘及碘化物的药理作用与临床应用。

【不良反应】

1. 急性反应 多在用药后立即出现或几小时后发生，轻者表现为皮疹、发热，呼吸道黏膜刺激症状，严重时可出现全身血管神经性水肿、喉头水肿而危及生命。对碘过敏者禁用。

2. 慢性碘中毒 表现为口腔及咽喉烧灼感和金属异味、唾液分泌增多、眼刺激症状等，服用生理盐水促进碘排泄后可减轻症状，严重者应立即停药，同时给予抗过敏治疗。

3. 诱发甲状腺功能紊乱 长期应用大剂量碘，可引起甲状腺的摄碘能力降低，丧失抗甲状腺作用，甚至诱发甲状腺危象，故不可长期应用大剂量碘。婴幼儿、妊娠期及哺乳期妇女禁用。

三、放射性碘（^{131}I）

^{131}I 被甲状腺摄取后，可产生 β 和 γ 两种射线。γ 射线（约占 1%）穿透力强，可在体表通过仪器测定，主要用于甲状腺摄碘功能的测定。β 射线（约占 99%）有效射程在 2 mm 内，辐射作用仅限于甲状腺内，破坏甲状腺实质，使腺泡上皮坏死、萎缩，减少甲状腺激素的分泌，可引起类似手术切除部分甲状腺的作用；同时可降低腺泡内淋巴细胞而减少甲状腺素抗体产生。^{131}I 可用于不宜手术或手术后复发及硫脲类无效或过敏的甲亢患者。碘（^{131}I）化钠胶囊和口服溶液制剂等新的放射性治疗产品可用于治疗甲状腺肿瘤。

^{131}I 作用时间较长，易产生甲状腺功能减退，应严格掌握适应证及控制剂量。20 岁以下患者、妊娠期及哺乳期妇女不宜应用。

四、β 受体阻断药

常用的 β 受体阻断药有普萘洛尔、阿替洛尔等，可通过阻断 β 受体，发挥抗交感神经作用，降低基础代谢率，减轻多汗、手震颤，改善甲亢的心率加快、心肌收缩力增强等交感神经亢进症状，还能抑制 T_4 在外周组织中转化为 T_3。β 受体阻断药因单用时作用有限，常与硫脲类配伍用于各类甲亢的治疗，也是甲状腺危象治疗的辅助用药之一。不能使用其他疗法的甲亢患者，可单用 β 受体阻断药控制症状。

第三节 甲状腺激素类药与抗甲状腺药用药护理

甲状腺激素类药与抗甲状腺药用药护理见表 31-1。

表 31-1 甲状腺激素类药与抗甲状腺药用药护理

用药护理步骤	用药护理要点
用药前	1. 了解患者用药史及过敏史，用碘剂前应做碘过敏试验，过敏者禁用 2. 妊娠期和哺乳期妇女禁用；结节性甲状腺肿合并甲亢及甲状腺癌患者禁用；肝肾功能不良者慎用 3. 熟悉处方、医嘱中所用药物的药理作用、临床应用、不良反应、用药监护、用药方法、药品保管知识和外观质量检查方法等
用药中	1. 准确执行给药方案，叮嘱患者按医嘱规律用药，不可随意改变剂量或间隔时间，切不可突然停药，以免发生甲状腺危象 2. 注意常用给药途径的护理事项 3. 注意观察患者血压、心率、饮食习惯及食量、睡眠、情绪、排便、体重，如心率过慢、饮食量明显减少，应报告医生
用药后	定期查血常规，如发现患者咽喉疼痛、发热，或白细胞低于 $3000/mm^2$，应立即停药并报告医生

第三十一章 甲状腺激素类药与抗甲状腺药

自 测 题

一、选择题

A₁ 型题

1. 治疗黏液性水肿的药物是
   A. 甲状腺激素　　　　B. 碘化钾　　　　　　C. 甲巯咪唑
   D. 卡比马唑　　　　　E. 放射性碘

2. 硫脲类药的最严重不良反应是
   A. 粒细胞缺乏症　　　B. 过敏反应　　　　　C. 胃肠反应
   D. 肝损害　　　　　　E. 贫血

3. 放射性碘主要用于治疗
   A. 克汀病　　　　　　B. 甲状腺危象　　　　C. 孕妇甲亢
   D. 不宜手术的甲亢患者　E. 单纯性甲状腺肿

4. 下列慎用碘剂的情况是
   A. 妊娠　　　　　　　B. 甲状腺功能亢进症术前准备
   C. 甲状腺危象　　　　D. 单纯性甲状腺肿
   E. 呆小症

5. 抑制甲状腺球蛋白酶而减少甲状腺激素释放的药物是
   A. 丙硫氧嘧啶　　　　B. 大剂量碘和碘化物　C. 卡比马唑
   D. 甲巯咪唑　　　　　E. 阿替洛尔

6. 丙硫氧嘧啶主要作用机制是
   A. 抑制甲状腺激素的生物合成
   B. 抑制甲状腺摄取碘
   C. 抑制甲状腺素的释放
   D. 抑制 TSH 分泌
   E. 抑制 T_3 转化为 T_4

7. 用于甲状腺手术前准备，可使腺体缩小变硬、血管减少，有利于手术进行的药物是
   A. 丙硫氧嘧啶　　　　B. ^{131}I　　　　　　C. 卡比马唑
   D. 小剂量碘　　　　　E. 大剂量碘

A₂ 型题

8. 某甲状腺功能亢进症患者因受到严重精神刺激出现高热、多汗、心力衰竭、高血压及电解质紊乱，应首选的药物是
   A. 卡比马唑　　　　　B. 普萘洛尔　　　　　C. 大剂量碘
   D. 小剂量碘　　　　　E. 丙硫氧嘧啶

9. 患者，女，23 岁，甲状腺肿大 1 年，入院后诊断为单纯性甲状腺肿，该患者适宜选用的药物是
   A. 甲硫氧嘧啶　　　　B. 甲状腺素　　　　　C. 大剂量碘
   D. 丙硫氧嘧啶　　　　E. 普萘洛尔

A_3/A_4 型题

（10～11题共用题干）

患者，女，36岁，因心悸、乏力、多汗并伴有消瘦症状入院就诊，经检查发现患者甲状腺弥漫性、对称性肿大，伴有震颤，闻及血管杂音。

10. 患者可能患有
    A. 单纯性甲状腺肿　　B. 甲状腺功能减退症　　C. 甲状腺功能亢进症
    D. 甲状腺危象　　　　E. 黏液性水肿
11. 下列不支持甲亢的诊断的是
    A. 总 T_3 水平增高　　B. 游离 T_3 水平增高　　C. TSH 升高
    D. 总 T_4 水平增高　　E. 游离 T_4 水平增高

二、简答题

1. 简述抗甲状腺药的分类，并写出每类的代表药物。
2. 简述硫脲类药的作用机制及临床应用。

三、案例分析

患者，女，29岁，半年前确诊为甲状腺功能亢进，采取药物治疗方案，口服丙硫氧嘧啶，开始剂量为每日 300 mg，每日 3 次，病情控制后逐渐减量，维持量每日 150 mg，每日 1 次。患者近日出现乏力、咽痛、牙龈肿痛、发热等症状，检查体温 37.1℃，白细胞计数 2.3×10^9/L（正常值 $4 \sim 10 \times 10^9$/L），中性粒细胞绝对值 1.0×10^9/L（正常值 $>1.5 \times 10^9$/L），血红蛋白和血小板正常。

请回答：
1. 该患者新出现这些症状最可能的原因是什么？
2. 如何调整该患者的治疗方案？应采取的护理措施是什么？

（苗久旺）

第三十二章 性激素类与抗生育药

学习目标

1. 说出性激素类药的分类及常用药物的作用特点和临床应用。
2. 说出各类性激素拮抗药的作用特点及临床应用。
3. 说出抗生育药的分类及常用药物的作用特点和临床应用。
4. 能指导患者正确使用性激素类与抗生育药并评估药物治疗效果。
5. 学会监测性激素类与抗生育药的不良反应并执行相应的护理措施。
6. 具有务实上进和开拓创新的精神。

案例 32-1

患者，女，38 岁，阴道不规则出血 2 个月余。患者于 2 个月前无明显诱因出现阴道出血，淋漓不断，口服中药效果不佳，来院就诊，诊断为功能失调性子宫出血，给予己烯雌酚 1 mg，口服，每日 1 次，治疗 22 天，再肌内注射孕酮 5 天，停药后 3～5 天月经来潮。

问题与思考：
1. 己烯雌酚治疗功能失调性子宫出血的药理学依据是什么？
2. 孕酮有什么药理作用？

性激素是由性腺分泌的一类甾体激素，包括雌激素（estrogens）、孕激素（progestogens）和雄激素（androgens）。临床应用的性激素多为人工合成品及其衍生物。目前常用的抗生育药大多数属于雌激素和孕激素的复合制剂。

知识链接

性激素的分泌与调节

性激素的分泌与调节受下丘脑-腺垂体-性腺轴调控。下丘脑分泌促性腺激素释放激素（gonadotropin releasing hormone，GnRH），促进腺垂体释放促卵泡素（follicle stimulating hormone，FSH）和促黄体素（luteinizing hormone，LH）。在女性体内，FSH 刺激卵巢中的卵泡发育与成熟，并使其分泌雌激素；LH 促进卵巢黄体生成，并使其分泌孕激素。另外，性激素水平对下丘脑、腺垂体的分泌功能有正反馈和负反馈的调节作用。在排卵前，雌激素水平较高，可直接或通过下丘脑促进垂体分泌 LH，导致排卵（正反馈）；在月经周期的黄体期，血中雌激素与孕激素都高，通过负反馈减少 GnRH 的释放及 FSH、LH 的分泌，从而抑制排卵（长反馈）；当 FSH、LH 的水平高时，也可通过负反馈减少 GnRH 的释放（短反馈）。

第一节　雌激素类与抗雌激素类药

一、雌激素类药

由卵巢分泌的天然雌激素主要是雌二醇（estradiol，E2）。临床常用的雌激素类药是雌二醇的衍生物，主要包括炔雌醇（ethinylestradiol）、炔雌醚（quinestrol）和戊酸雌二醇（estradiol valerate）。其他雌激素类药有雌三醇的衍生物尼尔雌醇（nilestriol）和全合成的非甾体类己烯雌酚（diethylstilbestrol）。

【体内过程】天然雌激素口服生物利用度低，一般以肌内注射给药为主。人工合成的雌激素口服效果较好，作用持久。雌激素油溶液制剂肌内注射，可以延缓吸收，延长作用时间。多数雌激素易从皮肤和黏膜吸收，可制成霜剂或栓剂用于阴道，发挥局部作用，也可制成贴片经皮给药。

【药理作用】

1. 对未成年女性　促进女性性器官发育和成熟，维持女性第二性征。
2. 对成熟女性　促进子宫肌层和内膜增殖变厚，并在孕激素的协同下，使子宫内膜产生周期性变化，形成月经周期；增强子宫平滑肌对缩宫素的敏感性；刺激阴道上皮增生，使浅表层细胞发生角化。
3. 对排卵的影响　小剂量可促进排卵；大剂量则通过负反馈机制抑制排卵。
4. 对乳腺的影响　小剂量能刺激乳腺导管及腺泡的生长发育；大剂量能抑制催乳素的作用，减少乳汁分泌。
5. 对代谢的影响　轻度水钠潴留作用，使血压升高；增加骨质钙的沉积，加速骨骺闭合；能升高高密度脂蛋白，降低低密度脂蛋白；还可使糖耐量降低。
6. 其他　增加凝血因子Ⅱ、Ⅶ、Ⅸ、Ⅹ的活性，促进血液凝固，大剂量可能导致血栓的发生；还具有抗雄激素作用。

【临床应用】

1. 替代治疗　卵巢功能不全和闭经、双侧卵巢切除术后、老年性阴道炎、女阴干枯症等可用雌激素进行补充治疗。雌激素与孕激素合用可产生人工月经周期。
2. 功能失调性子宫出血　雌激素可促进子宫内膜增生，有利于创面修复而止血，可配伍孕激素，以调整月经周期。
3. 更年期综合征及绝经期和老年性骨质疏松症　雌激素抑制促性腺激素的分泌，可使更年期综合征的症状减轻；与雄激素合用，可减少骨质丢失，防止骨折发生。

> **知识链接**
>
> **雌激素抗骨质疏松的作用**
>
> 雌激素在骨骼重塑过程中起着重要作用。雌激素不仅可以通过与雌激素受体结合，直接作用于骨细胞，还可以通过调节免疫细胞及免疫因子等起间接调节作用，从而促进成骨细胞增殖、分化，诱导破骨细胞凋亡、抑制破骨细胞活性，进而维持骨吸收与骨形成之间的平衡，保护骨组织。雌激素对骨的作用表现出剂量依赖关系，较高剂量雌激素增加骨密度的效果更明显，并且由于雌激素能阻止绝经早期的骨丢失，在绝经前5～10年内开始应用激素疗法对预防骨质疏松效果最佳。虽然激素疗法对骨质疏松的保护作

用有目共睹，但长期应用外源性雌激素仍存在很大隐息，接受激素疗法的妇女心脏病事件、脑卒中、浸润性乳腺癌的风险分别增加，这也是目前限制激素疗法仅作为短期治疗的主要原因。为了减轻激素疗法的副作用，临床通常采用比标准更小的剂量来预防和治疗骨质疏松。

4. 治疗癌症 ①晚期乳腺癌：绝经 5 年以上的乳腺癌患者可用，但禁用于绝经 5 年以内的乳腺癌患者。②前列腺癌：大剂量可使睾丸萎缩、雄激素分泌减少且有直接拮抗雄激素的作用，可明显改善前列腺癌症状。

5. 乳房胀痛和回乳 妇女停止授乳后，用大剂量雌激素可抑制乳汁分泌，缓解胀痛。

6. 其他 青春期痤疮是雄激素分泌过多所致，严重者可用雌激素治疗。雌激素与孕激素配伍可组成女性避孕药。雌激素还可用于治疗放射线引起的白细胞减少症。

考点提示

雌激素类药的药理作用与临床应用。

【不良反应】雌激素类药常见不良反应有恶心、呕吐、厌食等，从小剂量开始用药可减轻反应；久用或剂量过大可引起子宫内膜过度增生、子宫出血，故子宫内膜炎患者慎用；还可致水钠潴留而加重高血压、心脏病、脑卒中及静脉血栓的危险性。高血压及肝功能不良者慎用。

二、抗雌激素类药

抗雌激素类药主要有氯米芬（clomiphene）、他莫昔芬（tamoxifen）等，通过阻断雌激素受体，发挥抗雌激素作用，还可以对抗雌二醇对内分泌的抑制性调节，促进促性腺激素的释放，诱发排卵。这类药物主要用于治疗功能性不孕症、功能失调性子宫出血、月经不调、晚期乳腺癌等。大量持续服用抗雌激素类药可引起卵巢肿大，故卵巢囊肿患者禁用。

第二节 孕激素类与抗孕激素类药

案例 32-2

患者，女，30 岁，妊娠 55 天，腹痛伴少量阴道出血 1 天。患者昨天劳累后自觉腹痛，阴道少量流血，化验尿 HCG（+）。查体：身高 160 cm，体重 50 kg，发育正常，神清语利，自动体位，查体合作。体温 36.2℃，脉搏 88 次 / 分，心率 18 次 / 分，血压 120/80 mmHg。实验室检查：尿 HCG（+），B 超示宫内早孕，孕囊 2.61 cm，内可见胚芽和卵黄囊声像。诊断：宫内早孕。治疗：绝对卧床休息；孕酮 20 mg，肌内注射，每日 1 次，治疗 5~7 天；止血用肾上腺色腙（安络血）8 mg，口服，每日 3 次。经过治疗，患者阴道出血停止，腹痛消失。

问题与思考：

1. 孕酮为什么能治疗先兆流产？
2. 治疗先兆流产除孕酮外还有哪几种药物？

一、孕激素类药

由卵巢黄体分泌的天然孕激素为孕酮（progesterone，又称黄体酮）。临床常用的孕激素类药均为人工合成品及其衍生物，主要包括炔诺酮（norethisterone）、炔诺孕酮（norgestrel）、甲羟孕酮（medroxyprogesterone）、甲地孕酮（megestrol）及氯地孕酮（chlormadinone）等。

【体内过程】孕酮口服时在胃肠道及肝迅速被破坏，故需注射给药。人工合成品在肝代谢相对较慢，可口服给药。油剂肌内注射吸收缓慢，作用持久。药物在肝代谢后与葡萄糖醛酸结合，经肾排泄。

【药理作用】

1. 生殖系统　在月经后期，与雌激素协同作用，促进子宫内膜继续增厚、充血、腺体增生并分支，使子宫内膜由增殖期转变为分泌期，有利于受精卵的着床和胚胎发育；在妊娠期，抑制子宫收缩，降低子宫对缩宫素的敏感性，有保胎作用；与雌激素共同作用，促进乳腺腺泡发育，为泌乳做准备；大剂量能抑制垂体黄体生成素的分泌，抑制排卵，且可使子宫颈口闭合，黏液变稠，精子不易穿透，有利于避孕。

2. 代谢　竞争性对抗醛固酮，促进钠离子和氯离子排泄而产生利尿作用；促进蛋白分解代谢，增加尿素氮排泄。

3. 体温　轻度升高体温，使月经周期的基础体温高于卵泡期。

【临床应用】

1. 功能失调性子宫出血　用于因黄体功能不足，引起子宫内膜不规则成熟与脱落而导致的子宫持续性出血。

2. 痛经及子宫内膜异位症　孕激素和雌激素合用可抑制子宫痉挛收缩而缓解疼痛，使异位子宫内膜萎缩退化。

3. 子宫内膜癌、前列腺肥大及前列腺癌　大剂量孕激素可使子宫内膜癌细胞分泌耗竭而致瘤体萎缩退化，从而缓解症状；也可反馈性减少睾酮分泌，促进前列腺细胞萎缩退化，用于前列腺肥大及前列腺癌的治疗。

4. 先兆性流产和习惯性流产　对黄体功能不足导致的先兆流产，可用大剂量孕激素安胎；对习惯性流产的效果不确切。

5. 闭经的诊断与治疗　闭经妇女应用孕激素 5~7 天后停药，如果子宫内膜对内源性雌激素有反应，则会发生撤退性出血；也可与雌激素合用治疗闭经。

6. 避孕　服用孕激素类药可以起到避孕的效果。

> **考点提示**
>
> 孕激素类药的药理作用与临床应用。

【不良反应】孕激素类药偶见不良反应有恶心、呕吐、头晕、头痛、抑郁、乳房胀痛等；长期应用可引起子宫内膜萎缩、月经减少，并发阴道真菌感染等。如在妊娠头 4 个月服用孕激素类药，可引起胎儿畸形（肢体不全、心脏缺陷、女性婴儿男性化），一旦怀疑妊娠应立即停用孕激素。

二、抗孕激素类药

米非司酮（mifepristone）

米非司酮能够竞争性阻断孕酮受体及糖皮质激素受体，拮抗孕酮对子宫内膜的作用，导致内膜脱落和月经出现，发挥抗着床作用，主要用于抗早孕、房事后避孕的紧急处理和诱导分娩。不良反应少，偶有腹痛、恶心、呕吐和皮疹等，个别患者出现阴道流血。

第三节 雄激素类与抗雄激素类药

一、雄激素类药

天然雄激素主要为睾酮（testosterone，睾丸素），主要由睾丸间质细胞合成和分泌，肾上腺皮质、卵巢及胎盘也能少量分泌。临床常用人工合成的睾酮衍生物，主要包括甲睾酮（methyltestosterone）、丙酸睾酮（testosterone propionate）、十一酸睾酮（testosterone undecanoate）及苯乙酸睾酮（testosterone phenylacetate）等。

【体内过程】睾酮口服生物利用度很低，一般采取油剂肌内注射给药，其酯化衍生物丙酸睾酮和十一酸睾酮口服吸收缓慢，作用强，维持时间长。甲睾酮可舌下或口服给药。

【药理作用】

1. 生殖系统 促进青春期男性生殖器官发育和成熟，维持男性第二性征，促进精子的生成与成熟；大剂量抑制腺垂体分泌促性腺激素，对男性可减少睾酮的分泌，对女性可减少雌激素的分泌；直接对抗雌激素作用。

2. 同化作用 能促进蛋白质合成、减少蛋白质分解，形成正氮平衡，从而促进生长发育，使肌肉和体重增加，伴有水、钠、钙、磷潴留。

3. 提高骨髓造血功能 大剂量促进肾分泌促红细胞生成素，也可直接刺激骨髓造血，使红细胞和血红蛋白增加。

4. 免疫增强作用 促进免疫球蛋白合成，增强机体免疫功能。

【临床应用】

1. 睾丸功能不全 应用雄激素替代疗法治疗无睾症或类无睾症。

2. 功能失调性子宫出血 利用其抗雌激素作用，使子宫平滑肌及其血管收缩，子宫内膜萎缩而止血，对更年期女性尤为适用。严重出血病例，可应用己烯雌酚、孕酮和丙酸睾酮的混合物进行注射而止血，停药后易出现撤退性出血。

3. 晚期乳腺癌与卵巢癌 应用雄激素可暂时缓解症状，可能与其抗雌激素作用与负反馈抑制雌激素分泌有关。

4. 贫血 丙酸睾酮和甲睾酮能显著增强骨髓造血功能，可用于再生障碍性贫血及其他贫血的治疗。

5. 其他 小剂量雄激素可用于消耗性疾病、术后恢复、肌肉萎缩、生长迟缓、骨质疏松等，使患者食欲增加，加快体质恢复。

 考点提示

雄激素类药的药理作用与临床应用。

【不良反应】雄激素类药可引起男性性腺萎缩、精子生成受抑、女性男性化等；长期应用引起肝损害，出现胆汁淤积性肝炎等，以人工合成品更为多见，一旦发生应及时停药；重度高血压患者慎用，前列腺癌患者、孕妇及哺乳期妇女禁用。

二、抗雄激素类药

环丙孕酮（cyproterone，环甲氯地孕酮）

环丙孕酮可阻断雄激素受体，也有较强的孕激素样作用，反馈性抑制下丘脑和垂体功能，使睾酮分泌减少，产生抗雄激素作用。此药可用于严重男性功能亢进；其他药物无效或患者无法耐受的前列腺癌；与雌激素合用治疗女性多毛症及严重痤疮；与炔雌醇组成复方避孕片用于避孕。环丙孕酮可抑制性功能和性发育，故未成年人禁用；能影响肝功能、糖代谢、血常规及肾上腺皮质功能，用药期间应密切观察患者情况。

第四节　促性腺激素类药

一、人绒毛膜促性腺激素

药用人绒毛膜促性腺激素（human chorionic gonadotropin，HCG）是从孕妇尿中提取所得，具有 FSH 和 LH 的功能。HCG 能促进卵泡生成和成熟，可诱发排卵，并促进和维持女性黄体功能；促进雄激素转化为雌激素，同时刺激孕酮形成；还可促进性腺发育，对男性能刺激睾丸间质细胞，增加雄性激素的分泌。临床用于诱发排卵、补充黄体功能不足，对垂体联合缺陷的男性患者的治疗有重要意义。注射 HCG 前须做皮肤过敏试验。

二、促性腺激素释放激素

常用药物主要包括戈那瑞林（gonadorelin）、普罗瑞林（protirelin）、亮丙瑞林（leuprorelin）、戈舍瑞林（goserelin）及丙氨瑞林（alarelin）等，均属于人工合成的肽类化合物。这类药物能刺激腺垂体合成和释放促性腺激素（FSH 和 LH）。对女性可促进雌激素的分泌，有助于卵泡的发育和成熟；对男性可促进雄激素的分泌，有助于精子的产生。临床主要用作促排卵药以治疗下丘脑性闭经所致不育、原发性卵巢功能不足，特别是对氯米芬无效的患者；治疗促性腺激素分泌不足所致性腺功能低下的闭经和不育症、多滤泡卵巢不育症；也用于男性性器官发育不全、小儿隐睾症等。

不良反应主要有恶心、月经过多、阴道干燥、面部潮红和性欲丧失等；注射部位有疼痛、皮疹等，偶有过敏反应；连续使用可致促性腺激素释放激素受体下调，从而减少性激素的分泌。

第五节　抗生育药

抗生育药（contraceptive）是一类能够阻碍受孕或防止妊娠的药物。生殖是一个复杂的生理过程，包括精子和卵子的形成、成熟、排放，以及受精、受精卵着床和胚胎发育等多个环节。抗生育药阻断其中任何一个环节均能达到避孕和终止妊娠的目的。目前常用的抗生育药大多是甾体类女性避孕药。

一、主要抑制排卵的避孕药

这类药物多数是由不同类型的雌激素和孕激素类组成的复方甾体激素制剂，常用制剂的种类及其用法见表32-1。

表32-1 常用抗生育药的制剂成分及用法

分类及制剂	成分	用法
短效口服避孕药		
口服避孕药（膜）0号	炔诺酮、甲地孕酮、炔雌醇	从月经周期第5天开始，每晚1片，22天不间断。如停药7天无月经来潮，立即服下一周期药物
口服避孕药（膜）1号	炔诺酮、炔雌醇	
口服避孕药（膜）2号	甲地孕酮、炔雌醇	
长效口服避孕药		
复方炔诺孕酮乙片	炔诺孕酮、炔雌醚	第一次于月经周期第5天口服1片，最初的两次间隔20天。以后每月1次，每次1片
复方氯地孕酮片	氯地孕酮、炔雌醚	
长效注射避孕药		
复方甲地孕酮注射液	甲地孕酮、雌二醇	第一次于月经周期第5天肌内注射2支，以后每隔28天注射1次，每次1支
探亲避孕药		
甲地孕酮片	甲地孕酮	同居当晚或事后服1片，以后每晚1片，连服14天
炔诺酮片	炔诺酮	
双炔失碳酯片	双炔失碳酯、咖啡因、维生素B_6	

【药理作用与临床应用】

1. 抑制排卵　雌激素和孕激素通过负反馈机制抑制下丘脑释放GnRH，减少FSH分泌，使卵泡的生长和成熟过程受到抑制，同时孕激素抑制LH释放而抑制排卵。这是主要的避孕作用，避孕成功率可达99%以上，停药后卵巢功能可很快恢复。

2. 其他　抑制子宫内膜增殖，阻碍受精卵着床；影响输卵管正常收缩和受精卵运行速度，使受精卵不能适时到达子宫；增加宫颈黏液稠度，不利于精子进入子宫。

【不良反应】

1. 类早孕反应　食欲减退、恶心、乏力、头晕、乳房胀痛等，服药2～3个月后症状可减轻或消失。

2. 子宫不规则出血　多见于开始的几个服药周期，也可发生在漏服药物后，多为雌激素不足以维持内膜的完整性所致，可加服炔雌醇。

3. 闭经　多见于原月经史不正常者，如连续2个月以上闭经，应停药。

4. 凝血功能亢进　可诱发血栓性静脉炎、肺栓塞或脑梗死等。

5. 其他　皮肤色素沉着、乳汁减少、血压升高、轻度肝损伤等。

二、主要阻碍受精的避孕药

这类药物主要包括两类：一类是孕激素类药植入剂或避孕环，常用D-炔诺孕酮埋植剂、

D-炔诺孕酮避孕环等，通过植入皮下或放置于阴道后穹隆处，缓慢释放孕激素，增加宫颈黏液稠度，使精子不易穿透，同时可抑制排卵和子宫内膜发育，发挥多种避孕作用。另一类是外用杀精子剂，常用壬苯醇醚、烷苯醇醚及孟苯醇醚等，由阴道给药，降低精子表面张力、改变精子渗透压而杀死精子或阻碍精子运动，减弱精子穿透卵子和宫颈的能力，从而达到避孕的目的。这类药物副作用小，很少引起全身反应。

三、主要干扰孕卵着床的避孕药

这类药物也称探亲避孕药，主要是大剂量的孕激素，如甲地孕酮（探亲避孕1号片）、炔诺孕酮（探亲避孕片）及双炔失碳酯片（53号抗孕片），能增加宫颈黏液稠度，阻止精子穿透；能快速抑制子宫内膜发育和分泌功能，阻碍受精卵的着床。心功能不全、高血压、急慢性肝炎、子宫肌瘤、乳腺癌患者禁用。

四、主要影响精子的避孕药

棉酚（gossypol）

棉酚是从棉花的根、茎、种籽中提取的一种黄色多元酚类化合物，为男用口服避孕药，可选择性破坏睾丸细精管的生精上皮，使精子数量减少，直至无精。棉酚起效慢，且停药后多在3个月后精子才能恢复正常，故不作为常规避孕药使用。此药有乏力、食欲减退和肝功能减退等不良反应。

第六节　性激素类与抗生育药用药护理

性激素类与抗生育药用药护理见表32-2。

表32-2　性激素类与抗生育药用药护理

用药护理程序	用药护理要点
用药前	1. 了解患者用药史，对此类药物过敏者禁用 2. 特别注意妊娠期、哺乳期妇女。未确诊的阴道出血、活动性血栓性静脉炎或血栓栓塞病、肝功能不良者禁用雌激素；子宫内膜炎、高血压、妊娠期患者慎用雌激素；子宫内膜癌和乳腺癌患者禁用雌激素；妊娠早期妇女禁用孕激素。重度高血压、心力衰竭、肾炎、肾病综合征者应慎用雄激素；妊娠期、哺乳期妇女及前列腺癌患者禁用雄激素 3. 雌激素类药宜从小剂量开始，逐渐增加剂量，可减少胃肠道反应；不可随意增减用量或停药，防止撤退性出血
用药中	1. 补充外源性性激素时，因干扰自身性激素的分泌，易导致内分泌紊乱，故须在医生的指导下合理用药，不可滥用 2. 注意常用给药途径的护理事项，注射药物时宜深注，不论水剂还是油剂均有刺激性，需每次更换注射部位
用药后	监控药物不良反应，用雌激素时，应密切观察女性阴道出血情况，定期检查子宫、乳房等

自 测 题

一、选择题

A₁ 型题

1. 下列疾病宜选用雄激素治疗的是
   A. 绝经期综合征
   B. 乳房胀痛
   C. 前列腺癌
   D. 青春期痤疮
   E. 再生障碍性贫血

2. 可轻度升高体温的性激素是
   A. 雌二醇
   B. 炔雌醇
   C. 孕酮
   D. 睾酮
   E. 米非司酮

A₂ 型题

3. 患者，女，46岁，近期月经紊乱，潮热、出汗，情绪低落，记忆力减退。诊断：绝经期综合征。该患者可选用的治疗药物是
   A. 雌二醇
   B. 氯米芬
   C. 孕酮
   D. 米非司酮
   E. 睾酮

4. 患者，女，58岁，已绝经，为预防骨质疏松症长期补充雌激素，近日出现子宫出血，医生为其开具炔诺酮。该患者用炔诺酮的目的是
   A. 促进子宫内膜增生，利于出血创面修复而止血
   B. 使子宫内膜同步转为分泌期，有助于子宫内膜全部脱落
   C. 利用其抗雌激素作用，使子宫平滑肌及其血管收缩，子宫内膜萎缩而止血
   D. 引起子宫强直性收缩而止血
   E. 增强凝血功能

5. 患者，女，24岁，已婚，产1子，平时月经规律，月经周期28天，本次月经过期12天，去医院就诊，测血液HCG呈阳性，诊断为妊娠早期，患者要求尽快终止妊娠，可以选用的药物是
   A. 米非司酮
   B. 炔诺酮
   C. 孕酮
   D. 雌二醇
   E. 睾酮

A₃/A₄ 型题

（6～7题共用题干）

患者，女，28岁，怀孕2周后突然阴道渗血，经检查诊断为先兆流产。

6. 治疗药物可选用
   A. 雌二醇
   B. 雌酮
   C. 孕酮
   D. 睾酮
   E. 米非司酮

7. 该药物一般不用于
   A. 功能失调性子宫出血
   B. 痛经
   C. 前列腺癌
   D. 子宫内膜癌
   E. 乳腺癌

二、简答题

1. 可用于治疗功能失调性子宫出血的性激素类药有哪些？
2. 常用的避孕药有哪些？

三、案例分析

患者，女，21岁，已婚，近2年不考虑怀孕，来医院咨询避孕方法。医生给予复方炔诺酮片。

请回答：

1. 该药的主要作用是什么？
2. 该药的用药注意事项有哪些？

（尹彩霞　余瑞铭）

第三十三章 抗菌药概述

第三十三章数字资源

学习目标

1. 说出常用概念。
2. 说出抗菌药作用机制的类型及代表药。
3. 列举细菌耐药性的主要产生机制及常见药物。
4. 具有以人为本的良好医德和关爱健康、救死扶伤的职业道德。

化学治疗（chemotherapy）是应用化学药物对病原体和肿瘤所致疾病进行预防或治疗，简称化疗。用于化疗的药物称为化疗药物，包括抗微生物药、抗寄生虫药和抗恶性肿瘤药。抗微生物药（antimicrobial drug）是指能抑制或杀灭病原微生物，用于防治感染性疾病的药物。抗微生物药主要包括抗菌药、抗真菌药和抗病毒药。在应用化疗药物时，需注意机体、病原体和药物三者之间的相互关系（图 33-1），注重调动机体的防御功能，减少或避免药物的不良反应，有效控制病原体的耐药性，充分发挥药物的治疗作用。

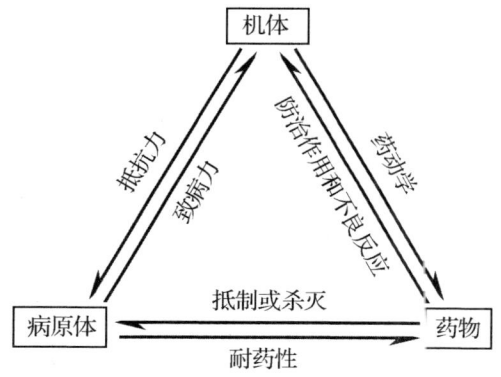

图 33-1　机体、病原体、药物三者之间的关系

第一节　抗菌药的常用术语

1. **抗生素（antibiotics）**　是指某些微生物（如真菌、细菌、放线菌）在代谢过程中产生的具有抑制或杀灭其他病原微生物作用的化学物质。抗生素包括天然抗生素和人工半合成抗生素，前者由微生物产生，后者是对天然抗生素进行结构修饰改造获得的半合成品。

2. **抗菌谱（antibacterial spectrum）**　是指抗菌药的抗菌范围。药物对不同种类的细菌作用的选择性不同。某些药物仅作用于单一菌种或局限于某一菌属，称为窄谱抗菌药，如异烟肼只对结核分枝杆菌有作用；有些药物抗菌谱广，不仅对革兰氏阳性菌和革兰氏阴性菌有作用，而且对立克次体、支原体、衣原体等病原体也有效，称为广谱抗菌药，如四环素类抗生素。

3. 抗菌活性（antibacterial activity） 是指抗菌药抑制或杀灭病原微生物的能力。抗菌活性常用最低抑菌浓度和最低杀菌浓度来衡量。最低抑菌浓度（minimal inhibitory concentration，MIC）指在体外试验中，药物能够抑制培养基内细菌生长的最低浓度。最低杀菌浓度（minimal bactericidal concentration，MBC）指在体外试验中，药物能够杀灭培养基内细菌的最低浓度。

4. 抑菌药（bacteriostatic drug） 是指仅能抑制微生物生长繁殖而无杀灭微生物作用的药物，如磺胺类药、四环素类抗生素等。

5. 杀菌药（bactericidal drug） 是指不仅能抑制微生物的生长繁殖，而且具有杀灭微生物作用的药物，如青霉素、氨基糖苷类抗生素等。

6. 化疗指数（chemotherapeutic index，CI） 是衡量化疗药物临床应用价值和评价化疗药物安全性的重要参数，可用化疗药物的半数致死量（LD_{50}）与半数有效量（ED_{50}）的比值来表示，即 $CI=LD_{50}/ED_{50}$；或者用5%的致死量（LD_5）与95%的有效量（ED_{95}）之比来表示，即 $CI=LD_5/ED_{95}$。通常，化疗指数越大，表明药物的安全性越大。但化疗指数并非是评价药物安全性的唯一指标，如青霉素的化疗指数大，对人体几乎无毒性，但可能引起过敏性休克。

7. 抗菌后效应（post-antibiotic effect，PAE） 是指抗菌药发挥抗菌作用后，当药物浓度下降至低于最低抑菌浓度或被消除之后，细菌生长仍受到持续抑制的现象。抗菌后效应较长的药物，给药间隔时间可延长，且疗效不减。

8. 首次接触效应（first expose effect） 是指抗菌药在初次接触细菌时有强大的抗菌作用，再次接触时不再出现该强大效应，或连续与细菌接触后抗菌效应不再明显增强，需要间隔一段时间（数小时）以后才会起作用，如氨基糖苷类抗生素。

第二节　抗菌药的作用机制

抗菌药通过干扰病原菌的生化代谢过程，使病原菌结构、功能及生长繁殖能力受到影响而呈现抑菌或杀菌作用（图33-2）。

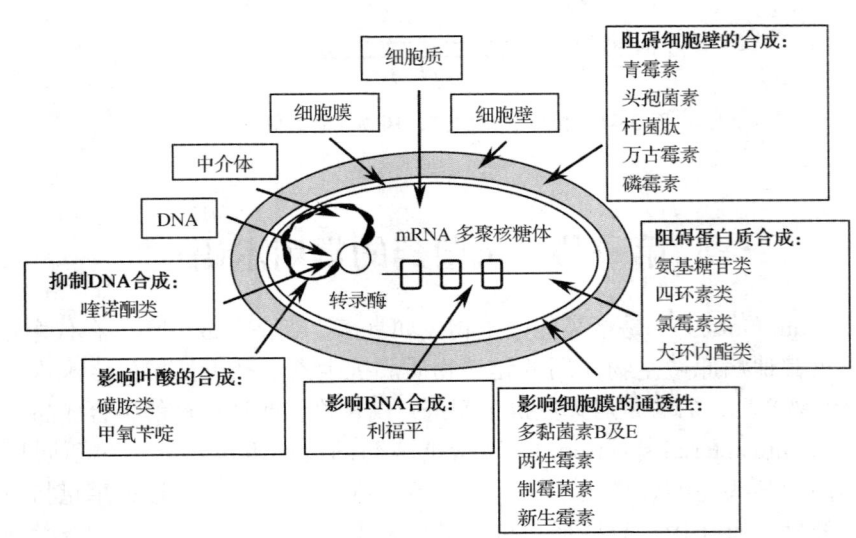

图 33-2　抗菌药的作用机制

1. 抑制细菌细胞壁的合成　细菌细胞壁不但能维持细菌固有的外形，还能抵抗细菌内外较大的渗透压差，具有保护和维持细菌正常形态的功能。青霉素类、头孢菌素类、万古霉素、杆菌肽等通过抑制细菌细胞壁的合成而发挥抗菌作用。细胞壁的主要成分为肽聚糖，又称黏肽。β-内酰胺类抗生素通过与青霉素结合蛋白（penicillin binding protein，PBP）结合，抑制转肽酶，阻碍黏肽的交叉联结，导致细菌细胞壁缺损，丧失屏障功能，由于菌体内高渗透压，细菌外水分不断渗入细菌内，造成菌体膨胀变形，在自溶酶影响下破裂溶解而死亡。此外，杆菌肽、万古霉素等分别作用于细胞壁合成的不同阶段，抑制细菌细胞壁的合成而产生抗菌作用。人体细胞无细胞壁，因而抑制细菌细胞壁合成的抗菌药对人体几乎无毒性。

2. 抑制菌体蛋白质合成　细菌的核糖体为70S，由30S和50S亚基构成。氨基糖苷类、四环素类、大环内酯类等抗菌药可作用于病原体的核糖体，有效抑制菌体蛋白质合成的不同环节而呈现抗菌作用。

3. 影响细菌细胞膜的通透性　细菌细胞膜具有渗透屏障和运输物质的功能。多黏菌素、两性霉素B等抗菌药可选择性地与病原菌细胞膜中的磷脂或固醇类物质结合，使细胞膜通透性增加，导致菌体内蛋白质、核苷酸、氨基酸等重要营养成分外漏，造成病原菌死亡。

4. 影响细菌核酸代谢　喹诺酮类抗菌药抑制DNA回旋酶，利福平特异性抑制细菌DNA依赖的RNA多聚酶，从而抑制菌体核酸合成而呈现抗菌作用。

5. 影响叶酸代谢　磺胺类药、甲氧苄啶可分别抑制二氢叶酸合成酶与二氢叶酸还原酶，妨碍叶酸代谢，进而导致核酸合成受阻而产生抗菌作用。

第三节　细菌耐药性

耐药性又称抗药性，指细菌对抗菌药敏感性降低的现象，分为天然耐药性和获得性耐药性两种。天然耐药性又称固有耐药性，是由细菌染色体基因决定的，不会改变；获得性耐药性是指病原体与药物反复接触后，病原体产生的对抗菌药的敏感性降低甚至消失的现象。当病原体对某种化疗药物产生耐药性后，对其他同类或不同类化疗药物也同样耐药时，称为交叉耐药性。近年来，耐药性已成为影响抗菌药疗效的严重问题，而防止和控制耐药性产生的主要措施是严格掌握药物的适应证和避免滥用。耐药性产生机制有以下几种方式。

1. 产生灭活酶　细菌可产生改变药物结构的灭活酶，使药物失去抗菌活性。灭活酶包括水解酶和钝化酶两种。水解酶如β-内酰胺酶，可水解青霉素和头孢菌素；钝化酶如乙酰化酶，可改变氨基糖苷类抗菌药的结构。

2. 降低细菌细胞膜通透性　细菌可通过多种方式阻止抗菌药透过细胞膜进入菌体内，如铜绿假单胞菌可改变细胞壁、细胞膜非特异性的功能，使广谱青霉素类、头孢菌素类产生耐药性。

3. 细菌改变药物作用的靶位蛋白　细菌通过改变靶位蛋白的结构，降低与抗菌药的亲和力，使抗生素不能与其结合；或通过增加靶蛋白数量，使未结合的靶蛋白仍能维持细菌的正常结构和功能。如利福霉素类耐药菌株就是通过改变抗生素作用靶位RNA多聚酶的β亚基结构而产生耐药性的。

4. 细菌改变自身代谢途径　细菌通过改变自身代谢途径而改变对营养物质的需要，如对磺胺类药耐药的菌株，可直接利用外源性叶酸或产生较多的磺胺类药拮抗物对氨基苯甲酸而使磺胺类药耐药。

> **知识链接**
>
> **抗菌药的滥用及危害**
>
> 抗菌药被公认为上个世纪最伟大的医学发现,也是目前临床使用最为广泛的一类药。但是过度使用抗菌药甚至滥用,其危害也在不断地显现,已经导致了细菌耐药性快速增长、药源性疾病日渐增多、患者住院时间延长、治疗费用增加及社会医药资源浪费等不良后果。严重的药物滥用现象已经成为一种社会问题。
>
> 滥用抗菌药最严重的危害是造成细菌等微生物的耐药,近年来结核病的"死灰复燃"、超级细菌的"诞生"已向人类敲起了警钟。面临耐药微生物的层出不穷,人们不得不研制新抗菌药,而一种新抗菌药从研究开发到用于临床的时间一般为10至15年,费用5亿美元左右,给社会造成沉重的经济负担。滥用抗菌药会在几年内就出现耐药微生物,新型抗菌药的开发速度远没有耐药细菌产生的速度快,而新抗菌药的开发并未使耐药微生物减少,新抗菌药的滥用又产生了新的耐药微生物,如此形成了恶性循环。
>
> 如果现在对滥用抗菌药不加以重视的话,将来终会有一天,人类生了病将会"无药可用"。

自 测 题

一、选择题

A_1 型题

1. 药物抑制或杀灭病原微生物的能力称为
   A. 抗菌药   B. 抗菌谱
   C. 抗菌活性   D. 耐受性
   E. 抗菌后效应

2. 药物的抗菌范围称为
   A. 抗菌谱   B. 抗菌活性
   C. 耐药性   D. 抗菌作用机制
   E. 化疗指数

3. 某些微生物代谢过程中产生的,可抑制或杀灭其他病原微生物的化学物质称为
   A. 抗菌药   B. 杀菌药   C. 防腐药
   D. 抗生素   E. 消毒药

4. 化学治疗药物的概念是
   A. 治疗各种疾病的化学药物
   B. 治疗恶性肿瘤的化学药物
   C. 人工合成的化学药物
   D. 防治病原微生物引起感染的化学药物
   E. 防治细菌感染、寄生虫病和恶性肿瘤的药物

5. 化疗指数是指
   A. ED_{50}/LD_{50} B. ED_{90}/LD_{10} C. LD_{50}/ED_{50}
   D. LD_{90}/ED_{10} E. ED_{95}/LD_5

二、简答题

1. 抗菌药的作用机制有哪些?
2. 细菌对药物产生耐药性的机制有哪些?

（宋红霞）

第三十四章数字资源

第三十四章 抗生素

学习目标

1. 解释青霉素 G 的抗菌作用、临床应用和不良反应，比较半合成青霉素类、头孢菌素类、其他 β- 内酰胺类抗生素的抗菌作用特点及临床应用。
2. 解释红霉素的抗菌作用特点、临床应用和不良反应，说出其他大环内酯类抗生素的主要抗菌作用特点及临床应用。
3. 解释氨基糖苷类抗生素的共性，比较常用药物的抗菌作用特点及临床应用。
4. 简述其他常用抗生素（林可霉素类、万古霉素类、多黏菌素类和磷霉素、四环素类、氯霉素类）的主要抗菌作用特点、临床应用和不良反应。
5. 能指导患者正确使用抗生素并评估药物治疗效果。
6. 学会监测抗生素的不良反应并执行相应的护理措施。
7. 树立安全合理用药意识，遵守职业道德和法律法规。

案例 34-1

患者，女，10 岁，因畏寒，发热，咽痛 2 天由其母亲陪同就医，诊断为急性扁桃体炎，给予青霉素等治疗。患者青霉素皮试结果为阴性。注射青霉素后约 20 分钟，患者刚走出医院，顿觉胸闷，呼吸困难，面色苍白，冷汗如注，并感到皮肤发痒，母亲立即抱其返回医院，测其血压为 50/30 mmHg。

问题与思考：
1. 该患者注射青霉素后出现上述症状的原因是什么？
2. 如何预防此种现象的发生？

第一节 β- 内酰胺类抗生素

β- 内酰胺类抗生素（β-lactam antibiotics）是最常用的抗生素，具有抗菌活性强、毒性低、应用广等优点，包括青霉素类、头孢菌素类和其他 β- 内酰胺类三大类。这类药物因其结构中具有 β- 内酰胺环而得名，这也是其抗菌活性中心，它主要抑制细菌的肽聚糖（黏肽）合成酶（又称转肽酶）的活性，使细菌细胞壁肽聚糖合成异常，造成细胞壁缺损，从而发挥抗菌作用，属于繁殖期杀菌药。耐药菌通过产生 β- 内酰胺酶，破坏 β- 内酰胺环而对其产生耐药性。

一、青霉素类

（一）天然青霉素

青霉素 G（penicillin G，苄青霉素）

天然青霉素是从青霉菌培养液中获得的，其中以青霉素 G 性质相对较稳定、抗菌作用强、毒性低、价格低廉，临床常用其钠盐或钾盐。

【体内过程】青霉素 G 口服可被胃酸及消化酶破坏，故不宜口服，肌内注射吸收迅速且完全，约 30 分钟血药浓度达峰值；药物广泛分布于细胞外液，不易透过血脑屏障、骨组织和脓液，但脑膜炎时，其透入量增加，脑脊液中可达有效浓度；经肾排泄，约 90% 由肾小管分泌，10% 由肾小球滤过。血浆半衰期为 0.5～1 小时，抗菌后效应约持续 6 小时。

【抗菌作用】青霉素 G 为杀菌药，其抗菌谱较窄，主要作用于大多数革兰氏阳性菌、革兰氏阴性球菌、螺旋体和放线菌。敏感菌主要有溶血性链球菌、肺炎链球菌、草绿色链球菌、脑膜炎奈瑟菌、白喉棒状杆菌、炭疽芽孢杆菌及不产酶的金黄色葡萄球菌、表皮葡萄球菌、淋病奈瑟菌，厌氧菌中的产气荚膜芽孢梭菌、破伤风芽孢梭菌等，梅毒螺旋体、钩端螺旋体及放线菌等。青霉素 G 对阿米巴原虫、立克次体、真菌、病毒无效。

多数细菌对青霉素 G 不易产生耐药性，但金黄色葡萄球菌较易产生。细菌可产生破坏 β-内酰胺环的青霉素酶（属 β-内酰胺酶），使青霉素 G 的 β-内酰胺环裂解而失去抗菌活性；也可通过改变 PBP 的结构或细胞壁的通透性而产生耐药性。

【临床应用】青霉素 G 由于高效、低毒、价廉，目前仍为治疗敏感菌感染的首选药。

1. 革兰氏阳性球菌感染　肺炎链球菌感染如大叶性肺炎、急性支气管炎、支气管肺炎、脓胸；溶血性链球菌感染如扁桃体炎、咽炎、中耳炎、丹毒、猩红热、蜂窝组织炎；草绿色链球菌引起的心内膜炎；敏感的金黄色葡萄球菌感染如败血症、疖、痈、脓肿、骨髓炎。

2. 革兰氏阳性杆菌感染　如破伤风、气性坏疽、白喉，治疗时应配合使用相应的抗毒素。

3. 革兰氏阴性球菌感染　淋病奈瑟菌感染如淋病；脑膜炎奈瑟菌感染如流行性脑脊髓膜炎，常与磺胺嘧啶合用。

4. 其他感染　如放线菌引起的放线菌病；螺旋体感染如梅毒、回归热、钩端螺旋体病。

【不良反应】

1. 过敏反应　过敏反应为青霉素 G 最常见的不良反应。轻者表现为荨麻疹、药物热、血管神经性水肿等，严重者出现过敏性休克，表现为胸闷、气短、呼吸困难、发绀、脉搏细软、四肢湿冷、面色苍白、血压下降、昏迷、惊厥等，如抢救不及时，可因呼吸和循环衰竭而危及生命。

2. 青霉素脑病　快速静脉滴注大剂量青霉素 G 时，可引起肌肉痉挛、抽搐、昏迷等反应，偶可引起精神失常，称为青霉素脑病。

3. 赫氏反应　青霉素 G 治疗梅毒等螺旋体病或炭疽等感染时，可出现全身不适、寒战、发热、咽痛、心率加快等，症状突然加重，甚至危及生命，此现象称为赫氏反应。

4. 其他　肌内注射时可出现局部红肿、疼痛、硬结，甚至引起周围神经炎，钾盐尤甚；大剂量静脉给予青霉素钾盐和钠盐时，尤其在肾功能不全或心功能不全时，可引起高钾、高钠血症。

【用药护理】青霉素 G 用药护理见表 34-1。

表 34-1　青霉素 G 用药护理

用药护理程序	用药护理要点
用药前	1. 了解患者用药史、过敏史，初次使用应做好皮肤过敏试验（简称皮试）。有过敏史者禁用。停药 72 小时后或药物更换批号需重新做皮试，皮试阴性方可使用。做皮试的过程中护士要做好宣教，准备好抗过敏性休克的药物肾上腺素及抢救设施，用药后加强巡视观察，嘱患者不要离开病房，观察 30 分钟，如出现胸闷、气短、呼吸困难等不适要及时报告 2. 药物的水溶液稳定性差，放置 24 小时后大部分降解失效，且降解物有抗原性，应现用现配 3. 肌内注射刺激性较大，要经常更换给药部位，鞘内注射应注意给药速度

续表

用药护理程序	用药护理要点
用药中	由于青霉素 G 皮试存在假阴性现象，重点做好过敏性休克的防治，主要包括： 1. 熟悉过敏性休克抢救程序，常备抢救器械和药物 2. 向患者及家属说明过敏性休克发生的先兆和症状，以及急救措施；用药后应留观 30 分钟，无不适症状后方可离开 3. 发生休克时，应立即停药，就地抢救，皮下或肌内注射 0.1% 肾上腺素 0.5～1 ml，无改善者可重复给药，同时地塞米松皮下注射或静脉注射，血压下降者应用血管活性药物多巴胺、去甲肾上腺素改善血压，同时补液、吸氧，必要时辅以人工呼吸、气管插管等支持措施
用药后	进行护理评价，主要是疗效评估。青霉素 G 属于窄谱抗生素，对于敏感菌所致的感染疗效很好，而且安全经济，属于治疗此类感染的国家基本药物，对于革兰氏阴性杆菌感染和混合型细菌感染疗效较差，部分细菌如金黄色葡萄球菌、淋病奈瑟菌对其高度耐药。一旦治疗效果不佳，应及时更换药物

考点提示

青霉素 G 的不良反应及用药护理。

（二）半合成青霉素

半合成青霉素是通过对天然青霉素母核进行结构改造而获得的一类抗生素，其在一定程度上克服了青霉素 G 抗菌谱窄、不耐酸、不耐酶、易发生过敏性休克的不足。常用的半合成青霉素可分为以下五类（表 34-2）。

表 34-2 半合成青霉素的分类、常用药物与作用特点

分类、常用药物	作用特点
1. 耐酸青霉素类 青霉素 V（penicillin V） 非奈西林（phenethicillin）	①耐酸，口服吸收好；②不耐酶，对耐药金黄色葡萄球菌无效；③与青霉素 G 相比，抗菌谱相似，但抗菌活性较弱；④用于轻度感染、恢复期的巩固治疗和预防感染复发
2. 耐酶青霉素类 苯唑西林（oxacillin） 氯唑西林（cloxacillin） 双氯西林（dicloxacillin） 氟氯西林（flucloxacillin）	①耐酸，可口服；②耐酶；③与青霉素 G 相比，抗菌谱相似，但抗菌活性较弱；④用于耐青霉素的金黄色葡萄球菌感染
3. 广谱青霉素类 氨苄西林（ampicillin） 阿莫西林（amoxicillin） 匹氨西林（pivampicillin）	①耐酸，可口服；②不耐酶，对耐药金黄色葡萄球菌无效；③与青霉素 G 相比，对 G^- 杆菌作用较强，但对铜绿假单胞菌无效，对球菌、G^+ 杆菌、螺旋体作用较弱，但对肠球菌作用强；④用于呼吸道、泌尿道、胃肠道、胆道感染及伤寒、副伤寒等
4. 抗铜绿假单胞菌广谱青霉素类 羧苄西林（carbenicillin） 呋布西林（furbenicillin） 替卡西林（ticarcillin） 哌拉西林（piperacillin）	①不耐酸，需静脉给药；②不耐酶，对耐药金黄色葡萄球菌无效；③与青霉素 G 相比，对 G^+ 菌作用相似，对 G^- 菌作用强，特别是对铜绿假单胞菌作用强大；④用于 G^- 杆菌引起的感染，特别是铜绿假单胞菌引起的严重感染
5. 抗 G^- 杆菌青霉素类 美西林（mecillinam） 替莫西林（temocillin）	①对 G^- 菌作用强，但对铜绿假单胞菌无效，对 G^+ 菌作用弱；②用于 G^- 菌引起的泌尿道、软组织感染等

二、头孢菌素类

头孢菌素（又称先锋霉素）类抗生素是 7- 氨基头孢烷酸的衍生物，其化学结构中含有与青霉素相同的 β- 内酰胺环。

【抗菌作用】头孢菌素类抗菌作用机制与青霉素类相似，具有抗菌谱广、杀菌力强、对 β- 内酰胺酶稳定及过敏反应少等优点。细菌对头孢菌素类可产生耐药性，耐药机制同青霉素类。目前临床应用的头孢菌素类药共有五代（表 34-3）。

表 34-3 头孢菌素类作用特点及临床应用比较

药物	作用特点及应用
第一代 头孢噻吩（cefalothin） 头孢氨苄（cefalexin） 头孢唑林（cefazolin） 头孢拉定（cefradine） 头孢羟氨苄（cefadroxil）	①对革兰氏阳性菌的作用强，对革兰氏阴性菌的作用弱，对铜绿假单胞菌无效；②对金黄色葡萄球菌产生的 β- 内酰胺酶较稳定，但不及第二、三、四代；③肾毒性较第二、三、四代大；④主要用于敏感菌所致呼吸道、尿路感染及皮肤、软组织感染
第二代 头孢孟多（cefamandole） 头孢呋辛（cefuroxime） 头孢克洛（cefaclor） 头孢替安（cefotiam） 头孢尼西（cefonicid） 头孢雷特（ceforanide）	①对革兰氏阳性菌的作用略逊于第一代，强于第三代，对革兰氏阴性菌作用较强，对厌氧菌有一定作用，对铜绿假单胞菌无效；②对多种 β- 内酰胺酶较稳定；③肾毒性较小；④主要用于敏感菌所致肺炎、尿路感染、胆道感染、菌血症及其他组织器官感染
第三代 头孢噻肟（cefotaxime） 头孢曲松（ceftriaxone） 头孢他啶（ceftazidime） 头孢哌酮（cefoperazone） 头孢克肟（cefixime）	①对革兰氏阳性菌的作用较第一、二代弱，对革兰氏阴性菌包括肠杆菌类、铜绿假单胞菌及厌氧菌作用均较强；②对多种 β- 内酰胺酶稳定性较高；③对肾基本无毒性；④主要用于危及生命的败血症、脑膜炎、肺炎、尿路严重感染、骨髓炎及铜绿假单胞菌感染
第四代 头孢吡肟（cefepime） 头孢匹罗（cefpirome） 头孢克定（cefclidin）	①广谱、高效，对革兰氏阳性菌、革兰氏阴性菌均有强大的作用；②对 β- 内酰胺酶高度稳定；③无肾毒性；④用于对第三代头孢菌素耐药的细菌感染
第五代 头孢洛林（ceftaroline） 头孢比罗（ceftobiprole）	①对 G^+ 菌作用较第四代强，尤其是对耐甲氧西林金黄色葡萄球菌、耐万古霉素金黄色葡萄球菌、耐甲氧西林表皮葡萄球菌、耐青霉素的肺炎链球菌等耐药菌有效，对一些厌氧菌也有作用，对 G^- 菌作用与第四代相似；②对大部分 β- 内酰胺酶高度稳定；③有一定肝肾毒性；④主要用于复杂性皮肤与软组织感染、社区获得性肺炎和医院获得性肺炎等

【不良反应】

1. **过敏反应** 主要表现为药热、皮疹、荨麻疹等，严重者可发生过敏性休克，但发生率较青霉素类低。头孢菌素类与青霉素类之间有部分交叉过敏反应，必要时做皮试，并密切观察。发生过敏性休克的处理措施同青霉素。

2. **肾毒性** 大剂量应用第一代头孢菌素可出现肾毒性，表现为蛋白尿、血尿、血中尿素氮升高，甚至肾衰竭。

3. **胃肠道反应** 口服可引起恶心、呕吐、食欲缺乏等胃肠道反应。

4. **双硫仑样反应** 服药期间饮酒或饮用含酒精的饮料可出现此反应，表现为面部潮红、头痛、恶心、呕吐、视物模糊、精神恍惚、血压下降、心率加快、胸闷、呼吸困难等症状。

5. **其他** 长期大量应用头孢哌酮、头孢孟多可致低凝血酶原血症，与抗凝血药、水杨酸制剂等合用时，可致出血倾向，静脉注射时可见静脉炎。

知识链接

双硫仑样反应

双硫仑样反应又称"酒醉样反应"。双硫仑是一种戒酒药物，服用后即使饮用少量的酒，身体也会产生严重不适，从而达到戒酒的目的。双硫仑与乙醇结合可抑制肝中的乙醛脱氢酶，使乙醇在体内氧化为乙醛后，不能再继续分解氧化，导致体内"乙醛蓄积"而产生双硫仑样反应。

许多药物具有与双硫仑相似的作用，用药后若饮酒，会引起面部潮红、头晕、头痛、视物模糊、出汗，重者可出现呼吸困难、血压下降、心律失常、心力衰竭、休克甚至死亡。引起双硫仑样反应的药物主要有头孢菌素类和咪唑衍生物，如头孢曲松钠、头孢哌酮、头孢噻肟，以及甲硝唑、替硝唑、异烟肼、酮康唑、呋喃唑酮、氯霉素、甲苯磺丁脲、格列本脲、苯乙双胍等均可引起双硫仑样反应。

【用药护理】头孢菌素类抗生素用药护理见表34-4。

表34-4 头孢菌素类抗生素用药护理

用药护理程序	用药护理要点
用药前	询问患者用药史和过敏史，评估过敏体质，了解医嘱选择药物的依据和种类特点，青霉素过敏者慎用，严格按规定进行皮试
用药中	1. 因皮试有"假阴性"现象，应密切观察患者反应，一旦发生过敏甚至过敏性休克，处置方法同青霉素过敏 2. 要告诫患者用药期间禁酒，介绍双硫仑样反应的症状和防治措施
用药后	1. 长期应用头孢菌素类抗生素时应注意监测凝血功能 2. 观察疗效及不良反应

考点提示

头孢菌素类的双硫仑样不良反应。

三、其他 β-内酰胺类抗生素

其他 β-内酰胺类抗生素包括碳青霉烯类、头霉素类、氧头孢烯类、单环 β-内酰胺类和 β-内酰胺酶抑制药等。其他 β-内酰胺类抗生素的特点和临床用途见表34-5。

表 34-5　其他 β-内酰胺类抗生素的特点和临床用途

类型	常用药物	主要特点和临床用途
碳青霉烯类	亚胺培南（imipenem）	1. 临床常用亚胺培南与肾脱氢肽酶抑制药西司他丁 1:1 配伍的复方制剂 2. 抗菌活性强，抗菌谱广，对 G^+ 菌、G^- 菌作用较强，对 β-内酰胺酶高度稳定，较少出现交叉耐药性 3. 主要用于敏感菌引起的多种组织严重感染，以及心内膜炎、败血症的预防和治疗 4. 不良反应轻微，多为消化道反应，也有过敏反应，过敏体质者禁用或慎用，哺乳期妇女应用时需停乳
头霉素类	头孢西丁（cefoxitin） 头孢美唑（cefmetazole） 头孢替坦（cefotetam）	1. 抗菌谱与第二代头孢菌素相似，对厌氧菌有高效，对耐青霉素的金黄色葡萄球菌及头孢菌素的耐药菌有较强活性 2. 主要用于厌氧菌和需氧菌所致的盆腔、腹腔及妇科的混合感染 3. 不良反应有皮疹、静脉炎、蛋白尿、嗜酸性粒细胞增多等
氧头孢烯类	拉氧头孢（latamoxef） 氟氧头孢（flomoxef）	1. 为广谱抗菌药，对革兰氏阳性球菌、革兰氏阴性杆菌、厌氧菌和脆弱拟杆菌均有较强的抗菌活性 2. 主要用于敏感菌所致的泌尿道、呼吸道、胆道、妇科感染及脑膜炎、败血症等 3. 不良反应以皮疹多见，偶见低凝血酶原血症和出血症状，可用维生素 K 预防
单环 β-内酰胺类	氨曲南（aztreonam）	1. 口服不吸收，肌内注射后分布广，各组织液中有效浓度较高 2. 对需氧 G^- 菌（包括铜绿假单胞菌）有较强作用，对 β-内酰胺酶稳定性高 3. 主要用于敏感菌所致的呼吸道、泌尿道、腹腔、盆腔、皮肤软组织感染，以及败血症、脑膜炎等的治疗
β-内酰胺酶抑制剂	克拉维酸（clavulanic acid） 舒巴坦（sulbactam） 他唑巴坦（tazobatam）	1. 此类药物的抗菌作用均很弱，因能抑制耐药菌产生的 β-内酰胺酶的活性，故与 β-内酰胺类抗生素组成复方制剂，可明显降低此类抗生素的耐药性。常用的复方制剂有：阿莫西林+克拉维酸，氨苄西林+舒巴坦，哌拉西林+他唑巴坦，替卡西林+克拉维酸，头孢哌酮+舒巴坦，头孢噻肟+舒巴坦等 2. 主要用于敏感菌或产酶菌引起的各种感染，也可与大环内酯类抗生素合用治疗社区获得性肺炎

第二节　大环内酯类抗生素

大环内酯类（macrolides）抗生素是一类含有多元内酯环的碱性抗生素，主要有红霉素、阿奇霉素、罗红霉素、克拉霉素、吉他霉素、麦迪霉素、乙酰螺旋霉素等。此类药物抑制细菌蛋白质合成，属于静止期抑菌药，临床上主要用于革兰氏阳性菌感染，对部分革兰氏阴性菌、支原体、衣原体感染也有较好疗效。

红霉素（erythromycin）

红霉素脂溶性较高，酸性条件下易被破坏，碱性条件下抗菌活性增强，常采用肠溶片，其半合成品如琥乙红霉素（ethylsuccinate）的稳定性和生物利用度更好，有效血药浓度更高。

【抗菌作用】红霉素对革兰氏阳性菌如金黄色葡萄球菌、肺炎链球菌及其他链球菌、白喉棒状杆菌等有较强的抗菌活性；对部分革兰氏阴性菌如脑膜炎奈瑟菌、淋病奈瑟菌、百日咳鲍特菌、流感嗜血杆菌、布鲁氏菌、弯曲菌、军团菌等高度敏感；对衣原体、肺炎支原体、立克次体、螺杆菌及某些螺旋体、除脆弱拟杆菌和梭杆菌以外的厌氧菌等也有效。

细菌对红霉素易产生耐药性，连用不宜超过1周，停药数月后可逐渐恢复敏感性。红霉素与其他大环内酯类抗生素之间有不完全交叉耐药性。

【临床应用】红霉素主要用于对青霉素过敏的患者或对青霉素耐药的革兰氏阳性菌如金黄色葡萄球菌、肺炎链球菌和其他链球菌引起的感染；对军团菌肺炎、白喉带菌者、支原体肺炎、沙眼衣原体所致的婴儿肺炎和结膜炎、弯曲杆菌所致的肠炎或败血症可作为首选药；还可用于百日咳、厌氧菌和需氧菌引起的口腔感染。

【不良反应】

1. 局部刺激性　可出现恶心、呕吐、腹痛、腹泻等胃肠道反应；静脉给药可引起血栓性静脉炎。

2. 肝毒性　以酯化红霉素最常见，主要表现为黄疸、胆汁淤积和氨基转移酶升高等，一般于停药后可自行恢复。

3. 过敏反应　偶见药热、皮疹等。

【用药护理】红霉素用药护理见表34-6。

表 34-6　红霉素用药护理

用药护理程序	用药护理要点
用药前	1. 注意红霉素肠溶片需整片吞服，不宜破碎，也不宜同时饮用酸性饮料等。小儿宜选择小儿制剂 2. 其乳糖酸盐注射剂不可直接用 0.9% 氯化钠注射液溶解，否则可发生凝固，一般采用注射用水溶解稀释后，加入各种电解质溶液中使用 3. pH 较低的液体，如葡萄糖注射液，应按每 100 ml 液体加入 1 ml 4% 碳酸氢钠溶液的比例调整液体的 pH 4. 静脉滴注时可发生血栓性静脉炎，应予注意
用药中	1. 针对消化道反应加强护理。消化道反应是影响患者用药的主要原因之一，患者用药过程中出现恶心、呕吐等消化道症状时，按医嘱可以在用药前静脉注射维生素 B_6，或混合滴注山莨菪碱、口服多潘立酮等方式，以减轻不良反应 2. 红霉素是药酶抑制剂，可使茶碱类、卡马西平、三唑仑等药物在体内代谢减慢，血药浓度容易达到中毒水平，如必须配伍使用，注意给药速度，密切观察患者是否出现中毒反应，及时报告医生
用药后	护理评价要注意部分交叉过敏现象，提示合理使用大环内酯类药。这类药物与青霉素类配伍有药理性拮抗现象，与四环素类合用增加肝毒性，对长期大剂量应用者应建议及时检查肝功能和听力

考点提示

红霉素的用药注意事项。

其他大环内酯类抗生素的特点和临床用途见表34-7。

表 34-7 其他大环内酯类抗生素的特点和临床用途

常用药物	特点和临床用途
罗红霉素（roxithromycin）	罗红霉素空腹服用吸收良好，血与组织中药物浓度均高于红霉素，半衰期长达 12～14 小时；抗菌谱与红霉素相似，对肺炎支原体、衣原体作用较强，但对流感嗜血杆菌的作用较红霉素弱；主要用于敏感菌所致的呼吸道、泌尿生殖系统、皮肤软组织及耳鼻咽喉部位的感染；不良反应多见胃肠道反应，偶见皮疹、皮肤瘙痒、头痛、头晕等
阿奇霉素（azithromycin）	阿奇霉素口服吸收迅速，生物利用度较红霉素高，半衰期长，每日仅需给药 1 次；抗菌谱与红霉素相似，但对流感嗜血杆菌、淋病奈瑟菌、肺炎支原体、军团菌作用增强；与红霉素有交叉耐药性；主要用于敏感菌所致的中耳炎、鼻窦炎、支气管炎、肺炎、扁桃体炎、咽炎、皮肤及软组织感染、沙眼等；不良反应发生率较红霉素低，主要为轻中度胃肠道反应，偶见肝功能异常及白细胞减少
克拉霉素（clarithromycin）	克拉霉素口服吸收迅速而完全，广泛分布于组织中，主要经肾排泄，半衰期为 3.5～4.9 小时；抗菌活性强于红霉素；对革兰氏阳性菌、嗜肺军团菌、肺炎衣原体的作用强大，对沙眼衣原体、肺炎支原体、流感嗜血杆菌及厌氧菌的作用也较红霉素强；主要用于呼吸道感染、泌尿生殖系统感染及皮肤软组织感染等；主要不良反应为胃肠道反应，偶见头痛、皮疹及皮肤瘙痒等

第三节　氨基糖苷类抗生素

一、氨基糖苷类抗生素的共性

氨基糖苷类（aminoglycosides）抗生素是由氨基糖和苷元两部分组成的大分子碱性化合物，水溶性较高，性质较稳定，是治疗革兰氏阴性菌感染的主要药物。这类药物主要包括链霉素、庆大霉素、阿米卡星、卡那霉素、妥布霉素、新霉素、小诺米星等。氨基糖苷类抗生素的共同特点见表 34-8。

表 34-8　氨基糖苷类抗生素的共同特点

药物性质	共同特点
体内过程	胃肠道吸收少，肌内注射吸收快而完全；体内不被代谢，大部分以原型经肾排泄；易分布在肾皮质和内耳等组织中。与 β-内酰胺类抗生素合用不能混合于同一容器，以免造成药物失活
抗菌作用	抑制细菌蛋白质合成，属于静止期杀菌药。对革兰氏阴性杆菌作用强大，对革兰氏阴性球菌、革兰氏阳性菌作用较弱，部分药物对铜绿假单胞菌、结核分枝杆菌等有效，对厌氧菌无效。在碱性环境中抗菌活性强，抗菌后效应持续时间长，细菌可产生钝化酶或改变靶位结构而产生耐药性，此类药物中存在部分交叉耐药性
不良反应	1. **肾毒性**：表现为蛋白尿、管型尿、血尿等，严重者可导致无尿、氮质血症和肾衰竭 2. **耳毒性**：前庭功能障碍，如眩晕、恶心、平衡障碍、共济失调；耳蜗听神经损害，如耳鸣、听力减退、耳聋。前者停药后多可恢复，后者是药物性耳聋的主要诱因 3. **神经肌肉阻滞作用**：大剂量给药可发生肌无力、呼吸困难等症状 4. **过敏反应**：此类药物间有交叉过敏反应，且可引起过敏性休克

 考点提示

氨基糖苷类抗生素的不良反应。

二、常用的氨基糖苷类抗生素

链霉素（streptomycin）

【抗菌作用与临床应用】由于链霉素对一般细菌抗菌作用不强、耳毒性和肾毒性发生率高、耐药菌株多，且新型青霉素类及头孢菌素类等的应用，使链霉素的应用范围日渐缩小。临床主要用于：①结核病。链霉素是治疗结核病的一线药物，常与利福平、异烟肼等合用，以增强疗效，并延缓耐药性的产生。②鼠疫和兔热病。链霉素为鼠疫和兔热病的首选药。③心内膜炎。链霉素常与青霉素配伍用于治疗溶血性链球菌、草绿色链球菌及肠球菌等所致的心内膜炎。对链霉素耐药者，可改用庆大霉素等。

【不良反应】在氨基糖苷类抗生素中，链霉素的过敏反应发生率最高，其发生率仅次于青霉素G，但死亡率高，应引起警惕。用药前询问患者有无对氨基糖苷类抗生素的过敏史，禁用于有过敏史的患者，一旦发生过敏反应宜用肾上腺素及钙剂抢救。常见不良反应还有耳毒性及神经肌肉阻滞等。

庆大霉素（gentamicin）

【抗菌作用与临床应用】庆大霉素为目前临床较常用的氨基糖苷类抗生素之一。

庆大霉素抗菌谱广，对多数革兰氏阴性菌有杀灭作用，如大肠埃希菌、奇异变形杆菌、肺炎克雷伯菌、流感嗜血杆菌、布鲁氏菌属、沙雷菌属，尤其是对铜绿假单胞菌作用较强；对革兰氏阳性菌如耐青霉素的金黄色葡萄球菌及肺炎支原体也有效。细菌对庆大霉素耐药性产生较慢，停药后可恢复敏感性。临床主要用于革兰氏阴性杆菌感染，如败血症、骨髓炎、肺炎、腹腔感染、脑膜炎；也可用于铜绿假单胞菌感染及耐青霉素的金黄色葡萄球菌感染；口服用于肠道感染。

【不良反应】以肾毒性较多见；也易造成前庭功能损害，甚至出现不可逆性耳聋；偶见过敏反应，甚至过敏性休克。

其他氨基糖苷类抗生素和大观霉素的特点和临床用途见表34-9。

表 34-9 其他氨基糖苷类抗生素和大观霉素的特点和临床用途

常用药物	特点和临床用途
阿米卡星（amikacin）	是这类药物中抗菌谱最广的药物，对肠道革兰氏阴性菌、铜绿假单胞菌产生的钝化酶较稳定。主要用于对庆大霉素等产生耐药性的革兰氏阴性杆菌感染，以及铜绿假单胞菌引起的严重感染，特别是与第三代β-内酰胺类抗生素合用治疗上述细菌导致的严重感染效果更好，耐药性发生率更低；也可以作为结核病的二线治疗药物。不良反应类似于庆大霉素，耳毒性略强，肾毒性略弱
妥布霉素（tobramycin）	抗菌谱与庆大霉素相似，对大多数肠杆菌属、铜绿假单胞菌及葡萄球菌有良好的抗菌作用，但对铜绿假单胞菌的作用比庆大霉素强，且对耐庆大霉素的铜绿假单胞菌仍有效。主要用于治疗铜绿假单胞菌引起的心内膜炎、烧伤、败血症、骨髓炎等，对其他敏感革兰氏阴性杆菌所致的感染也有效。对肾有一定毒性；耳毒性以前庭神经损害多见，但比庆大霉素轻
奈替米星（netilmicin，奈替霉素）	抗菌谱与庆大霉素相似，对多种革兰氏阴性杆菌如大肠埃希菌、铜绿假单胞菌、克雷伯菌属、沙门菌属、奇异变形杆菌等都具有较强的抗菌活性；对耐其他氨基糖苷类的革兰氏阴性杆菌及耐青霉素的金黄色葡萄球菌也有效。主要用于敏感菌所致的呼吸道、泌尿道、消化道、皮肤软组织等部位的感染。其耳毒性、肾毒性在氨基糖苷类抗生素中最小，但仍需注意

续表

常用药物	特点和临床用途
大观霉素（spectinomycin，淋必治）	是链霉菌产生的氨基环醇类抗生素，因作用机制与氨基糖苷类相似而列入此类。仅对淋病奈瑟菌有强大的杀灭作用，只用于淋病的治疗。由于容易产生耐药性，仅限于对青霉素耐药或过敏的淋病患者应用。不良反应有注射部位疼痛、荨麻疹、眩晕、恶心、发热、寒战等

三、氨基糖苷类抗生素用药护理

氨基糖苷类抗生素用药护理见表34-10。

表34-10 氨基糖苷类抗生素用药护理

用药护理程序	用药护理要点
用药前	了解患者肾功能、前庭功能情况
用药中	1. 严密观察生命体征及用药效果，监测肾功能及前庭功能，一旦出现严重肾毒性、耳毒性，及时提醒医生停药 2. 氨基糖苷类抗生素之间联合应用可增加耳毒性、肾毒性及神经肌肉阻滞作用的可能性 3. 与青霉素配伍时应避免用同一容器混合注射
用药后	注意观察耳毒性和肾毒性指征，提示医生避免配伍使用能掩盖耳毒性的药物如抗组胺药，以及同样具有耳毒性的药物如呋塞米等，并及时进行相关检查

第四节 其他常用的抗生素

其他常用的抗生素可按其抗菌谱大致分为抗革兰氏阳性菌抗生素如林可霉素类、万古霉素类，抗革兰氏阴性菌抗生素如多黏菌素类，以及对革兰氏阳性菌、革兰氏阴性菌、支原体、衣原体、螺旋体等均有效的广谱抗生素如四环素类和氯霉素。

一、林可霉素类

林可霉素类包括林可霉素（lincomycin，洁霉素）和克林霉素（clindamycin，氯洁霉素）。两者抗菌谱相同，但后者口服吸收效果更好，抗菌作用较强，毒性较小，更为常用。两药间存在完全交叉耐药性。

【抗菌作用与临床应用】

林可霉素类穿透性强，尤其在骨关节药物浓度高。其作用机制是通过抑制细菌蛋白质合成而发挥抗菌作用，抗菌谱类似于红霉素而略窄，对各类厌氧菌抑制作用强大，对革兰氏阳性球菌如金黄色葡萄球菌有较强的作用，对部分革兰氏阴性需氧菌、人型支原体、沙眼衣原体均有一定的抑制作用。

林可霉素类主要用于厌氧菌引起的多种感染，对耐药的金黄色葡萄球菌引起的急、慢性骨髓炎为首选药，也可用于厌氧菌和需氧菌引起的混合感染如盆腔炎、腹膜炎。

【不良反应】主要有胃肠道反应，表现为恶心、呕吐、腹痛、腹泻，口服给药较注射给药多见；也可发生严重的假膜性肠炎，可用万古霉素类和甲硝唑治疗；偶见皮疹、一过性中性粒细胞减少和血小板减少、黄疸等。

【用药注意】注意这类药物作用位点与大环内酯类相同，两者可发生竞争性拮抗，不宜合用；如静脉给药过快可致低血压、心搏骤停等，应注意给药速度；此类药物经常作为青霉素过敏患者使用的替换药物，但自身也有过敏现象，不良反应发生率较高，应予以重视；如长期使用此类药物，应注意观察有无肠道感染症状，积极防治二重感染。

二、万古霉素类

万古霉素类（vancomycins）属于糖肽类抗生素，该类药物主要包括万古霉素（vancomycin）、去甲万古霉素（norvancomycin）和替考拉宁（teicoplanin）等，抗菌作用机制和抗菌谱相同，体内过程、作用强度和不良反应有所差异。替考拉宁脂溶性最高，半衰期最长，有效血药浓度低，毒性相对较小，可肌内注射；万古霉素半衰期短，有效血药浓度较高。

【抗菌作用与临床应用】万古霉素类可抑制细菌细胞壁的合成，为繁殖期速效杀菌药，对革兰氏阳性菌作用强，对多种耐药菌如耐青霉素或甲氧西林的金黄色葡萄球菌、表皮葡萄球菌、多重耐药的肠球菌仍有抗菌作用，对革兰氏阴性菌除奈瑟菌属外均不敏感。

万古霉素类主要用于革兰氏阳性菌引起的严重感染和对其他药物耐药的革兰氏阳性菌感染，如败血症、心内膜炎、呼吸道、泌尿道感染，也可口服治疗假膜性肠炎等肠道感染。

【不良反应】万古霉素类不良反应较重且多见，限制了其应用。

1. 肾损害　轻者表现为蛋白尿和管型尿，重者表现为血尿、少尿、氮质血症，甚至肾衰竭。
2. 耳毒性　可出现耳鸣，听力下降，严重者可发生不可逆的耳聋。
3. 过敏反应　可出现皮肤潮红、瘙痒、荨麻疹、寒战、发热、血压下降、心动过速等症状，严重者皮肤极度潮红，出现红斑，称为"红人综合征"。
4. 其他　口服可引起恶心、呕吐、口腔异味（金属异味感）和眩晕等，注射给药可有局部疼痛、组织坏死和血栓性静脉炎。

三、多黏菌素类和磷霉素

多黏菌素类（polymyxins）

【抗菌作用与临床应用】多黏菌素类是从多黏杆菌培养液中提取的碱性多肽类化合物，临床应用的是多黏菌素E（polymyxin E）和多黏菌素B（polymyxin B）。这类药物通过破坏细菌细胞膜的结构和功能发挥作用，属于对静止期和繁殖期细菌均有效的杀菌剂。其抗菌谱窄，对部分革兰氏阴性菌，特别是铜绿假单胞菌作用强，不易产生耐药性。

多黏菌素类主要用于对其他药物耐药的铜绿假单胞菌感染，也可用于敏感革兰氏阴性杆菌引起的严重感染；局部给药可用于敏感的革兰氏阴性杆菌引起的皮肤、软组织感染等。

【不良反应】较多而且严重，主要有局部刺激性、过敏反应、肾毒性、肝毒性、神经肌肉接头阻滞等，以肾毒性最为严重，可引起肾衰竭，用药护理时应予以注意。

磷霉素（fosfomycin）

磷霉素可抑制细菌细胞壁合成，抗菌谱较广，对革兰氏阳性菌、革兰氏阴性菌及铜绿假单胞菌均有较强作用。其化学结构特殊，与其他抗生素无交叉耐药性，对多种耐药细菌包括耐甲氧西林的金黄色葡萄球菌也有抗菌作用，与β-内酰胺类、氨基糖苷类配伍可发挥协同作用，并能延缓耐药性发生。

磷霉素一般口服用于敏感菌引起的泌尿道、消化道、皮肤软组织感染，用于败血症、脑膜炎等严重感染时需静脉给药，并配伍其他抗菌药。

不良反应少而轻，主要是过敏反应和消化道反应等。

四、四环素类

四环素类（tetracyclines）为酸碱两性化合物，酸性环境下较稳定，包括天然品和半合成品两类。天然品有四环素（tetracycline）、土霉素（oxytetracycline）和金霉素（aureomycin）等；半合成品有多西环素（doxycycline，强力霉素）、美他环素（metacycline）和米诺环素（minocycline，二甲胺四环素）等。相比于天然四环素类，半合成四环素类具有生物利用度好、抗菌活性强、耐药性少等优点，临床评价更高。

四环素类口服后受食物、药物和消化功能的影响，生物利用度差异较大。此类药物通过抑制细菌蛋白质合成而抑制细菌的生长繁殖，对多种病原微生物包括革兰氏阳性菌、革兰氏阴性菌、支原体、衣原体、立克次体、螺旋体、放线菌等有抑制作用，但对前两类细菌的作用弱于β-内酰胺类和氨基糖苷类抗生素，对沙门菌属、结核分枝杆菌、铜绿假单胞菌、真菌、病毒等无效。

四环素类耐药性多见，目前主要用于斑疹伤寒、恙虫病、回归热、支原体肺炎、沙眼、淋巴肉芽肿、布鲁氏菌病等传染性疾病的治疗，可作为首选药物。半合成四环素也可用于敏感菌引起的呼吸道、胆道、泌尿生殖道的感染。

四环素类不良反应较多，尤以天然四环素类更为明显，主要包括如下几种。①消化道反应：口服可直接刺激胃肠道，引起恶心、呕吐、腹泻、腹胀等。②二重感染：长期大剂量使用广谱抗生素可出现菌群失调现象，发生白念珠菌等感染。③对牙齿骨骼的影响：四环素类可沉积于牙齿和骨骼中，造成牙齿黄染，形成"四环素牙"，抑制骨发育等，故妊娠期妇女、哺乳期妇女、8岁以下儿童慎用。④其他反应：主要有过敏反应、肝毒性、肾毒性和中枢神经系统症状等，一般停药后可以恢复。

> **知识链接**
>
> **二重感染**
>
> 长期使用广谱抗生素，使体内敏感菌受到抑制，打乱了体内的"菌群平衡"，而那些不敏感菌或具有耐药性的细菌、真菌等乘机在体内大量生长繁殖，体外的某些病菌也会乘虚而入，一旦机体免疫力下降便可引起新的感染，称为二重感染，又称"菌群交替症"，如鹅口疮、呼吸道感染、真菌性肺炎。

五、氯霉素类

氯霉素（chloramphenicol）

氯霉素口服吸收快而完全，可广泛分布至全身各组织和体液中，脑脊液中分布浓度较其他抗生素高，主要经肝代谢，经肾排泄。

【抗菌作用与临床应用】氯霉素通过抑制蛋白质合成而快速抑菌。其抗菌谱广，对革兰氏阳性和革兰氏阴性菌均有抑制作用，对后者作用较强，尤其对伤寒沙门菌、流感嗜血杆菌作用强，在高浓度时有杀菌作用；对厌氧菌（脆弱拟杆菌）、百日咳杆菌、布鲁氏菌也有较强作用；

对立克次体、沙眼衣原体、肺炎衣原体等也有效。由于氯霉素可引起严重的抑制骨髓造血等毒性反应，临床上几乎已不用作全身用药，局部滴眼可用于治疗各种敏感菌所致的眼内感染、沙眼、结膜炎等。

【不良反应】氯霉素不良反应较严重，主要有如下几种。①骨髓抑制：长期或大剂量使用抑制骨髓造血功能，引起贫血、血常规异常等现象，一般是可逆性的；对个别患者可不可逆地引起再生障碍性贫血，其发生率低，但死亡率高。②灰婴综合征：新生儿或早产儿药物消除能力差，如用药剂量过大，可导致氯霉素蓄积中毒，表现为呕吐、呼吸困难、血压下降、代谢性酸中毒、皮肤发绀，最终引起呼吸和循环衰竭。③其他反应：可引起二重感染、过敏反应，偶见视神经炎、视力障碍和中毒性精神病等。

第五节　抗生素用药护理

抗生素用药护理见表34-11。

表34-11　抗生素用药护理

用药护理程序	用药护理要点
用药前	1. 根据给药方案制订护理程序，根据病原学检查和药物敏感试验结果确定药物，无病原学诊断的感染性疾病则可采用经验性用药 2. 根据规定的给药方法、剂量、剂型、疗程准备药物，严格执行药物配制规范，合理选择给药部位 3. 对于有皮试要求的药物，必须进行皮试，注意交叉过敏现象 4. 应向患者提前告知比较明确的不良反应，提高用药依从性
用药中	1. 正确执行给药方法，要合理选用，并向患者解释 2. 经常采用联合用药，要注意配伍禁忌 3. 利用抗菌后效应，适当增加单次给药剂量，延长给药间隔，减少给药次数 4. 注意过敏反应、胃肠道反应等不良反应
用药后	1. 针对患者情况，做好相关护理以提高疗效 2. 药物若长期应用，应定期监测听力，检查肝肾功能、血常规、尿常规等

思政园地

铮铮誓言　坚守初心

药源性耳毒性多为感音神经性耳聋，是由用药不当引起的耳蜗毒性和前庭毒性反应，其中耳蜗毒性可引起听力损害，已成为发展中国家致耳聋的主要原因之一。在我国每年约有2万名儿童因药物致聋。氨基糖苷类抗生素是引起耳毒性最多的一类药，其他有耳毒性的药物包括万古霉素类、红霉素、高效能利尿药等。2005年春节联欢晚会上，表演"千手观音"的21名年轻演员将舞蹈演绎得惟妙惟肖，但当得知表演者都是聋哑人时，人们感到无比震撼，表演者克服困难为人们呈现视觉盛宴的顽强毅力令人们动容，药物导致耳聋的现状更让人们痛心。医学生要牢记"健康所系、性命相托"的铮铮誓言，不忘救死扶伤之初心，牢记医者仁心之使命，努力学习专业知识，掌握好药物这把双刃剑，安全合理用药，提高用药质量，为百姓健康保驾护航。

自 测 题

一、选择题

A₁ 型题

1. 抢救青霉素过敏性休克的首选药物是
   A. 去甲肾上腺素 B. 肾上腺素 C. 多巴胺
   D. 肾上腺皮质激素 E. 抗组胺药

2. 治疗鼠疫的首选药物是
   A. 链霉素 B. 林可霉素 C. 红霉素
   D. 庆大霉素 E. 小诺霉素

3. 对结核分枝杆菌有治疗作用的氨基糖苷类药是
   A. 庆大霉素 B. 链霉素 C. 大观霉素
   D. 阿米卡星 E. 妥布霉素

4. 下列药物可引起幼儿牙釉质发育不全的是
   A. 红霉素 B. 青霉素 C. 林可霉素
   D. 多西环素 E. 四环素

A₂ 型题

5. 患者，男，30 岁，高热，胸痛，咳铁锈色痰，右肺下叶实变，青霉素皮试可疑，宜选用
   A. 林可霉素 B. 红霉素静脉滴注 C. 青霉素静脉滴注
   D. 青霉素 V 口服 E. 四环素

6. 患者，男，28 岁，3 个月前去外地，近 10 天排尿时灼痛，近 2～3 天排尿时疼痛难忍，排尿时尿道口有较多黄绿色脓性分泌物，查出淋病奈瑟菌。患者有青霉素过敏史。该患者宜选用
   A. 氯霉素 B. 大观霉素 C. 青霉素
   D. 四环素 E. 头孢曲松

7. 患者，女，50 岁，患耐青霉素的金黄色葡萄球菌性心内膜炎，青霉素皮试阴性。患者既往有慢性肾盂肾炎。该患者应选用
   A. 青霉素 B. 庆大霉素 C. 头孢氨苄
   D. 双氯西林 E. 头孢孟多

A₃/A₄ 型题

（8～9 题共用题干）

患者，男，40 岁，嗜酒，因胆囊炎给予抗菌药治疗，恰朋友来探望，少量饮酒后出现明显的恶心、呕吐、面部潮红、头痛、血压降低。

8. 患者出现的这种现象称为
   A. 双硫仑样反应 B. 反跳现象 C. 赫氏反应
   D. 光敏现象 E. 红人综合征

9. 与这种现象有关的药物是
   A. 四环素 B. 氨苄西林 C. 青霉素

D. 头孢孟多 E. 四环素

二、简答题
1. 如何防治青霉素过敏反应？
2. 氨基糖苷类抗生素的不良反应有哪些？

三、案例分析
1. 患儿，女，5岁，2周前受凉后发热、咳嗽，口服阿莫西林治疗1周未见好转，遂入院。查体：体温39℃，阵发性刺激性咳嗽，少痰，不易咳出。自述胸痛。血常规检查：白细胞总数在正常范围，胸部X线检查：双肺纹理增粗，右上肺片状阴影，边界不清。诊断：支原体肺炎。

请回答：
（1）根据诊断，该患儿应选择哪类药治疗？
（2）应用此类药物时需注意什么？

2. 患儿，男，5岁，因听力减退由其母亲领来就诊。患儿聪明活泼，身体发育良好。经听力检查，患儿双耳听力重度减退。据患儿母亲叙述回忆，1个月前患儿曾患肺炎，当地医生给予静脉滴注阿米卡星治疗1周，其后不久，家人发现孩子会话能力较以前下降，回答问题缓慢，不爱说话，且日益加重，引起家长警觉，遂来就诊。

请回答：
（1）该患儿听力减退与曾用过阿米卡星是否相关？为什么？
（2）使用氨基糖苷类抗生素应注意什么？

（宋红霞）

第三十五章 人工合成抗菌药

学习目标

1. 解释喹诺酮类药、磺胺嘧啶、甲硝唑的抗菌作用特点、临床应用和不良反应。
2. 说明磺胺类药与甲氧苄啶协同抗菌作用机制、临床应用和不良反应。
3. 概括其他人工合成抗菌药的主要作用特点及不良反应。
4. 能指导患者正确使用人工合成抗菌药并评估药物的治疗效果。
5. 学会监测人工合成抗菌药的不良反应并执行相应的护理措施。
6. 具有以人为本的良好医德和关爱健康、救死扶伤的职业道德。

案例 35-1

患者，男，43岁，前天晚饭后突然出现上腹部持续性疼痛，疼痛难忍，且疼痛向右肩部放射，伴恶心、呕吐3次，呕吐物有胃内容物及黄色苦味液体，曾用阿托品治疗，腹痛无缓解。患者既往体健。经检查诊断为急性胆道感染。医生给予氧氟沙星治疗。

问题与思考：
1. 氟喹诺酮类药有哪些不良反应？
2. 应用氟喹诺酮类药时的注意事项有哪些？

第一节 喹诺酮类药

一、概述

喹诺酮类药（quinolones）是含有4-喹酮母核的人工合成抗菌药，按其临床应用先后分为四代。第一代：萘啶酸（nalidixic acid），于1962年研制合成，只对部分 G^- 菌有效，国内已不再使用。第二代：吡哌酸（pipemidic acid），于1973年研制合成，对大多数 G^- 菌（包括铜绿假单胞菌）有效，现已少用。第三代：氟喹诺酮类（因药物的分子中均有氟原子而得名），抗菌谱进一步扩大，对 G^+ 菌和厌氧菌也有抗菌作用，对一些 G^- 菌的抗菌作用则进一步加强，代表药物有诺氟沙星（norfloxacin）、氧氟沙星（ofloxacin）、左氧氟沙星（levofloxacin）、培氟沙星（perfloxacin）、依诺沙星（enoxacin）、环丙沙星（ciprofloxacin）等。第四代：新氟喹诺酮类，代表药物有莫西沙星（moxifloxacin）、加替沙星（gatifloxacin）等。

【体内过程】氟喹诺酮类药口服吸收完全，不受食物的影响，但与含有 Fe^{2+}、Ca^{2+}、Mg^{2+} 的食物同服可降低其生物利用度；生物利用度较高，血浆蛋白结合率一般低于40%，组织穿透力强，体内分布广，在前列腺组织、骨组织、肺、肾、尿液、胆汁、吞噬细胞和中性粒细胞的药物浓度均高于血浆药物浓度；可经肝代谢，部分以原型从肾排泄。

【抗菌作用】氟喹诺酮类药属广谱杀菌药，对革兰氏阴性杆菌如大肠埃希菌、伤寒沙门菌、流感嗜血杆菌、军团杆菌属及革兰氏阴性球菌如淋病奈瑟菌等均有强大的抗菌作用；对革兰氏阳性球菌如金黄色葡萄球菌、肺炎链球菌及厌氧菌也有较强的抗菌作用；某些药物对铜绿假单胞菌、结核分枝杆菌、衣原体、支原体及厌氧菌也有作用。

氟喹诺酮类药的抗菌作用机制主要包括两方面。① DNA 回旋酶，是抗革兰氏阴性菌的重要靶点，通过抑制革兰氏阴性菌的 DNA 回旋酶，阻碍 DNA 的复制而产生杀菌作用；②拓扑异构酶Ⅳ，是抗革兰氏阳性菌的重要靶点，通过抑制革兰氏阳性菌的拓扑异构酶Ⅳ，抑制 DNA 的复制而产生抗菌作用。

长期应用氟喹诺酮类药，耐药菌株呈增长趋势，以金黄色葡萄球菌、肺炎链球菌、大肠埃希菌、铜绿假单胞菌等耐药菌株多见。此类药物之间有交叉耐药性，与其他抗菌药之间无交叉耐药性。耐药机制包括：①耐药菌株 DNA 回旋酶与药物的亲和力下降，使药物失去靶位；②细菌细胞膜通道关闭，药物难以进入菌体；③金黄色葡萄球菌可将药物从菌体内泵出。

【临床应用】氟喹诺酮类药因抗菌谱广、抗菌活性强、使用方便，临床主要用于敏感菌所致的呼吸道、泌尿生殖道、肠道、骨、关节、皮肤软组织感染，是多种疾病的首选药。

1. 泌尿生殖系统感染　环丙沙星、氧氟沙星和 β-内酰胺类同为首选药，用于治疗单纯性淋病奈瑟菌性尿道炎或宫颈炎，但对非特异性尿道炎和宫颈炎疗效差。环丙沙星是铜绿假单胞菌性尿道炎的首选药。氟喹诺酮类药对敏感菌所致的急、慢性前列腺炎及复杂性前列腺炎均有较好疗效。

2. 呼吸系统感染　左氧氟沙星、莫西沙星和万古霉素合用，首选用于治疗青霉素高度耐药的肺炎链球菌感染。氟喹诺酮类药（除诺氟沙星）可替代大环内酯类药用于支原体肺炎、衣原体肺炎、军团菌病。

3. 肠道感染与伤寒　首选用于治疗志贺菌引起的急慢性菌痢和中毒性菌痢，以及鼠伤寒沙门菌、猪霍乱沙门菌、肠炎沙门菌引起的胃肠炎（食物中毒）；对沙门菌引起的伤寒或副伤寒，应首选氟喹诺酮类药或头孢曲松；也可用于旅行性腹泻。

4. 其他　氟喹诺酮类药对脑膜炎奈瑟菌有强大的杀菌作用，其在鼻咽分泌物中浓度高，可用于流行性脑脊髓膜炎鼻咽部带菌者的根除治疗；也可用于对其他抗菌药无效的儿童重症感染；囊性纤维化患儿感染铜绿假单胞菌时应选用环丙沙星。

考点提示

氟喹诺酮类药是伤寒、副伤寒治疗首选用药之一。

【不良反应】喹诺酮类药的不良反应大多轻微，特别是氟喹诺酮类药的发生率较低，为 3%～5%，大多数患者均可耐受。

1. 消化道反应　较常见，如食欲缺乏、恶心、呕吐、腹痛、腹泻、食欲减退，常与剂量相关，有胃溃疡史者应慎用。

2. 中枢神经系统反应　少数患者出现中枢兴奋症状，表现为焦虑、烦躁、失眠、头痛、头晕，甚至惊厥等，并可致精神异常。有精神病或癫痫病史者禁用。

3. 皮肤反应及光敏反应　表现为光照部位皮肤出现瘙痒性红斑，严重者出现皮肤糜烂、脱落，停药后可恢复，剂量较大时发生率高达 28%，还可见血管神经性水肿、皮肤瘙痒等症状。

4. 软骨损害　动物实验发现喹诺酮类药对多种幼龄动物负重关节的软骨有损伤，儿童用药后可引起关节痛、关节水肿，故妊娠期妇女、哺乳期妇女和 18 岁以下青少年不宜应用。

5. 其他　包括肝肾功能异常、跟腱炎、心脏毒性和血糖异常等，停药后可恢复。

二、常用的喹诺酮类药

诺氟沙星（norfloxacin，氟哌酸）

诺氟沙星口服生物利用度较低，抗菌作用强，对革兰氏阴性菌如大肠埃希菌、志贺菌、肠杆菌科、弯曲菌、沙门菌和奈瑟菌均有较强的杀灭作用，临床主要用于敏感菌所致的胃肠道、泌尿道感染，也可外用治疗皮肤和眼部的感染。

环丙沙星（ciprofloxacin，环丙氟哌酸）

环丙沙星口服生物利用度约为70%，必要时静脉滴注以提高血药浓度。在体外抗菌实验中，环丙沙星对铜绿假单胞菌、流感嗜血杆菌、大肠埃希菌等革兰氏阴性菌的抗菌活性高于多数氟喹诺酮类药；对耐氨基糖苷类或第三代头孢菌素类药的菌株仍敏感，但对多数厌氧菌不敏感。该药主要用于革兰氏阴性杆菌所致的呼吸道、泌尿生殖道、消化道、骨与关节和皮肤软组织感染。因环丙沙星可诱发跟腱炎和跟腱撕裂，老年人和运动员慎用。

其他常用喹诺酮类药见表35-1。

表35-1 其他常用喹诺酮类药

药物	抗菌作用特点及临床应用	不良反应
氧氟沙星（ofloxacin，氟嗪酸）	口服生物利用度达95%，$t_{1/2}$为5～7小时，胆汁和尿液中浓度较高；对革兰氏阳性菌、革兰氏阴性菌作用优于诺氟沙星，对结核分枝杆菌、衣原体、部分厌氧菌有效；用于敏感菌所致的呼吸道、胆道、泌尿生殖道、皮肤软组织等处的感染	主要为胃肠道反应，偶见转氨酶升高
左氧氟沙星（levofloxacin）	为氧氟沙星的左旋异构体，口服生物利用度接近100%，$t_{1/2}$为5～7小时；抗菌谱同氧氟沙星，抗菌活性为氧氟沙星的2倍，对多重耐药金黄色葡萄球菌（MRSA）、表皮葡萄球菌、链球菌、肠球菌的抗菌活性强于环丙沙星，对铜绿假单胞菌活性低于环丙沙星，对衣原体、支原体、厌氧菌及军团菌也有杀灭作用，是目前最为常用的氟喹诺酮类药之一	不良反应少而轻
氟罗沙星（fleroxacin）	口服生物利用度接近100%，$t_{1/2}$长达10小时以上，药物大部分以原型由肾排泄，少量在肝代谢，可每日给药1次；对革兰氏阳性菌、革兰氏阴性菌、厌氧菌、支原体、衣原体和分枝杆菌都有强大的抗菌活性	中枢神经系统反应、胃肠道反应和光敏反应，与布洛芬合用可诱发痉挛
司帕沙星（sparfloxacin，司氟沙星）	是第四代喹诺酮类药，口服吸收好，生物利用度80%～90%，肝肠循环明显，$t_{1/2}$超过16 h，穿透能力极强，50%经粪便排泄；对革兰氏阴性菌、军团菌抗菌活性与环丙沙星相近，对革兰氏阳性菌、厌氧菌、结核分枝杆菌、支原体、衣原体抗菌活性强于环丙沙星和氧氟沙星，对耐青霉素、头孢菌素的链球菌、耐异烟肼、利福平的结核杆菌有效	易出现心脏毒性、神经系统反应和光敏反应，临床应严格控制使用
莫西沙星（moxifloxacin）	属于第四代喹诺酮类，口服生物利用度约90%，$t_{1/2}$为12～15小时；抗菌谱广，抗菌活性比环丙沙星、氧氟沙星、左氧氟沙星和司帕沙星强；主要用于敏感细菌引起的呼吸道、泌尿生殖道和皮肤软组织等处的感染	不良反应少，常见胃肠道反应，目前尚未发现光敏反应和心脏毒性等

药物	抗菌作用特点及临床应用	不良反应
加替沙星（gatifloxacin）	口服生物利用度为 90%～96%，药物 79%～88% 以原型由肾排泄；对革兰氏阳性菌、厌氧菌、结核分枝杆菌、支原体、衣原体的抗菌活性与莫西沙星相近，对革兰氏阴性菌的作用强于莫西沙星；临床应用同莫西沙星	不良反应发生率低，几乎没有光敏反应，但可产生心脏毒性及血糖紊乱

第二节 磺胺类药

一、概述

磺胺类药（sulfonamides）是最早用于治疗全身性细菌感染的抗菌药，近年来因耐药菌株明显增多，其应用受到限制。但由于磺胺类药与甲氧苄啶合用后，对某些感染性疾病（如流行性脑脊髓膜炎、鼠疫）具有疗效好、价格低廉等优点，故仍有应用。

【体内过程】用于全身感染的磺胺类药口服易吸收，体内分布广泛，血浆蛋白结合率为 25%～95%，血浆蛋白结合率低的药物则易通过血脑屏障。药物主要经肝代谢，从肾排泄，尿中原型药物浓度高者适用于泌尿道感染。

【抗菌作用】磺胺类药属广谱抑菌药，对大多数革兰氏阳性菌和阴性菌有良好的抗菌活性，对沙眼衣原体、疟原虫、卡氏肺孢菌和弓形虫滋养体也有抑制作用，但对支原体、立克次体和螺旋体无效，甚至可促进立克次体生长。磺胺米隆和磺胺嘧啶银对铜绿假单胞菌有效。

细菌以二氢蝶啶、对氨基苯甲酸（PABA）、谷氨酸等为原料，在二氢叶酸合成酶的催化下生成二氢叶酸，再经二氢叶酸还原酶催化生成四氢叶酸，四氢叶酸作为一碳基团转移酶的辅酶参与细菌嘌呤和嘧啶核苷酸的合成。磺胺类药的结构与 PABA 相似，可竞争性抑制二氢叶酸合成酶，阻碍细菌二氢叶酸合成，进而抑制细菌生长繁殖，属慢效抑菌药（图 35-1）。

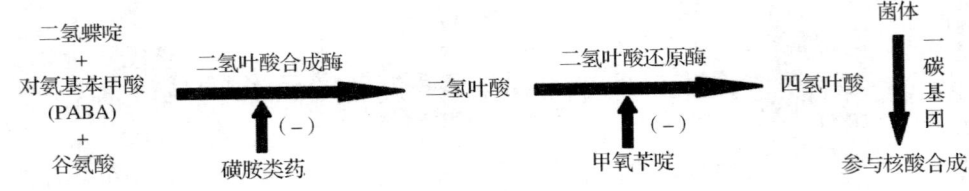

图 35-1 磺胺类药和甲氧苄啶抗菌作用机制

PABA 与二氢叶酸合成酶的亲和力比磺胺类药强数千倍以上，使用磺胺类药时，应首剂加倍。脓液或坏死组织中含有大量的 PABA，局部麻醉药普鲁卡因在体内也能水解产生 PABA，它们均能减弱磺胺类药的抗菌作用。

细菌对磺胺类药易产生耐药性，尤其在用量不足时更易发生。磺胺类药之间有交叉耐药性，但与甲氧苄啶或其他抗菌药之间无交叉耐药性。

【不良反应】

1. 泌尿系统损害 用于全身感染的磺胺类药及其乙酰化物，在尿中溶解度较低，易析出结晶，引起结晶尿、血尿、尿痛、尿路阻塞和尿闭等，尿液呈酸性时尤甚。为防止磺胺类药造成肾损害，可采取的措施有：①加服碳酸氢钠碱化尿液，增加磺胺类药及乙酰化物的溶解度。②增加饮水量，降低尿中药物浓度。③定期复查尿液。④老年人、肾功能不良、少尿及休克等患者慎用或禁用。

考点提示

防治磺胺类药引起的肾毒性的措施。

---

2. **血液系统反应** 长期应用磺胺类药可抑制骨髓造血功能，导致白细胞减少症、血小板减少症甚至再生障碍性贫血，发生率极低但可致死。用药期间应定期检查血常规。葡萄糖-6-磷酸脱氢酶缺乏者应用磺胺类药可出现溶血反应，应禁用。

3. **过敏反应** 较多见，可见皮疹、发热等，严重者可出现剥脱性皮炎、多形性红斑等。

4. **神经系统反应** 可见头晕、头痛、乏力、精神不振等。

5. **其他** 可引起恶心、呕吐等，餐后服或同服碳酸氢钠可减轻；可致肝损害甚至肝坏死，肝功能受损者避免使用；对新生儿、早产儿可引起核黄疸，药物也可透入乳汁中，故新生儿、临产妇女及哺乳期妇女禁用。

二、常用磺胺类药

常用磺胺类药的分类、作用特点及临床应用见表 35-2。

表 35-2 常用磺胺类药的分类、作用特点和临床应用

分类	药物	作用特点及应用
治疗全身感染的磺胺类药	磺胺嘧啶（sulfadiazine，SD）	中效磺胺类药，口服易吸收，易透过血脑屏障；是流行性脑脊髓膜炎的首选药之一，还首选用于治疗诺卡菌病，与乙胺嘧啶联合用药治疗弓形虫病
	磺胺甲噁唑（sulfamethoxazole，SMZ，新诺明）	中效磺胺类药，血浆蛋白结合率较高；可用于流行性脑脊髓膜炎的预防，抗菌作用较强，主要与甲氧苄啶合用治疗呼吸道、泌尿道和消化道感染
治疗肠道感染的磺胺类药	柳氮磺吡啶（sulfasalazine，SASP）	口服几乎不吸收，用药后在肠道细菌和碱性条件下分解成磺胺吡啶和5-氨基水杨酸而发挥抗菌、抗炎和免疫抑制作用；口服或灌肠可用于治疗急慢性溃疡性结肠炎、节段性回肠炎
外用的磺胺类药	磺胺米隆（sulfamylon，SML，甲磺灭脓）	抗菌谱广，对金黄色葡萄球菌、铜绿假单胞菌和破伤风梭菌有效，不受脓液、分泌物、坏死组织和PABA的影响；适用于烧伤、外伤创面感染；用药后局部有疼痛及烧灼感
	磺胺嘧啶银（sulfadiazine silver，SD-Ag，烧伤宁）	具有磺胺嘧啶的抗菌作用和银盐的收敛作用，抗菌谱广，对铜绿假单胞菌作用强大；主要用于防治Ⅱ度、Ⅲ度烧伤或烫伤的创面感染；局部有一过性疼痛
	磺胺醋酰（sulfacetamide，SA）	穿透力强，几乎无刺激性；滴眼用于治疗沙眼、结膜炎、角膜炎等

第三节　其他合成类抗菌药

一、甲氧苄啶

甲氧苄啶（trimethoprim，TMP，磺胺增效剂）抗菌谱与磺胺类药相似，抗菌作用机制是

抑制二氢叶酸还原酶，使二氢叶酸不能还原为四氢叶酸，从而阻止细菌核酸的合成。甲氧苄啶单用易产生耐药性，与磺胺类药同用，可使细菌叶酸代谢受到双重阻断，使磺胺类药的抗菌作用增强数倍至数十倍，甚至呈现杀菌作用，并可延缓细菌耐药性的产生。由 TMP 和 SMZ 组成的复方制剂——复方磺胺甲噁唑主要用于呼吸道、泌尿道及肠道感染。甲氧苄啶对伤寒、副伤寒的疗效不低于氨苄西林。

甲氧苄啶对人体毒性小，大剂量长期应用，可影响人体叶酸代谢，出现中性粒细胞减少、巨幼细胞贫血等，应注意查血常规，必要时可用甲酰四氢叶酸钙治疗；可能致畸，故妊娠早期禁用；早产儿、新生儿、哺乳期妇女、骨髓造血功能不全及严重肝、肾功能不全者禁用。

考点提示

磺胺类药与甲氧苄啶联合用药的原因。

二、硝基呋喃类药

硝基呋喃类药抗菌作用机制是通过抑制乙酰辅酶 A，干扰菌体糖代谢而呈现作用。其抗菌谱广，对革兰氏阳性和阴性菌均有效。细菌对硝基呋喃类药不易产生耐药性，硝基呋喃类药与其他抗菌药之间无交叉耐药性。该类药物因毒性较大，血液中药物浓度低，不适用于全身性感染。

硝基呋喃类药的特点及临床应用见表 35-3。

表 35-3 硝基呋喃类药的特点及临床应用

药物名称	特点及临床应用	毒性
呋喃妥因（nitrofurantoin，呋喃坦啶）	口服吸收完全，尿中浓度高；仅用于敏感菌所致的泌尿系统感染，如急性肾炎、膀胱炎、前列腺炎、尿路感染，尿液 pH 为 5.5 时，抗菌作用最佳；棕色代谢产物使尿液变色	较小
呋喃唑酮（furazolidone，痢特灵）	口服吸收少，肠腔浓度高，适用于肠炎、痢疾、伤寒、副伤寒、胃和十二指肠溃疡	小
呋喃西林（furacilin）	因毒性大，仅作表面消毒剂，用于化脓性中耳炎、伤口感染等	大

知识链接

含呋喃唑酮复方制剂在中国停止生产、销售

根据《中华人民共和国药品管理法》第四十二条和《中华人民共和国药品管理法实施条例》第四十条规定，经国家药品监督管理局组织再评价，认为含呋喃唑酮复方制剂存在严重不良反应，在我国使用风险大于获益，决定自 2019 年 2 月 12 日起停止含呋喃唑酮复方制剂在我国的生产、销售和使用，撤销药品批准证明文件。已上市销售的含呋喃唑酮复方制剂由生产企业负责召回，召回工作应于 2019 年 3 月 31 日前完成，召回产品由企业所在地药品监督管理部门监督销毁。所涉及药品包括呋喃苦参黄连素片、二维呋喃唑酮片、复方雪胆呋喃唑酮胶囊等，但呋喃唑酮单方制剂不受影响。

三、硝基咪唑类药

硝基咪唑类药为人工合成的咪唑衍生物，包括甲硝唑、替硝唑、尼莫唑、奥硝唑等。其抗菌作用机制是通过抑制敏感菌的 DNA 合成或使已合成的 DNA 变形、断裂而使细菌死亡，属杀菌剂。常用的硝基咪唑类药见表 35-4。

表 35-4 常用的硝基咪唑类药

药物名称	特点及临床应用	不良反应与注意事项
甲硝唑（metronidazole）	口服或直肠给药后迅速吸收，血浆蛋白结合率<5%，广泛分布于各组织和体液中，能通过血脑屏障；临床广泛用于厌氧菌感染的治疗，如盆腔炎、骨髓炎、中耳炎、口腔感染，也用于治疗肠道和肠外阿米巴病、阴道滴虫病、贾第鞭毛虫病等，常为首选药物	消化道反应最为常见，如恶心、呕吐、食欲缺乏、腹部绞痛，一般不影响治疗；神经系统症状有头痛、眩晕、感觉异常、肢体麻木、共济失调、多发性神经炎等；少数患者可发生荨麻疹、潮红、瘙痒、口中金属味等，停药后可自行恢复
替硝唑（tinidazole）	口服吸收好，半衰期长，口服一次有效血药浓度可维持 72 小时，抗菌活性强于甲硝唑；常用于厌氧菌感染、泌尿生殖道滴虫病、阿米巴病及梨形鞭毛虫病的治疗	不良反应少而轻，偶有恶心、呕吐、食欲下降、皮疹等

第四节 人工合成抗菌药用药护理

人工合成抗菌药用药护理见表 35-5。

表 35-5 人工合成抗菌药用药护理

用药护理程序	用药护理要点
用药前	1. 详细询问患者病史、用药史，明确用药目的 2. 做好心理护理，帮助患者分析感染原因，以防止再感染 3. 合理制订护理程序，喹诺酮类药输注前，应提醒患者适当进食，以减少胃肠道反应 4. 严格掌握适应证及禁忌证，指导患者识别过敏反应症状，一旦出现及时报告
用药中	1. 注意过敏反应、胃肠反应等不良反应 2. 喹诺酮类药静脉滴注时，滴速不可过快；出现静脉炎时应及时更换注射部位；药物可能引起光敏反应，用药期间避免紫外线直射 3. 磺胺类药口服时应首剂加倍，为减轻肾毒性，每日饮水量不少于 2000 ml；注射用磺胺嘧啶钠刺激性强，宜深部肌内注射且远离神经；静脉注射液体浓度应小于 5%，静脉滴注液体浓度约 1%
用药后	1. 针对患者情况，做好相关护理以提高疗效 2. 喹诺酮类药长期应用时应定期监测肝、肾功能 3. 磺胺类用药超过 1 周应注意监测肾功能，久用时定期监测血常规

自 测 题

一、选择题

A_1 型题

1. 喹诺酮类药抗菌作用机制是
   A. 抑制敏感菌二氢叶酸合成酶
   B. 抑制敏感菌二氢叶酸还原酶
   C. 抑制敏感菌 DNA 回旋酶
   D. 破坏细菌细胞壁
   E. 影响敏感菌蛋白质合成

2. 氟喹诺酮类药中可用于结核病的是
   A. 氧氟沙星
   B. 环丙沙星
   C. 诺氟沙星
   D. 培氟沙星
   E. 依诺沙星

3. 小儿禁用喹诺酮类药的原因在于该类药物易引起
   A. 关节病变
   B. 胃肠道反应
   C. 过敏反应
   D. 肝损害
   E. 肾损害

4. 烧伤创面继发铜绿假单胞菌感染宜选用的药物是
   A. 磺胺甲𫫇唑
   B. 磺胺嘧啶
   C. 柳氮磺吡啶
   D. 磺胺嘧啶银
   E. 磺胺醋酰钠

A_2 型题

5. 患者，女，45 岁，突发高热伴寒战，继之出现腹痛、腹泻和里急后重，大便开始为稀便，迅速转变为黏液脓血便，有左下腹压痛及肠鸣音亢进，诊断为急性细菌性痢疾。该患者应选用的控制感染的抗菌药是
   A. 利福平
   B. 诺氟沙星
   C. 红霉素
   D. 氨苄西林
   E. 呋喃妥因

6. 患者，女，48 岁，近一段时间时感阴道瘙痒、分泌物增多，医生诊断为阴道滴虫病。该患者首选药物是
   A. 甲硝唑
   B. 诺氟沙星
   C. 乙胺嘧啶
   D. 乙胺嗪
   E. 呋喃妥因

7. 葡萄糖 -6- 磷酸脱氢酶缺乏的患者使用磺胺甲𫫇唑后发生溶血反应，与此反应有关的因素是
   A. 年龄
   B. 遗传
   C. 病理因素
   D. 过敏体质
   E. 毒性反应

8. 患者，女，43 岁，患肺结核，医生给予抗结核药链霉素治疗，用药 1 个月后患者出现了耳鸣，继而听力丧失。这是患者出现了
   A. 副作用
   B. 继发反应
   C. 后遗作用
   D. 变态反应
   E. 毒性反应

A_3/A_4 型题

（9～12 题共用题干）

患者，女，42 岁，因上呼吸道感染入院，医生给予磺胺嘧啶治疗。

9. 磺胺类药主要不良反应是
    A. 心肌损害　　　　B. 中枢症状　　　　C. 肾损害
    D. 消化道反应　　　E. 过敏反应
10. 出现上述不良反应的主要原因是
    A. 过敏反应　　　　B. 溶血性贫血　　　C. 直接破坏肾单位
    D. 析出结晶损害肾　E. 血尿、尿少、尿闭
11. 该患者同时还可加用的药物是
    A. 维生素 B_6　　　B. 碳酸氢钠　　　　C. 碳酸钙
    D. 维生素 C　　　　E. 氯化铵
12. 加服此药物的目的是
    A. 增强抗菌疗效　　　　　　　B. 加快药物吸收速度
    C. 防止过敏反应　　　　　　　D. 防止药物排泄过快
    E. 使尿偏碱性，增加药物溶解度

二、简答题

1. 简述喹诺酮类药的抗菌作用。
2. 磺胺类药与甲氧苄啶合用有何优点？

三、案例分析

患者，男，48岁，慢性支气管炎急性发作。医生为患者开立复方磺胺甲噁唑（SMZ+TMP）和碳酸氢钠联合应用治疗。

请回答：

1. 医生的用药是否合理？为什么？
2. 护士应如何指导患者减轻药物的不良反应？

（宋红霞）

第三十六章数字资源

第三十六章 抗结核病药

学习目标

1. 解释异烟肼、利福平等一线抗结核病药的作用特点、临床应用和不良反应。
2. 概括其他抗结核病药的主要作用特点、临床应用和不良反应。
3. 说明抗结核病药的应用原则。
4. 能指导患者正确使用抗结核病药并评估药物的治疗效果。
5. 学会监测抗结核病药的不良反应并执行相应的护理措施。
6. 树立正确的护理职业价值观,对患者保持关心和尊重,遵守职业道德和法律法规。

案例 36-1

患者,女,26 岁,近日身感乏力,咳嗽 1 个月余,伴低热、盗汗、痰中带血 1 周,检查发现红细胞沉降率快、痰中结核分枝杆菌阳性,胸部 X 线检查见结核空洞形成,诊断为肺结核。医生给予口服异烟肼 0.3 g、吡嗪酰胺 1.5 g、维生素 B_6 0.5 g,一日 1 次。

问题与思考:
1. 该患者可能会出现哪些不良反应?
2. 维生素 B_6 在治疗中发挥什么作用?

结核病(tuberculosis)是由结核分枝杆菌感染引起的一种慢性传染性疾病,可侵及多个脏器,以肺部受累多见。抗结核病药是能抑制或杀灭结核分枝杆菌的药物。临床将疗效较高、不良反应较少、患者较易耐受的称为一线抗结核病药,包括异烟肼、利福平、乙胺丁醇、吡嗪酰胺和链霉素等;而将毒性较大、疗效较差、主要用于对一线抗结核病药产生耐药性的患者或与其他抗结核病药配伍使用的称为二线抗结核病药,包括对氨基水杨酸、丙硫异烟胺、乙硫异烟胺、卡那霉素、氨硫脲等。此外,近些年又开发研制出了疗效好、不良反应相对较小的新一代抗结核病药,如利福喷汀、利福定和司帕沙星等。

第一节 常用抗结核病药

异烟肼(isoniazid,INH,雷米封)

异烟肼口服吸收迅速而完全,体内分布广泛,易透过血脑屏障和细胞膜,并能渗透到浆膜腔、巨噬细胞、纤维化或干酪样结核病灶中。药物主要在肝内乙酰化代谢失活,有快、慢两种代谢类型,代谢产物及少部分原型药物经肾排泄。

【抗菌作用】异烟肼为窄谱抗菌药,对结核分枝杆菌具有高度选择性。其抗菌作用强,对静止期结核分枝杆菌表现为抑菌作用,而对繁殖期结核分枝杆菌有杀灭作用。异烟肼单用易产生耐药性，宜与其他抗结核病药联用以增强疗效，延缓耐药性的产生。抗菌作用机制是选择性抑制分枝菌酸（分枝杆菌细胞壁特有的成分）的生物合成而使细菌死亡。

【临床应用】目前异烟肼仍是治疗各型结核病的首选药，除早期轻症肺结核或预防用药可单独使用外，均宜与其他一线抗结核病药联合应用。

【不良反应】

1. 周围神经炎　此反应与剂量有关，并多见于营养不良及慢代谢型患者。表现为四肢震颤、麻木，反应迟钝，共济失调，随后出现肌肉萎缩。其原因是异烟肼与维生素 B_6 结构相似，能与维生素 B_6 竞争同一酶系或促进维生素 B_6 的排泄，导致体内维生素 B_6 缺乏。同服维生素 B_6 可防治此反应。

考点提示

预防异烟肼引起的周围神经炎的措施。

2. 中枢神经系统毒性反应　表现为失眠、精神兴奋、神经错乱甚至惊厥等。嗜酒、有精神病及癫痫病史者慎用。

3. 肝毒性　可见氨基转移酶升高、黄疸，甚至肝细胞坏死，多见于 50 岁以上患者、快代谢型患者和嗜酒者，若与利福平合用可增强肝毒性，故用药期间应定期检查肝功能，肝功能不全者慎用。

4. 其他　偶见皮疹、药物热、粒细胞缺乏、血小板减少等。因可抑制乙醇代谢，故用药期间不宜饮酒。

【药物间相互作用】异烟肼是药酶抑制剂，可抑制苯妥英钠和卡马西平在肝的代谢，导致苯妥英钠或卡马西平中毒，在慢代谢型患者中更为多见。

利福平（rifampicin，RFP，甲哌利福霉素）

利福平口服吸收迅速，食物和对氨基水杨酸影响其吸收；体内分布广，穿透力强，能进入细胞、结核空洞、痰液及胎儿体内；脑膜炎时，脑脊液中浓度可达有效治疗浓度；主要经肝代谢，代谢产物可使尿、粪、泪液、痰液和汗液呈橘红色。

【抗菌作用】利福平抗菌谱广，对结核分枝杆菌、麻风分枝杆菌和大多数革兰氏阳性球菌，特别是耐药金黄色葡萄球菌有强大的抗菌作用；对某些革兰氏阴性菌如脑膜炎奈瑟菌、大肠埃希菌、流感嗜血杆菌等也有很强的抗菌作用；大剂量对沙眼衣原体和某些病毒也有抑制作用。其抗菌作用机制是特异性抑制细菌依赖 DNA 的 RNA 多聚酶，阻碍 mRNA 的合成，从而产生抗菌作用，对人和动物细胞内的 RNA 多聚酶无明显影响。利福平单用易产生耐药性，与异烟肼、乙胺丁醇合用有协同作用，并能延缓耐药性的产生。

【临床应用】利福平常与异烟肼、乙胺丁醇等抗结核病药联合治疗各型结核病，包括初治和复治患者及重症患者；可用于耐药金黄色葡萄球菌及其他敏感菌所致的感染，还可用于无症状脑膜炎奈瑟菌带菌者，以消除鼻咽部脑膜炎奈瑟菌；外用治疗沙眼及敏感菌所致的眼部感染；可与氨苯砜等抗麻风病药合用治疗麻风病。

【不良反应】

1. 胃肠道反应　较为常见，表现为恶心、呕吐、腹痛、腹泻等。
2. 肝毒性　少数患者可出现黄疸、氨基转移酶升高、肝大等，与异烟肼合用时较易发生，老年人、营养不良者、慢性肝病患者、酒精中毒者也较易发生。用药期间应定期检查肝功能，严重肝病、胆道阻塞患者禁用。

3. 过敏反应　如皮疹、药热，偶见白细胞和血小板减少等，出现时应立即停药。对利福平过敏者及妊娠期妇女禁用。

4. 其他　大剂量间歇疗法偶见发热、寒战、头痛、全身酸痛等流感样综合征；偶见疲乏、嗜睡、头晕和运动失调等。

【药物相互作用】利福平为药酶诱导剂，如与地高辛、避孕药、抗凝血药、普萘洛尔、维拉帕米、糖皮质激素、酮康唑、氟康唑等合用，可降低后者的疗效。

其他抗结核病药见表 36-1。

表 36-1　其他抗结核病药

药物	作用特点及临床应用	主要不良反应
乙胺丁醇	对细胞内、外结核分枝杆菌均有较强的杀灭作用，对其他细菌无效；常与异烟肼、利福平等合用治疗各种结核病	大剂量可导致球后视神经炎，表现为视力下降、视野缩小、红绿色盲，及时停药可恢复
吡嗪酰胺	抗菌谱窄，对结核分枝杆菌有抑制和杀灭作用，在酸性环境中抗菌作用增强，与利福平和异烟肼合用，有明显协同作用；单用易产生耐药性，常与其他抗结核病药联用，以缩短疗程	长期、大剂量使用可产生严重的肝损害，出现氨基转移酶升高、黄疸甚至肝坏死；可引起高尿酸血症，诱发痛风
链霉素	是第一个有效的抗结核病药，抗结核分枝杆菌作用和穿透力均较异烟肼和利福平弱，主要与其他抗结核病药合用于浸润性肺结核和粟粒性结核等	长期用药耳毒性发生率高
利福喷汀、利福定	抗菌作用和临床应用与利福平相似，抗菌活性分别比利福平强 8 倍和 3 倍以上，与利福平之间有交叉耐药性	不良反应较少
对氨基水杨酸	抗结核分枝杆菌作用弱，穿透力弱，耐药性出现缓慢，与其他抗结核病药合用可增强疗效、延缓耐药性出现	胃肠道反应；代谢产物在尿液中可析出结晶，损害肾；偶见过敏反应、肝损害、血小板或白细胞减少
丙硫异烟胺	抗菌活性弱，穿透力强，与其他抗结核病药联合用于一线药无效者或不耐受其他抗结核病药治疗者	周围神经炎、抑郁、肝损害、胃肠道反应，偶见视力障碍
氧氟沙星	广谱抗菌药，抗结核分枝杆菌作用较一线药弱，无明显肝毒性，临床常将其与其他抗结核病药合用	恶心、呕吐、腹泻、眩晕
左氧氟沙星	抗菌作用是氧氟沙星的 2 倍，其他同氧氟沙星	恶心、呕吐、腹泻、眩晕
司帕沙星	抗结核分枝杆菌作用较左氧氟沙星强，其他同氧氟沙星	恶心、呕吐、腹泻、眩晕

第二节　抗结核病药的应用原则

结核病治疗的目标是治愈个体患者，并将传播结核分枝杆菌给他人的可能性最小化。可通过以下治疗原则来达到目标。

1. **早期用药** 早期病灶内血液循环良好，药物易渗入病灶中，且结核分枝杆菌正处于繁殖期，对药物敏感，此时机体的抗病能力和修复能力也较强，故疗效显著。

2. **联合用药** 联合用药可以延缓耐药性的产生，而且可提高疗效，降低药物毒性。依病情需要，可采用二联或三联甚至四联的治疗方案。通常是在选用异烟肼的基础上加用其他药物如利福平、吡嗪酰胺等。

3. **规律、适量用药** 足够的疗程和剂量是保证疗效和防止复发的关键。若时停时用或中途更换药物或变换用量都可导致结核病治疗的失败，而且易产生耐药性或复发。目前结核病的治疗有短期疗法和长期用药两种。短期疗法适用于单纯性结核病的初治：先给予异烟肼、利福平、吡嗪酰胺联合强化治疗2个月；后期继续给予异烟肼和利福平治疗4个月。长期用药适用于病情较重、机体状况较差或复发者，开始3～6个月选用3种或4种强效药联合用药，控制症状后巩固治疗1～2年。

4. **全程督导治疗** 这是一种治疗和管理结核病患者的现代有效方法，即用药期间患者的病情、用药、复查等都应遵医嘱进行，在全程治疗期间（6个月）均有医务人员指导、监督。这也是当今控制结核病的一项重要策略。

 考点提示

抗结核病药的应用原则。

第三节　抗结核病药用药护理

抗结核病药用药护理见表36-2。

表36-2　抗结核病药用药护理

用药护理程序	用药护理要点
用药前	1. 告知患者结核病是一种顽固的慢性病，应及时、规范、彻底治疗，否则容易导致复发、恶化并产生耐药性，形成难治性结核 2. 掌握联合化疗方案的药物组成、各药物特点和正确的给药方法 3. 告知患者药物可能出现的不良反应 4. 向患者宣传结核病防护的一般知识，让患者掌握自我防护及避免传染他人的方法
用药中	1. 应遵循"早期、联合、规律、适量、全程"的原则 2. 用药期间应注意监测肝功能，不同药物合用时注意调整药物剂量 3. 指导患者正确对待治疗中出现的不良反应，如利福平因代谢产物为橘红色，服药期间汗液、泪液、痰液、唾液、尿、粪可出现颜色异常，这对健康无影响 4. 嘱患者合理饮食、增加营养，增加治疗信心
用药后	1. 做好疗效评价和护理评价 2. 患者在药师、医护人员或家属的监督下服药，保证完成全疗程，达到彻底治疗的效果 3. 嘱患者定期随访，注意监护肝肾功能、血常规、过敏反应等，对患者的病情和用药提供指导，以保证治疗效果

> **思政园地**
>
> **常抓不懈　预防为先**
>
> 　　肺结核是由结核分枝杆菌引发的肺部感染性疾病，主要通过呼吸道传播。
>
> 　　1945年，特效药链霉素的问世，使肺结核不再是不治之症。此后，异烟肼、利福平、乙胺丁醇等药物的相继合成，更令全球肺结核患者的人数大幅减少。但是，近年来，由于不少国家对结核病的忽视，加上人口的增长、流动人口的增加、艾滋病的传播，以及耐药菌株的出现，使肺结核的治疗更为困难。故而对肺结核的防治要常抓不懈，尤其是预防十分重要。
>
> 　　要经常性地对肺结核的防治方法进行科普宣教：①儿童应按时接种卡介苗，增加免疫能力；②对肺结核治疗应有正确的认识，目前肺结核有特效药物治疗；③体育锻炼，增强体质；④痰中带菌者外出应戴口罩，痰菌阳性患者应隔离；⑤饮食要注意，要以高蛋白、糖类、维生素类为主，宜食新鲜蔬菜、水果及豆类，应戒烟禁酒；⑥当有原因不明的低烧、消瘦、乏力、咳嗽、盗汗时，应迅速到医院检查、确诊，在专科医生指导下规律、全程用药，疗程不得短于半年，患者要有足够的耐心。

自　测　题

一、选择题

A_1型题

1. 异烟肼抗结核分枝杆菌的作用机制是
   A. 抑制细菌核酸代谢
   B. 抑制细菌细胞壁的合成
   C. 抑制DNA依赖的RNA聚合酶
   D. 影响细菌细胞膜的通透性
   E. 抑制细菌分枝菌酸合成

2. 中毒后可用等剂量维生素B_6来对抗的抗结核病药是
   A. 利福平　　　　　　　B. 乙胺丁醇　　　　　　C. 异烟肼
   D. 对氨基水杨酸　　　　E. 吡嗪酰胺

3. 下列抗结核病药中可以用于治疗麻风病的是
   A. 链霉素　　　　　　　B. 异烟肼　　　　　　　C. 利福平
   D. 吡嗪酰胺　　　　　　E. 乙胺丁醇

4. 异烟肼与利福平合用易造成
   A. 胃肠道反应加剧　　　B. 肝毒性增强　　　　　C. 中枢损害增强
   D. 过敏反应　　　　　　E. 血液系统损害

A_2型题

5. 患者，男，23岁，2年前出现咳嗽，低热，气喘，胸闷隐痛，盗汗。经X线检查诊断为"肺结核"，给予抗结核病药治疗。用药过程中，合用下列药物可减少耐药性产生的是
   A. 链霉素　　　　　　　B. 乙胺丁醇　　　　　　C. 青霉素

D. 吡嗪酰胺   E. 司帕沙星

A₃/A₄ 型题

（6～8 题共用题干）

患者，女，50 岁，午后发热伴咳嗽、痰中带血 1 周，体检：左肩胛间区有湿啰音，红细胞沉降率 50 mm/h，血白细胞 10.0×10^9/L，胸部 X 线检查示左上肺斑片阴影伴 1 cm × 1 cm 透光区。

6. 该患者最可能的诊断是
   A. 支原体肺炎 B. 肺炎链球菌肺炎 C. 肺结核
   D. 肺真菌病 E. 支气管肺癌
7. 确诊的首选检查是
   A. 胸部 CT B. 胸部磁共振 C. 结核菌素试验
   D. 痰涂片找抗酸杆菌 E. 痰细胞学检查
8. 拟用常规疗法进行治疗，第二阶段持续期可选用
   A. 吡嗪酰胺、利福平、环丝氨酸
   B. 利福平、环丝氨酸、卷曲霉素
   C. 利福平、乙胺丁醇、对氨基水杨酸钠
   D. 异烟肼、利福平、乙胺丁醇
   E. 利福平、利福定、丙硫异烟胺

二、简答题

1. 简述异烟肼的药理作用、临床应用及不良反应。
2. 简述抗结核病药的用药原则。

三、案例分析

患者，女，37 岁，因"咳嗽、痰多 1 个月余"入院。患者 1 个月前受凉后出现咳嗽、咳痰，自行按"感冒"治疗无效，自觉全身乏力、疲倦，午后常出现低热，夜间睡觉出虚汗，发现咳出的痰中带血丝后入院。经痰涂片检查抗酸杆菌阳性（+++），胸部 X 线检查见左肺斑片状模糊阴影，诊断为左肺肺结核。给予异烟肼＋利福平＋链霉素＋吡嗪酰胺四联正规治疗，1 个月后，患者出现头晕、耳鸣。

请回答：

1. 该患者为什么出现头晕、耳鸣？
2. 对该患者出现的症状应如何处理？

（宋红霞）

第三十七章 抗真菌药

学习目标

1. 简述抗真菌药的分类及常用药物的作用特点、临床应用和主要不良反应。
2. 能指导患者正确使用抗真菌药并评估药物的治疗效果。
3. 学会监测抗真菌药的不良反应并执行相应的护理措施。
4. 具有仁爱、严谨的医护精神。

案例 37-1

患者,女,45岁,乳腺癌术后,化疗过程中发现口腔黏膜出现疼痛,并伴有咽喉痛,体温38℃,硬腭黏膜充血并有大量菌斑,经检查后诊断为口腔白念珠菌感染。

问题与思考:
1. 该患者出现白念珠菌感染的主要原因是什么?
2. 该患者当前用何种药物进行治疗?如何做好用药护理?

真菌感染分为浅部真菌感染和深部真菌感染。前者主要由各种癣菌引起,主要侵犯皮肤、毛发、指(趾)甲等,发病率高,复发率高,一般不危及生命,常用灰黄霉素及局部应用的咪唑类药进行治疗。后者多由酵母菌、隐球菌、荚膜组织胞浆菌等引起,主要侵犯内脏器官和深部组织,引起系统感染,虽发病率低,但危害极大,治疗药物有两性霉素B及咪唑类、三唑类抗真菌药等。有些真菌如酵母菌,既能引起浅部真菌感染,又能引起深部真菌感染。近年来,深部真菌感染呈上升趋势,这与长期不合理使用广谱抗生素、免疫抑制药、糖皮质激素和抗恶性肿瘤药有关。

知识链接

真菌与健康

真菌是地球上非常有影响力的真核微生物之一,除了在环境中普遍存在外,许多种真菌被认为是人体不同部位(包括皮肤、肺、泌尿生殖道、口腔和胃肠道)正常菌群的一部分,对人体健康有重要作用。但当免疫系统受损时,共生真菌可转化为侵入性病原体,导致侵入性真菌感染。真菌感染一般分为深部感染和浅部感染两类。深部感染通常由白念珠菌和新型隐球菌引起,主要侵犯机体内脏器官和深部组织,发生率虽低但危害性大,常可危及生命。浅部感染常由各种癣菌引起,主要侵犯皮肤、毛发、指(趾)甲、口腔或阴道黏膜等,引起手足癣、体癣、甲癣、头癣、花斑癣等,发病率高。真菌致病不仅仅局限于急性和慢性感染,研究发现,某些真菌的定植还与胰腺癌进展和酒精性肝硬化有关。因此针对真菌的深入研究已成为各国科研人员的研究热点。

第一节 抗浅部真菌药

克霉唑（clotrimazole，三苯甲咪唑）

克霉唑为人工合成的咪唑类广谱抗真菌药，口服吸收差，可用于治疗表皮癣菌及念珠菌感染引起的浅表真菌病。克霉唑毒性较大，局部用药不良反应少见，对皮肤真菌作用较强，但对头癣无效，对深部真菌作用不及两性霉素 B。因其毒性较大，故仅供局部用药，主要用于治疗体癣、手足癣和耳道、阴道真菌感染。其口含片可用于治疗鹅口疮，栓剂用于治疗念珠菌引起的阴道炎。

灰黄霉素（griseofulvin）

灰黄霉素是从灰黄霉菌液中提取的非多烯类抗生素。灰黄霉素为脂溶性，口服不易吸收，进食脂肪类食物或将其微粉化有利于吸收；分布以皮肤、脂肪、毛发等组织含量高，能渗入并贮存在皮肤角质层、毛发及指（趾）甲角质内，从而抵御真菌继续入侵；主要经肝代谢，经肾排泄，半衰期长。

【抗菌作用与临床应用】灰黄霉素抗菌谱窄，对表皮癣菌、小孢子菌和毛癣菌等皮肤癣菌均有较强的抑制作用，但对深部真菌和细菌无效。抗菌作用机制主要是干扰真菌 DNA 的合成，抑制真菌生长。

灰黄霉素主要用于头癣、甲癣、体癣等各种癣菌，疗效良好，但容易复发，复发后再治疗仍然有效。

【不良反应】灰黄霉素不良反应较多但不严重，常见的有恶心、呕吐、腹泻等消化道反应及头痛、眩晕、嗜睡等中枢反应；偶见白细胞减少等；大剂量应用对动物有致癌、致畸作用，因此孕妇、哺乳期妇女禁用。

其他抗浅部真菌药见表 37-1。

表 37-1 其他抗浅部真菌药

药物	特点	临床应用	不良反应
特比萘芬（terbinafine）	常作为二线药使用	手癣、足癣、体癣、股癣和甲癣	胃肠道反应
咪康唑（miconazole）	广谱抗真菌药	涂抹给药治疗阴道、皮肤或指（趾）甲的真菌感染	血栓性静脉炎、恶心、呕吐及超敏反应

第二节 抗深部真菌药

两性霉素 B（amphotericin B）

两性霉素 B 为多烯类广谱抗真菌药，对多种深部真菌具有良好的抗菌活性，对多种深部真菌如新型隐球菌、白念珠菌、粗球孢子菌、荚膜组织胞浆菌等有较强抑菌作用，高浓度有杀菌作用，已成为抗严重真菌感染的首选药之一，但因其毒性大，临床应用受到一定限制。

【体内过程】两性霉素 B 口服及肌内注射均难吸收，临床常采用静脉给药；90%～95% 的药物与血浆蛋白结合,不易透过血脑屏障;主要在肝内代谢,代谢产物在体内消除缓慢,经尿液缓慢排出,停药数周后,仍可在尿中检出。

【抗菌作用】两性霉素 B 为广谱抗真菌药,对多种深部真菌,如对球孢子菌、荚膜组织胞浆菌、新型隐球菌、白念珠菌、孢子丝菌、芽生菌等有较强的抑菌作用,高浓度可以杀菌。两性霉素 B 可以选择性地与真菌细胞膜中的麦角固醇结合,从而改变真菌细胞膜的通透性,导致细胞内重要物质如氨基酸、电解质等外漏而使真菌生长停止或死亡。细菌的细胞膜不含麦角固醇,故其对细菌无效。

【临床应用】两性霉素 B 主要用于治疗深部真菌感染性,静脉滴注给药可用于各种真菌性肺炎、脑膜炎、心内膜炎等;因其不易透过血脑屏障,治疗真菌性脑膜炎时,静脉给药外还需鞘内注射给药,以提高疗效;口服给药时可用于肠道真菌感染,局部应用可治疗皮肤、指甲及黏膜等浅表部位的真菌感染。

【不良反应】两性霉素 B 不良反应较多。

1. 一般反应　静脉滴注时可引起寒战、高热、头痛、恶心、呕吐等,还可导致血压下降、眩晕及血栓性静脉炎等。
2. 肾毒性　呈剂量依赖型,几乎见于所有患者,表现为尿检可见红细胞、白细胞、蛋白质,血中尿素氮及肌酐升高。
3. 血液系统毒性反应　可发生红细胞性贫血,血小板减少等。
4. 心血管系统反应　静脉滴注过快可引起心动过速、心室颤动或心搏骤停。
5. 神经系统毒性　鞘内注射可引起严重头痛、发热、颈项强直、下肢疼痛等。
6. 其他　还可致低血钾、肝功能及肾功能损害、听力损害等。

考点提示

两性霉素 B 的药理作用、临床应用及不良反应。

氟胞嘧啶（flucytosine）

氟胞嘧啶为人工合成的嘧啶类抗真菌药,由于穿透力强,口服吸收好,体内分布广泛,能透过血脑屏障,也可分布到关节腔、腹腔、房水中。抗菌作用机制是氟胞嘧啶进入真菌细胞内,在胞嘧啶脱氨酶的作用下转变成 5-氟尿嘧啶,干扰真菌核酸及蛋白质的合成。氟胞嘧啶主要产生抑菌作用,高浓度有杀菌作用,对隐球菌、念珠菌和拟酵母菌等抗菌活性高,主要用于隐球菌和念珠菌感染,尤其对隐球菌性脑膜炎疗效较好。因其易产生耐药性,故不主张单独使用,常与两性霉素 B 合用产生协同效应。

氟胞嘧啶不良反应较少,主要为胃肠道反应,表现为恶心、呕吐、腹泻等;另有皮疹、发热、血清氨基转移酶升高、骨髓抑制作用,表现为白细胞、血小板减少,剂量过大可致肝损害,用药期间应注意定期检查血常规、肝肾功能等。孕妇禁用。

其他抗深部真菌药见表 37-2。

表 37-2　其他抗深部真菌药

药物	特点	临床应用	不良反应
制霉菌素（nystatin）	常作为二线药使用	口腔、皮肤、黏膜真菌感染	胃肠道反应
伏立康唑（voriconazole）	对耐两性霉素 B 的真菌深部感染有治疗作用	广谱抗真菌药	胃肠道反应

第三节 抗浅部、深部真菌药

酮康唑（ketoconazole）

酮康唑为第一个口服的广谱抗真菌药，属咪唑类抗真菌药，口服后可有效治疗深部、皮下及浅表真菌感染。药物吸收后可渗透至皮肤的角质层，对多种浅部、深部真菌有强大的抗菌活性，也可局部用药治疗表浅部真菌感染。酮康唑口服生物利用度个体差异较大，由于酮康唑是二碱化合物，溶解和吸收都需要足够的胃酸，故与食品、抗酸药或抑制胃酸分泌的药物同服可降低酮康唑的生物利用度。酮康唑不易透过血脑屏障，$t_{1/2}$ 约为 8 小时。

酮康唑常用于治疗多种浅部和深部真菌感染，效果相当于或优于两性霉素 B，也可用于真菌性败血症、肺炎等；对免疫功能低下和真菌性脑膜炎患者效果不佳。不良反应较多，常见恶心、呕吐等胃肠道反应，也有头晕、嗜睡、皮疹、畏光等，偶见肝毒性，严重者可引起肝衰竭；极少数人发生内分泌异常，常表现为男性乳房发育，可能与其抑制睾酮和肾上腺皮质激素合成有关，也可导致女性月经紊乱等。

氟康唑（fluconazole）

氟康唑属三唑类广谱抗真菌药，具有高效、低毒的特点。氟康唑口服吸收良好，生物利用度达 95%；口服或静脉给药后，药物可广泛分布到各组织和体液，对正常和炎症脑膜有强大穿透力，脑脊液药物浓度高达血药浓度的 50%~60%；大部分药物以原型经肾排泄。氟康唑体内抗真菌活性强度是酮康唑的 10~20 倍，对白念珠菌、新型隐球菌、皮炎芽生菌、荚膜组织胞浆菌及多种皮肤癣菌抗菌作用均较显著。

氟康唑主要用于治疗新型隐球菌和酵母菌引起的脑膜炎及艾滋病患者口腔、消化道酵母菌感染；治疗各种皮肤癣和甲癣；还可预防器官移植、白细胞减少、白血病等患者出现的真菌感染。药物不良反应少，常见恶心、腹痛、腹胀、腹泻等胃肠道反应，偶见脱发、一过性尿素氮、氨基转移酶升高及肌酸酐。因氟康唑可致胎儿缺陷，孕妇及哺乳期妇女禁用，儿童及对咪唑类药过敏者禁用。

考点提示

氟康唑的抗菌作用和临床应用。

其他抗浅部、深部真菌药见表 37-3。

表 37-3 其他抗浅部、深部真菌药

药物	特点	临床应用	不良反应
伊曲康唑（itraconazole）	体外抗真菌活性较酮康唑强 5~100 倍	浅表、皮下及深部真菌感染	胃肠道反应、头晕、皮肤瘙痒、低血钾、水肿
卡泊芬净（caspofungin）	棘白菌素类广谱抗真菌药	治疗念珠菌败血症和念珠菌感染	胃肠道反应

第四节 抗真菌药用药护理

抗真菌药用药护理见表 37-4。

表 37-4 抗真菌药用药护理

用药护理程序	用药护理要点
用药前	1. 明确患者用药目的，区分真菌感染的类型 2. 掌握患者身体状况，深部真菌感染者多有恶病质，应做好护理评估 3. 了解用药史，浅部真菌感染大多有反复用药史，应注意不盲目使用药物
用药中	1. 深部真菌感染需要全身给药，药物不良反应多且严重，注意给药时的滴注速度、时间间隔和配制要求等 2. 治疗深部真菌感染用药期间，应密切监测心电图、肝肾功能及血常规、电解质变化等情况 3. 用药期间应定期进行血钾、血常规、尿常规、肾功能和心电图检查。两性霉素 B 应用 5% 葡萄糖注射液稀释，临用时配制。静脉滴注前加用解热镇痛抗炎药和抗组胺药，滴注液中加一定量的氢化可的松或地塞米松，并加强监护，以防严重不良反应的发生 4. 加强营养，增强机体抵抗力 5. 外用药治疗期间，如局部出现红斑、水疱及瘙痒，常为过敏反应，应立即停药，进行抗过敏处理
用药后	1. 浅部真菌感染不易根治，深部真菌感染预后较差，应合理制订疗效观察和评估程序 2. 注意强毒性药物的急救与处理，如两性霉素 B 过量，可给予碳酸氢钠碱化尿液，加快药物排泄；酮康唑、氟康唑过量，无特效解毒药，可根据情况对症治疗

思政园地

医患协力　共克耐药

传统上，抗菌耐药性计划排除抗真菌药，因此真菌作为公共卫生的威胁被广泛忽视。真菌和细菌之间的生物学差异也使真菌与现有紧急抗菌耐药性（AMR）计划的整合变得复杂。然而，新出现的 AMR 问题在生命各个领域都存在，且耐药微生物之间存在许多相似之处。广谱抗菌药（例如 β-内酰胺类、头孢菌素类、碳青霉烯类、喹诺酮类和大环内酯类）的广泛使用通过清除易感基因而深刻影响细菌群落，其中最适合的菌株可以继续在全球范围内广泛传播。这一进化过程的各个方面都反映在整个真菌界，所有病原真菌都可以通过适应药物选择压力而获得耐药性。随着真菌感染发病率的升高，耐药菌株不断增加，应引起广大临床医生的高度重视。实践证明，抗真菌药的合理使用，包括给药剂量、疗程、交替使用或联合应用等都对控制耐药菌是有效的，也是值得进一步研究的课题。对于广大医务人员来说，最根本的就是把本职工作做好，坚持敢字为先、干字当头，始终秉承"好看病、看病好、病看好"理念，服务和保障好广大患者，交出无愧于时代、无愧于人民的满意答卷。

自　测　题

一、选择题

A₂ 型题

1. 患儿，男，7 月龄，口腔黏膜出现白色块状物 5 天，诊断为鹅口疮，合理的处理措施是
   - A. 克霉唑局部涂抹
   - B. 氟康唑口服
   - C. 咪康唑口服
   - D. 制霉菌素局部涂抹
   - E. 酮康唑局部涂抹

2. 患者，女，54岁，脚趾间痒，反复起水疱和脱皮，微生物检查有癣菌。该患者不宜用
   A. 酮康唑	B. 制霉菌素	C. 碘苷
   D. 咪康唑	E. 氟康唑
3. 患者，男，32岁，艾滋病患者，出现消化道、口腔酵母菌感染，宜用的药物是
   A. 多黏菌素	B. 伊曲康唑	C. 氟康唑
   D. 酮康唑	E. 四环素
4. 某患者口腔内有乳白色隆起的斑块，似奶酪样，并伴有口腔干燥、烧灼感，诊断为鹅口疮。该患者可选用的药物是
   A. 两性霉素B	B. 灰黄霉素	C. 益康唑
   D. 利巴韦林	E. 氟胞嘧啶

A_3/A_4型题

（5～7题共用题干）

患者，女，58岁，糖尿病合并皮肤感染，长期服用四环素，咽部曾出现白色薄膜，但未注意，近来因消化不良，腹泻就诊，怀疑为"白念珠菌病"。

5. 治疗白念珠菌病宜选用的药物是
   A. 灰黄霉素	B. 制霉菌素	C. 两性霉素B
   D. 阿昔洛韦	E. 利巴韦林
6. 所选用药物推荐使用的给药方法是
   A. 肌内注射	B. 静脉注射	C. 口服给药
   D. 阴道给药	E. 直肠给药
7. 所选用药物的抗真菌作用机制为
   A. 改变真菌细胞膜的通透性	B. 抑制核酸的合成
   C. 抑制叶酸的合成	D. 抑制真菌细胞的蛋白质合成
   E. 抑制真菌细胞壁的合成

二、简答题

1. 试述氟康唑的临床应用。
2. 试述两性霉素B的作用机制及作用特点。

三、案例分析

患者，男，57岁，行"左窝腹膜外同种异体移植术"，手术顺利，术后给予抗生素抗感染和止血、抑酸、补液支持及免疫抑制治疗。患者突然出现体温升高，白细胞升高，CT检查双侧上肺可见斑片影，一度呼吸衰竭，查出真菌孢子。医生诊断为术后肾功能恢复延迟并发侵袭性肺曲霉病。患者入住ICU，给予镇静、气管插管、呼吸机辅助呼吸，氟康唑、磺胺类药抗感染，乌司他丁抑制炎症，静脉及肠内营养，常规血液透析治疗。治疗过程中临床药生建议停用氟康唑，采用伏立康唑。患者用药后各体征逐渐恢复正常。

请回答：
1. 临床药生建议换用伏立康唑而非两性霉素B治疗的药理依据是什么？
2. 治疗系统性真菌感染的常用药物及其临床应用、主要不良反应有哪些？

（甄昌霖）

第三十八章数字资源

第三十八章 抗病毒药

学习目标

1. 简述常用抗病毒药的作用特点及临床应用。
2. 说出抗人类免疫缺陷病毒药的分类及代表药。
3. 能指导患者正确使用抗病毒药并评估药物的治疗效果。
4. 学会监测抗病毒药的不良反应并执行相应的护理措施。
5. 具有团结互助、仁爱严谨的医护精神。

案例 38-1

患者，女，47 岁，左季肋区烧灼样疼痛 5 天，加重 3 天，伴有对应部位皮肤出现成串水疱。查体：体温 37.2℃，脉搏 69 次/分，呼吸 21 次/分，血压 121/68 mmHg；左季肋区可见自腰背部沿肋间神经至上腹部呈带状分布的疱疹，未超过正中线，疱疹无糜烂、结痂。诊断为带状疱疹。用药过程：阿昔洛韦每次 0.2 g，每 4 小时一次，连用 10 天；阿昔洛韦乳剂局部涂抹。

问题与思考：

1. 该治疗方案是否合理？
2. 如何对该患者做好用药护理？

病毒包括 DNA 病毒和 RNA 病毒，是最简单的微生物，没有完整的细胞结构。病毒的增殖过程包括吸附、穿入与脱壳、复制及组装、成熟与释放几个阶段。病毒本身缺乏细胞器及完整的酶系统，首先吸附并穿入宿主细胞内，依赖宿主提供能量及代谢必需物质才能生长繁殖，根据基因组提供的遗传信息，进行病毒的生物合成，病毒颗粒经组装、成熟以后从宿主细胞内释放。理想的抗病毒药应选择性作用于病毒而对宿主细胞没有损伤，但由于病毒主要寄生在宿主细胞内并利用宿主细胞的代谢系统完成增殖，因此，目前应用的抗病毒药对宿主细胞都有较大的毒性。另外，病毒种类繁多且变异迅速，使病毒易产生耐药性，抗病毒药治疗常不能取得满意的疗效。根据药物的抗病毒谱不同，可将抗病毒药分为广谱抗病毒药、抗呼吸道病毒药、抗疱疹病毒药、抗肝炎病毒药和抗人类免疫缺陷病毒药等。

第一节 常用抗病毒药

一、广谱抗病毒药

干扰素（interferon，IFN）

干扰素是机体细胞在受到病毒感染时，病毒诱导机体细胞产生的，具有抗病毒、抗肿瘤、抑制细胞增生和调节免疫作用的糖蛋白，包括 IFN-α、IFN-β 和 IFN-γ 三种。IFN-α、

IFN-β抗病毒及抗增生作用较强，可刺激免疫细胞产生细胞毒作用，而IFN-γ抗病毒作用弱，但免疫调节作用明显。

【药理作用与临床应用】干扰素为广谱抗病毒药，在病毒感染的各个阶段都有一定的作用，其机制是激活宿主细胞产生抗病毒蛋白，对病毒穿透细胞膜过程、脱壳、mRNA合成、蛋白翻译后修饰、病毒颗粒组装和释放均可产生抑制作用。临床常用的干扰素是通过基因重组技术获取的IFN-α。IFN-α口服不吸收，可经局部滴鼻、滴眼、皮下或肌内注射给药。

干扰素主要用于治疗急性病毒感染性疾病，如流感、慢性（乙型、丙型、丁型）肝炎、流行性腮腺炎、乙型脑炎及疱疹病毒感染。

【不良反应】干扰素常见不良反应有发热、恶心、呕吐、倦怠、头痛等类流感样症状，连续用药后多可以自行缓解；肌内注射局部可出现硬结；偶有可逆性骨髓抑制、肝功能异常；大剂量长期使用可引起共济失调、精神失常。孕妇禁用。

考点提示

干扰素的药理作用和临床应用。

其他广谱抗病毒药见表38-1。

表38-1 其他广谱抗病毒药

药物	特点	临床应用	不良反应
转移因子（transferfactor）	从健康人白细胞提取的一种核苷肽，无抗原性	先天性和获得性免疫缺陷病、病毒感染、霉菌感染和肿瘤等的辅助治疗	注射部位疼痛、硬结及全身发热反应，个别患者可出现风疹样皮疹
聚胞苷酸（polycytidylicacid）	干扰素诱导剂，在体内诱导产生内源性干扰素，从而发挥抗病毒和免疫调节作用	局部给药用于治疗疱疹性角膜炎、带状疱疹和扁平苔藓；滴鼻给药用于预防流感；肌内注射用于流行性出血热、乙型脑炎、病毒性肝炎	可致超敏反应。孕妇禁用

二、抗呼吸道病毒药

金刚烷胺（amantadine）

金刚烷胺口服易吸收，体内分布广，主要以原型经尿液排泄。作用机制是在病毒复制早期，阻止RNA病毒进入宿主细胞，且干扰病毒脱壳和核酸释放过程。金刚烷胺可特异性抑制甲型流感病毒，大剂量也抑制乙型流感病毒、风疹病毒。临床主要用于防治甲型流感病毒感染，还可用于帕金森病的防治。不良反应有恶心、头晕、焦虑、失眠、注意力不集中及共济失调等，癫痫患者、幼儿、妊娠期及哺乳期妇女禁用。

其他抗呼吸道病毒药见表38-2。

表38-2 其他抗呼吸道病毒药

药物	特点	临床应用	不良反应
金刚乙胺（transferfactor）	对抗甲型流感病毒的作用优于金刚烷胺	流感的预防和早期治疗	胃肠道反应

续表

药物	特点	临床应用	不良反应
奥司他韦（oseltamivir）	强效的选择性流感病毒神经氨酸酶抑制药	目前治疗流感的常用药物之一，也是抗禽流感甲型 H_1N_1 病毒安全有效的药物之一	恶心、呕吐、腹泻、头晕、疲劳、鼻塞、咽痛、咳嗽等

三、抗疱疹病毒药

阿昔洛韦（aciclovir）

阿昔洛韦属于人工合成的嘌呤核苷类衍生物，广谱的抗病毒药，是目前临床应用最多的抗疱疹病毒药物。阿昔洛韦口服吸收差，但体内分布广，易透过血脑屏障。该药作用机制是抑制病毒 DNA 多聚酶，阻断病毒 DNA 合成。阿昔洛韦对单纯疱疹病毒（Ⅰ型和Ⅱ型）作用最强，是单纯疱疹病毒感染的首选药；对水痘-带状疱疹病毒、EB 病毒的作用稍弱，对巨细胞病毒作用差，对乙型肝炎病毒也有抑制作用。阿昔洛韦局部应用可治疗单纯疱疹、带状疱疹、疱疹性角膜炎；口服或静脉注射可治疗生殖器疱疹、单纯疱疹脑炎等。常见不良反应为胃肠功能紊乱、头痛、药疹，静脉给药可引起静脉炎，严重不良反应为急性肾衰竭。

 考点提示

阿昔洛韦的药理作用和临床应用。

阿糖腺苷（vidarabine）

阿糖腺苷属于腺嘌呤核苷衍生物，对多种病毒均有抑制作用，主要用于单纯疱疹病毒引起的感染、免疫缺陷合并带状疱疹病毒感染及慢性乙型肝炎，对巨细胞病毒无效。临床静脉滴注可用于治疗单纯疱疹病毒性脑炎、新生儿疱疹及水痘-带状疱疹的感染。不良反应有恶心、呕吐、腹泻、眩晕和体重减轻，也可致白细胞减少、血小板减少等。肝、肾功能不全及孕妇禁用。

其他抗疱疹病毒药见表 38-3。

表 38-3 其他抗疱疹病毒药

药物	特点	临床应用	不良反应
伐昔洛韦（valaciclovir）	口服后可迅速转化为阿昔洛韦，克服了阿昔洛韦口服生物利用低的缺点	原发性或复发性生殖器疱疹、带状疱疹及频发性生殖器疱疹	急性肾衰竭
更昔洛韦（ganciclovir）	对单纯疱疹病毒及水痘-带状疱疹病毒的作用与阿昔洛韦相似	艾滋病、器官移植、恶性肿瘤时严重的病毒感染性肺炎、肠炎及视网膜炎	骨髓抑制

四、抗肝炎病毒药

抗肝炎病毒药主要用于乙型肝炎、丙型肝炎的治疗，常用药物有干扰素、利巴韦林、拉米夫定及阿德福韦酯等。

阿德福韦酯（adefovir dipivoxil）

阿德福韦酯是一种无环腺嘌呤核苷同系物，口服后被体内酯酶水解，在细胞内被转化为具有抗病毒活性的二磷酸盐，抑制乙型肝炎病毒 DNA 多聚酶（逆转录酶）产生抗病毒作用，改善肝组织炎症。阿德福韦酯与拉米夫定无交叉耐药性，两者合用可治疗慢性乙型肝炎，适用于乙型肝炎表面抗原（HBsAg）和乙型肝炎病毒脱氧核糖核酸（HBV DNA）阳性、谷丙转氨酶（GPT）增高的慢性乙型肝炎患者。常见不良反应为乏力、白细胞减少、腹泻、脱发、尿蛋白异常等。

五、抗人类免疫缺陷病毒药

人类免疫缺陷病毒（HIV）于 1981 年在美国被首次发现。1986 年世界卫生组织将该病毒命名为人类免疫缺陷病毒。HIV 是一种逆转录病毒，分为 HIV-1 和 HIV-2 两型。HIV 入侵机体后会攻击人类免疫系统，造成其功能缺陷。抗 HIV 药主要通过抑制逆转录酶或 HIV 蛋白酶发挥作用，包括核苷类逆转录酶抑制药、非核苷类逆转录酶抑制药和 HIV 蛋白酶抑制药。

（一）核苷类逆转录酶抑制药

齐多夫定（zidovudine）

齐多夫定属于核苷类逆转录酶抑制药，口服吸收快，可通过血脑屏障，是第一个用于抗 HIV 的药物，能竞争性抑制 HIV 逆转录酶，终止 DNA 链的延长，阻止病毒复制，既可以对抗 HIV-1，又可以对抗 HIV-2，是治疗艾滋病的首选药。齐多夫定口服或静脉给药可用于艾滋病及艾滋病相关综合征。常见的不良反应有头痛、恶心、呕吐、牙龈出血等，部分患者可出现骨髓抑制，偶有贫血、中性粒细胞减少及胃肠道反应等，剂量过大可引起焦虑、精神错乱等神经系统症状。肝功能不全者慎用，妊娠期、哺乳期妇女禁用。

拉米夫定（Lamivudine）

拉米夫定是核苷类逆转录酶抑制药，可抑制 DNA 聚合酶，使 DNA 链的延长终止，从而抑制病毒 DNA 的复制，用于慢性乙型肝炎及艾滋病的辅助治疗，也可与其他核苷类逆转录酶抑制药如齐多夫定合用治疗 HIV 感染。不良反应有头痛、失眠、疲劳、腹泻等。

（二）非核苷类逆转录酶抑制药

奈韦拉平（nevirapine）

奈韦拉平属于非核苷类逆转录酶抑制药，对 HIV-1 的抑制作用强，对 HIV-2 没有抑制作用，通过 HIV 逆转录酶的活性中心结合，阻断逆转录酶活性，抑制 HIV 的复制。奈韦拉平常与其他抗逆转录病毒药合用治疗 HIV-1 成人和儿童患者。最常见的有药疹、发热、疲劳、头痛、失眠、恶心。

（三）蛋白酶抑制药（PI）

蛋白酶抑制药常用药物有印地那韦（indinavir，DV）、利托那韦（ritonavir，RTV）、奈非那韦（nelfinavir，NFV）。

利托那韦（ritonavir）

利托那韦属于 HIV 蛋白酶抑制药。HIV 蛋白酶是在传染性 HIV 中发现的使病毒聚合蛋白前体裂解成单个功能蛋白的一种酶。利托那韦通过抑制 HIV 蛋白酶活性，阻断了病毒聚合蛋白裂解，导致不成熟的非传染性病毒颗粒形成，阻止 HIV 传播。利托那韦与核苷类逆转录酶抑制药合用可治疗晚期或非进行性的艾滋病患者，即鸡尾酒疗法。不良反应有过敏反应、诱发癫痫、支气管痉挛、脂肪重新分布等。

第二节　抗病毒药用药护理

抗病毒药用药护理见表 38-4。

表 38-4　抗病毒药用药护理

用药护理程序	用药护理要点
用药前	1. 了解患者病史、用药史，明确用药目的 2. 做好心理护理，使患者解除对治疗的疑虑，增强治疗信心 3. 合理制订护理程序，嘱咐患者坚持按时用药 4. 因病毒感染有传染性，需注意疾病的预防和患者的隔离
用药中	1. 静脉注射抗病毒药时要选择较大血管，防止静脉炎 2. 口服抗病毒药应在就餐时服用，减少胃肠道反应 3. 阿糖腺苷静脉滴注时，要定时摇动输液瓶，防止发生沉淀；对水肿患者尤其脑水肿患者，要调整滴速，使滴速 < 30 滴 / 分
用药后	1. 观察用药效果，做好用药宣教 2. 阿昔洛韦用药后注意口腔卫生，预防牙龈增生；服药后嘱患者大量饮水，以减少肾损害 3. 外用药使用 1 周无效者应再次就医

自　测　题

一、选择题

A_2 型题

1. 某地区突然暴发甲型流感，在其附近居住的居民可选择的用于甲型流感治疗和预防的药物是

　　A. 金刚烷胺　　　　　B. 阿昔洛韦　　　　　C. 齐多夫定
　　D. 阿德福韦酯　　　　E. 拉米夫定

2. 患者，男，45 岁，检查发现 GPT 异常升高入院。其兄有乙型肝炎病毒相关性肝硬化病史。实验室检查显示：GPT 水平显著高于正常值。血清学检查显示：乙型肝炎表面抗原（HBsAg）阳性（+），乙型肝炎 e 抗原阳性（HBeAg）（+），乙型肝炎 e 抗体（HBeAb）阴性（−）。诊断为乙型肝炎。该患者可用的治疗药物为

　　A. 拉米夫定　　　　　B. 头孢噻肟　　　　　C. 两性霉素 B
　　D. 阿昔洛韦　　　　　E. 金刚烷胺

3. 患儿，男，6 岁，口腔黏膜、牙龈、舌及口唇周围皮肤黏膜充血，并出现成簇小水疱，诊断为急性疱疹性口腔炎。治疗该病的首选药物为

　　A. 阿昔洛韦　　　　　B. 利巴韦林　　　　　C. 金刚烷胺
　　D. 酮康唑　　　　　　E. 灰黄霉素

A₃/A₄ 型题

（4～6题共用题干）

患儿，男，10岁，因发热3天，皮疹4天入院。入院查体：体温38.2℃，面部、躯干、四肢皮肤均见淡红色斑疹，部分皮疹中央部有似露珠样小水疱，面部、胸背部有抓痕。疱疹刮片查到多核巨细胞。诊断为水痘。

4. 全身给药首选抗病毒药为
   A. 碘苷 B. 齐多夫定 C. 阿德福韦酯
   D. 金刚烷胺 E. 阿昔洛韦

5. 患者目前不主张使用的药物是
   A. 干扰素-α B. 维生素C C. 氯苯那敏
   D. 地塞米松 E. 阿昔洛韦

6. 结合本病例，以下叙述不正确的是
   A. 可使用阿司匹林退热
   B. 继发感染时可使用抗菌药
   C. 给予足够的水分和易消化食物
   D. 水痘免疫球蛋白对已经发病的患者无意义
   E. 瘙痒明显时可局部使用止痒药

二、简答题

1. 简述常用抗病毒药金刚烷胺及阿昔洛韦的主要临床应用。
2. 简述临床可用于治疗流感的药物及其特点。

三、案例分析

患者，女，32岁，患有慢性乙型肝炎，服用拉米夫定治疗2年，最近到医院体检发现HBeAg和HBeAb呈阳性，血清胆红素及谷丙转氨酶平偏高，于是医生建议改用阿德福韦酯片进行治疗。

请回答：
1. 简述抗肝炎病毒药的种类及其作用机制。
2. 改用阿德福韦酯片治疗的原因是什么？

（甄昌霖）

第三十九章数字资源

第三十九章 消毒防腐药

学习目标

1. 说出消毒防腐药的主要分类。
2. 概括常用消毒防腐药的作用特点、临床应用及注意事项。
3. 能根据临床需求正确选择消毒防腐药。
4. 具有严谨的工作态度和以患者为中心的服务理念。

案例 39-1

患者，男，18 岁，不慎着凉，出现发热、头痛等症状。体温 38.5℃，选用乙醇物理降温。
问题与思考：
1. 应选用何种浓度的乙醇，为什么？
2. 不同浓度的乙醇应用有何差异？

消毒药是指能够杀灭病原微生物的药物，防腐药是指能抑制病原微生物生长繁殖的药物。二者之间没有严格的界限，较低浓度的消毒药具有防腐作用，较高浓度的防腐药具有消毒作用，故统称为消毒防腐药。

常用的消毒防腐药根据化学结构可分为醇类、醛类、酚类、酸类、氧化剂、表面活性剂、卤素类、染料类、重金属盐类等。

第一节 常用消毒防腐药

一、醇类

醇类消毒防腐药对细菌作用最强，能杀灭常见致病菌，但对细菌芽孢无效；对病毒效果差，但对肝炎病毒有灭活作用；对真菌不稳定。常用醇类消毒防腐药见表 39-1。

表 39-1 常用醇类消毒防腐药

药物名称	作用与应用	注意事项
乙醇（alcohol，酒精）	具有使蛋白质脱水变性等作用。75% 溶液杀菌力最强，主要用于皮肤、器械消毒；20%～30% 溶液用于物理降温	乙醇对组织有较强刺激性，不宜用于伤口破损的表皮及黏膜的消毒，可引起严重疼痛。使用时应注意环境安全及保质期限
苯氧乙醇（phenomenology）	对铜绿假单胞菌有强大杀灭作用。1%～2% 溶液或乳剂治疗烧伤、烫伤及其他皮肤铜绿假单胞菌感染	如果出现皮肤瘙痒、灼热、刺痛等症状需要及时停用

二、醛类

醛类消毒防腐药能杀灭细菌、真菌、芽孢及病毒。常用醛类消毒防腐药见表39-2。

表39-2 常用醛类消毒防腐药

药物名称	作用与应用	注意事项
甲醛（formaldehyde）	40%甲醛溶液又称福尔马林。2%甲醛溶液用于器械消毒；10%甲醛溶液可用于固定生物标本和保存疫苗；每立方米取甲醛1～2 ml加等量水，加热蒸发，可用于房屋消毒；牙科用甲醛配成干髓剂，填充牙髓，使其失活	挥发性强，其气体对黏膜和呼吸道有强烈刺激性，液体可使皮肤角质化。务必严格按照浓度使用，避免吸收中毒
戊二醛（guttural）	作用较甲醛强。1%溶液用于体癣；2%溶液用于内镜等不能加热的器械的消毒；5%～10%溶液用于寻常疣（面部除外）；10%～20%溶液用于甲癣	有刺激性，不宜用于黏膜。储存温度不宜超过40℃

三、酚类

酚类消毒防腐药对细菌、真菌有效，对芽孢和病毒无效。常用酚类消毒防腐药见表39-3。

表39-3 常用酚类消毒防腐药

药物名称	作用与应用	注意事项
苯酚（phenol）	0.5%～1%水溶液或2%软膏用于皮肤止痒；1%～2%甘油溶液用于中耳炎；3%～5%水溶液用于手术器械和房屋的消毒	高浓度对皮肤、黏膜有腐蚀作用，避免应用于损伤的皮肤和伤口
甲酚（resole）	抗菌作用较苯酚强3～10倍，腐蚀性及毒性均较小。2%溶液用于皮肤、橡胶手套消毒；3%～5%溶液用于消毒器械；5%～15%溶液用于环境及排泄物消毒	有臭味，不能用于食具和厨房的消毒

四、酸类

常用酸类消毒防腐药见表39-4。

表39-4 常用酸类消毒防腐药

药物名称	作用与应用	注意事项
过氧乙酸（peracetic acid）	0.04%溶液喷雾或熏蒸用于环境消毒；0.1%～0.2%溶液用于皮肤消毒；0.3%～0.5%溶液用于器械浸泡消毒；1%溶液用于衣物、被单消毒	对金属及织物有腐蚀性，消毒后应及时冲洗干净；遇火易燃且性质不稳定，易挥发，需现用现配
硼酸（boric acid）	1%～2%溶液可用作清洁剂，冲洗眼、口腔、阴道、膀胱等；4%溶液用于外耳道真菌感染；5%～10%软膏用于皮肤及黏膜感染	吸收后可发生急性中毒，因在体内排泄缓慢，反复应用可导致慢性中毒

五、氧化剂

常用氧化剂消毒防腐药见表39-5。

表 39-5　常用氧化剂消毒防腐药

药物名称	作用与应用	注意事项
过氧化氢（hydrogen peroxide，双氧水）	1%溶液用于口腔含漱或滴耳；3%溶液用于冲洗创面、松动痂皮，尤其是厌氧菌感染的伤口；3%～6%溶液用于医疗物品的消毒	高浓度对皮肤、黏膜有刺激性灼伤，形成疼痛性"白痂"。反复漱口可出现舌头肥厚，停药后可恢复
高锰酸钾（potassium permanganate）	0.0125%溶液用于阴道冲洗或坐浴；0.01%溶液用于足癣浸泡；0.02%溶液用于口腔科冲洗；0.1%溶液用于处理蛇咬伤口；0.1%～0.5%溶液用于膀胱及创面清洗	热水能使其失效，配制时用凉开水。久放后变色说明失效，需现用现配

六、表面活性剂

常用表面活性剂消毒防腐药见表39-6。

表 39-6　常用表面活性剂消毒防腐药

药物名称	作用与应用	注意事项
氯己定（chlorhexidine，洗必泰）	0.01%溶液用于眼药水防腐剂；0.02%溶液用于手术前浸泡洗手消毒；0.05%溶液用于滴耳或冲洗伤口；0.1%溶液用于器械消毒；0.5%醇溶液用于手术部位皮肤消毒	忌与肥皂、洗衣粉等合用；高温时易分解
苯扎溴铵（benzalkonium bromide，新洁尔灭）	0.01%～0.05%溶液用于黏膜和创面消毒；0.05%～0.1%溶液用于外科手术前浸泡洗手；0.1%溶液用于器械消毒	低温时可能出现浑浊或沉淀，可置于温水中加温后使用

七、卤素类

常用卤素类消毒防腐药见表39-7。

表 39-7　常用卤素类消毒防腐药

药物名称	作用与应用	注意事项
碘伏（iodophor）	0.05%溶液用于冲洗伤口黏膜和阴道黏膜；0.5%～2%溶液用于手术部位皮肤消毒；5%～10%溶液用于治疗烫伤	应避光密闭保存，对碘过敏者慎用
含氯石灰（chlorinated lime，漂白粉）	0.5%溶液用于非金属用具和无色衣物消毒；1%～3%溶液用于厕所、浴室等环境消毒；1∶5的干粉用于排泄物消毒；每1L水加入本品16～32 mg，用于饮水消毒	应避光密闭保存，禁用于金属制品和有色织物，需现用现配

八、染料类

甲紫（methyl violet，龙胆紫）

甲紫对 G^+ 菌、念珠菌等真菌有杀灭作用，对铜绿假单胞菌有效；也有收敛作用，且无刺激性和毒性。1%～2% 溶液可用于皮肤、黏膜细菌或真菌感染，也可用于小面积烧伤。

九、重金属盐类

汞溴红（merbromin）、硝酸银（silver nitrate）

此类药物由于毒性大，加之对环境污染带来公害，现已较少应用，日趋由其他药物替代。

十、其他类

环氧乙烷（ethylene oxide）

环氧乙烷是一种广谱、高效的气体杀菌消毒剂，临床主要用于器械、仪器、被服、装备、敷料、塑料及橡胶制品、书籍、包装材料的消毒。此药对眼、呼吸道有刺激；大量吸入可致急性中毒；与空气混合后易燃易爆，储存和使用均须严密防火。

> **知识链接**
>
> **化学消毒灭菌法**
>
> 使用化学药物杀灭微生物的方法称为化学消毒灭菌法，是利用液体或气体的化学药物渗透到菌体内，使菌体蛋白凝固变性，细菌酶失去活性，导致其代谢障碍而死亡；或破坏细胞膜结构，改变其通透性，导致细胞膜破裂、溶解，达到消毒灭菌的目的。化学消毒剂的使用方法有浸泡法、擦拭法、喷雾法、熏蒸法等。

 考点提示

常用消毒防腐药的分类及其代表药的作用与临床应用。

第二节　消毒防腐药用药护理

消毒防腐药用药护理见表 39-8。

表 39-8　消毒防腐药用药护理

用药护理程序	用药护理要点
用药前	1. 根据患者不同部位及不同病原体，选择合适的药物 2. 根据不同物品的性能及各种微生物的特性，选择恰当的药物 3. 对钢制品有腐蚀性的药物，使用前应加入 0.5% 亚硝酸钠防锈 4. 严格掌握消毒防腐药的有效浓度、使用方法及消毒时间

用药护理程序	用药护理要点
用药中	1. 一般不将纱布、棉球等物放置于消毒药液中，以免降低消毒效力 2. 需要消毒的物品或组织应先进行充分机械性清洁，清除物品或组织表面的有机物，使消毒药能够充分发挥作用
用药后	1. 注意观察患者状态，一旦出现过敏反应或中毒反应，及时报告医生并对症处理 2. 消毒剂应定期检测储存环境及保质期，调整浓度

自 测 题

一、选择题

A_1 型题

1. 下述药物中不属于消毒防腐药的是
   A. 过氧乙酸　　　　B. 甲紫　　　　C. 氨茶碱
   D. 戊二醛　　　　　E. 氯己定
2. 下列关于乙醇的叙述错误的是
   A. 具有脱水与凝固蛋白作用　　　B. 70% 浓度杀菌力最强
   C. 对芽孢有作用　　　　　　　　D. 可用作皮肤消毒剂
   E. 对皮肤和黏膜有刺激性
3. 表面活性剂对下列病原体作用较强的是
   A. G^+ 菌　　　　B. G^- 菌　　　　C. 芽孢
   D. 霉菌　　　　　E. 真菌
4. 下列病原体应用苯酚无效的是
   A. G^+ 菌　　　　B. G^- 菌
   C. 结核分枝杆菌　　D. 病毒
   E. 真菌

A_2 型题

5. 患者，女，62 岁，3 天前洗澡时不慎受凉，后出现发热、头痛。患者选用乙醇物理降温，其浓度应为
   A. 95%　　　　B. 75%　　　　C. 60%
   D. 30%　　　　E. 15%
6. 患者，男，38 岁，左下肢不慎被镰刀割伤，送至医院，拟行伤口清创、缝合。以下消毒剂用于预防厌氧菌感染的是
   A. 75% 乙醇　　　B. 3% 过氧化氢　　　C. 碘伏
   D. 甲紫　　　　　E. 5% 硼酸

A_3/A_4 型题

（7～8 题共用题干）
患者，男，28 岁，于工地工作时，不慎从高处摔落，被钢筋穿透腹部，送至医院。
7. 该患者经检查后，发现脾破裂，需马上行脾切除术。患者术野皮肤消毒应选用的消毒

剂是

  A. 醇类   B. 酚类   C. 氧化剂
  D. 表面活性剂   E. 烷化剂

8. 该患者为乙型肝炎患者，术后器械消毒应使用的消毒剂是

  A. 环氧乙烷   B. 戊二醛   C. 过氧乙酸
  D. 甲醛   E. 2.5% 碘酒

二、简答题

1. 何为消毒防腐药？消毒防腐药根据结构可分为哪几类？
2. 乙醇不同浓度时的用途有何不同？

三、案例分析

患者，女，24岁，护工，8小时前使用环氧乙烷进行房间熏蒸消毒，不小心皮肤接触环氧乙烷溶液，未做及时处理，后接触部位出现红肿、灼烧感等症状，2小时前出现头痛、恶心、呕吐等。初步诊断为环氧乙烷中毒。

请回答：

1. 该患者应如何治疗和护理？
2. 使用环氧乙烷时应注意哪些事项？

（杨雅迪）

第四十章数字资源

第四十章 抗菌药的合理应用

学习目标

1. 说明抗菌药合理应用的基本原则。
2. 简述抗菌药联合应用的目的与适应证。
3. 分析联合用药中抗菌药的相互作用。
4. 能运用所学知识协助医生评价、完善药物治疗方案。
5. 具有科学严谨的工作作风和严肃认真的工作态度，以及合理用药意识。

案例 40-1

患者，男，30岁，高热，腹泻，诊断为细菌性痢疾，医嘱给予庆大霉素和头孢唑林等药物治疗。患者用药1周后腹泻症状加剧，经检查诊断为假膜性肠炎。

问题与思考：
1. 患者出现假膜性肠炎的原因是什么？
2. 假膜性肠炎应如何治疗？

第一节 抗菌药临床应用的基本原则

抗菌药的应用涉及临床各个科室，合理应用抗菌药是提高疗效、降低不良反应发生率及减少或延缓细菌耐药性发生的关键。

一、严格掌握用药指征

根据患者的症状、体征、实验室检查或放射、超声等影像学结果，诊断为细菌、真菌感染者方有指征应用抗菌药；由结核分枝杆菌、非结核分枝杆菌、支原体、衣原体、螺旋体、立克次体及部分原虫等病原微生物所致的感染也有指征应用抗菌药。缺乏细菌及上述病原微生物感染的临床或实验室证据使诊断不能成立者，以及病毒感染者，均无应用抗菌药指征。

二、重视病原学检查

抗菌药品种的选用，原则上应根据病原菌种类及病原菌对抗菌药敏感性，即细菌药物敏感试验的结果而定。因此有条件的医疗机构，对于临床诊断为细菌感染的患者应在开始抗菌治疗前，及时留取相应合格标本送病原学检测，以尽早明确病原菌和药物敏感试验结果，并据此调整抗菌药治疗方案。

三、合理制订抗菌药治疗方案

对于临床诊断为细菌感染的患者，在未获知病原学检测及药物敏感试验结果前，可根据患者的情况推测可能的病原体，先给予抗菌药经验治疗。待获知病原学检测及药物敏感试验结果后，结合先前的治疗效果调整用药方案。应根据病原菌、感染部位、感染严重程度和患者的生理、病理情况及抗菌药的药效学和药动学证据制订抗菌治疗方案，包括抗菌药的选用品种、剂量、给药次数、给药途径、疗程及联合用药等。在治疗过程中，应仔细观察将会出现的药效和不良反应，随时根据病情调整用药方案。

四、根据患者生理、病理特点选药

患者的生理、病理及免疫状况可影响药物的作用，不同的患者使用抗菌药应有所不同。对妊娠期或哺乳期妇女，应避免使用可能致畸的药物或影响婴幼儿健康的药物；婴幼儿因肝肾功能尚未发育成熟，老人因肝肾功能已减退，可导致药物在体内蓄积，应调整用药剂量及给药间隔；有药物过敏史的患者应禁用易发生过敏反应的药物；肝肾功能不全的患者应避免使用主要在肝代谢和经肾排泄的药物，必须使用时应减少剂量并缩短用药时程。

五、严格控制抗菌药的预防应用

据统计，抗菌药特别是抗生素预防应用的比例较大，占30%～40%，实际上有效者仅限于少数情况，应严格掌握抗菌药预防应用的适应证。如为了防止结肠术后感染，术前可口服氨基糖苷类抗生素或甲硝唑以杀灭肠道细菌；为了防止风湿热发作，适用于风湿性心脏病儿童或成人经常发生链球菌咽部感染者，常用苄星青霉素或普鲁卡因青霉素；常用青霉素G预防复杂外伤或战伤引起的气性坏疽；用1%硝酸银或红霉素给新生儿滴眼，预防沙眼衣原体或淋病奈瑟菌引起的眼炎；如接触过流行性脑脊髓膜炎、结核病或白喉患者而无免疫力者，宜用相应药物预防。下列情况下不宜常规预防应用抗菌药：普通感冒、麻疹、水痘等病毒感染性疾病；昏迷、休克、中毒、心力衰竭、肿瘤、应用肾上腺皮质激素的患者等。

 考点提示

抗菌药临床应用的基本原则。

知识链接

抗菌药分级管理制度

一、分级原则

1. 非限制使用级药物（一线药物） 安全、有效，对病原菌耐药性影响较小，价格相对较低的抗菌药。

2. 限制使用级药物（二线药物） 安全、有效，对病原菌耐药性影响较大，或者价格相对较高的抗菌药。

3. 特殊使用级药物（三线药物） 具有明显或者严重不良反应，不宜随意使用的；易使病原菌过快产生耐药性的；在适应证、疗效或安全性方面尚需进一步考证的、价格昂贵的抗菌药。

二、使用原则

1. 非限制使用级药物 所有医师均可以根据病情需要选用。

2. 限制使用级药物 根据病情需要，由主治及主治以上医师签名方可使用。

3. 特殊使用级药物 必须严格掌握用药指征，需经过相关专家讨论，由副主任、主任医师签名方可使用。紧急情况下未经会诊同意或需越级使用者，处方量不超过1日用量。

对轻度与局部感染患者应首先选用非限制使用级药物进行治疗；严重感染、免疫功能低下者合并感染或病原菌只对限制使用级或特殊使用级药物敏感时，可选用限制使用级或特殊使用级药物治疗。

第二节 抗菌药的联合应用

治疗细菌感染通常用一种抗菌药，但有时必须用两种或多种抗菌药联合治疗。

一、联合用药目的

联合用药的目的是利用药物的协同作用提高疗效，减少用药剂量，从而降低不良反应如耐药性及毒性反应的发生。

 考点提示

抗菌药联合用药的目的。

二、联合用药的适应证

联合用药的适应证主要有：①不明病原体的严重感染，为扩大抗菌范围，可选联合用药，待细菌诊断明确后调整用药；②单一抗菌药不能控制的严重感染，如腹腔穿孔所致的腹膜炎；③长期单一用药易产生耐药性的感染，如结核病、慢性骨髓炎。

三、联合用药中药物的相互作用

在体外或动物试验中证明，抗菌药联合应用时，可发生协同（增强）、拮抗、相加、无关四种效果。

抗菌药依其作用可分为四大类：第一类为繁殖期杀菌药，如β-内酰胺类；第二类为静止期杀菌药，如氨基糖苷类；第三类为速效抑菌药，如四环素类、大环内酯类；第四类为慢效抑菌药，如磺胺类。

第一类和第二类合用产生协同作用，因繁殖期杀菌药破坏细胞壁的完整性，有助于静止期杀菌药进入细胞内发挥作用；第一类与第三类合用产生拮抗作用，因速效抑菌药使细菌处于静止状态，不利于繁殖期杀菌药发挥作用；第一类与第四类合用产生无关或相加作用，因慢效抑菌药对繁殖期杀菌药不会产生明显影响；第二类和第三类合用产生相加或协同作用；第三类和第四类合用也可产生相加作用。

此外，作用机制相同的同一类药合用时，疗效并不增强，反而可能增加毒性，如氨基糖苷类彼此间不能合用。作用机制相似的药物合用时，相互竞争靶位而出现拮抗作用，如大环内酯类与林可霉素类、氯霉素等。

第四十章 抗菌药的合理应用

> **思政园地**
>
> **遏制耐药　维护健康**
>
> 　　世界卫生组织（WHO）自 2015 年开始，将每年 11 月的第三周定为"世界提高抗微生物药物认识周"，旨在提高全球对微生物耐药问题的认识。我国对微生物耐药工作也非常重视，国家卫生健康委员会等 13 部门联合制定了《遏制微生物耐药国家行动计划（2022—2025 年）》，坚持预防为主、防治结合、综合施策的原则，聚焦微生物耐药存在的突出问题，创新体制机制和工作模式，有效控制人类和动物源主要病原微生物耐药形势。
>
> 　　在推广抗微生物药合理使用的过程中，医务工作者需要在全社会加强宣传教育，在工作中提高医疗服务质量和加强自律等多个方面努力，才能共建和谐医疗环境，让抗微生物药发挥最大的治疗效果，为维护人类健康做出努力。

自　测　题

一、选择题

A₁ 型题

1. 下列不需要预防性使用抗生素的是
   A. 阑尾炎　　　　　　B. 胆囊炎　　　　　　C. 胰腺炎
   D. 甲状腺腺瘤　　　　E. 开放性骨折
2. 妊娠及哺乳期妇女可选用的抗菌药是
   A. 磺胺类药　　　　　B. 四环素类药　　　　C. 氯霉素
   D. 青霉素　　　　　　E. 喹诺酮类药
3. 下列情况有抗菌药联合应用指征的是
   A. 慢性支气管炎急性发作
   B. 病原菌尚未明确的严重细菌感染
   C. 急性肾盂肾炎
   D. 急性细菌性肺炎
   E. 急性肠炎
4. 下列叙述错误的是
   A. 繁殖期杀菌药与静止期杀菌药合用可增强疗效
   B. 作用机制相同者合用可产生协同作用
   C. 繁殖期杀菌药与速效抑菌药合用会降低抗菌效果
   D. 青霉素与庆大霉素合用抗菌谱扩大
   E. 静止期杀菌药与速效抑菌药合用可产生协同作用
5. 下列不需要联合应用抗菌药的是
   A. 一般感染但患者有免疫缺陷
   B. 致病菌未明确的严重感染
   C. 单一抗菌药不能有效控制的严重感染
   D. 单一抗菌药不能有效控制的混合感染
   E. 长期应用容易产生耐药性者

二、简答题

1. 简述抗菌药合理应用的原则。
2. 简述抗菌药联合应用的目的。

三、案例分析

患者，男，25岁，因患急性上呼吸道感染，发热、咳嗽，医生开出处方如下：
Rp.
  阿莫西林胶囊 0.25 g × 48
  Sig. 0.5 g   p.o. q.i.d.
  罗红霉素片   0.15 g × 12
  Sig. 0.15 g   p.o. b.i.d.
请回答：
该处方是否合理？理由是什么？

（杨雅迪）

第四十一章 抗寄生虫药

学习目标

1. 列举各期疟疾的防治选药，简述常用抗疟药的作用特点和主要不良反应。
2. 说出常用抗肠蠕虫药的临床应用及注意事项。
3. 说出抗阿米巴药、抗滴虫药、抗血吸虫药和抗丝虫药的常用药物。
4. 能指导患者正确使用抗寄生虫药并评估药物的治疗效果。
5. 学会监测抗寄生虫药的不良反应并执行相应的护理措施。
6. 具有人文关怀精神和诚实守信、敬业爱岗的职业道德。

案例 41-1

患者，男，35岁，2周前曾到南方某县出差，1周前出现畏寒、寒战、高热，隔天发作一次，退热后正常，经检查诊断为疟疾，给予氯喹、伯氨喹治疗，2天后症状得到控制。患者继续服用药物，出现腰背部疼痛，排酱油色尿，尿量减少。

问题与思考：

1. 该患者在应用氯喹、伯氨喹后出现酱油色尿的原因是什么？
2. 应该如何对该患者进行用药护理？

第一节 抗疟药

疟疾是由疟原虫感染引起的经按蚊传播的一种流行于热带、亚热带的传染性疾病。致病的疟原虫有间日疟原虫、三日疟原虫、恶性疟原虫和卵形疟原虫，分别引起间日疟、三日疟、恶性疟和卵形疟，其中恶性疟发病急且症状严重。抗疟药（antimalarial drugs）是防治疟疾的重要手段，但目前恶性疟原虫的耐药性日趋普遍，使临床治疗面临诸多挑战。

一、疟原虫的生活史

寄生于人体的疟原虫有四种，分别是间日疟原虫、卵形疟原虫、三日疟原虫和恶性疟原虫。间日疟原虫和卵形疟原虫均引起间日疟，即每48小时发作一次；三日疟原虫引起三日疟，每72小时发作一次；恶性疟原虫引起恶性疟，每48小时发作一次或呈弛张热，严重者可引起死亡。其中间日疟、三日疟又称为良性疟。四种疟原虫的生活史基本相同，均包括蚊体内的有性生殖阶段和人体内的无性生殖阶段。

（一）蚊体内的有性生殖阶段

疟原虫侵入人体红细胞内的裂殖子经3～5代裂殖生殖后，部分分化为雌、雄配子体，按蚊在吸血时，雌、雄配子体随血液进入蚊体内结合，形成合子。合子在蚊体内进一步发育产生子孢子，并移行至唾液腺内，通过吸血再次传染人，引起传播与流行。能抑制雌、雄配子体在蚊体内发育的药物，则有控制疟疾传播和流行的作用，如乙胺嘧啶。

（二）人体内的无性生殖阶段

1. **原发性红细胞外期** 受疟原虫感染的按蚊叮咬人体，按蚊唾液中的子孢子即进入血液，侵入肝实质细胞开始其红细胞前期发育和裂殖生殖。经过 10～14 日，生成大量裂殖子，裂殖子破坏肝细胞后进入红细胞。因此期不发生症状，故称为疟疾的潜伏期。影响此期的药物可起病因预防作用，如乙胺嘧啶。

2. **红细胞内期** 原发性红细胞外期在肝细胞内生成的大量裂殖子破坏肝细胞而进入血液循环。裂殖子侵入红细胞经小滋养体、大滋养体发育成裂殖体，并破坏红细胞，释放出大量裂殖子及其代谢产物，同时红细胞破坏产生大量变性蛋白刺激机体，引起寒战、高热等症状，即疟疾发作。从红细胞内逸出的裂殖子又可侵入红细胞内发育成裂殖体，如此反复循环，每完成一个无性生殖周期，引起一次症状发作。不同的疟原虫完成无性生殖周期所需时间不同：恶性疟 36～48 小时，间日疟 48 小时，三日疟 72 小时。对此期疟原虫有杀灭作用的药物可控制症状发作，也可作为预防用药，如氯喹、奎宁、青蒿素。

3. **继发性红细胞外期** 间日疟原虫和卵形疟原虫的子孢子在遗传学上有速发型和迟发型两个类型。侵入肝细胞后，速发型子孢子只需约 8 天时间的原发性红细胞外期后，即全部由肝细胞释放，进入红细胞内期；而迟发型子孢子则可能在数月甚至 1 年的时间内缓慢或暂不发育，称休眠子，经 4～6 个月后，才陆续开始并完成其红细胞外期裂体增殖，并向血液释放裂殖子，成为间日疟复发的根源。能影响继发性红细胞外期的药物，有防止复发的作用，如伯氨喹。

二、抗疟药的作用环节

1. **主要用于控制症状的药物** 代表药有氯喹、奎宁、青蒿素等，能杀灭红细胞内期的裂殖体，控制症状发作。

2. **主要用于控制传播和防止复发的药物** 代表药为伯氨喹，能杀灭肝细胞中的休眠子，控制疟疾的复发，并能杀灭配子体，控制疟疾传播。

3. **主要用于病因预防的药物** 代表药为乙胺嘧啶，能杀灭红细胞外期的子孢子，发挥病因预防作用。

三、常用抗疟药

（一）主要用于控制症状的药物

氯喹（chloroquine）

【体内过程】氯喹口服吸收快而完全，血药浓度达峰时间为 1～2 小时；广泛分布于全身组织，在肝、脾、肾、肺组织中的浓度常达血浆浓度的 200～700 倍，红细胞内的浓度比血浆浓度高 10～20 倍，而在被疟原虫入侵的红细胞内的浓度又比在正常红细胞内高出 25 倍；肝内代谢，其代谢产物去乙基氯喹也能呈现部分抗疟作用，70% 氯喹以原型经肾排泄，半衰期可达 2～3 日，药物作用时间长，后遗效应甚至可持续数周或数月。

【药理作用与临床应用】

1. **抗疟作用** 氯喹主要通过抑制疟原虫对血红蛋白的消化，作用于血红素的处置，减少疟原虫生存必需氨基酸的获取而发挥抗疟作用，对各种疟原虫的红细胞内期裂殖体均有杀灭作用，多数病例在用药后能迅速有效地控制临床发作。其特点是起效快、疗效高、作用持久。通常用药后 24～48 小时内临床症状消退，48～72 小时血中疟原虫消失。氯喹也能预防性抑制疟疾症状发作，在进入疫区前 1 周和离开疫区后 4 周期间，每周服药 1 次即可。但氯喹对子孢子、休眠子和配子体无效，不能用于病因预防及控制远期复活和传播。

2. 抗肠道外阿米巴病作用　氯喹在肝组织内分布的浓度比血药浓度高数百倍，能杀灭阿米巴滋养体，故对阿米巴肝脓肿有效。临床上用于对甲硝唑无效或禁忌的阿米巴肝脓肿患者，但因其对阿米巴痢疾无效，故一般要合用肠道抗阿米巴药。

3. 免疫抑制作用　大剂量氯喹能抑制免疫反应，偶尔用于类风湿性关节炎、红斑狼疮等自身免疫病。

【不良反应】氯喹在常规剂量时不良反应少且轻微，主要有恶心、呕吐、头晕、皮疹等；大剂量、长疗程用药可引起视网膜病；大剂量或快速静脉给药可导致血压下降，甚至发生致死性心律失常。

青蒿素（artemisinin）

青蒿素是我国首先研制成功的抗疟疾新药，是从黄花蒿中提取的一种倍半萜内酯类过氧化物。

【体内过程】青蒿素口服吸收迅速，1小时内血药浓度达高峰；易透过血脑屏障，在红细胞内的浓度低于血浆中的浓度；代谢与排泄速度较快，维持有效血药浓度时间短，24小时可排出84%的药物，难以完全杀灭疟原虫，停药后复发率较高。

【药理作用与临床应用】青蒿素对各种疟原虫的红细胞内期裂殖体有快速杀灭作用，对红细胞外期疟原虫无效。临床主要用于治疗耐氯喹或耐多药的恶性疟，因可透过血脑屏障，对脑型疟的抢救效果较好。青蒿素治疗疟疾有一定的复发率，可与伯氨喹合用。

【不良反应】青蒿素不良反应罕见，已报道的有一过性心脏传导阻滞、血白细胞减少和短暂的发热。

知识链接

屠呦呦与青蒿素

屠呦呦，药学家，1930年出生于浙江宁波，1951年考入北京大学，在医学院药学系生药专业学习。屠呦呦1955年开始从事中药和中西药结合研究，1969年，领导课题组从系统收集整理历代医籍、本草、民间方药入手，在收集2000余方药基础上，对青蒿抗疟进行发掘研究。1972年，屠呦呦和她的同事在青蒿中提取到了一种分子式为$C_{15}H_{22}O_5$的无色结晶体，命名为青蒿素，1973年合成了双氢青蒿素。鉴于屠呦呦在抗疟疾领域开展的深入研究并取得了突破性的成果，对防治疟疾做出了革命性的贡献，挽救了无数性命并推动了全球疟疾防治工作的发展，2015年10月，屠呦呦获得诺贝尔生理学或医学奖。这是中国科学家因为在中国本土进行的科学研究而首次获诺贝尔科学奖，屠呦呦是中国第一位诺贝尔生理学或医学奖获得者。

其他主要用于控制症状的抗疟药见表41-1。

表41-1　其他主要用于控制症状的抗疟药

药物名称	作用特点	临床应用	不良反应
奎宁（quinine）	对各种疟原虫红细胞内期裂殖体有杀灭作用，能控制临床症状，但疗效不及氯喹	主要用于耐氯喹或耐多药的恶性疟，尤其是脑型疟	金鸡纳反应、心血管反应、特异质反应等

续表

药物名称	作用特点	临床应用	不良反应
甲氟喹（mefloquine）	能有效杀灭红细胞内期裂殖体	主要用于耐氯喹或耐多药的恶性疟，与长效磺胺类药和乙胺嘧啶合用可增强疗效、延缓耐药性的发生	中枢神经系统反应、胃肠道反应
咯萘啶（malaridine）	对各种疟原虫红细胞内期裂殖体有杀灭作用，对耐氯喹的恶性疟也有效	可用于治疗各种类型的疟疾	较轻微，偶尔出现食欲减退、恶心、头晕、皮疹等

（二）主要用于控制传播和防止复发的药物

伯氨喹（primaquine）

【体内过程】伯氨喹口服后迅速从胃肠道吸收，给药12小时可达到血药浓度峰值；体内分布广泛；在肝内快速代谢，极少数以原型通过肾排出。

【药理作用与临床应用】伯氨喹对间日疟和卵形疟红细胞外期迟发型子孢子（休眠子）有较强的杀灭作用，与氯喹合用能根治间日疟；能杀灭各种疟原虫的配子体，阻止疟疾传播；对红细胞内期疟原虫无效。临床用于阻止间日疟复发，中断疟疾传播。

【不良反应】伯氨喹毒性较大，治疗量可出现头晕、恶心、呕吐、腹痛、发绀等，停药后可消失；当大剂量（超过60 mg/d）使用时上述症状加重；少数葡萄糖-6-磷酸脱氢酶缺乏的特异质者，可发生严重的急性溶血性贫血和高铁血红蛋白血症。

（三）主要用于病因预防的药物

乙胺嘧啶（pyrimethamine）

【体内过程】乙胺嘧啶口服吸收慢但完全，血浆蛋白结合率达80%～90%，通过肝代谢，缓慢随尿液排出，半衰期长达4天，服药一次有效血药浓度可维持2周。

【药理作用与临床应用】乙胺嘧啶对恶性疟和间日疟的原发性红细胞外期有抑制作用，常用作病因预防，作用持久，服药一次，预防作用可维持1周以上；对红细胞内期的未成熟裂殖体也有抑制作用，对已成熟的裂殖体则无效，故常需在用药后的第2个无性增殖期才能显效，症状控制作用起效缓慢；含药血液随配子体被雌按蚊吸入后，能阻止配子体在蚊体内形成子孢子，起控制传播的作用。

【不良反应】乙胺嘧啶治疗量时基本上不发生不良反应，偶可引起皮疹；长期大剂量服用时，可干扰人体叶酸代谢而引起巨幼细胞贫血、粒细胞减少等，需停药或用甲酰四氢叶酸治疗；过量可引起急性中毒，可危及生命。

磺胺类和砜类

磺胺类和砜类能竞争性抑制二氢叶酸合成酶，从而抑制疟原虫二氢叶酸的合成。单用时效果较差，仅抑制红细胞内期，对红细胞外期无效。临床主要用于耐氯喹的恶性疟，与乙胺嘧啶或甲氧苄啶（TMP）等合用，可产生双重阻断作用而增强疗效。临床常用的药物有磺胺多辛和氨苯砜。

第二节 抗阿米巴药和抗滴虫药

一、抗阿米巴药

阿米巴病是由溶组织内阿米巴原虫引起的。溶组织内阿米巴原虫有两种形态：包囊和滋养体。人经口感染阿米巴包囊，在肠腔内脱囊后释放出小滋养体。小滋养体在回盲部与肠道菌丛共生，在一定条件下侵入肠壁，成为大滋养体，因破坏肠组织而引起阿米巴痢疾，也可随肠壁血液或淋巴迁移至肠外组织（肝、肺、脑等）而引起肠外阿米巴病。在宿主环境不适时，滋养体转变为包囊，随粪便排出体外，是其传播的根源。阿米巴病根据感染部位的不同可分为肠内感染和肠外感染。肠内感染可表现为急、慢性阿米巴痢疾，肠外感染则以阿米巴肝脓肿常见。

甲硝唑（metronidazole，灭滴灵）

【体内过程】甲硝唑口服吸收迅速，1～3小时血药浓度达峰值，生物利用度95%以上；体内分布广，可通过胎盘屏障和血脑屏障；主要在肝内代谢，代谢产物和原型药主要经肾排泄，也可经乳汁排泄。

【药理作用与临床应用】

1. 抗阿米巴作用　甲硝唑对肠内外阿米巴滋养体有强大的杀灭作用，但对肠内阿米巴原虫和包囊作用弱，无肠道原虫根治作用，可用于治疗急性阿米巴痢疾与肠外阿米巴感染，效果显著。

2. 抗阴道滴虫作用　甲硝唑对阴道毛滴虫有强大的杀灭作用，对阴道正常菌群无影响，是阴道毛滴虫感染治疗的首选药。

3. 抗厌氧菌作用　甲硝唑对革兰氏阴性和革兰氏阳性厌氧菌有较强杀灭作用，尤其是对脆弱拟杆菌感染最为敏感，常用于各种厌氧菌引起的产后盆腔炎、败血症和骨髓炎等的治疗。

4. 抗贾第鞭毛虫作用　甲硝唑是目前治疗贾第鞭毛虫病最有效的药物，治愈率均在90%以上。

【不良反应】甲硝唑治疗量时不良反应少，可见恶心、呕吐等消化道反应，停药可恢复。甲硝唑可干扰乙醛代谢，导致急性乙醛中毒，故服药期间和停药后不久，应严格禁止饮酒。孕妇禁用。

 考点提示

甲硝唑的药理作用与临床应用。

其他常用抗阿米巴药见表41-2。

表41-2　其他常用抗阿米巴药

药物名称	作用特点	临床应用	不良反应
依米丁（emetine，吐根碱）和去氢依米丁（dehydroemetine）	对溶组织内阿米巴滋养体有直接杀灭作用	用于甲硝唑治疗无效或禁用的急性阿米巴痢疾与阿米巴肝脓肿	毒性大，不良反应有心脏毒性、神经肌肉阻滞作用、局部刺激和胃肠道反应

药物名称	作用特点	临床应用	不良反应
二氯尼特（diloxanide）	目前最有效的杀包囊药	单用对无症状的排包囊者有效，也可用于治疗慢性阿米巴痢疾	不良反应轻，大剂量可致流产
氯喹（chloroquine）	对阿米巴滋养体也有杀灭作用	用于治疗肠外阿米巴病，仅用于甲硝唑无效的阿米巴肝脓肿	治疗量时主要有恶心、呕吐、头晕、皮疹等；大剂量、长疗程用药可引起视网膜病；大剂量或快速静脉给药可导致血压下降，甚至发生致死性心律失常

二、抗滴虫药

抗滴虫药主要用于治疗阴道毛滴虫引起的阴道炎、尿道炎和前列腺炎。甲硝唑是治疗滴虫病最有效的药物。如遇抗甲硝唑株滴虫感染时，可考虑改用乙酰胂胺局部给药。

乙酰胂胺（acetarsol）

乙酰胂胺为五价胂剂，常与硼酸联合制成复方制剂。将乙酰胂胺片剂置于阴道穹隆部有直接杀滴虫作用。乙酰胂胺有轻度局部刺激作用，可使阴道分泌物增多。

第三节 抗血吸虫药和抗丝虫药

一、抗血吸虫药

寄生于人体的血吸虫有日本血吸虫、曼氏血吸虫、埃及血吸虫等，在我国流行的是日本血吸虫，疫区主要分布在长江流域及其以南12个省、市、自治区。早期抗血吸虫药为三价锑剂，如酒石酸锑钾，但因其毒性大、疗程长、需静脉给药等缺点，已很少使用。目前临床常用的抗血吸虫药为吡喹酮，具有高效、低毒、疗程短、口服有效等优点。

吡喹酮（praziquantel）

吡喹酮为吡嗪异喹啉衍生物，为广谱抗吸虫药和驱绦虫药，尤以对血吸虫有杀灭作用而受重视；对线虫和原虫感染无效。

【体内过程】吡喹酮口服吸收迅速而完全，于服药后2小时达血药浓度峰值；其首过消除严重，生物利用度低；药物主要在肝内羟化而失活，经肾排出。

【药理作用与临床应用】吡喹酮为广谱抗吸虫和抗绦虫药，主要用于治疗血吸虫病，对各类血吸虫有效，并对血吸虫病各期有效，是治疗血吸虫病的首选药；此外，吡喹酮还具有抗其他吸虫和抗绦虫作用，可用于华支睾吸虫病、肺吸虫病、肠吸虫病及绦虫病等。

【不良反应】吡喹酮不良反应少而短暂，口服后可出现胃肠不适、头痛、眩晕、嗜睡等，故服药期间避免驾车和高空作业。孕妇禁用。

二、抗丝虫药

丝虫病是由丝虫寄生于人体淋巴系统引起的疾病，早期主要表现为淋巴管炎和淋巴结炎，晚期出现淋巴管阻塞所致的症状。寄生于人体的丝虫有八种，在我国流行的有班氏丝虫和马来丝虫两种。

乙胺嗪（diethylcarbamazine，海群生）

【体内过程】乙胺嗪口服后迅速被吸收，2小时后血药浓度达峰值；广泛分布于脂肪组织外的其他组织中；大部分在体内氧化失活，以原药及氧化代谢物通过肾排出体外。通过碱化尿液可使药物排泄减慢，使药效持续时间延长。

【药理作用与临床应用】乙胺嗪在体内对班氏丝虫和马来丝虫的微丝蚴和成虫均有杀灭作用。临床上用于班氏丝虫和马来丝虫感染引起的丝虫病。

【不良反应】乙胺嗪不良反应轻微，可引起厌食、恶心、呕吐、头痛、乏力等，多数情况停药后可恢复；但因丝虫成虫和微丝蚴死亡而释出的大量异体蛋白引起的过敏反应则较明显，表现为皮疹、淋巴结肿大、血管神经性水肿、畏寒、发热、哮喘，以及心率加快、胃肠功能紊乱等，用地塞米松可缓解症状。

第四节　抗肠蠕虫药

肠道寄生的蠕虫有线虫、绦虫和吸虫等，我国以肠道线虫最普遍。

甲苯咪唑（mebendazole，甲苯咪唑）

甲苯咪唑为广谱驱肠虫药，能直接抑制线虫对葡萄糖的摄入，导致糖原耗竭，使线虫无法生存，具有显著的杀灭幼虫、抑制虫卵发育的作用，但不影响人体血糖水平。甲苯咪唑可用于防治钩虫、蛔虫、蛲虫、鞭虫、粪类圆线虫等引起的肠道寄生虫病。因其在肠道内吸收甚少，因此在治疗剂量内不良反应较少，有时可有恶心、腹部不适、腹痛、腹泻及头痛，偶有乏力、皮疹。

阿苯达唑（albendazole）

阿苯达唑为高效、低毒的广谱驱肠虫药，对多种线虫、绦虫、吸虫的成虫和虫卵均有杀灭作用。其疗效优于甲苯咪唑。不良反应少，偶有腹痛、恶心、头痛、头晕等。

哌嗪（piperazine，驱蛔灵）

哌嗪对蛔虫、蛲虫有较强的驱除作用，主要用于驱除肠道蛔虫。不良反应轻，大剂量可出现胃肠道反应、神经系统反应。孕妇、肝肾功能不全和神经系统疾病患者禁用。

噻嘧啶（pyrantel）

噻嘧啶为广谱高效驱肠虫药，通过抑制胆碱酯酶，对寄生虫的神经肌肉产生阻滞作用，能麻痹虫体使之止动，并被安全排出体外，不致引起胆道梗阻或肠梗阻。临床用于驱蛔虫（虫卵阴转率80%～95%）、钩虫、蛲虫（虫卵阴转率达90%以上）或其导致的混合感染。噻嘧啶口服后很少吸收，故全身毒性很低。

恩波吡维铵（pyrvinium embonate）

恩波吡维铵口服不吸收，胃肠道药物浓度高，曾作为蛲虫单一感染首选药。该药主要通过干扰虫体呼吸酶系统,抑制虫体代谢而发挥作用。不良反应少,偶见恶心、呕吐、腹泻等胃肠道症状。服药后粪便呈红色,应事先告知患者。

氯硝柳胺(niclosamide,灭绦灵)

氯硝柳胺对多种绦虫有杀灭作用。药物口服后不易吸收,在肠中保持高浓度,可杀死绦虫的头节和近段,临床上用以驱除牛肉绦虫、猪肉绦虫和短膜壳绦虫,效力比槟榔、南瓜子显著;对虫卵无效,有致囊虫病的危险;还能杀灭钉螺及血吸虫尾蚴、毛蚴,可防止血吸虫传播。不良反应少,偶见胃肠不适、腹痛、头晕、皮肤瘙痒等。

常用抗肠蠕虫药的合理选药见表41-3。

表41-3 常用抗肠蠕虫药的合理选药

寄生虫	首选药物	次选药物
蛔虫	甲苯咪唑、阿苯达唑	噻嘧啶、哌嗪、左旋咪唑
蛲虫	甲苯咪唑、阿苯达唑	噻嘧啶、哌嗪
钩虫	甲苯咪唑、阿苯达唑	噻嘧啶
鞭虫	甲苯咪唑	
囊虫	吡喹酮、阿苯达唑	
包虫	阿苯达唑	吡喹酮、甲苯咪唑
绦虫	吡喹酮	氯硝柳胺

考点提示

抗肠蠕虫药的合理选药。

第五节 抗寄生虫药用药护理

抗寄生虫药用药护理见表41-4。

表41-4 抗寄生虫药用药护理

用药护理程序	用药护理要点
用药前	1. 了解患者感染史和治疗史,合理制订护理计划 2. 指导患者正确服药的方法,必须坚持足量、足疗程和规律用药的原则 3. 指导患者鉴别药物的不良反应,发现后能及时报告医护人员 4. 甲硝唑的代谢产物经肾排泄时可使尿液呈红棕色,应事先向患者说明 5. 甲硝唑治疗滴虫病失败的原因多为配偶未同时治疗,故应告诉患者夫妻须同查同治
用药中	1. 用药期间禁止饮酒 2. 氯喹用药期间应定期眼科检查并戴墨镜保护眼睛 3. 对甲苯咪唑、阿苯达唑有胃肠反应者可与食物同服 4. 氯硝柳胺宜早晨空腹用药,服药时应将药片充分嚼碎后吞下,并少喝水
用药后	1. 密切观察患者,注意可能发生的不良反应,严重时及时通知医生 2. 大多数患者自感症状消失要早于标本转阴,故要指导患者坚持全程治疗 3. 指导患者注意加强环境和个人卫生,防止反复感染 4. 驱虫药应在半空腹状态服用,用药后应查看患者排便,了解排虫情况,以便确认疗效

第四十一章 抗寄生虫药

自 测 题

一、选择题

A_1 型题

1. 具有抗疟和抗阿米巴作用的药物是
   A. 青蒿素　　　　B. 氯喹　　　　C. 奎宁
   D. 乙胺嘧啶　　　E. 伯氨喹

2. 可治疗肠内外阿米巴病的药物是
   A. 青蒿素　　　　B. 依米丁　　　C. 甲硝唑
   D. 乙胺嘧啶　　　E. 伯氨喹

3. 具有抗血吸虫和抗绦虫作用的药物是
   A. 阿苯达唑　　　B. 左旋咪唑　　C. 吡喹酮
   D. 氯喹　　　　　E. 乙胺嘧啶

A_2 型题

4. 患者，男，43岁，上腹部不适或疼痛、食欲减退、腹泻、乏力、消瘦2个月，进而出现头晕、耳鸣、心悸、气促等，经检查诊断为钩虫病，应首选
   A. 阿苯达唑　　　B. 噻嘧啶　　　C. 氯喹
   D. 乙胺嘧啶　　　E. 吡喹酮

5. 一健康男性，因公出差将进入一疟疾流行区，为防止感染，应服用的病因预防药是
   A. 伯氨喹　　　　B. 乙胺嘧啶　　C. 青蒿素
   D. 奎宁　　　　　E. 氯喹

6. 患者，女，25岁，近日经常腹痛、腹泻，便中混有脓血，经化验，粪中查出溶组织内阿米巴滋养体，诊断为阿米巴痢疾。该患者应选用的治疗药物是
   A. 哌嗪　　　　　B. 左旋咪唑　　C. 青蒿素
   D. 甲苯咪唑　　　E. 甲硝唑

A_3/A_4 型题

（7~8题共用题干）

患者，男，47岁，周期性寒战、发热、出汗，骨髓涂片染色检查疟原虫阳性。

7. 该患者应选用的控制症状的药物是
   A. 伯氨喹　　　　B. 乙胺嘧啶　　C. 甲苯咪唑
   D. 吡喹酮　　　　E. 氯喹

8. 使用该药物后，可能出现的最严重不良反应是
   A. 消化道症状　　B. 心律失常　　C. 视网膜病
   D. 过敏反应　　　E. 肝损害

二、简答题

1. 乙胺嘧啶与磺胺类药合用于抗疟是否合理？为什么？
2. 试述甲硝唑的药理作用及临床应用。

三、案例分析

患者，女，22岁，有不洁性交史。患者近2天白带量多，色黄如脓，外阴、阴道奇痒如虫爬，伴尿频、尿急、尿痛。检查：外阴、阴道潮红，阴道分泌物多，色黄质稀如脓，带腥臭味。查白带发现滴虫。诊断为滴虫性阴道炎。

请回答：

1. 此患者应选用何药治疗？
2. 此药用药护理要点有哪些？

（郝 洁）

第四十二章 抗恶性肿瘤药

学习目标

1. 简述常用抗恶性肿瘤药的作用特点、临床应用和主要不良反应。
2. 列举抗恶性肿瘤药的分类和主要不良反应。
3. 能指导患者正确使用抗恶性肿瘤药并评估药物的治疗效果。
4. 学会监测抗恶性肿瘤药的不良反应并执行相应的护理措施。
5. 具有人文关怀精神和诚实守信、敬业爱岗的职业道德。

案例 42-1

患者，女，37岁，3个月前，体检发现单侧乳房有一肿块，边缘不清，无痛，经病理活检确诊为乳腺癌，并有淋巴转移。除采取手术治疗外，同时给予环磷酰胺+紫杉醇进行化疗。

问题与思考：

1. 使用这两个药物的主要药理依据是什么？
2. 这两个药物可能发生的不良反应有哪些？用药护理应注意哪些事项？

恶性肿瘤是严重威胁人类健康的常见病、多发病。目前治疗恶性肿瘤的方法主要有手术切除、放射治疗（简称放疗）、化学治疗（简称化疗）、免疫治疗和中药治疗等，其中化学治疗仍为临床治疗的重要方法。近年来，随着肿瘤分子生物学和转化医学的发展，抗恶性肿瘤药已从传统的细胞毒作用向诊断分子靶点的多环节作用方向发展。

第一节 抗恶性肿瘤药概述

一、细胞增殖周期

细胞的生长、繁殖和死亡有一定的周期性，从一次分裂结束到下一次分裂结束的时间称为细胞增殖周期。根据肿瘤细胞生长繁殖的特点，将细胞群分为增殖细胞群和非增殖细胞群。增殖细胞群指增殖周期中的细胞，细胞增殖周期可分为四个时期，即 M 期（有丝分裂期）、G_1 期（DNA 合成前期）、S 期（DNA 合成期）及 G_2 期（DNA 合成后期）。非增殖细胞群分为三群，即静止期细胞（G_0 期）、无增殖能力细胞及死亡细胞。肿瘤增殖细胞群与全部肿瘤细胞群之比称为生长比率（growth fraction，GF）。GF 越大，肿瘤细胞对药物越敏感，药物疗效也越好。

二、抗恶性肿瘤药的分类

根据药物化学结构和来源可将抗恶性肿瘤药分为以下几类。

1. 细胞毒类抗恶性肿瘤药

（1）干扰核酸生物合成的药物：又称抗代谢药，具体又分为以下几类。①二氢叶酸还原酶抑制药（抗叶酸药），如甲氨蝶呤；②阻止嘧啶类核苷酸生成药（抗嘧啶药），如氟尿嘧啶；③阻止嘌呤类核苷酸生成药（抗嘌呤药），如巯嘌呤；④抑制DNA多聚酶药，如阿糖胞苷；⑤抑制核苷酸还原酶药，如羟基脲。

（2）直接影响DNA结构与功能的药物：如烷化剂、丝裂霉素、博来霉素、顺铂。

（3）干扰转录过程和阻止RNA合成的药物：如放线菌素D、柔红霉素。

（4）抑制蛋白质合成与功能的药物：①影响纺锤丝形成和功能的药物，如长春碱类；②干扰核蛋白体功能的药物，如三尖杉酯碱；③影响氨基酸供应的药物，如L-门冬酰胺酶。

2. 非细胞毒类抗恶性肿瘤药

（1）影响激素平衡的药物：如肾上腺皮质激素、雄激素、雌激素。

（2）分子靶向药物：如贝伐珠单抗、舒尼替尼。

3. 肿瘤免疫治疗药物　如重组人白介素-2。

三、抗恶性肿瘤药的不良反应

大多数药物对肿瘤细胞的选择性不高，在杀灭或抑制肿瘤细胞的同时，对机体正常组织中增殖旺盛的组织细胞也会产生损害，治疗量即可出现不良反应，主要表现如下。

1. 骨髓抑制　是绝大多数抗恶性肿瘤药最严重的不良反应，表现为白细胞减少、血小板减少、红细胞减少、出血、贫血、感染等，严重时可发生再生障碍性贫血。

2. 胃肠道反应　常见且严重，表现为食欲减退、恶心、呕吐、腹痛、腹泻、口腔溃疡等，甚至出现胃肠道出血。

3. 皮肤及毛发损害　损伤毛囊上皮细胞，引起脱发；损伤皮肤出现红斑、水肿等。

4. 肝肾毒性　肝大、黄疸、血尿、蛋白尿、管型尿等。

5. 免疫抑制　可抑制机体的免疫功能，导致机体抗病能力降低而易诱发感染。

6. 其他　可引起神经系统、呼吸系统、心血管系统、泌尿系统的损害。

 考点提示

抗恶性肿瘤药的不良反应。

第二节　常用抗恶性肿瘤药

一、干扰核酸生物合成的药物

（一）抗叶酸药

甲氨蝶呤（methotrexate，MTX，氨甲蝶呤）

【药理作用与临床应用】甲氨蝶呤化学结构与叶酸相似，属二氢叶酸还原酶抑制药，使二氢叶酸不能还原成有生理活性的四氢叶酸，导致DNA的生物合成受到抑制。此外，甲氨蝶呤对胸腺核苷酸合成酶也有抑制作用，能抑制蛋白质的合成。临床主要用于治疗儿童急性白血病和绒毛膜上皮癌等。此药还是强的细胞免疫抑制药，可治疗顽固性普通银屑病、系统性红斑狼疮、皮肌炎等自身免疫病。

【不良反应】常见不良反应有口腔炎、胃炎、腹泻等；骨髓抑制也较明显，可致白细胞、血小板减少；长期用药可致肝、肾功能损害；妊娠早期应用可致畸胎、死胎。

（二）抗嘌呤药

巯嘌呤（mercaptopurine，6-巯基嘌呤，6-MP）

【药理作用与临床应用】巯嘌呤须由磷酸核糖转移酶转为6-巯基嘌呤核糖核苷酸后才具有活性，能竞争性地抑制次黄嘌呤的转变过程，干扰嘌呤代谢，阻碍核酸合成。巯嘌呤对处于S期的细胞较敏感，除能抑制细胞DNA的合成外，对细胞RNA的合成也有轻度的抑制作用。巯嘌呤主要用于儿童急性淋巴母细胞白血病的维持治疗，大剂量对绒毛膜上皮癌也有较好的效果。

【不良反应】常见不良反应有消化道黏膜损害和骨髓抑制，部分患者出现黄疸、肝功能损害。

（三）抗嘧啶药

氟尿嘧啶（fluorouracil，5-氟尿嘧啶，5-FU）

【药理作用与临床应用】氟尿嘧啶在细胞内转化为有效的氟尿嘧啶脱氧核苷酸后，抑制胸腺嘧啶核苷酸合成酶而抑制DNA的合成；尚能在体内转化为氟尿嘧啶核苷，掺入RNA中干扰蛋白质合成，对其他各期细胞也有一定作用。氟尿嘧啶对消化道癌，如食管癌、胃癌、结肠癌、直肠癌、胰腺癌及肝癌疗效好；也用于乳腺癌、宫颈癌、卵巢癌、绒毛膜上皮癌、膀胱癌、鼻咽癌等的治疗。

【不良反应】常见不良反应为骨髓抑制和消化道反应，如恶心、口腔炎、吞咽困难，重者出现血性腹泻，应立即停药；还可引起脱发、皮肤色素沉着等。

（四）DNA聚合酶抑制药

阿糖胞苷（cytarabine，Ara-C）

【药理作用与临床应用】阿糖胞苷进入人体后经激酶磷酸化后转为阿糖胞苷三磷酸，能强有力地抑制DNA聚合酶的活性，从而抑制DNA合成。阿糖胞苷与其他常用抗恶性肿瘤药无交叉耐药性，可用于治疗成人急性粒细胞白血病或单核细胞白血病，对其他白血病也有效。

【不良反应】主要不良反应是骨髓抑制及消化道反应，静脉注射可致静脉炎；偶见肝损害。

（五）核苷酸还原酶抑制药

羟基脲（hydroxycarbamide，HU）

【药理作用与临床应用】羟基脲为核苷二磷酸还原酶抑制药，通过阻止核苷酸还原为脱氧核苷酸而干扰嘌呤及嘧啶碱基生物合成，从而阻碍DNA合成。羟基脲对S期细胞敏感，有选择性杀伤作用。该药主要用于慢性粒细胞白血病治疗；也可用于恶性黑色素瘤，增加化疗或放疗的敏感性。

【不良反应】主要不良反应为骨髓抑制；大剂量可引起恶心、呕吐、腹泻及肝损害；可致畸胎，孕妇忌用。

二、影响DNA结构和功能的药物

（一）烷化剂

烷化剂（alkylating agents）是一类化学性质很活泼的化合物。它们具有1个或2个烷基，能与细胞中 DNA、RNA 或蛋白质中的亲核基团起作用，常可形成交叉联结或引起脱嘌呤作用，使 DNA 链断裂，造成 DNA 结构和功能的损害，严重时可致细胞死亡。常用的药物有氮芥、环磷酰胺、塞替派、白消安、卡莫司汀等（表 42-1）。

表 42-1　常用烷化剂类抗恶性肿瘤药

药物名称	作用特点	临床应用	不良反应
氮芥（chlormethine，nitrogen mustard）	是最早用于抗恶性肿瘤的烷化剂，起效快	用于霍奇金病、非霍奇金淋巴瘤等，特别适用于纵隔压迫症状明显的恶性淋巴瘤的化学治疗	恶心、呕吐、骨髓抑制、眩晕、听力减退、脱发、黄疸、月经失调等
环磷酰胺（cyclophosphamide，CTX）	体外无活性，进入体内后经肝代谢成磷酰胺氮芥，可与 DNA 起烷化作用，从而抑制各期肿瘤细胞的生长繁殖；抗瘤谱广	对恶性淋巴瘤、急性淋巴细胞白血病等疗效显著，也用于卵巢癌、乳腺癌、多发性骨髓瘤、肺癌等	骨髓抑制、脱发、消化道反应等，因药物在尿中浓度较高，可引起出血性膀胱炎
塞替派（thiotepa，TSPA）	抗肿瘤作用与氮芥相似，但其选择性较高，抗瘤谱较广	主要用于治疗乳腺癌、卵巢癌、肝癌、恶性黑色素瘤和膀胱肿瘤等	主要为骨髓抑制，可引起白细胞和血小板减少
白消安（busulfan，马利兰，myleran）	在体内解离后起烷化作用	对慢性粒细胞白血病疗效显著，但对其他肿瘤疗效不明显	主要为消化道反应，骨髓抑制，久用可致闭经或睾丸萎缩
卡莫司汀（carmustine，卡氮芥，BCNU）	能同时烷化 DNA、RNA 和蛋白质；脂溶性高，能透过血脑屏障	可用于原发或颅内转移脑瘤，对恶性淋巴瘤、骨髓瘤等也有一定疗效	主要有骨髓抑制、胃肠道反应和肺部毒性等

（二）抗生素类

博来霉素（bleomycin，BLM）

博来霉素能与铁或铜络合，产生氧自由基，引起 DNA 单链断裂而阻止其复制，属细胞周期非特异性药物。其抗瘤谱广，主要用于鳞状上皮癌，也可用于淋巴瘤的联合治疗。不良反应有发热、脱发等，以肺毒性最严重。同类药物还有丝裂霉素（mitomycin），其药理作用和临床用途类似于博莱霉素，但骨髓抑制作用非常明显，临床应用较少。

（三）铂类配合物

顺铂（cisplatin，顺氯胺铂，DDP）

顺铂属细胞周期非特异性药物，通过与 DNA 链上的碱基形成交叉连接，从而破坏 DNA 的功能与结构。临床用于睾丸癌、头颈部鳞癌、卵巢癌、膀胱癌、前列腺癌、肺癌等。顺铂具有抗瘤谱广、作用强、与多种抗恶性肿瘤药有协同作用且无交叉耐药性等特点，为当前联合化疗中常用的药物之一。不良反应主要有消化道反应、骨髓抑制、神经毒性、耳毒性、肾毒性等。

（四）拓扑异构酶抑制药

喜树碱（camptothecin，CPT）

喜树碱主要通过抑制 DNA 拓扑异构酶 I 活性，从而干扰 DNA 结构和功能。对胃癌、绒毛膜上皮癌、恶性葡萄胎、急性及慢性粒细胞白血病等有一定疗效。不良反应主要有消化道反应、骨髓抑制、泌尿道刺激症状及脱发等。

依托泊苷（etoposide，vepesid，VP16）

依托泊苷主要通过抑制 DNA 拓扑异构酶 II 活性，干扰 DNA 的结构和功能，主要用于治疗肺癌及睾丸肿瘤，也可用于恶性淋巴瘤的治疗。不良反应有骨髓抑制及胃肠道反应。

三、干扰转录过程和阻止 RNA 合成的药物

放线菌素 D（dactinomycin，DACT）

放线菌素 D 为多肽类抗生素，能阻碍 RNA 多聚酶的功能，阻止 RNA 特别是 mRNA 的合成，从而妨碍蛋白质合成，抑制肿瘤细胞生长。其抗瘤谱较窄，主要用于恶性葡萄胎、绒毛膜上皮癌、霍奇金病和恶性淋巴瘤、肾母细胞瘤、骨骼肌肉瘤及神经母细胞瘤等的治疗。该药还具有增加肿瘤细胞对放疗射线的敏感性的作用。不良反应主要有消化道症状和骨髓抑制，偶致脱发、皮炎、畸胎等。

多柔比星（doxorubicin，adriamycin，ADM，阿霉素）

多柔比星为广谱抗肿瘤药，通过嵌入 DNA 碱基对直接并紧密结合到 DNA 上，阻止转录过程而抑制核酸的合成。临床主要用于治疗对常用抗肿瘤药耐药的急性淋巴细胞白血病、急性粒细胞白血病、恶性淋巴瘤、乳腺癌、肺癌、卵巢癌、胃癌、肝癌及膀胱癌等。常见的不良反应有骨髓抑制、心脏毒性、皮肤色素沉着、脱发及消化道反应。

柔红霉素（daunorubicin，DNR）

柔红霉素为蒽环类抗生素，抗恶性肿瘤作用和多柔比星相同，主要用于急性淋巴细胞白血病和急性粒细胞白血病，在其他常用药物耐药的情况下仍有效。不良反应有骨髓抑制、消化道反应和心脏毒性等。

四、抑制蛋白质合成与功能的药物

长春碱类

长春碱（vinblastine，VLB）和长春新碱（vincristine，VCR）为长春花中提取的生物碱，可与细胞分裂中期形成的纺锤丝微管蛋白结合并使其变性，抑制细胞的有丝分裂。长春碱主要对急性白血病、恶性淋巴瘤及绒毛膜癌疗效较好。长春新碱对儿童急性淋巴细胞白血病疗效较好。长春碱对骨髓造血功能抑制明显，应定期监测血常规。长春新碱骨髓抑制较轻，但周围神经损害较重。

其他抑制蛋白质合成与功能的药物见表 42-2。

表 42-2　其他抑制蛋白质合成与功能的药物

药物名称	作用特点	临床应用	不良反应
紫杉醇（paclitaxel）	选择性作用于微管蛋白，影响纺锤体功能、抑制肿瘤细胞的有丝分裂	主要适用于卵巢癌和乳腺癌，对肺癌、食管癌、大肠癌、黑色素瘤、头颈部癌、淋巴瘤、脑瘤也有一定疗效	主要是骨髓抑制，其次是周围神经炎、心脏毒性、肌肉痛、过敏反应等
三尖杉酯碱（harringtonine）	通过抑制蛋白质合成的起步阶段，并使核蛋白体分解，释出新生肽链，但对mRNA或tRNA与核蛋白体的结合并无阻抑作用	对急性粒细胞白血病疗效较好，对急性单核细胞白血病、慢性粒细胞白血病、恶性淋巴瘤等也有效	骨髓抑制、胃肠道反应、脱发等，偶见心脏毒性
L-门冬酰胺酶（L-asparaginase）	可将血清门冬酰胺水解，从而使肿瘤细胞缺乏门冬酰胺供应，生长受抑制	主要用于急性淋巴细胞白血病的治疗	胃肠道反应，偶见过敏反应

五、其他抗恶性肿瘤药

糖皮质激素类（glucocorticoids）

常用于恶性肿瘤治疗的糖皮质激素类有泼尼松（prednisone）和泼尼松龙（prednisolone）等。糖皮质激素类能使血液淋巴细胞迅速减少，对急性淋巴细胞白血病和恶性淋巴瘤疗效较好，起效快，但作用不持久。需要注意的是，糖皮质激素可能因抑制机体免疫功能而促进肿瘤的扩散。

雄激素类

雄激素类可抑制垂体分泌促卵泡激素，使卵巢分泌雌激素减少，并可对抗雌激素的作用，主要用于晚期乳腺癌。

雌激素类

雌激素类可抑制下丘脑及脑垂体释放促间质细胞激素，从而减少雄激素的分泌，并可对抗雄激素的作用。临床主要用于治疗前列腺癌，也可用于绝经期乳腺癌的治疗。

贝伐珠单抗（bevacizumab）

贝伐珠单抗可选择性地与人血管内皮生长因子结合，阻碍其与位于肿瘤血管内皮细胞上的受体结合，抑制肿瘤血管生成，从而抑制肿瘤生长。临床用于转移性结直肠癌、晚期非小细胞肺癌、转移性肾癌和恶性胶质瘤的治疗。

伊马替尼（imatinib）

伊马替尼为蛋白酪氨酸激酶抑制药，临床用于治疗慢性粒细胞白血病，也可用于治疗胃肠道间质瘤。

重组人白介素-2（recombinant human interleukin-2，rhIL-2）

重组人白介素-2为基因重组产品，生物活性与天然白介素-2相同，能增强免疫应答，用于治疗肾细胞癌、黑色素瘤、乳腺癌、肝癌、肺癌、膀胱癌和直肠癌，可增强手术、放疗及化疗后的肿瘤患者的机体免疫功能。

> **知识链接**
>
> **抗恶性肿瘤分子靶向药物**
>
> 随着分子水平对肿瘤发病机制和细胞分化增殖与凋亡调控机制研究的深入，科学家开始寻找以肿瘤分子病理过程的关键调控分子等为靶点的药物。此类药物主要有以细胞信号转导分子为靶点的蛋白酪氨酸激酶抑制药、法尼基转移酶抑制药、丝裂原活化蛋白激酶信号转导通路抑制药和细胞周期调控剂；针对某些与增殖相关细胞信号转导受体的单克隆抗体；以端粒酶为靶点的抑制药；减少癌细胞脱落、黏附和基底膜降解的抗转移药；破坏或抑制新生血管生成，有效阻止肿瘤生长和转移的新生血管生成抑制药；促进肿瘤细胞向成熟分化的分化诱导剂等。

第三节 抗恶性肿瘤药用药护理

抗恶性肿瘤药用药护理见表42-3。

表42-3 抗恶性肿瘤药用药护理

用药护理程序	用药护理要点
用药前	1. 了解患者病史、用药史及机体状况 2. 做好心理护理，使患者解除对疾病和治疗的顾虑、恐惧，增强信心，保持心情舒畅，加强营养，适量运动，戒烟酒，提高机体抵抗力，积极配合治疗 3. 嘱患者注意个人卫生，预防感染 4. 要了解治疗方案，正确执行医嘱，指导患者正确用药，根据不同给药途径做好宣教
用药中	1. 严密观察用药不良反应，患者出现恶心、呕吐、腹泻等症状时给予积极对症处理 2. 化疗最为常见的给药途径是静脉给药，通常经深静脉或中心静脉给药；根据药物性质选择适宜溶媒稀释；合理安排给药顺序，掌握正确的给药方法，减少对血管壁的刺激；妥善固定针头以防滑脱、药物外渗。一旦发生药物外渗，及时停止输注，做好局部冷敷或热敷、局部封闭治疗等措施 3. 腔内注射时应先将癌性渗出液抽干后注入化疗药物，注药后要协助患者更换合适体位以促进药液扩散 4. 药物在配制和使用时应做好个人防护，戴手套和防护镜，避免药液接触皮肤和黏膜。建议由静脉治疗配置中心统一配置药物
用药后	1. 观察用药效果及药物不良反应，必要时给予处理 2. 定期检查血常规及肝、肾、心脏、肺功能 3. 密切观察患者，一旦出现严重并发症要及时通知医生

> **考点提示**
>
> 抗恶性肿瘤药用药护理。

思政园地

中国特色医疗保障制度

电影《我不是药神》讲述了一个交不起房租的男性保健品商贩，一跃成为印度仿制药"格列宁"独家代理商的故事，而在这过程中他的目的从最初的谋利转变为后来的救人。电影中"格列宁"的原型就是酪氨酸激酶抑制药伊马替尼。电影上映后，国家有关部门对电影引发的舆论热议给予高度重视并作出批示，要求相关部门加快落实抗癌药降价保供等相关措施。截至 2017 年 2 月，用于慢性粒细胞白血病的主要药物伊马替尼被纳入国家医保范围。2018 年 5 月 1 日起，我国实际进口的全部抗癌药实现零关税。国家相关政策相继完善，大量专利药专利到期，国内仿制药企加快投入，这些重症患者再也不用为寻找所谓的"药神"去其一生都不会踏足的国度买药续命了。在中国共产党的领导下，发挥中国特色社会主义制度显著优势，高质量的中国特色医疗保障制度的全面建成，是中国特色民生保障制度体系走向不断完善的重要标志，这将造福全体人民，也将更加彰显中国特色社会主义制度的优越性。

自 测 题

一、选择题

A_1 型题

1. 抗恶性肿瘤药白消安的临床最佳适应证是
   A. 急性淋巴细胞白血病　　　　　　B. 慢性淋巴细胞白血病
   C. 急性粒细胞白血病　　　　　　　D. 慢性粒细胞白血病
   E. 多发性骨髓瘤
2. 阿糖胞苷抗恶性肿瘤的作用机制是
   A. 抑制二氢叶酸还原酶　　　　　　B. 抑制胸苷酸合成酶
   C. 抑制嘌呤核苷酸互变　　　　　　D. 抑制核苷酸还原酶
   E. 抑制 DNA 多聚酶
3. 5-氟尿嘧啶可作为临床基本用药用于
   A. 消化道肿瘤　　　　　　　　　　B. 急性淋巴细胞白血病
   C. 慢性粒细胞白血病　　　　　　　D. 绒毛膜上皮癌
   E. 恶性黑色素瘤

A_2 型题

4. 患者，女，57 岁，有溃疡病史，最近诊断为胃癌。对消化道肿瘤疗效较好的药物是
   A. 顺铂　　　　　　　B. 环磷酰胺　　　　　　C. 白消安

D. 氟尿嘧啶　　　　　　E. 巯嘌呤

5. 患者，女，55岁，恶性淋巴瘤患者，使用某化疗药物后出现出血性膀胱炎。该患者最可能使用的药物是

A. 卡莫司汀　　　　　　B. 环磷酰胺　　　　　　C. 白消安
D. 氟尿嘧啶　　　　　　E. 巯嘌呤

6. 患者，男，56岁，非精原细胞性睾丸瘤患者，首选药物为

A. 顺铂　　　　　　　　B. 环磷酰胺　　　　　　C. 长春新碱
D. 氟尿嘧啶　　　　　　E. 甲氨蝶呤

A₃/A₄ 型题

（7～8题共用题干）

患者，女，54岁，诊断为右侧乳腺浸润性导管癌术后，病理示：右侧乳腺浸润性导管癌Ⅱ级，同侧腋下淋巴结1/18。免疫组化：雌激素受体（-），孕激素受体（-），人表皮生长因子受体（+）。肝肾功能正常。化疗药物：环磷酰胺+多柔比星+多西他赛。

7. 下列关于多柔比星的说法，错误的是

A. 属于蒽环类抗恶性肿瘤药
B. 对增殖周期和非增殖周期细胞均有杀伤作用
C. 典型不良反应是骨髓抑制和心脏毒性
D. 曾用过表柔比星的患者可更换多柔比星
E. 应用多柔比星需监护肝肾毒性

8. 下列不属于多柔比星禁忌证的是

A. 骨髓抑制　　　　　　B. 严重心脏病　　　　　C. 腰椎间盘突出
D. 妊娠及哺乳期妇女　　E. 胃肠道梗阻

二、简答题

1. 什么是周期非特异性药物和周期特异性药物？分别列举2个药物说明。
2. 抗恶性肿瘤药的主要不良反应有哪些？

三、案例分析

患者，女，38岁，卵巢癌。医嘱：紫杉醇注射液，每次210 mg，静脉滴注3小时以上，每3周1次；顺铂注射液，每次150 mg，每4周1次。两者联合化疗。

请回答：

该处方是否合理？为什么？

（郝　洁）

第四十三章数字资源

第四十三章　影响免疫功能的药物

学习目标

1. 说出免疫抑制药和免疫增强药的代表药及主要临床应用和不良反应。
2. 能指导患者正确使用影响免疫功能的药物并评估药物的治疗效果。
3. 学会监测影响免疫功能的药物的不良反应并执行相应的护理措施。
4. 具有关爱精神和以人为本的良好医德。

案例 43-1

患者，女，36 岁，诊断为肝原发性低度恶性间叶瘤，行肝移植。为预防排斥反应，患者术前晚和术日晨分别口服霉酚酸酯（1 g）、环孢素 A（3 mg/kg）；术中静脉滴注泼尼松龙（1 g）及环孢素 A（125 mg）；术后前 3 天，每天静脉滴注甲泼尼龙 0.5 g，第 4 天改为口服泼尼松 80 mg，逐日递减至每天 10 mg 维持。

问题与思考：
1. 影响免疫功能的药物分为哪几类？
2. 免疫抑制药的不良反应有哪些？

免疫系统具有免疫防御、免疫稳定、免疫监视三大功能，免疫功能通过免疫应答反应体现。通常情况下，正常的免疫反应在抗炎、抗肿瘤、抗器官排斥方面发挥重要的作用。如果免疫反应过激或者抑制，即可出现免疫病理反应。作用于免疫系统并影响其功能的药物统称免疫调节药（immunomodulator）。广义的免疫调节药包括免疫抑制药（immunosuppressant）和免疫增强药（immunostimulant）。狭义的免疫调节药常指调节、增强、兴奋和恢复机体免疫功能的一类药物，即免疫增强药。

第一节　免疫抑制药

免疫抑制药是一类具有免疫抑制作用的药物，临床主要用于治疗自身免疫病和防治器官移植的排斥反应。免疫抑制药因作用缺乏特异性，对正常的免疫反应也呈抑制作用，长期应用会降低机体抵抗力而诱发感染，增加肿瘤发生率及影响生殖系统功能等。

知识链接

免疫抑制药的发展

免疫抑制药的发展历经三个重要阶段，前两个阶段的药物分别为糖皮质激素和细胞毒类药物，如抗代谢药或烷化剂，主要用于自身免疫病的治疗，但两类药物均具有非选择性抑制免疫功能、不能根治疾病而只能缓解症状及毒性和副作用强等共同缺点。直至

20世纪80年代初期,环孢素A的问世为选择性免疫抑制药的发展开辟了新途径,迄今环孢素A等已成为预防器官移植排斥反应的有效药物。

环孢素A（ciclosporin,环孢菌素A,CsA）

环孢素A是从真菌代谢产物中提取的含有11个氨基酸的环状多肽,现已人工合成。该药可口服或静脉给药,口服吸收慢而不完全,生物利用度低。口服吸收后2～4小时血浆浓度达峰值,半衰期约为24小时,经肝代谢,可经胆汁分泌。

【药理作用】环孢素A进入细胞后,选择性地作用于T细胞活化初期,使T细胞增殖分化受到抑制;通过抑制干扰素的产生而间接抑制自然杀伤细胞（natural killer cell,NK）的杀伤力。环孢素A还可以抑制线粒体膜通透性转换孔组件亲环蛋白D,明显缓解缺血再灌注损伤。

【临床应用】环孢素A主要用于防治器官移植的排斥反应,包括肝、肾、胰、心脏、肺、皮肤、角膜及骨髓移植等;也可用于难治性自身免疫病,如风湿性关节炎、系统性红斑狼疮、银屑病等。

【不良反应】环孢素A不良反应以肾毒性最常见,发生率可达70%,其次为肝毒性,在应用过程中应监测肾、肝功能;也有发生继发性病毒感染的可能;此外还有消化道反应、嗜睡、多毛症、牙龈增生等。

考点提示

环孢素A最常见的不良反应。

他克莫司（tacrolimus,FK506）

他克莫司是从链霉菌属分离提取的大环内酯类抗生素,是强效免疫抑制药。其作用机制与环孢素A相似,口服吸收缓慢,生物利用度为25%左右,分布全身,$t_{1/2}$约为9小时,绝大部分药物经肝代谢后排出体外。他克莫司主要抑制淋巴细胞产生IL-2、IL-3和INF-γ,抑制IL-2受体的表达;对B细胞和巨噬细胞影响较小。该药主要用于肝、肾移植后的排斥反应和自身免疫病。其不良反应与环孢素A相似,肾毒性和神经毒性发生率高,多毛症的发生率较低。

糖皮质激素类（glucocorticoids）

常用药物有泼尼松、泼尼松龙、地塞米松等。糖皮质激素类对免疫反应的许多环节均有影响,临床主要用于器官移植的排斥反应、自身免疫病。其不良反应较少,大剂量时会出现消化性溃疡、糖尿病、库欣综合征和感染等。

环磷酰胺（cyclophosphamide,CTX）

环磷酰胺为常用的烷化剂,其免疫抑制作用强而持久,可选择性抑制B细胞,大剂量也能抑制T细胞,对NK细胞也有抑制作用。该药主要用于器官移植的排斥反应,以及类风湿性关节炎、肾小球肾炎等自身免疫病。环磷酰胺不良反应较少,且可口服,是临床上比较常用的免疫抑制药。

其他免疫抑制药见表43-1。

表 43-1 其他免疫抑制药

免疫抑制药	药理作用	临床应用	不良反应
来氟米特（leflunomide）	抑制活化的 T 细胞，阻断活化 B 细胞的增殖；抗炎	类风湿性关节炎、抗移植排斥反应及其他自身免疫病	腹泻、可逆的氨基转移酶升高、皮疹等
吗替麦考酚酯（mycophenolate mofetil，MMF）	抑制 T 细胞和 B 细胞的增殖及抗体生成，能快速抑制单核巨噬细胞的增殖	肾移植和其他器官移植的排斥反应	腹泻，无明显肝肾毒性
抗 CD3 单克隆抗体（anti-CD3 monoclonal antibodies）	能特异地与人 T 细胞表面 CD3 抗原结合，阻断 T 细胞的增殖并抑制其功能	器官移植的急性排斥反应	高热、寒战、头痛、恶心、呕吐、腹痛及腹泻等
抗淋巴细胞球蛋白 antilymphocyte globulin，ALG）	与淋巴细胞结合，使淋巴细胞裂解，破坏 T、B 细胞	器官移植的排斥反应、肾小球肾炎、红斑狼疮等自身免疫病	发热、荨麻疹、血小板减少、关节痛、血栓性静脉炎等

第二节 免疫增强药

免疫增强药是指单独或同时与抗原使用时能增强机体免疫应答的药物，临床主要用于免疫缺陷病、慢性感染和恶性肿瘤的辅助治疗。

卡介苗（Bacillus Calmette-Guerin，BCG）

卡介苗为牛结核杆菌的减毒活菌苗，可刺激多种免疫细胞活性，加速诱导免疫应答，提高细胞免疫和体液免疫的功能，增强非特异性免疫水平。卡介苗可用于预防结核病，以及黑色素瘤、白血病及肺癌等肿瘤的辅助治疗。不良反应较多，注射局部可见红斑、硬结和溃疡，也可出现寒战、高热、全身不适等，反复瘤内注射可发生过敏性休克。

 考点提示

预防肺结核的疫苗。

干扰素（interferon，IFN）

干扰素是一类糖蛋白，其作用和应用包括：①广谱抗病毒作用，临床用于病毒感染性疾病，如慢性乙型肝炎、疱疹性角膜炎、病毒性眼病、带状疱疹；②免疫调节作用，小剂量对细胞免疫和体液免疫都有增强作用，大剂量则产生抑制作用；③抗肿瘤作用，可直接抑制肿瘤细胞的生长，又可通过免疫调节发挥作用。不良反应主要有恶心、呕吐、发热、白细胞减少、血小板减少等。

 考点提示

具有抗病毒作用的免疫增强药。

其他免疫增强药见表43-2。

表43-2 其他免疫增强药

免疫增强药	药理作用	临床应用	不良反应
左旋咪唑（levamisole, LMS）	使受抑制的巨噬细胞和T细胞功能恢复正常，可诱导IL-2的产生，增强免疫应答	免疫功能低下者，肺癌手术后的恢复，改善类风湿性关节炎、红斑狼疮等的症状	较轻，有胃肠道症状、头痛、出汗、全身不适等
转移因子（transfer factor, TF）	从健康人体内提取制备，可将供体的细胞免疫信息转移给受体，使之获得供体样的特异性和非特异性细胞免疫	原发性或继发性细胞免疫缺陷病的补充治疗，难以控制的病毒感染、真菌感染及恶性肿瘤等的辅助治疗	一般无
白介素-2（interleukin-2, IL-2）	可诱导辅助性T细胞（Th细胞）和细胞毒性T细胞（Tc细胞）增殖分化，促进B细胞、NK细胞等增殖分化	治疗黑色素瘤、肾细胞癌等	较常见，可出现发热、寒战、胃肠反应、皮肤反应等
胸腺素（thymosin）	可促进T细胞分化成熟并调节成熟T细胞的多种功能	细胞免疫缺陷病、自身免疫病和晚期肿瘤	一般无，少数有过敏反应

第三节 影响免疫功能的药物用药护理

影响免疫功能的药物用药护理见表43-3。

表43-3 影响免疫功能的药物用药护理

用药护理程序	用药护理要点
用药前	1. 了解病史、用药史及机体状况，制订合理的护理程序 2. 指导患者预防感染的方法，并说明药物可能的不良反应 3. 对需长期服药的患者向其说明坚持治疗的重要性，不可随意停药
用药中	1. 必须按药品说明书存放药物，如转移因子需在0℃以下冷冻保存，胸腺素、干扰素于2～10℃处保存 2. 口服药可与食物同服，以减少胃肠反应 3. 局部注射药应明确给药部位，如左旋咪唑皮下注射或深部肌内注射，转移因子皮下注射于上臂内侧或腹股沟下方或淋巴结 4. 环孢素A静脉注射时速度宜慢，否则可致肾毒性；注射后密切观察30分钟，以防发生严重不良反应
用药后	1. 密切观察病情变化，注意体温、呼吸、血压及尿液是否正常 2. 每周定期检查血常规、肝肾功能、电解质等 3. 指导患者和家属观察药物的不良反应，并学会防治不良反应的方法

思政园地

干扰素的发现与研究进展

千百年来，病毒性疾病逞凶肆虐，人们几乎束手无策。无数科学家争先寻找抗病毒药，都没能获得理想的结果。直到1957年，科学家们才发现干扰素，但因产量和纯化问题，干扰素仍不能在临床广泛使用，且因干扰素是由人体细胞产生的，所以每制取 0.1 kg 干扰素，需消耗 3200 kg 人血，致使其价格十分昂贵。科学家们必须寻找其他的方法制取干扰素。

由于遗传工程的兴起和发展，科学家们利用遗传工程技术和方法，办起了"细菌工厂"，利用大肠埃希菌和酵母菌生产干扰素，从而大大降低了干扰素的生产成本，干扰素才被广泛用于临床。

科学家们兢兢业业至死方休的攻坚精神，值得每一位同学去学习。在未来的工作岗位上，同学们应继承老一辈科学家敬业奉献精神，兢兢业业工作，刻苦钻研业务和技能，努力提高服务质量，承担起社会责任并实现自己的人生价值。

自 测 题

一、选择题

A_1 型题

1. 下列属于免疫抑制药的是
   A. 干扰素　　　　　　B. 转移因子　　　　　　C. 左旋咪唑
   D. 抗淋巴细胞球蛋白　　E. 胸腺素
2. 下列属于免疫增强药的是
   A. 硫唑嘌呤　　　　　B. 糖皮质激素类　　　　C. 卡介苗
   D. 环磷酰胺　　　　　E. 环孢素 A
3. 左旋咪唑增强免疫功能的作用机制为
   A. 抑制辅助性 T 细胞生成白介素
   B. 抑制淋巴细胞生成干扰素
   C. 激活环核苷酸磷酸二酯酶，从而降低淋巴细胞和巨噬细胞内 cAMP 含量
   D. 抑制 DNA、RNA 和蛋白质的合成
   E. 促进 B 细胞、NK 细胞的分化增殖
4. 环孢素 A 主要抑制的细胞是
   A. 巨噬细胞　　　　　B. NK 细胞　　　　　　C. T 细胞
   D. B 细胞　　　　　　E. 淋巴细胞
5. 环孢素 A 的主要不良反应是
   A. 心律失常　　　　　B. 胃肠反应　　　　　　C. 中枢症状
   D. 过敏反应　　　　　E. 肝肾损害

A_2 型题

6. 患者，男，45 岁，慢性肾功能不全，尿毒症期，肾移植手术后，宜选择使用的药物是
   A. 干扰素　　　　　　　　　　　　B. 胸腺素
   C. 左旋咪唑　　　　　　　　　　　D. 转移因子
   E. 环孢素 A

7. 患者，男，45岁，患乙型肝炎10年，近期复发加重，在进行抗病毒治疗的同时可使用
   A. 转移因子
   B. 他克莫司
   C. 卡介苗
   D. 干扰素
   E. 环孢素A

A3/A4型题

（8~10题共用题干）

患者，男，19岁，因体弱经常感冒并且每次感冒病程较长，延绵反复，医生建议服用转移因子，服药后体质明显好转，感冒发病次数减少。

8. 转移因子增强免疫功能的作用属于
   A. 将供体免疫信息传递给受体，使之获得特异性和非特异性免疫
   B. 可直接抑制感冒病毒
   C. 减轻感冒发作时的症状
   D. 增加免疫因子
   E. 提高体液免疫
9. 关于转移因子的临床应用不正确的是
   A. 先天性免疫缺陷病
   B. 难控性真菌感染
   C. 肿瘤辅助治疗
   D. 血小板减少性紫癜
   E. 骨髓炎
10. 关于转移因子的不良反应不正确的是
    A. 皮疹
    B. 发热
    C. 疼痛
    D. 不良反应较多
    E. 不良反应较少

二、简答题

1. 环孢素A的临床应用和不良反应有哪些？
2. 左旋咪唑的临床应用和不良反应有哪些？

三、案例分析

患者，男，43岁，肺癌切除术后，医生给予白介素-2治疗。
请回答：
1. 该患者用白介素-2的目的是什么？
2. 该患者用药的护理要点是什么？

（何丽娜）

第四十四章　解毒药

学习目标

1. 解释有机磷酸酯类中毒解毒药的作用特点和应用注意事项。
2. 说出常见农药、化合物中毒的解救药物。
3. 概括常见药物中毒的解救药物。
4. 能指导患者正确使用解毒药并评估药物的治疗效果。
5. 学会监测解毒药的不良反应并执行相应的护理措施。
6. 树立正确的护理职业价值观，对患者保持关心和尊重，遵守职业道德和法律法规。

案例 44-1

患者，女，36 岁，因夫妻吵架赌气喝有机磷酸酯类杀虫剂对硫磷约半瓶（250 ml），立即送入院，患者表现为瞳孔缩小如针尖样大小、肌震颤、烦躁不安、呼气有大蒜味、多汗、流涎等。

问题与思考：
1. 该患者的诊断是什么？
2. 对该患者应该如何进行抢救及护理？

解毒药（antidote）是指能解除毒物对机体毒害作用的药物，根据作用机制可分为一般解毒药和特异性解毒药。

第一节　常用解毒药

一、有机磷酸酯类中毒和解毒药

知识链接

有机磷酸酯类——农药中的顶级杀手

有机磷酸酯类是我国常见的一类农药，主要品种有敌敌畏、辛硫磷、甲拌磷、久效磷、甲胺磷、马拉硫磷、美曲膦酯（敌百虫）、乐果、氧化乐果、甲基1605、谷硫磷等，是用于防治植物病虫害的有机化合物。这一类农药品种多，药效高，用途广，易分解，在人、畜体内一般不蓄积，在农药中是极为重要的一类化合物。有机磷酸酯类中毒是我国农村中常见的药物中毒，发病和进展都很迅速，可以引起人严重中毒。发生中毒后应及时就医，以免耽搁抢救时机。

解救有机磷酸酯类中毒清除毒物时，对皮肤吸收者，可用温水和肥皂清洗皮肤。对口服中毒者，洗胃溶液可选用清水、生理盐水、2%碳酸氢钠水溶液、0.02%的高锰酸钾溶液。但要注意的是，美曲膦酯遇碱可转化为毒性更大的敌敌畏，故美曲膦酯中毒者禁用碳酸氢钠溶液洗胃；对硫磷遇高锰酸钾可被氧化为毒性更大的对氧磷，故对硫磷中毒者禁用高锰酸钾溶液洗胃。

（一）有机磷酸酯类中毒机制和症状

【中毒机制】有机磷酸酯类脂溶性高，可经消化道、呼吸道甚至透过皮肤吸收，进入血液后与胆碱酯酶（AChE）结合，形成磷酰化胆碱酯酶而失去活性，导致乙酰胆碱（ACh）不能水解而在体内蓄积过多，过多的乙酰胆碱持久强烈地激动突触后膜的胆碱受体，导致机体功能失调而引起 M 样症状、N 样症状和中枢症状等一系列中毒症状。

考点提示

有机磷酸酯类的中毒机制。

【中毒表现】有机磷酸酯类轻度中毒表现以 M 样症状为主；中度中毒时出现明显的 M 样症状、N 样症状；重度中毒时除 M 样症状、N 样症状加重外，还伴有明显的中枢症状（表44-1）。

表 44-1　有机磷酸酯类急性中毒症状

中毒症状	中毒症状表现
M 样症状	主要表现为恶心、呕吐、腹痛、腹泻、尿失禁、大便失禁、瞳孔缩小、视物模糊、心动过缓、血压下降、流涎、出汗、呼吸道分泌物增多、呼吸困难、发绀、肺部湿啰音等
N 样症状	骨骼肌纤维震颤、抽搐，严重者可导致呼吸肌麻痹、心动过速、血压升高等
中枢症状	先兴奋后抑制，表现为躁动不安、失眠、谵语、昏迷，可因血管运动中枢抑制而致血压下降，呼吸中枢麻痹而致呼吸停止

（二）常用解毒药

阿托品（atropine）

【药理作用】阿托品通过竞争性阻断 M 受体而迅速缓解 M 样症状，也能进入脑内而缓解部分中枢抑制症状，还可兴奋呼吸中枢而对抗有机磷酸酯类中毒所引起的呼吸抑制。因其不能消除骨骼肌震颤，也不能恢复胆碱酯酶活性，对中度和重度中毒必须联合应用胆碱酯酶复活药。

【临床应用】阿托品为有机磷酸酯类中毒的首选解救药之一。因有机磷酸酯类中毒患者体内乙酰胆碱大量蓄积，对阿托品的耐受性增大，故阿托品的用药量根据中毒程度确定，可不受药典规定的极量所限。使用原则为及早、足量、反复给药达到阿托品化，然后改为维持量。阿托品化的指征：瞳孔较用药前扩大、颜面潮红、腺体分泌减少、肺部湿啰音显著减少或消失、有轻度躁动不安等。但当阿托品与胆碱酯酶复活药合用时，在胆碱酯酶复活后，机体可恢复对阿托品的敏感性，易发生阿托品中毒，此时，应适当减少阿托品的剂量。

其他 M 受体阻断药如东莨菪碱、山莨菪碱等也能对抗有机磷酸酯类中毒的 M 样症状。

考点提示

阿托品解救有机磷酸酯类中毒的特点。

氯解磷定（pralidoxime chloride，氯磷定，氯化派姆）

【药理作用】氯解磷定可与磷酰化胆碱酯酶中的磷酰基结合，使胆碱酯酶游离，恢复水解乙酰胆碱的活性；还可直接与体内游离的有机磷酸酯类结合，形成无毒的磷酰化氯解磷定经肾排出（图44-1）。

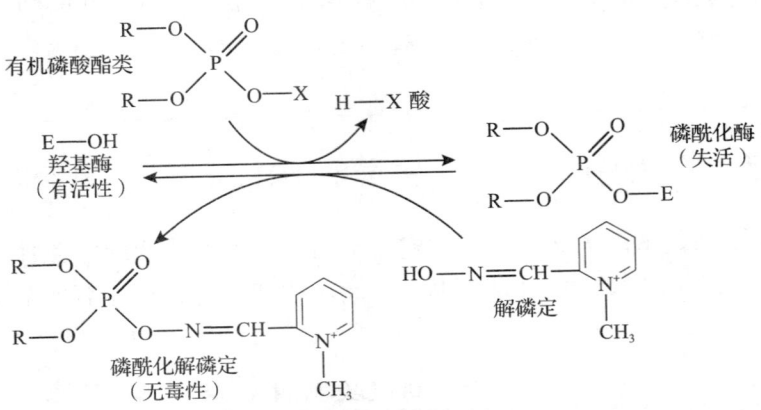

图 44-1　有机磷酸酯类中毒与解救过程

【临床应用】氯解磷定能迅速解除N样症状，消除肌束颤动，但对M样症状效果差，故应与阿托品合用。临床用于中度或重度有机磷酸酯类中毒的解救。但因其对中毒时间长、已经老化的磷酰化胆碱酯酶的作用较差，故应早期、足量、重复给药。氯解磷定对内吸磷、对硫磷中毒效果较好，对美曲膦酯、敌敌畏中毒效果较差，对乐果无效。

此类药物还有碘解磷定、双复磷等。

 考点提示

氯解磷定解救有机磷酸酯类中毒的特点。

【不良反应】氯解磷定肌内注射时注射局部有轻微疼痛；静脉注射过快（> 500 mg/min）可引起头痛、乏力、眩晕、视物模糊、复视、恶心及心动过速；用药量过大（> 8 g/d）可导致神经肌肉传导阻滞，严重者可出现癫痫样发作、抽搐、呼吸抑制。

二、其他常用农药中毒的解毒药

其他常用农药中毒的解毒药见表44-2。

表 44-2 其他常用农药中毒的解毒药

种类	代表药	解毒药	用药须知
有机氮农药	杀虫脒（chlordimeform）	无特效解毒药；多用小剂量亚甲蓝或大剂量维生素 C	亚甲蓝 1~2 mg/kg 用 25% 葡萄糖溶液稀释后缓慢静脉注射，2~6 小时重复给药；维生素 C，每天 4~6 g，静脉滴注
菊酯类农药	除虫菊（pyrethrins）	无特效解毒药；多对症治疗	惊厥采用地西泮对抗，也可以选用中枢性肌松药美芬新；避免与普萘洛尔、氯丙嗪合用
杀鼠剂	二苯茚酮（diphacinone）	大剂量维生素 K，必要时配伍维生素 C 和糖皮质激素	维生素 K 静脉注射或肌内注射，每次 10~20 mg，每天 2~3 次，疗程视病情而定
	毒鼠强（triethylenemelamine）	无特效解毒药	可用大剂量镇静催眠药
	氟乙酰胺（fluoroacetamide）	乙酰胺（解氟灵）	乙酰胺 50% 溶液 5 ml 加入 2% 普鲁卡因 2 ml 肌内注射，0.1~0.3 g/(kg·d)，每天分 2~4 次肌内注射，首剂为全日剂量的一半

三、阿片类药物中毒和解毒药

阿片类药物属于阿片受体激动剂。轻度中毒者仅有头痛、头晕、恶心、呕吐、兴奋或抑郁，重度中毒者则有昏迷、针尖样瞳孔和呼吸抑制等。急性中毒 12 小时内患者多死于呼吸麻痹。

临床常用的解救药物有纳洛酮和烯丙吗啡，首选纳洛酮。

四、巴比妥类及苯二氮䓬类药物中毒和解毒药

（一）巴比妥类药物中毒和解毒药

巴比妥类药物抑制神经细胞的兴奋性，治疗量可使大脑皮质产生弥漫性抑制，大剂量可直接抑制延髓呼吸中枢和血管运动中枢，导致呼吸衰竭和休克。

轻度中毒患者仅有反应迟钝、言语不清、判断和定向障碍；中度中毒患者表现为沉睡或进入昏迷状态，呼吸变慢，眼球有震颤；重度中毒患者表现为深度昏迷，呼吸变浅变慢，血压下降或休克，瞳孔缩小，对光反射消失。

巴比妥类药物中毒首选尼可刹米治疗，贝美格可作为辅助用药。

（二）苯二氮䓬类药物中毒和解毒药

苯二氮䓬类药物激动苯二氮䓬受体，增加中枢抑制性神经元的兴奋性，毒性小，但大剂量应用也可导致昏迷、呼吸和循环抑制的中毒症状。氟马西尼（flumazenil）是苯二氮䓬类药物的特异性解毒药，能阻断苯二氮䓬受体，有效催醒患者和改善中毒所致的呼吸和循环抑制，但对巴比妥类和三环类药物过量引起的中枢抑制无对抗作用。若氟马西尼累积剂量达到 5 mg 而无反应，则提示该患者的抑制状态并非由苯二氮䓬类药物所引起。

五、常见化合物中毒的解毒药

常见化合物中毒的解毒药见表 44-3。

表 44-3 常见化合物中毒的解毒药

分类	药物	用途	不良反应
金属及类金属中毒解毒药	二巯丁二钠（sodium dimercaptosuccinate）	汞、砷、铅、铜、钴中毒的解救	毒性小，注射后可有口臭、头晕、头痛、恶心、四肢乏力酸痛等
	二巯丙磺钠（sodium dimercaptopropane sulfonate）	汞、砷中毒的首选	静脉注射过快可引起恶心、头晕口唇发麻、心悸等
	依地酸钙钠（calcium disodium edetate）	急慢性铅中毒及放射性金属中毒	静脉注射过快可引起低钙性抽搐
	青霉胺（penicillamine）	肝豆状核变性的首选	用前皮试，对青霉素过敏者禁用
氰化物中毒解毒药	亚硝酸钠（sodium nitrite）	氰化物中毒的解救	恶心、呕吐、眩晕等，大剂量引起高铁血红蛋白血症，孕妇禁用
	亚甲蓝（methylthioninium chloride）	氰化物中毒的解救	大剂量静脉注射可致恶心、腹痛、出汗等
	硫代硫酸钠（sodium thiosulfate）	应用氰化物中毒的解救	偶见头晕、乏力、恶心、呕吐

第二节 解毒药用药护理

解毒药用药护理见表 44-4。

表 44-4 解毒药用药护理

用药护理程序	用药护理要点
用药前	1. 终止毒物继续吸收，立即脱离中毒环境，清洗污染的体表。口服未吸收的毒物，应采取洗胃、导泻的方法加速毒物排出体外 2. 加速毒物消除，立即建立静脉通道，通过增加血容量稀释毒物，应用高效能利尿药强迫利尿和改变体液的 pH 加速毒物的排出，必要时还可进行血液透析
用药中	尽早应用特异性解毒药
用药后	对症治疗，维持生命体征

> **思政园地**
>
> ### "毒韭菜"事件
>
> 青岛、河南、南京等多地区曾经报道过"毒韭菜事件"，造成多地市民食用韭菜后导致有机磷酸酯类中毒。究其原因是这些韭菜均使用了有机磷酸酯类高毒农药 3911（甲拌磷）进行灌根。甲拌磷不仅可以有效除去韭菜害虫，同时还能促进根系发育，使韭菜长得粗、颜色绿、叶子肥厚，而且价格比较便宜。但是这种农药国家早已明令禁止使用在蔬菜上，属于剧毒农药，使用不当将会造成农药残留超标严重，被人体吸收后不容易被分解，会导致头痛、无力、恶心、呕吐、腹泻，甚至造成呼吸困难、昏迷直至死亡，引起社会对食品安全的恐慌，甚至谈"韭"色变。
>
> 农药是一把双刃剑，自其问世以来，在全世界范围内得到广泛的应用，且在"虫口夺粮"的战斗中起到了不可或缺的作用。但是，不合理的使用、滥用，则会严重危害人

类的生命健康，同时也会对生态文明造成不同程度的破坏。因此，在使用农药过程中，不仅要考虑现有的经济效益，更要重视以人为本的核心价值观，同时要兼顾生态文明建设，努力建设美丽中国！

自 测 题

一、选择题

A_1 型题

1. 急性有机磷酸酯类中毒，出现呼吸困难、口唇发绀、呼吸道分泌物增多的患者，为缓解症状应立即静脉注射
   A. 解磷定　　　　　　　B. 哌替啶　　　　　　　C. 尼可刹米
   D. 重酒石酸间羟胺　　　E. 阿托品

2. 急性有机磷酸酯类中毒的对因解毒药是
   A. 阿托品　　　　　　　B. 山莨菪碱　　　　　　C. 新斯的明
   D. 氯解磷定　　　　　　E. 氯丙嗪

3. 可用于氰化物中毒的解毒药是
   A. 亚甲蓝　　　　　　　B. 阿托品　　　　　　　C. 亚硝酸钠
   D. 谷胱甘肽　　　　　　E. 乙酰胺

4. 以下属于阿片类药物中毒的解毒药的是
   A. 碘解磷定　　　　　　B. 乙酰胺　　　　　　　C. 纳洛酮
   D. 亚甲蓝　　　　　　　E. 依地酸钙钠

5. 属于金属解毒剂的是
   A. 二巯丙醇　　　　　　B. 硫代硫酸钠　　　　　C. 依地酸钙钠
   D. 碘解磷定　　　　　　E. 乙酰胺

6. 下列选项中，用于苯二氮䓬类中毒解救的药物是
   A. 氟马西尼　　　　　　B. 亚甲蓝　　　　　　　C. 乙酰半胱氨酸
   D. 乙酰胺　　　　　　　E. 谷胱甘肽

A_2 型题

7. 患者，男，58岁，因失眠，自行多次服用地西泮而致昏迷，宜选用的药物是
   A. 肾上腺素　　　　　　B. 地塞米松　　　　　　C. 咖啡因
   D. 氟马西尼　　　　　　E. 纳洛酮

8. 患者，女，28岁，突发昏迷、针尖样瞳孔，亲友反映患者有吸毒史，宜选用的药物是
   A. 肾上腺素　　　　　　B. 地塞米松　　　　　　C. 咖啡
   D. 氟马西尼　　　　　　E. 纳洛酮

A_3/A_4 型题

（9～11题共用题干）

患者，男，45岁，田间喷洒农药后出现恶心、呕吐、腹痛、尿失禁、大便失禁、瞳孔缩

小、流涎、抽搐等症状，口腔有大蒜味。

9. 该患者最有可能的诊断是
   A. 有机磷酸酯类中毒　　B. 中暑　　　　　　　C. 癫痫
   D. 重金属中毒　　　　　E. 麻醉药物中毒

10. 欲迅速控制症状，宜选用的药物是
    A. 肾上腺素　　　　　　B. 地塞米松　　　　　C. 阿托品
    D. 纳洛酮　　　　　　　E. 二巯丙醇

11. 使用上述解救药物后，控制效果不好的症状是
    A. 恶心、呕吐　　　　　B. 瞳孔缩小　　　　　C. 流涎
    D. 尿失禁、大便失禁　　E. 抽搐

二、简答题

1. 简述有机磷酸酯类中毒机制。
2. 有机磷酸酯类中毒的解毒药主要有哪两大类？说出各类代表药及其特点。

三、案例分析

患者，女，38岁，慢性胆囊炎急性发作，按医嘱静脉滴注抗生素，肌内注射阿托品。1小时后，患者因疼痛难忍，要求再注射一针阿托品。注射不久后，这位平时性情温和的女士突然发怒了，她满面通红，高声呼叫："为什么不给我开刀！"并显得十分烦躁，胡言乱语。经检查刚才注射后丢弃的第二针阿托品空安瓿发现，护士误将用于抢救有机磷酸酯类中毒的 5 mg 阿托品作为常规治疗胆绞痛的 0.5 mg 阿托品给陈女士注射，引起阿托品中毒。

请回答：
1. 阿托品中毒的症状有哪些？
2. 解救阿托品中毒可以使用什么药物？

（何丽娜）

第四十五章　糖类、盐类药物及酸碱平衡调节药

学习目标

1. 解释葡萄糖、氯化钠、氯化钾、碳酸氢钠、葡萄糖酸钙的药理作用、临床应用和不良反应。
2. 能指导患者正确使用糖类、盐类及酸碱平衡调节药并评估药物的治疗效果。
3. 学会监测糖类、盐类及酸碱平衡调节药的不良反应并执行相应的护理措施。
4. 具有敬佑生命、医者仁心的精神和严谨务实、认真负责的工作态度。

案例 45-1

患者，男，25 岁，腹泻、呕吐 5 日，今日感极度乏力，不能抬臂和站立行走，由家人用担架抬至医院就诊。入院时患者嗜睡、表情淡漠，经检查发现患者各种腱反射均减弱，急抽血化验，血钾浓度为 2.5 mmol/L。诊断为低钾血症。

问题与思考：
1. 该患者应选用何药治疗？如何用药？
2. 用药时有哪些注意事项？

水、电解质和酸碱平衡是维持人体正常生理功能所必需的条件。水、电解质和酸碱平衡紊乱，会引起严重的后果，甚至危及生命，纠正水、电解质和酸碱平衡紊乱是临床上重要的治疗手段之一。临床常用的水、电解质和酸碱平衡调节药主要包括葡萄糖、氯化钠、氯化钾、碳酸氢钠及它们的复方制剂。

第一节　糖类药物

葡萄糖（glucose）

【药理作用】葡萄糖是人体重要营养成分和主要的热量来源之一。5%、10% 的葡萄糖注射液临床常用于补充能量和体液，另外也可作为静脉药物的溶解稀释剂。50% 的葡萄糖注射液为高渗溶液，快速静脉注射有组织脱水作用，可用作组织脱水剂。

【临床应用】
1. **低血糖症**　葡萄糖可用于多种原因引起的血糖浓度过低。
2. **补充热能和体液**　用于各种原因引起的进食不足或大量体液丢失（如呕吐、腹泻、重伤大失血等）、全静脉营养、饥饿性酮症。

3. 高钾血症 与胰岛素合用，可促进钾转移入细胞内。

4. 组织脱水 临床一般采用50%葡萄糖高渗溶液，用于脑水肿、肺水肿及降低眼压，常与甘露醇等脱水药联合应用。

5. 维持和调节渗透压 用于配制腹膜透析液和血液透析液，以维持和调节透析液渗透压。

【不良反应】常见不良反应有胃肠道反应、静脉炎、反应性低血糖、电解质紊乱等。

【注意事项】静脉注射高渗葡萄糖注射液时应注意药液有无漏出血管外，以免引起静脉炎。治疗脑水肿使用高渗溶液时如突然停药，容易发生反跳现象并致使脑水肿再度发生，故不可突然停药，而应缓慢减量直至停用。颅内有活动性出血者禁止使用高渗葡萄糖注射液。

考点提示

葡萄糖的临床应用。

第二节 盐类药物

氯化钠（sodium chloride）

【药理作用】氯化钠是一种电解质补充药物。钠离子主要存在于细胞外液，是维持细胞外液渗透压和血容量的主要成分，失钠过多，可发生低钠综合征，出现全身虚弱、精神倦怠、表情淡漠、肌肉阵挛甚至死亡。

【临床应用】氯化钠可用于：①各种原因所致的失水，包括低渗性、等渗性和高渗性失水。②糖尿病非酮症高渗性昏迷，应用等渗或低渗氯化钠可纠正失水和高渗状态。③低氯性代谢性碱中毒。④外用生理盐水（0.9%氯化钠注射液）冲洗眼部、洗涤伤口等。

【不良反应】氯化钠可引起高氯性酸中毒及高血钠症；输液过多、过快，可致水钠潴留，引起水肿、血压升高、心率加快、胸闷、呼吸困难，甚至急性左心衰竭。禁用于肺水肿，慎用于高血压、心力衰竭、肾炎、肝硬化腹水及长期使用肾上腺皮质激素的患者。

氯化钾（potassium chloride）

【药理作用】钾离子是细胞内最重要的阳离子，是维持细胞内液渗透压的重要成分；与细胞外氢离子交换，参与调节酸碱平衡；还参与能量代谢和神经传导。钾是维持神经和肌肉细胞膜静息电位的物质基础，缺钾时心肌兴奋性增高，高钾时心脏抑制。

【临床应用】

1. 低钾血症的治疗 如进食不足、呕吐、严重腹泻、应用强心苷类药、排钾性利尿药、低钾性家族周期性瘫痪、长期应用糖皮质激素和补充高渗葡萄糖后引起的低钾血症等。

2. 低钾血症的预防 用于患者存在进食很少、严重或慢性腹泻、长期服用肾上腺皮质激素、失钾性肾病、巴特（Bartter）综合征等失钾情况。

【不良反应】氯化钾口服剂型对胃肠刺激性强，可稀释成10%水溶液后服用。氯化钾可静脉滴注给药，严禁静脉注射，滴注速度较快或原有肾功能损害时，应注意发生高钾血症。一旦出现高钾血症，应紧急处理。高钾血症和急、慢性肾功能不全者禁用。

考点提示

氯化钾的使用注意事项。

葡萄糖酸钙（calcium gluconate）

【药理作用】钙可以维持神经肌肉的正常兴奋性，血清钙降低时可使神经肌肉的兴奋性升高，发生抽搐；血清钙过高时神经肌肉的兴奋性降低，出现软弱无力等。钙离子能促进骨骼和牙齿的钙化形成。高浓度的钙离子与镁离子还存在竞争性拮抗作用。钙离子能改善细胞膜的通透性，增加毛细血管的致密性，减少渗出，起抗过敏作用。

【临床应用】临床常用的葡萄糖酸钙制剂有葡萄糖酸钙注射液、葡萄糖酸钙口服溶液，主要用于治疗钙缺乏、急性血钙过低、碱中毒及甲状旁腺功能低下所致的手足搐搦症、过敏性疾病、镁中毒时的解救。

【不良反应】葡萄糖酸钙口服可致轻度的恶心、便秘反应；静脉注射可有全身发热，静注过快可产生呕吐、恶心、心律失常甚至心搏骤停；静脉注射时如漏出血管外，可致组织坏死。高钙血症患者禁用，应用强心苷期间禁止静脉注射葡萄糖酸钙。

第三节　酸碱平衡调节药

碳酸氢钠（sodium bicarbonate）

碳酸氢钠能碱化尿液、促进某些药物排泄与解毒，如用于治疗代谢性酸中毒、尿酸性肾结石的预防、减少磺胺类药物的肾毒性、急性溶血时防止血红蛋白沉积在肾小管、巴比妥类、水杨酸类药物及甲醇等中毒；还可以中和胃酸，用于缓解胃酸过多引起的胃痛、反酸。过量碳酸氢钠可导致碱血症，引起呼吸减慢、口内异味、心律失常、肌肉痉挛、疼痛、异常疲倦虚弱等。

乳酸钠（sodium lactate）

乳酸钠在体内有氧条件下，经肝氧化后可转化为碳酸氢钠，发挥纠正酸中毒的作用，用于代谢性酸中毒和高钾血症，但作用不及碳酸氢钠。过量乳酸钠可致碱血症。肝功能不全及休克者禁用。

氯化铵（ammonium chloride）

氯化铵进入体内后，铵离子迅速经肝代谢成尿素并由尿排出，氯离子和氢离子则形成酸，从而纠正碱中毒，用于重度代谢性碱中毒。过量氯化铵可引起高氯性酸中毒。

第四节　糖类、盐类药物及酸碱平衡调节药用药护理

糖类、盐类药物及酸碱平衡调节药用药护理见表45-1。

表 45-1　糖类、盐类药物及酸碱平衡调节药用药护理

用药护理程序	用药护理要点
用药前	1. 仔细核对药品的规格、用法、用量 2. 对有禁忌证的患者应报告医生 3. 向患者说明食物对电解质平衡的影响及保持平衡的方法
用药中	1. 静脉滴注时注意观察，防止药液外漏，控制滴速 2. 监测患者的心率、肝肾功能及电解质情况，如发现异常应及时通知医生
用药后	一般以患者自觉症状减轻为评价指标，推荐采取维持电解质平衡的综合治疗措施

自 测 题

一、选择题

A_1 型题

1. 临床上治疗代谢性酸中毒宜首选
   A. 氯化钠　　　　　B. 乳酸钠　　　　　C. 碳酸氢钠
   D. 氯化钾　　　　　E. 氯化铵

2. 氯化钾可维持细胞内
   A. 电解质平衡　　　B. pH 平衡　　　　　C. 渗透压平衡
   D. 电离度平衡　　　E. 交换度平衡

3. 高渗葡萄糖具有
   A. 利尿作用　　　　B. 肾保护作用　　　　C. 增加胰岛素分泌作用
   D. 升高眼压作用　　E. 保护心脏功能作用

A_2 型题

4. 患者，女，64 岁，治疗高血压脑病过程中使用硫酸镁过量，出现嗜睡、腱反射消失、肌肉软瘫、血压降低，宜使用的解救药物是
   A. 氯化钙　　　　　B. 氯化钠　　　　　C. 碳酸氢钠
   D. 尼可刹米　　　　E. 氯化钾

5. 患者，女，55 岁，误服苯巴比妥，出现昏迷、瞳孔缩小、呼吸变慢、血压下降等，为加速苯巴比妥排泄宜使用的药物是
   A. 5% 葡萄糖　　　B. 生理盐水　　　　　C. 碳酸氢钠
   D. 乳酸钠　　　　　E. 氯化铵

6. 患者，男，56 岁，诊断为低钾血症，心电图显示正常心率，若外周静脉滴注氯化钾，为防范局部疼痛及心脏停搏风险，配制的适宜浓度是
   A. 低于 0.3%　　　B. 0.3%～0.5%　　　C. 0.5%～1.0%
   D. 1.0%～1.5%　　E. 高于 1.5%

A_3/A_4 型题

（7~8 题共用题干）

患儿，男，7 岁，经常感到疲劳和腿部无力，医生诊断为缺钙。

7. 应选用的药物是
    A. 葡萄糖酸钙   B. 氯化钾   C. 氯化钠
    D. 碳酸氢钠   E. 硫酸镁
8. 服用此种药物，护士应提示患儿家属
    A. 长期大量服用   B. 可能会出现便秘的不良反应
    C. 易出现依赖   D. 症状控制后停药
    E. 睡前服用

（9～10 题共用题干）

患者，男，20 岁，因大叶性肺炎后出现高热、大量出汗。患者诉口渴、口干、尿少。查体：口舌干燥，皮肤弹性差，眼窝凹陷，血清钠浓度为 150 mmol/L。

9. 根据此种症状，考虑患者出现了
    A. 高渗性脱水   B. 等渗性脱水   C. 低渗性脱水
    D. 水中毒   E. 代谢性酸中毒
10. 应首选输入
    A. 5% 葡萄糖   B. 10% 葡萄糖   C. 0.9% 氯化钠
    D. 11.2% 乳酸钠   E. 10% 氯化钠

二、简答题

1. 糖类药物的主要药理作用、临床应用和不良反应有哪些？
2. 试述氯化钾静脉滴注时的护理措施。

三、案例分析

患儿，女，5 岁，腹泻、呕吐 5 日，入院时身体虚弱、倦怠、表情淡漠等。
请回答：
1. 该患儿出现身体虚弱、倦怠、表情淡漠的原因是什么？
2. 对于患儿出现的这些症状应如何处理？

（王 珍）

第四十六章 维生素类及酶类药物

学习目标

1. 简述维生素类药物的分类及常用药物的药理作用、临床应用和不良反应。
2. 说出常用酶类药物的药理作用、临床应用和不良反应。
3. 能指导患者正确使用维生素及酶类药物并评估药物的治疗效果。
4. 学会监测维生素类及酶类药物的不良反应并提出应对措施。
5. 具有大爱无疆的医者精神和安全用合理用药的意识。

案例 46-1

患儿,女,6个月,因"发热、咳嗽2天,惊厥5次"入院。患儿出生后一直是人工喂养,尚未添加辅食。查体:体温37.3℃,眼部充血,颅骨软化。在体检过程中,该患儿再次惊厥发作,立即给予止惊、补维生素D、补钙等抢救治疗。

问题与思考:
1. 该患儿最可能患有什么病?
2. 试解释上述抢救措施三步骤实施顺序的合理性。

第一节 维生素类药物

维生素(vitamin)是维持人体正常功能所必需的营养素,是人体内不能合成或合成量不足必须由食物提供的一类低分子有机化合物。它既不是供能物质,也不作为机体的构成成分,常作为机体内酶、辅酶(基)的主要组成,参与机体多种代谢过程。机体摄入量不足、吸收利用率降低、需要量相对增加或长期服用某些药物均可致维生素缺乏。维生素类药物主要用于防治维生素缺乏症和作为某些疾病的辅助用药。

维生素通常按其溶解性分为脂溶性和水溶性两大类。脂溶性维生素包括维生素 A、D、E、K,在食物内常与脂类共存,其吸收也与脂类有关,过量摄入易导致药物在体内积蓄中毒;水溶性维生素包括 B 族维生素和维生素 C,B 族维生素又包括维生素 B_1、B_2、B_6、B_{12}、PP 和生物素、泛酸、叶酸、硫辛酸等,在食物烹调过程中容易被破坏,机体吸收后不能贮存,体内达到饱和后多余部分由肾排出,很少出现中毒。

一、水溶性维生素

维生素 B_1 (vitamin B_1)

【药理作用】维生素 B_1 在体内与焦磷酸结合形成焦磷酸硫胺,促进糖代谢和能量的产生,是糖类代谢所必需的辅酶。维生素 B_1 缺乏时可使氧化受阻,造成丙酮酸、乳酸蓄积,影响能量代谢，还可抑制胆碱酯酶活性，致神经冲动传导障碍，进而影响消化系统、心血管系统功能。

【临床应用】维生素 B_1 主要用于防治维生素 B_1 缺乏症（脚气病）；也可用于周围神经炎、消化不良、感染、烧伤、高热、糖尿病、甲状腺功能亢进等疾病的辅助治疗。

【不良反应】维生素 B_1 毒性低，注射用药时可产生过敏反应如皮疹、瘙痒甚至过敏性休克，故不宜静脉注射。

维生素 B_2（vitamin B_2）

【药理作用与临床应用】维生素 B_2 广泛参与体内的各种氧化还原反应，促进糖、蛋白质和脂肪代谢。维生素 B_2 缺乏时表现为口角炎、唇干裂、舌炎、阴囊炎、角膜炎、结膜炎、视神经炎、脂溢性皮炎等。维生素 B_2 主要用于防治维生素 B_2 缺乏症。

【不良反应】维生素 B_2 大量服用时尿液呈黄色。饮酒影响维生素 B_2 在肠道的吸收，进食或饭后服用吸收较好。维生素 B_2 不宜静脉注射，维生素 B_2 注射液禁止用于儿童肌内注射。

维生素 B_6（vitamin B_6）

【药理作用与临床应用】维生素 B_6 主要参与氨基酸代谢，促进 γ-氨基丁酸合成及脂肪酸分解等，从而维持神经系统、心血管系统的生理功能。维生素 B_6 缺乏时易出现恶心、呕吐、精神紧张、焦虑、惊厥、小细胞低色素性贫血及心脑血管病。

维生素 B_6 可用于防治因大量或长期服用异烟肼等引起的周围神经炎、失眠、不安等症状；也可用于止吐，如放射病或某些抗恶性肿瘤药引起的呕吐或妊娠呕吐；还可治疗维生素 B_6 缺乏所致的婴儿惊厥；局部涂擦治疗痤疮、酒糟鼻、脂溢性湿疹等。

【不良反应】维生素 B_6 长期大剂量应用可致周围感觉神经症状；孕妇大量应用可引起新生儿维生素 B_6 依赖症。

维生素 C（vitamin C）

【药理作用与临床应用】维生素 C 作为多种羟化反应的重要辅助因子，具有以下作用：①促进胶原蛋白的合成，增加毛细血管致密度；②参与胆固醇转化为胆汁酸；③参与芳香族氨基酸的代谢，利于儿茶酚胺、5-羟色胺生成；④参与体内的氧化还原反应，保护巯基酶、维持细胞膜稳定性、促进铁和叶酸的吸收和利用等；⑤络合重金属；⑥增强机体免疫功能等。维生素 C 缺乏时表现为乏力，厌食，面色苍白，皮肤瘀点、瘀斑、牙龈肿胀、出血，严重时出现精神抑郁、肌肉和骨关节肿痛等，称为坏血病。

维生素 C 用于防治维生素 C 缺乏症、紫癜、特发性高铁血红蛋白症及砷、汞、铅、苯等慢性中毒；也可作为感染性疾病、肝胆疾病及肿瘤的辅助治疗。此外，患者处于妊娠期和哺乳期或接受慢性血液透析、胃肠道疾病、结核病、甲亢、发热、创伤、烧伤、手术等情况下维生素 C 需要量增加，应给予补充。

【不良反应】维生素 C 长期大剂量服用可引起恶心、呕吐、胃酸增多等症状，长期大量服用骤然停药可引起类似坏血病症状。维生素 C 可使尿液酸化，造成泌尿道结石。维生素 C 禁与维生素 B_{12}、维生素 B_2、氧化剂及碱性药物配伍，宜与铁剂配伍。

 考点提示

维生素 C 的临床应用。

二、脂溶性维生素

维生素A（vitamin A）

【药理作用与临床应用】维生素A具有促进生长、维持上皮组织如皮肤、结膜、角膜等正常功能的作用，并参与视紫红质的合成，增强视网膜感光力；参与体内多种氧化过程，尤其是不饱和脂肪酸的氧化。维生素A缺乏时则生长发育受影响，骨骼成长不良，生殖功能衰退，皮肤粗糙、干燥，角膜软化，并发生干燥性眼炎及夜盲症。维生素A主要用于治疗维生素A缺乏症如夜盲症、干眼症、角膜软化症和皮肤粗糙等。

【不良反应】维生素A大量长期应用可发生慢性中毒，毛发脱落、皮肤干燥、瘙痒、烦躁、厌食、肝损害，偶有精神症状；可影响生殖功能和胚胎发育，孕妇大量服用可致畸胎。

维生素D（vitamin D）

【药理作用与临床应用】

1. 维持血清钙、磷浓度　促进肠道黏膜合成钙结合蛋白，促进小肠对钙、磷吸收；还能促进肾小管对钙、磷的重吸收，增加血清钙、磷浓度，从而维持神经肌肉兴奋性及参与机体多种功能。

2. 对骨骼的影响　一方面促进破骨细胞成熟及骨质吸收与溶解，将骨盐中的钙、磷释放并转移至血中，另一方面促进骨样组织成熟及骨盐沉积，形成新骨。婴儿缺乏维生素D时表现为睡眠不安、易惊醒、多汗、免疫力低下、手足搐搦症，严重时出现佝偻病（颅骨软化、方颅、串珠肋、鸡胸、O型腿等）。成人缺乏维生素D时，表现为骨软化症。维生素D可用于防治维生素D缺乏性手足搐搦症、佝偻病、骨软化症、骨质疏松症，以及甲状旁腺功能减退症和老年骨折的辅助治疗。

> **考点提示**
>
> 维生素D的临床应用。

【不良反应】维生素D长期或过量应用可致中毒，表现为厌食、恶心、呕吐、持续性腹泻、全身乏力、嗜睡、多尿、心悸、血压升高等，进而导致高钙尿症、软组织钙化。高钙血症、高磷血症伴肾性佝偻病者禁用，心、肾功能不全者慎用。

维生素E（vitamin E）

【药理作用与临床应用】维生素E的主要作用有：①维持和促进生殖功能；②维持神经肌肉细胞的正常结构和功能；③抗炎、抗氧化、抗衰老、降低血脂、增强机体免疫力等作用。维生素E可用于防治习惯性或先兆性流产、不孕症、更年期综合征、进行性肌营养不良、骨骼肌痉挛及间歇性、溶血性贫血及防治心脑血管疾病。

【不良反应】维生素E长期大剂量使用可引起胃肠道反应、乏力、头晕等，以及免疫功能下降、生殖功能紊乱及凝血机制障碍等。

第二节 酶类药物

胰蛋白酶（trypsin）

胰蛋白酶能消化溶解变性蛋白质，对未变性的蛋白质无作用，故能使脓、痰液、血凝块等消化变稀而排出，加速创面净化，并具有抗炎作用。胰蛋白酶可用于脓胸、血胸、外科炎症、溃疡、创伤性损伤、瘘管等，还可用于各类毒蛇咬伤的治疗；吸入给药，用于呼吸道疾病。不良反应有发热、头痛、头晕、胸痛、腹痛等，可给予抗组胺药和解热药对抗，一般不影响继续用药。胰蛋白酶不可静脉注射，用前须做皮肤过敏试验，肝、肾功能不全、血液凝固障碍和有出血倾向的患者禁用。

糜蛋白酶（chymotrypsin）

糜蛋白酶能分解蛋白质，对晶状体悬韧带和眼组织的其他蛋白质有较强的选择性，并激活纤维蛋白溶解，可用于创伤或手术后以促进创口愈合，以及抗炎及防止局部水肿、积血、扭伤血肿、乳房手术后水肿，还可用于中耳炎、鼻炎、角膜溃疡、玻璃体积血、白内障晶体摘除术及毒蛇咬伤等。不满 20 岁的眼病患者或玻璃体液不固定的创伤性白内障患者禁用糜蛋白酶，因可导致玻璃体液丧失。糜蛋白酶不可静脉注射，用前须做皮肤过敏试验。

其他酶类药物见表 46-1。

表 46-1 其他酶类药物

药物	作用特点	临床应用	应用注意事项
胶原酶	加快上皮细胞的生长，促进伤口愈合	慢性溃疡、压疮	可能会出现局部疼痛、刺痛感
菠萝蛋白酶	改善血液循环，消除局部炎症	各种炎症、水肿、血肿、血栓症	胃肠道溃疡、严重肝肾疾病或血液凝固功能不全的患者禁用
玻璃酸酶	加速局部血液和组织液的扩散和吸收	与胰岛素合用可防止局部脂肪萎缩；预防结膜化学烧伤后的睑球粘连	禁用于感染及肿瘤部位，不能静脉注射，须现配现用

第三节 维生素类及酶类药物用药护理

维生素类及酶类药物用药护理见表 46-2。

表 46-2 维生素及酶类药物用药护理

用药护理程序	用药护理要点
用药前	1. 了解患者病史、用药史及过敏史 2. 识别高危人群及禁忌证，孕妇不宜服用大剂量维生素 A 3. 了解患者一般情况及症状体征

用药护理程序	用药护理要点
用药中	1. 嘱患者按医嘱用药，不可过量，尤其是脂溶性维生素 2. 对胃肠道有刺激性的药物，可与食物同服或饭后服，以减少消化道症状 3. 水溶性维生素多具有弱酸性，避免与碱性药物配伍或同用 4. 静脉滴注维生素 C 时，以 5%～10% 葡萄糖液稀释后使用，不可与碱性药物配伍 5. 维生素 A 不宜与氧化剂和重金属配伍 6. 维生素 E 不宜与氧化剂配伍、不可同时大剂量使用铁制剂 7. 肌内注射时应深部注射并注意抽回血，以免注入血管内造成中毒
用药后	1. 大量应用维生素 D 时，应定期检查血钙、尿钙、血浆胆固醇水平 2. 发现高钙血症症状时，及时报告医生 3. 指导患者妥善保管药物，如维生素 C 制剂颜色变黄，表示已氧化，不可使用 4. 长期大剂量服用维生素 C 宜逐渐减量停药，以免引起类似坏血病的症状

自 测 题

一、选择题

A_1 型题

1. 防治坏血病可选用的药物是
   A. 维生素 E   B. 维生素 B_1 C. 维生素 B_2
   D. 维生素 C   E. 维生素 D

2. 防治异烟肼所引起的神经系统毒性反应可用
   A. 维生素 B_1 B. 维生素 B_2 C. 维生素 B_6
   D. 维生素 E   E. 维生素 D

3. 属于抗氧化剂，可用于习惯性流产、先兆流产、不育症的维生素是
   A. 维生素 A   B. 维生素 D   C. 维生素 B_6
   D. 维生素 E   E. 维生素 B_1

A_2 型题

4. 患者，女，27 岁，口腔溃疡，可适当补充
   A. 维生素 E   B. 维生素 B_1
   C. 维生素 B_2 D. 维生素 C
   E. 维生素 D

5. 患者，男，47 岁，患有夜盲症，可选用
   A. 维生素 E   B. 维生素 A
   C. 维生素 B_2 D. 维生素 C
   E. 维生素 D

6. 患者，女，29 岁，妊娠 24 周，临床诊断为缺铁性贫血，医生开具多维铁口服液，还应搭配
   A. 维生素 E   B. 维生素 B_1
   C. 维生素 B_2 D. 维生素 C
   E. 维生素 D

A₃/A₄ 型题

（7～8 题共用题干）

患儿，男，2 岁，食欲差，夜睡不宁，头呈方形，枕部头发稀疏，肋缘外翻，临床诊断为佝偻病。

7. 该患儿体内缺乏
   A. 维生素 E
   B. 维生素 B_1
   C. 维生素 B_2
   D. 维生素 C
   E. 维生素 D

8. 护士应提示该患儿家属日常需注意
   A. 定期户外活动
   B. 人体每日对维生素的需求量甚微，不会导致缺乏
   C. 可长期大剂量服用维生素
   D. 预防和治疗性应用的维生素剂量和疗程相同
   E. 维生素没有副作用，使用剂量过大对人体无害

（9～10 题共用题干）

患者，女，48 岁，自述到晚上就看不清东西，临床诊断为夜盲症。

9. 该患者应选用
   A. 维生素 E
   B. 维生素 A
   C. 维生素 B_2
   D. 维生素 C
   E. 维生素 D

10. 护士在给患者做用药护理时应提示患者
    A. 可长期大剂量服用
    B. 不可素食，注意脂肪的摄入
    C. 空腹服用
    D. 维生素类药物无不良反应
    E. 可以与抗酸药合用

二、简答题

1. 维生素 C 的药理作用与临床应用有哪些？
2. 维生素 E 的药理作用与临床应用有哪些？

三、案例分析

患者，女，36 岁，临床诊断为周围神经炎，予以肌内注射维生素 B_1 50 mg，2 分钟后，患者出现头晕、胸闷、呼吸急促、四肢无力的症状。

请回答：

1. 这些症状产生的原因是什么？
2. 这种情况应如何处理？

（王　珍）

附录一　高危险药品

一、概念

高危险药品也称高警示药品，是指药理作用显著且迅速、易危害人体的药品，包括高浓度电解质制剂、肌肉松弛药及细胞毒性药物等。

二、高危险药品管理制度

1. 高危险药品应设置专门的存放区域单独存放，不得与其他药品混合存放。
2. 高危险药品存放药架应标识醒目，设置黑色警示牌提醒工作人员注意。
3. 高危险药品使用前，要进行充分安全性论证，有确切适应证时方可使用。
4. 高危险药品调配发放要实行双人复核，确保发放准确无误。
5. 高危险药品实行专人管理。调剂室负责人负责本部门高危险药品的管理，指定专人负责高危险药品的上架、养护、清点等工作。护士长负责本病区高危险药品的管理，确保用药安全；各病区高危险药品实行定量管理，每日核对，严格交接，由治疗护士负责。
6. 各调剂室、护理病区需加强高危险药品的效期管理，严格按照药品说明书进行贮存、养护，做到"先进先出""近效期先用"，确保药品质量，保证安全有效。
7. 各调剂室、各病区定期排查与高危险药品外观相似、发音相似的药品，并采取相应的防范措施。
8. 护理人员进行高危险药品的配制与使用时，须严格执行查对制度，并执行双人复核，确保配制与使用准确无误。
9. 临床药师定期与临床医护人员沟通，重点加强高危险药品的不良反应监测，并定期总结汇总，及时反馈给临床医护人员。
10. 药学部（药剂科）定期对高危险药品目录进行更新，并将新进的高危险药品信息及时告知相关科室主任和病区护士长。
11. 新进的高危险药品要经过医院药事管理委员会的充分论证，并及时将药品的信息告知临床，指导临床合理用药和确保用药安全。
12. 护理部、药学部（药剂科）定期对各病区的高危险药品管理及使用情况进行督导检查，各病区护士长对检查存在的问题及时分析、反馈、整改。

三、高危险药品目录（2019年版）

序号	药品名称
1	100 ml 或更大体积的灭菌注射用水，注射、吸入或冲洗用
2	茶碱类药物，静脉途径
3	肠外营养制剂
4	非肠道和口服化疗药

续表

序号	药品名称
5	高渗葡萄糖注射液（20%或20%以上）
6	抗心律失常药，静脉注射（如胺碘酮、利多卡因）
7	抗血栓药（包括抗凝血药、Ⅹa因子拮抗药、直接凝血酶抑制药和糖蛋白Ⅱb/Ⅲa抑制药）
8	口服降血糖药
9	氯化钠注射液（高渗，浓度＞0.9%）
10	麻醉药，普通、吸入或静脉用（如丙泊酚）
11	强心药，静脉注射（如米力农）
12	神经肌肉阻滞药（如琥珀酰胆碱、罗库溴铵、维库溴铵）
13	肾上腺素受体激动药，静脉注射（如肾上腺素）
14	肾上腺素受体阻断药，静脉注射（如普萘洛尔）
15	小儿用口服的中度镇静药（如水合氯醛）
16	胰岛素，皮下或静脉注射
17	硬膜外或鞘内注射药
18	对育龄人群有生殖毒性的药品（如阿维A胶囊、异维A酸片）
19	造影剂，静脉注射
20	镇痛药/阿片类药物，静脉注射、经皮及口服（包括液体浓缩物，速释和缓释制剂）
21	脂质体药物（如两性霉素B脂质体）和传统同类药物（如两性霉素B去氧胆酸盐）
22	中度镇静药，静脉注射（如咪达唑仑）
23	阿片酊
24	阿托品注射液（规格：≥5mg/支）
25	高锰酸钾外用制剂
26	血管升压素，静脉注射或骨髓腔内注射
27	甲氨蝶呤，口服（非肿瘤用途）
28	硫酸镁注射液
29	浓氯化钾注射液
30	凝血酶冻干粉
31	肾上腺素，皮下注射
32	缩宫素，静脉注射
33	硝普钠注射液
34	异丙嗪，静脉注射
35	注射用三氧化二砷

（石静华）

附录二 静脉滴注药物配伍禁忌表

序号	药物 1	药物 2	配伍结果
1	青霉素	氧氟沙星	浑浊
2	青霉素	氨茶碱	青霉素失活、降效
3	青霉素	碳酸氢钠	青霉素失活、降效
4	青霉素	葡萄糖	分解快
5	青霉素	间羟胺	起化学反应
6	青霉素	去氧肾上腺素	起化学反应
7	青霉素	庆大霉素	庆大霉素失活、降效
8	青霉素	阿米卡星	阿米卡星失活、降效
9	青霉素	维生素 C	青霉素分解快、降效
10	青霉素	氢化可的松	青霉素降效
11	青霉素	黄芩注射液	沉淀
12	青霉素	黄连注射液	沉淀
13	青霉素	盐酸氯丙嗪	沉淀、分解失效
14	青霉素	磺胺类	沉淀、分解失效
15	青霉素	四环素	沉淀、分解失效
16	青霉素	氯霉素	沉淀、分解失效
17	青霉素	重金属盐	沉淀、分解失效
18	青霉素	间羟胺	起化学反应
19	青霉素	去氧肾上腺素	起化学反应
20	氨苄西林 - 舒巴坦	10% 葡萄糖或 5% 葡萄糖氯化钠	降效，室温 1 小时失效
21	氨苄西林 - 舒巴坦	5% 碳酸氢钠	降效，且外观有乳光
22	阿洛西林	维生素 B_6	沉淀
23	阿洛西林	氨甲苯酸	沉淀
24	阿洛西林	维生素 C	pH 变化大于 0.2，宜少配伍
25	阿洛西林	阿米卡星	pH 变化大于 0.2，宜少配伍
26	阿洛西林	小诺霉素	pH 变化大于 0.2，宜少配伍
27	阿洛西林	庆大霉素	pH 变化大于 0.2，宜少配伍

序号	药物1	药物2	配伍结果
28	阿洛西林	头孢唑林	pH变化大于0.2，宜少配伍
29	阿洛西林	地塞米松	pH变化大于0.2，宜少配伍
30	阿洛西林	肌苷	pH变化大于0.2，宜少配伍
31	阿洛西林	依诺沙星	沉淀
32	阿洛西林	依诺沙星	沉淀
33	氨苄西林钠	磺胺类	沉淀、分解失效
34	氨苄西林钠	0.5%甲硝唑	变色、沉淀
35	氨苄西林钠	氨茶碱	沉淀分解失效
36	氨苄西林钠	庆大霉素	庆大霉素失效
37	氨氯西林钠	5%或10%葡萄糖	降效
38	氨氯西林钠	氨茶碱	沉淀、分解失效
39	美洛西林	环丙沙星	浑浊
40	美洛西林	甘草酸二铵	浑浊
41	美洛西林	维生素C	分解降效
42	美洛西林	甘草酸二铵	浑浊
43	阿莫西林	5%或10%葡萄糖	变色、分解降效
44	阿莫西林	5%葡萄糖氯化钠	变色、分解降效
45	阿莫西林	氨茶碱	沉淀、失效
46	阿莫西林	地西泮（安定）	沉淀、失效
47	阿莫西林	咪达唑仑	沉淀、失效
48	阿莫西林	异丙嗪	沉淀、失效
49	阿莫西林	磺胺类	沉淀、分解
50	阿莫西林	维生素C	沉淀、分解
51	阿莫西林	维生素B	沉淀、分解
52	阿莫西林	罗红霉素	沉淀、分解
53	阿莫西林	高锰酸钾	沉淀、分解
54	阿莫西林	盐酸氯丙嗪	沉淀、分解
55	阿莫西林	过氧化氢	沉淀、分解
56	头孢噻肟钠	氨茶碱	分解失效
57	头孢噻肟钠	磺胺类	分解失效
58	头孢噻肟钠	多西环素	分解失效
59	头孢噻肟钠	氟苯尼考	分解失效

续表

序号	药物 1	药物 2	配伍结果
60	头孢曲松钠	复方氯化钠	沉淀或浑浊
61	头孢曲松钠	氟康唑	沉淀或浑浊
62	头孢曲松钠	万古霉素	沉淀或浑浊
63	头孢曲松钠	氨基糖苷类	沉淀或浑浊
64	头孢曲松钠	呋塞米	沉淀或浑浊
65	头孢曲松钠	葡萄糖酸钙	沉淀或浑浊
66	头孢曲松钠	氨茶碱	降效
67	头孢曲松钠	莪术油葡萄糖	变为棕色
68	头孢他啶	维生素 C	维生素 C 含量下降
69	头孢他啶	氟康唑	沉淀
70	头孢他啶	碳酸氢钠	不稳定，不可配伍
71	头孢拉定	酚磺乙胺（止血敏）	浑浊
72	头孢拉定	莪术油葡萄糖	液体变为棕色
73	头孢拉定	氨茶碱	分解失效
74	头孢唑林钠	培氟沙星	白色浑浊
75	头孢匹胺钠	培氟沙星	白色浑浊、沉淀
76	头孢呋辛钠	氨基糖苷类	有理化配伍禁忌
77	头孢呋辛钠	维生素 C	沉淀、分解
78	头孢呋辛钠	磺胺类	沉淀、分解
79	头孢呋辛钠	氨茶碱	沉淀、分解
80	头孢哌酮钠	5% 碳酸氢钠	变色、沉淀
81	头孢哌酮钠	0.5% 甲硝唑	变色、沉淀
82	头孢哌酮钠	奋乃静	变色、沉淀
83	头孢哌酮钠	哌替啶	变色、沉淀
84	头孢哌酮钠	环丙沙星	乳白色浑浊
85	头孢哌酮钠	西咪替丁	浑浊
86	头孢哌酮钠	拉贝洛尔	变色、沉淀
87	头孢派酮钠	氨基糖苷类	沉淀或降效
88	头孢哌酮钠	酚磺乙胺	浑浊
89	头孢哌酮钠	诺氟沙星	乳白色浑浊
90	头孢哌酮钠	葡萄糖酸钙	浑浊
91	头孢哌酮钠	氧氟沙星	白色浑浊

续表

序号	药物1	药物2	配伍结果
92	头孢哌酮钠	莪术油葡萄糖	液体变为棕色
93	头孢哌酮钠	培氟沙星	白色浑浊、沉淀
94	头孢哌酮钠	阿米卡星	沉淀或降效
95	头孢哌酮钠	氨溴索	白色浑浊
96	哌拉西林	磺胺类	沉淀、分解失效
97	苯唑西林钠	磺胺类	沉淀、分解失效
98	阿米卡星	全静脉营养液	出现脂肪乳破乳现象
99	阿米卡星	清开灵	浑浊
100	奈替米星	维生素C	降效
101	环丙沙星	青霉素G钠	沉淀
102	环丙沙星	氨茶碱	沉淀
103	环丙沙星	林可霉素	沉淀
104	环丙沙星	肝素	不相溶
105	环丙沙星	氨苄西林钠	乳白色絮状沉淀
106	环丙沙星	复方丹参	黄色沉淀
107	环丙沙星	红霉素	沉淀
108	环丙沙星	呋塞米	浑浊
109	环丙沙星	磷霉素	乳白色浑浊沉淀
110	环丙沙星	碳酸氢钠	白色浑浊
111	环丙沙星	阿米卡星	变色、沉淀
112	诺氟沙星	氨苄西林	沉淀
113	诺氟沙星	苯唑西林	沉淀
114	培氟沙星	青霉素G钠	沉淀
115	培氟沙星	复方丹参	浑浊
116	氧氟沙星	复方丹参	浑浊、聚结成块状物
117	氧氟沙星	呋塞米	浑浊
118	左氧氟沙星	维生素C	pH升高
119	左氧氟沙星	腺苷三磷酸	显著变化，不能配伍
120	左氧氟沙星	复方丹参	乳白色浑浊
121	左氧氟沙星	呋塞米	浑浊
122	小诺霉素	清开灵	浑浊
123	林可霉素	维生素C	浑浊

续表

序号	药物1	药物2	配伍结果
124	林可霉素	维生素B	浑浊
125	林可霉素	磺胺嘧啶钠	沉淀
126	庆大霉素	肝素钠	沉淀
127	克林霉素	维生素C	浑浊
128	磷霉素	酚磺乙胺	变色、pH改变
129	磷霉素	复方丹参	浑浊
130	磷霉素	葡萄糖酸钙	沉淀
131	红霉素	维生素C	分解
132	红霉素	生理盐水	析出结晶、沉淀
133	表柔比星	糖盐水或复方氯化钠	不溶物呈红色漂浮状
134	阿昔洛韦	5%或10%葡萄糖	变色
135	阿昔洛韦	5%葡萄糖氯化钠	变色
136	阿昔洛韦	门冬氨酸钾镁	白色絮状沉淀
137	阿昔洛韦	低分子右旋糖酐	变色
138	氟康唑	两性霉素B	浑浊，沉淀
139	氟康唑	氨苄西林钠	浑浊，沉淀
140	氟康唑	葡萄糖酸钙	浑浊，沉淀
141	氟康唑	头孢呋辛	沉淀
142	氟康唑	琥珀氯霉素	气体生成
143	氟康唑	克林霉素	沉淀
144	氟康唑	红霉素	沉淀
145	氟康唑	哌拉西林钠	呈胶状
146	氟康唑	呋塞米	沉淀
147	氟康唑	地西泮	沉淀
148	双黄连粉针	阿米卡星	沉淀
149	双黄连粉针	氨苄西林	颜色加深
150	双黄连粉针	妥布霉素	浑浊
151	双黄连粉针	吉他霉素	浑浊
152	双黄连粉针	阿奇霉素	浑浊
153	炎琥宁	吉他霉素	白色凝固
154	炎琥宁	维生素B_6	胶冻状
155	炎琥宁	氟罗沙星	白色浑浊

续表

序号	药物1	药物2	配伍结果
156	穿琥宁	吉他霉素	乳白色浑浊
157	穿琥宁	维生素B_6	乳白色浑浊
158	穿琥宁	阿米卡星	沉淀
159	穿琥宁	氧氟沙星	沉淀
160	穿琥宁	西索米星	沉淀
161	穿琥宁	妥布霉素	沉淀
162	穿琥宁	庆大霉素	浑浊
163	穿琥宁	环丙沙星	沉淀
164	穿琥宁	培氟沙星	沉淀
165	穿琥宁	氨溴索	白色浑浊
166	穿琥宁	葡萄糖酸钙	浑浊
167	复方丹参	氯化钾	浑浊
168	复方丹参	西咪替丁	浑浊
169	复方丹参	阿奇霉素	浑浊
170	复方丹参	维生素B_6	浑浊
171	复方丹参	细胞色素C	颜色变深、浑浊
172	复方丹参	培氟沙星	浑浊
173	盐酸昂丹司琼	甘草酸二铵	浑浊
174	盐酸昂丹司琼	头孢拉定	浑浊
175	盐酸昂丹司琼	呋塞米	浑浊
176	盐酸昂丹司琼	复方丹参	浑浊
177	盐酸昂丹司琼	5-氟尿嘧啶	浑浊
178	盐酸昂丹司琼	肌苷	浑浊
179	呋塞米	洛美沙星	浑浊
180	呋塞米	米力农	沉淀
181	呋塞米	甲硝唑	沉淀
182	肌苷	氨溴索	浑浊
183	5%碳酸氢钠	培氟沙星	白色浑浊
184	5%碳酸氢钠	西咪替丁	浑浊
185	碳酸氢钠	酸及其酸性盐类	中和失效,沉淀
186	碳酸氢钠	镁盐	中和失效,沉淀
187	碳酸氢钠	碱式硝酸铋	中和失效,沉淀

续表

序号	药物1	药物2	配伍结果
188	地塞米松	异丙嗪	白色浑浊
189	地塞米松	普罗帕酮	浑浊
190	维生素 K_1	维生素 C	维生素 K_1 失效
191	维生素 K_1	甘油磷酸钠	鹅绒黄色浑浊
192	维生素 B_1	生物碱	沉淀、分解失效
193	维生素 B_1	氧化剂	沉淀,分解失效
194	维生素 B_1	氨苄西林	沉淀,分解失效
195	维生素 B_1	多黏菌素	沉淀,分解失效
196	奥美拉唑	复合氨基酸	浑浊
197	尿激酶	碱性药物	沉淀
198	氨茶碱	酸性药物	有沉淀析出
199	氨茶碱	维生素 C	浑浊、失效
200	氨茶碱	盐酸多西环素	浑浊、失效
201	氨茶碱	盐酸肾上腺素	浑浊、失效
202	氨茶碱	哌拉西林	沉淀、分解失效
203	氨茶碱	头孢菌素类	沉淀、分解失效
204	布比卡因	碱性药物	沉淀
205	亚胺培南西司他丁钠	含乳酸钠的溶液	不相容
206	黄芪	维生素 B_6	浑浊
207	苯甲酸钠咖啡因	盐酸金霉素	析出沉淀
208	苯甲酸钠咖啡因	盐酸多西环素	析出沉淀
209	苯甲酸钠咖啡因	多西环素	析出沉淀
210	苯甲酸钠咖啡因	米诺环素	析出沉淀
211	苯甲酸钠咖啡因	土霉素	析出沉淀
212	氯丙嗪	碳酸氢钠	析出沉淀、变红色
213	氯丙嗪	苯巴比妥	析出沉淀、变红色
214	氯丙嗪	异戊巴比妥	析出沉淀、变红色
215	氯丙嗪	司可巴比妥	析出沉淀、变红色
216	氯丙嗪	阿普比妥	析出沉淀、变红色
217	氯丙嗪	高锰酸钾	析出沉淀、变红色
218	巴比妥钠	酸类	析出沉淀
219	巴比妥钠	氯化铵	析出沉淀
220	硫酸阿托品	碱性药物	分解、沉淀

续表

序号	药物1	药物2	配伍结果
221	硫酸阿托品	碘	分解、沉淀
222	硫酸阿托品	碘化钾	分解、沉淀
223	硫酸阿托品	硼砂	分解、沉淀
224	安络血	垂体后叶素	分解失效
225	安络血	青霉素	分解失效
226	安络血	氯丙嗪	分解失效
227	安络血	苯海拉明	分解失效
228	肾上腺素	碱类	易氧化失效
229	肾上腺素	氧化物	易氧化失效

（石静华）

主要参考文献

［1］杨丽珠，田健，王嗣雷．护理药理学．北京：北京大学医学出版社，2019.
［2］陈新谦，金有豫，汤光．新编药物学．18 版．北京：人民卫生出版社，2018.
［3］杨宝峰，陈建国．药理学．9 版．北京：人民卫生出版社，2018.
［4］陈灏珠，钟南山，陆再英．内科学．北京：人民卫生出版社，2019.
［5］葛均波，徐永康，王辰．内科学．9 版．北京：人民卫生出版社，2018.
［6］马瑜红，叶宝华．药理学．北京：科学出版社，2018.
［7］秦红兵，康红钰．药理学．北京：中国医药科技出版社，2018.
［8］王开贞，李卫平．药理学．8 版．北京：人民卫生出版社，2019.
［9］秦红兵，邓庆华，张郴．药理学．北京：高等教育出版社，2019.
［10］孙宏丽，田卫东．药理学．北京：人民卫生出版社，2019.
［11］徐红，张悦，包辉英．用药护理．北京：高等教育出版社，2019.
［12］李玲，邓雪松，沈华杰．药理学．5 版．北京：北京大学医学出版社，2019.
［13］黄刚，刘丹．护理药理学．2 版．北京：人民卫生出版社，2020.
［14］尤黎明，吴瑛．内科护理学．北京：人民卫生出版社，2022.
［15］杨俊卿，陈立．药理学．北京：人民卫生出版社，2022.
［16］俞月萍，张琦，王国康．药理学．杭州：浙江大学出版社，2022.
［17］杨俊卿，陈立．药理学．北京：人民卫生出版社，2022.
［18］田杰，刘丹．护理药理．北京：中国医药科技出版社，2022.
［19］王志亮，胡鹏飞．用药护理．武汉：华中科技大学出版社，2016.
［20］张庆，田健．护理药理学．北京：北京大学医学出版社，2014.
［21］肖顺贞，杨丽珠．护理药理学．北京：北京大学医学出版社，2014.
［22］周虹，潘燕．最新 450 种中西药注射剂配伍应用检索表．北京：中国医药科技出版社，2013.
［23］国家药典委员会．中华人民共和国药典临床用药须知：化学药和生物制品卷．北京：中国医药科技出版社，2011.

中英文专业词汇索引

A

阿苯达唑（albendazole）317
阿德福韦酯（adefovir dipivoxil）297
阿卡波糖（acarbose）233
阿洛司琼（alosetron）201
阿米卡星（amikacin）266
阿米洛利（amiloride）132
阿米替林（amitriptyline）103
阿莫西林（amoxicillin）260
阿片（opium）109
阿奇霉素（azithromycin）265
阿曲库铵（atracurium）54
阿司匹林（aspirin）117
阿糖胞苷（cytarabine，Ara-C）323
阿糖腺苷（vidarabine）296
阿托伐他汀（atorvastatin）175
阿托品（atropine）51，337
阿昔单抗（abciximab）182
阿昔洛韦（aciclovir）296
艾司洛尔（esmolol）161
氨苯蝶啶（triamterene）132
氨苄西林（ampicillin）260
氨茶碱（aminophylline）208
氨甲苯酸（aminomethylbenzoic acid，PAMBA）184
氨甲环酸（tranexamic acid，AMCHA）184
氨力农（amrinone）150
氨氯地平（amlodipine）141
氨曲南（aztreonam）263
胺碘酮（amiodarone）161
昂丹司琼（ondansetron）201
奥美拉唑（omeprazole）198
奥司他韦（oseltamivir）296

B

巴比妥类（barbiturates）81
白介素-2（interleukin-2，IL-2）333
白消安（busulfan）324
胞磷胆碱（citicoline）126
贝伐珠单抗（bevacizumab）326
倍氯米松（beclomethasone）207
苯丙哌林（benproperine）211
苯丙香豆素（ticlopidine）181
苯二氮䓬类（benzodiazepines，BDZ）79
苯酚（phenol）301
苯海拉明（diphenhydramine）192
苯海索（benzhexol）94
苯妥英钠（phenytoin sodium）88，160
苯氧乙醇（phenomenology）300
苯乙双胍（phenformin）232
苯乙酸睾酮（testosterone phenylacetate）247
苯扎溴铵（benzalkonium bromide）302
苯佐那酯（benzonatate）211
苯唑西林（oxacillin）260
吡格列酮（picglitazone）233
吡喹酮（praziquantel）316
吡罗昔康（piroxicam）
吡哌酸（pipemidic acid）273
别嘌醇（allopurinol）120
丙氨瑞林（alarelin）248
丙胺太林（propantheline）53
丙吡胺（disopyramide）159
丙泊酚（propofol）74
丙谷胺（proglumide）198
丙环定（procyclidine）94
丙磺舒（probenecid）120
丙硫氧嘧啶（propylthiouracil）238

丙米嗪（imipramine） 102
丙酸睾酮（testosterone propionate） 247
伯氨喹（primaquine） 314
博来霉素（bleomycin，BLM） 324
布比卡因（bupivacaine，marcaine） 76
布地奈德（budesonide） 207
布地品（budipine） 94
布洛芬（ibuprofen） 119
布美他尼（bumetanide） 131

C

长春碱（vinblastine，VLB） 325
长春新碱（vincristine，VCR） 325
重组人白介素-2（recombinant human interleukin-2，rhIL-2） 327
重组组织型纤溶酶原激活物（tissue plasminogen activator，t-PA） 183
除虫菊（pyrethrins） 339
垂体后叶素（pituitrin） 184
雌二醇（estradiol，E2） 244
雌激素（estrogens） 243
促肾上腺皮质激素（corticotrophin，adrenocorticotropic hormone，ACTH） 225
促肾上腺皮质激素释放激素（corticotropin releasing hormone，CRH） 226

D

大观霉素（spectinomycin） 267
单硝酸异山梨酯（isosorbide mononitrate） 168
氮芥（chlormethine，nitrogen mustard） 324
低分子量肝素（low molecular weight heparin，LMWH） 180
地芬诺酯（diphenoxylate） 203
地高辛（digoxin） 148
地氯雷他定（desloratadine） 192
地诺前列素（dinoprost，$PGF_{2\alpha}$，前列腺素 $F_{2\alpha}$） 217
地诺前列酮（dinoprostone，PGE_2，前列腺素 E_2） 217
地西泮（diazepam） 80
地昔帕明（desipramine） 103
碘伏（iodophor） 302
碘化钾（potassium iodide） 239
碘塞罗宁（liothyronine） 238
丁丙诺啡（buprenorphine） 112
丁卡因（tetracaine，dicaine） 76
东莨菪碱（scopolamine） 53
毒鼠强（triethylenemelamine） 339
对乙酰氨基酚（acetaminophen） 118
多巴胺（dopamine，DA） 60
多巴酚丁胺（dobutamine） 62
多奈哌齐（donepezil） 95
多黏菌素 B（polymyxin B） 268
多黏菌素 E（polymyxin E） 268
多黏菌素类（polymyxins） 268
多潘立酮（domperidone） 201
多柔比星（doxorubicin，adriamycin，ADM） 325
多塞平（doxepin） 103
多索茶碱（doxofylline） 209
多西环素（doxycycline） 269

E

厄贝沙坦（irbesartan） 140
厄多司坦（erdosteine） 212
恩波吡维铵（pyrvinium embonate） 317
恩氟烷（enflurane） 73
恩格列酮（englitazone） 233
二苯茚酮（diphacinone） 339
二甲弗林（dimefline） 126
二甲双胍（metformin） 232
二氯尼特（diloxanide） 316
二巯丙磺钠（sodium dimercaptopropane sulfonate） 340
二巯丁二钠（sodium dimercaptosuccinate） 340

F

伐昔洛韦（valaciclovir） 296
法莫替丁（famotidine） 198
放线菌素 D（dactinomycin，DACT） 325
非格司亭（filgrastim） 188
非奈西林（phenethicillin） 260
非索非那定（fexofenadine） 192
芬太尼（fentanyl） 111
酚苄明（phenoxybenzamine） 67

酚磺乙胺(etamsylate) 185
酚酞(phenolphthalein) 202
酚妥拉明(phentolamine) 66
奋乃静(perphenazine) 100
呋布西林(furbenicillin) 260
呋喃妥因(nitrofurantoin) 278
呋喃西林(furacilin) 278
呋喃唑酮(furazolidone) 278
呋塞米(furosemide) 131
伏格列波糖(voglibose) 233
伏立康唑(voriconazole) 290
氟胞嘧啶(flucytosine) 290
氟伐他汀(fluvastatin) 175
氟康唑(fluconazole) 291
氟罗沙星(fleroxacin) 275
氟氯西林(flucloxacillin) 260
氟马西尼(flumazenil) 81,339
氟尼缩松(flunisolide) 207
氟尿嘧啶(fluorouracil) 323
氟哌啶醇(haloperidol) 101
氟哌利多(droperidol) 101
氟替卡松(fluticasone) 207
氟烷(halothane) 73
氟氧头孢(flomoxef) 263
氟乙酰胺(fluoroacetamide) 339
福莫特罗(formoterol) 208
副醛(paraldehyde) 82

G

甘露醇(mannitol) 133
干扰素(interferon,IFN) 294,332
肝素(heparin) 179
高锰酸钾(potassium permanganate) 302
睾酮(testosterone) 247
戈那瑞林(gonadorelin) 248
戈舍瑞林(goserelin) 248
格拉司琼(granisetron) 201
格列本脲(glyburide) 232
格列吡嗪(glipizide) 232
格列喹酮(gliquidone) 232
格列美脲(glimepiride) 232
格列齐特(gliclazide) 232

更昔洛韦(ganciclovir) 296
汞溴红(merbromin) 303
过氧化氢(hydrogen peroxide) 302
过氧乙酸(peracetic acid) 301

H

含氯石灰(chlorinated lime) 302
红霉素(erythromycin) 263
琥珀胆碱(succinylcholine) 54
琥乙红霉素(ethylsuccinate) 264
华法林(warfarin) 180
环孢素A(ciclosporin) 331
环丙沙星(ciprofloxacin) 273,275
环丙孕酮(cyproterone) 248
环磷酰胺(cyclophosphamide,CTX) 324,331
环氧乙烷(ethylene oxide) 303
磺胺醋酰(sulfacetamide,SA) 277
磺胺甲噁唑(sulfamethoxazole,SMZ) 277
磺胺类药(sulfonamides) 276
磺胺米隆(sulfamylon,SML) 277
磺胺嘧啶(sulfadiazine,SD) 277
磺胺嘧啶银(sulfadiazine silver,SD-Ag) 277
灰黄霉素(griseofulvin) 289
茴拉西坦(aniracetam) 95

J

己烯雌酚(diethylstilbestrol) 244
加替沙星(gatifloxacin) 273,276
甲氨蝶呤(methotrexate,MTX) 322
甲苯磺丁脲(tolbutamide) 232
甲苯咪唑(mebendazole) 317
甲地孕酮(megestrol) 246
甲酚(resole) 301
甲氟喹(mefloquine) 314
甲睾酮(methyltestosterone) 247
甲磺酸二氢麦角碱(hydergine) 95
甲基吗啡(methylmorphine) 111
甲硫氧嘧啶(methylthiouracil) 238
甲氯芬酯(meclofenoxate) 126
甲羟孕酮(medroxyprogesterone) 246
甲巯咪唑(thiamazole) 238
甲醛(formaldehyde) 301

甲硝唑（metronidazole） 279，315
甲氧苄啶（trimethoprim，TMP） 277
甲氧氯普胺（metoclopramide） 200
甲状腺刺激性免疫球蛋白（thyroid stimulating immunoglobulin，TSI） 239
甲状腺素（thyroid，T_4） 237
甲紫（methyl violet） 303
间羟胺（metaraminol） 61
解毒药（antidote） 336
金刚烷胺（amantadine） 94，295
金刚乙胺（transferfactor） 295
金霉素（aureomycin） 269
肼屈嗪（hydralazine） 143
枸地氯雷他定（desloratadine citrate disodium） 192
枸橼酸铋钾（bismuth potassium citrate） 199
枸橼酸钠（sodium citrate） 181
聚胞苷酸（polycytidylicacid） 295

K

咖啡因（caffeine） 124
卡巴胆碱（carbachol） 44
卡比多巴（carbidopa） 94
卡比马唑（carbimazole） 238
卡泊芬净（caspofungin） 291
卡介苗（Bacillus Calmette-Guerin，BCG） 332
卡马西平（carbamazepine） 89
卡莫司汀（carmustine） 324
卡前列素（carboprost） 217
卡托普利（captopril） 139，152
开塞露（glycerol enema） 202
抗CD3单克隆抗体（anti-CD3 monoclonal antibodies） 332
抗癫痫药（antiepileptic drug） 88
抗分娩药（tocolytic drug） 217
抗甲状腺药（antithyroid drugs） 238
抗淋巴细胞球蛋白 antilymphocyte globulin，ALG） 332
抗凝血酶Ⅲ（antithrombin Ⅲ，AT-Ⅲ） 180
抗凝血药（anticoagulants） 179
抗生育药（contraceptive） 248
考来替泊（colestipol） 176
考来烯胺（cholestyramine） 176

可待因（codeine） 210
可的松（cortisone） 222
可乐定（clonidine） 142
克拉霉素（clarithromycin） 265
克拉维酸（clavulanic acid） 263
克林霉素（clindamycin） 267
克伦特罗（clenbuterol） 208
克霉唑（clotrimazole） 289
奎尼丁（quinidine） 158
奎宁（quinine） 313
喹诺酮类药（quinolones） 273

L

L-门冬酰胺酶（L-asparaginase） 326
拉贝洛尔（labetalol） 69，142
拉米非班（lamifiban） 182
拉米夫定（Lamivudine） 297
拉氧头孢（latamoxef） 263
来氟米特（leflunomide） 332
赖诺普利（lisinopril） 139
兰索拉唑（lansoprazole） 198
雷贝拉唑（rabeprazole） 198
雷米普利（ramipril） 139
雷尼替丁（ranitidine） 198
利多卡因（lidocaine） 76，159
利福平（rifampicin，RFP） 283
利托君（ritodrine） 217
利托那韦（ritonavir） 297
利血平（reserpine） 143
链激酶（streptokinase，SK） 183
链霉素（streptomycin） 266
两性霉素B（amphotericin B） 289
亮丙瑞林（leuprorelin） 248
林可霉素（lincomycin） 267
磷霉素（fosfomycin） 268
硫代硫酸钠（sodium thiosulfate） 340
硫脲类（thioureas） 238
硫喷妥钠（thiopental sodium） 73
硫前列酮（sulprostone） 217
硫酸镁（magnesium sulfate） 83，201，202，218
硫酸钠（sodium sulfate） 202
硫酸亚铁（ferrous sulfate） 186

柳氮磺吡啶（sulfasalazine，SASP） 277
罗非昔布（rofecoxib） 119
罗氟司特（roflumilast） 207
罗格列酮（rosiglitazone） 233
罗红霉素（roxithromycin） 265
罗库溴铵（rocuronium） 54
螺内酯（spironolactone） 132，152
咯萘啶（malaridine） 314
洛贝林（lobeline） 126
洛伐他汀（lovastatin） 174
洛哌丁胺（loperamide） 203
氯胺酮（ketamine） 73
氯苯那敏（chlorpheniramine） 192
氯丙嗪（chlorpromazine） 99
氯氮平（clozapine） 101
氯地孕酮（chlormadinone） 246
氯化铵（ammonium chloride） 211，345
氯化钾（potassium chloride） 344
氯化钠（sodium chloride） 344
氯磺丙脲（chlorpropamide） 232
氯己定（chlorhexidine） 302
氯解磷定（pralidoxime chloride） 338
氯喹（chloroquine） 312，316
氯雷他定（loratadine） 192
氯霉素（chloramphenicol） 269
氯米芬（clomiphene） 245
氯普噻吨（chlorprothixene） 101
氯沙坦（losartan） 140，152
氯硝柳胺（niclosamide） 318
氯唑西林（cloxacillin） 260

M

麻黄碱（ephedrine） 59
马普替林（maprotiline） 103
吗啡（morphine） 109
吗替麦考酚酯（mycophenolate mofetil，MMF） 332
麦角胺咖啡因（ergotamine and caffeine） 125
麦角新碱（ergometrine） 216
毛果芸香碱（pilocarpine） 45
美罗昔康（meloxicam） 119
美沙酮（methadone） 111
美司坦（mecysteine） 212

美他环素（metacycline） 269
美替拉酮（metyrapone） 226
美托洛尔（metoprolol） 69
美西林（mecillinam） 260
美西律（mexiletine） 160
蒙脱石散（dioctahedral smectite） 203
咪康唑（miconazole） 289
咪唑斯汀（mizolastine） 192
弥散性血管内凝血（disseminated intravascular coagulation，DIC） 180
糜蛋白酶（chymotrypsin） 351
米非司酮（mifepristone） 247
米力农（milrinone） 150，151
米诺环素（minocycline） 269
米托坦（mitotane） 226
棉酚（gossypol） 250
免疫调节药（immunomodulator） 330
免疫抑制药（immunosuppressant） 330
免疫增强药（immunostimulant） 330
莫西沙星（moxifloxacin） 273，275

N

那格列奈（nateglinide） 233
纳洛酮（naloxone） 112
纳曲酮（naltrexone） 113
奈多罗米钠（nedocromil sodium） 210
奈替米星（netilmicin） 266
奈韦拉平（nevirapine） 297
萘啶酸（nalidixic acid） 273
萘普生（naproxen） 119
尼尔雌醇（nilestriol） 244
尼可刹米（nikethamide） 125
尼麦角林（nicergoline） 95
尼美舒利（nimesulide） 119
尿激酶（urokinase，UK） 183
诺氟沙星（norfloxacin） 275

P

哌甲酯（methylphenidate） 125
哌拉西林（piperacillin） 260
哌仑西平（pirenzepine） 53，198
哌嗪（piperazine） 317

哌替啶（pethidine） 110
哌唑嗪（prazosin） 141
泮库溴铵（pancuronium bromide） 54
泮托拉唑（pantoprazole） 198
培哚普利（perindopril） 139
培氟沙星（perfloxacin） 273
喷他佐辛（pentazocine） 111
喷托维林（pentoxyverine） 211
硼酸（boric acid） 301
皮质激素结合蛋白（corticosteroid binding globulin, CBG） 222
匹氨西林（pivampicillin） 260
匹莫苯旦（pimobendan） 151
泼尼松（prednisone） 222，326
泼尼松龙（prednisolone） 222，326
葡萄糖（glucose） 134，343
葡萄糖酸钙（calcium gluconate） 345
普伐他汀（pravastatin） 175
普鲁卡因（procaine, novocaine） 75
普鲁卡因胺（procainamide） 159
普罗帕酮（propafenone） 160
普罗瑞林（protirelin） 248
普萘洛尔（propranolol） 68，142，160，168

Q

齐多夫定（zidovudine） 297
前列腺素（prostaglandins, PGs） 217
羟基脲（hydroxycarbamide, HU） 323
青蒿素（artemisinin） 313
青霉胺（penicillamine） 340
青霉素 G（penicillin G） 258
青霉素 V（penicillin V）
氢化可的松（hydrocortisone） 222
氢氯噻嗪（hydrochlorothiazide） 132，138
庆大霉素（gentamicin） 266
秋水仙碱（colchicine） 120
巯嘌呤（mercaptopurine） 323
曲格列酮（troglitazone） 233
曲马多（tramadol） 112
曲唑酮（trazodone） 103
去甲肾上腺素（noradrenaline, NA） 60
去甲万古霉素（norvancomycin） 268

去氢依米丁（dehydroemetine） 315
去氧皮质酮（desoxycortone） 225
去氧肾上腺素（phenylephrin） 61
炔雌醇（ethinylestradiol） 244
炔雌醚（quinestrol） 244
炔诺酮（norethisterone） 246
炔诺孕酮（norgestrel） 246

R

人绒毛膜促性腺激素（human chorionic gonadotropin, HCG） 248
柔红霉素（daunorubicin, DNR） 325
乳酶生（lactasin） 200
乳酸钠（sodium lactate） 345
瑞格列奈（repaglinide） 233
瑞替普酶（reteplase, rPA） 183

S

塞来昔布（celecoxib） 119
塞替派（thiotepa, TSPA） 324
噻嘧啶（pyrantel） 317
噻托溴铵（tiotropium） 209
赛庚啶（cyproheptadine） 192
三碘甲状腺原氨酸（triiodothyronine, T_3） 237
三尖杉酯碱（harringtonine） 326
色甘酸钠（disodium cromoglicate） 209
杀虫脒（chlordimeform） 339
沙丁胺醇（salbutamol） 208
沙美特罗（salmeterol） 208
山梨醇（sorbitol） 134
山莨菪碱（anisodamine） 53
肾上腺皮质激素（adrenocortical hormones） 221
肾上腺素（adrenaline, AD; epinephrine） 57
十一酸睾酮（testosterone undecanoate） 247
石杉碱甲（huperzine A） 95
舒巴坦（sulbactam） 263
舒林酸（sulindac） 119
双氯芬酸（diclofenac） 118
双氯西林（dicloxacillin） 260
双嘧达莫（dipyridamole） 181
水合氯醛（chloral hydrate） 82
顺铂（cisplatin） 324

司帕沙星（sparfloxacin） 275
丝裂霉素（mitomycin） 324
四环素（tetracycline） 269
羧苄西林（carbenicillin） 260
羧甲司坦（carbocisteine） 212
缩宫素（oxytocin） 215
索他洛尔（sotalol） 160

T

他克莫司（tacrolimus，FK506） 331
他莫昔芬（tamoxifen） 245
他唑巴坦（tazobatam） 263
碳酸锂（lithium carbonate） 103
碳酸氢钠（sodium bicarbonate） 345
糖皮质激素（glucocorticoid，GC） 221
特比萘芬（terbinafine） 289
特布他林（terbutaline） 208
替卡西林（ticarcillin） 260
替考拉宁（teicoplanin） 268
替罗非班（tirofiban） 182
替米沙坦（telmisartan） 140
替莫西林（temocillin） 260
替硝唑（tinidazole） 279
呫诺美林（xanomeline） 95
酮康唑（ketoconazole） 291
酮洛芬（ketoprofen） 119
酮替芬（ketotifen） 210
头孢氨苄（cefalexin） 261
头孢比罗（ceftobiprole） 261
头孢吡肟（cefepime） 261
头孢呋辛（cefuroxime） 261
头孢克洛（cefaclor） 261
头孢克肟（cefixime） 261
头孢拉定（cefradine） 261
头孢雷特（ceforanide） 261
头孢利定（cefelidin） 261
头孢洛林（ceftaroline） 261
头孢美唑（cefmetazole） 263
头孢孟多（cefamandole） 261
头孢尼西（cefonicid） 261
头孢哌酮（cefoperazone） 261
头孢匹罗（cefpirome） 261
头孢羟氨苄（cefadroxil） 261
头孢曲松（ceftriaxone） 261
头孢噻吩（cefalothin） 261
头孢噻肟（cefotaxime） 261
头孢他啶（ceftazidime） 261
头孢替安（cefotiam） 261
头孢替坦（cefotetam） 263
头孢西丁（cefoxitin） 263
头孢唑林（cefazolin） 261
头孢唑肟（ceftizoxime） 261
土霉素（oxytetracycline） 269
托拉塞米（torasemide） 131
妥布霉素（tobramycin） 266

W

万古霉素（vancomycin） 268
维库溴铵（vecuronium） 54
维拉帕米（verapamil） 161
维生素（vitamin） 348
维生素 A（vitamin A） 350
维生素 B_1（vitamin B_1） 348
维生素 B_{12}（vitamin B_{12}） 187
维生素 B_2（vitamin B_2） 349
维生素 B_6（vitamin B_6） 349
维生素 C（vitamin C） 349
维生素 D（vitamin D） 350
维生素 E（vitamin E） 350
维生素 K（vitamin K） 184
维司力农（vesnarinone） 150
胃蛋白酶（pepsin） 200
五氟利多（penfluridol） 101
戊二醛（guttural） 301
戊酸雌二醇（estradiol valerate） 244

X

西格列酮（ciglitazone） 233
西咪替丁（cimetidine） 197
西沙必利（cisapride） 201
西替利嗪（cetirizine） 192
稀盐酸（dilute hydrochloric acid） 200
喜树碱（camptothecin，CPT） 325
腺苷（adenosine） 162

硝苯地平（nifedipine） 141
硝普钠（sodium nitroprusside） 142
硝酸甘油（nitroglycerin） 167
硝酸异山梨酯（isosorbide dinitrate） 168
硝酸银（silver nitrate） 303
缬沙坦（valsartan） 140
辛伐他汀（simvastatin） 175
新斯的明（neostigmine） 46
胸腺素（thymosin） 333
雄激素（androgens） 243
溴己新（bromhexine） 212
溴隐亭（bromocriptine） 94

Y

亚胺培南（imipenem） 263
亚甲蓝（methylthioninium chloride） 340
亚硝酸钠（sodium nitrite） 340
氧氟沙星（ofloxacin） 275
氧化亚氮（nitrous oxide） 73
氧托溴铵（oxitropium） 209
叶酸（folic acid） 187
液体石蜡（liquid paraffin） 202
伊马替尼（imatinib） 326
伊曲康唑（itraconazole） 291
依巴斯汀（ebastine） 192
依地酸钙钠（calcium disodium edetate） 340
依米丁（emetine） 315
依那普利（enalapril） 139，140
依诺沙星（enoxacin） 273
依他尼酸（etacrynic acid） 130
依托泊苷（etoposide，vepesid，VP16） 325
胰蛋白酶（trypsin） 351
胰岛素（insulin） 230
胰酶（pancreatin） 200

乙胺嘧啶（pyrimethamine） 314
乙胺嗪（diethylcarbamazine） 317
乙醇（alcohol） 300
乙酰半胱氨酸（acetylcysteine） 211
乙酰胂胺（acetarsol） 316
乙酰唑胺（acetazolamide） 133
异丙嗪（promethazine） 192
异丙肾上腺素（isoprenaline） 61
异丙托溴铵（ipratropium） 209
异氟烷（isoflurane） 73
异烟肼（isoniazid，INH） 282
吲达帕胺（indapamide） 139
吲哚美辛（indomethacin） 120
右美沙芬（dextromethorphan） 210
右旋糖酐（dextran） 189
鱼精蛋白（protamine） 180
孕激素（progestogens） 243
孕酮（progesterone） 246

Z

扎鲁司特（zafirlukast） 210
制霉菌素（nystatin） 290
转移因子（transferfactor） 295，333
紫杉醇（paclitaxel） 326
自然杀伤细胞（natural killer cell，NK） 331
组胺（histamine） 192
左甲状腺素（levothyroxine） 238
左卡巴斯汀（levocabastine） 192
左西替利嗪（levocetirizine） 192
左旋多巴（levodopa） 93
左旋咪唑（levamisole，LMS） 333
左氧氟沙星（levofloxacin） 273，275
佐匹克隆（zopiclone） 83
唑吡坦（zolpidem） 83